国家社科基金冷门“绝学”和国别史重点研究专项
（项目编号：19VJX151）
福建省社会科学研究基地重大项目
（项目编号：FJ2018JDZ049）

郑玉玲 ◎著

闽南关帝信俗与仪式舞蹈研究

Research on the Guandi Belief, Custom and Ritual Dance of Minnan

中国戏剧出版社
CHINA THEATRE PRESS

图书在版编目（CIP）数据

闽南关帝信俗与仪式舞蹈研究 / 郑玉玲著. — 北京:中国戏剧出版社，2022.8
ISBN 978-7-104-05212-8

Ⅰ. ①闽… Ⅱ. ①郑… Ⅲ. ①信仰－民间文化－研究－福建
Ⅳ. ①B933

中国版本图书馆CIP数据核字(2022)第064953号

闽南关帝信俗与仪式舞蹈研究

责任编辑：黄艳华
责任印制：冯志强

出版发行：中国戏剧出版社
出 版 人：樊国宾
社　　址：北京市西城区天宁寺前街2号国家音乐产业基地L座
邮　　编：100055
网　　址：www.theatrebook.cn
电　　话：010-63385980（总编室）010-63381560（发行部）
传　　真：010-63381560

读者服务：010-63381560
邮购地址：北京市西城区天宁寺前街2号国家音乐产业基地L座

印　　刷：北京鑫益晖印刷有限公司
开　　本：787mm×1092mm 1/16
印　　张：24.25
字　　数：450千
版　　次：2022年8月 北京第1版第1次印刷
书　　号：ISBN 978-7-104-05212-8
定　　价：258.00元

序

明清以来，关帝信仰在闽南地区迅速传播，成为闽南民间信仰的重要组成部分。其中，关帝信俗与仪式舞蹈独具地方特色，具有丰富的文化内涵，既是中华优秀传统文化的重要内容，又是连接闽、台民众文化认同的重要纽带。

以“闽南关帝信俗与仪式舞蹈”为专题进行全面系统的理论研究，本书属于首创。本书是作者主持的国家社科基金冷门“绝学”和国别史重点研究专项（19VJX151）和福建省社科研究基地重大项目（FJ2018JDZ049）《闽南关帝信俗与仪式舞蹈研究》的研究成果。全书采用文献爬梳（document survey）与田野作业（fieldwork）结合的研究方法，结构完整，脉络清晰，较好地揭示了闽南关帝信俗与仪式舞蹈的全貌和特质，既为闽南区域文化研究作出了艺术学领域的贡献，也为民俗文化理论增添了闽台领域的学术成果。

该书共 45 万字，分为六章，主要表现为以下特点：

第一，研究思路与视角的创新。遵循“历史溯源——现存乐舞重构——挖掘内涵——建构创新”的思路：以探源——窥探闽南关帝信俗的历史源流入手，到探讨近现代闽南关帝祭典乐舞的变迁、复兴与重构。从对现存仪式舞蹈艺术的古籍整理与活态实存的挖掘比较中，阐明闽南雅俗融合的仪式舞蹈类型特色，抓住仪式舞蹈典型个案及其两岸交流互动的事象剖析为支撑，并将之放置于古今闽南社会大背景中去理解揭示其文化内涵，探索闽台关帝祭典仪式舞蹈圈的文化建构与创新。诚如著名历史学家陈支平教授给予的评价：“郑玉玲教授的《闽南关帝信俗与仪式舞蹈研究》一书，涉及到以往学术界较少涉及的跨学科领域。以往一般的学术研究，或是从宗教学以及民间信仰的角度，来审视闽南关帝信仰的形成、发展与社会影响等，而舞蹈歌唱等，又往往被拘束在艺术文艺学的层面，探讨不同的艺术文艺的表现形式与艺术特征及社会功能，等等。而郑玉玲教授的这部书稿，则融合了宗教、民间信仰、信俗仪式和舞蹈等艺术形式的相互结合和相互作用上，十分合理地进行了不同学科研究的相互促进，使得这一研究有了更为广阔的社会视野空间，大大加深了对于闽南关帝信俗的研究深度，丰富了其多样性。因此本人认为这是一部具有一定学术创新的跨学科研究的好成果。”

第二，该书以图文并茂的形式，对多年来深耕田野的闽南关帝仪式舞蹈进行了全面系统的整理研究。关于闽南关帝信俗与仪式舞蹈的成果资料缺失，且关帝信俗仪式舞蹈依附于信俗事象，需要借助长期的田野调研、大量的民间艺人采访与口述采集进行整理论证。从字里行间可看出作者的踏实用功与坚持不懈，基于人类学的田野调查，把音乐舞蹈学、戏曲学、历史学、民俗学、形态学等学科交叉研究，互相配合、互相印证，从多元的视角深入闽南关帝信俗艺术的骨髓。书中呈现的创新可圈可点：对明清以来皇朝官祀“祭关乐舞”、释奠“雅乐佾舞”的活态实存与展演实践进行了整理与剖析。对闽南民众崇尚关帝而自创的民祀艺阵舞蹈的艺术形态、类型属性、风格动律与意蕴表征进行综合与个案、技艺与内涵的挖掘。该书整理描绘出明清闽南关帝祭典佾舞的珍贵“舞谱”，诸如明代宫廷乐律家闽南人李文察运用古代哲学阳阴二气自然交感的《干戚佾舞图》，等等。作者还把多年采集的流散民间的祭关乐音进行了整理记谱，翻译成现代常用的五线谱与简谱“乐谱”，以及三百多幅仪式舞蹈动作形态彩图，并进行舞律音声的内涵解析，便于青年一代传颂与认知。这些长年的研究工作与成果，对弘扬关帝文化及其非遗乐舞的传承保护具有重要的学术价值与现实意义。

第三，从宏观角度来看，把仪式舞蹈置于闽海人文背景中研究，探寻闽台关帝信俗舞蹈文化景观背后的关系及其生成演变轨迹，把仪式舞蹈事象和它产生的社会历史背景、生态环境、舞蹈群体的民族心理、民族信仰、审美情趣等因素作为一个系统的文化结构进行整体研究。本书第六章进而以当下闽南关帝信俗与仪式舞蹈的传承发展作为切入点，深入阐释其特定时空场域下的交融共生的舞蹈结构与创新表达，探讨传统文化在现代化进程中的冲突、碰撞与整合及其融合发展转型等问题，均有独到的见解。诚如著名民间信仰专家林国平教授所言：“《闽南关帝信俗与仪式舞蹈研究》一书，对闽南关帝信俗的历史源流、祭典表演、仪式舞蹈等相关问题进行系统梳理，深入挖掘其技艺与内涵，剖析其艺术特征，揭示其发展演变的规律，提出的一些有创新的观点。该书既有历时性的梳理，又有共时性的考察，既有宏观的观察，又有个案的分析，是目前见到的最系统全面地研究闽南关帝信俗与仪式舞蹈的专著。”

最后，祝贺郑玉玲教授的研究取得了新的进展，并期待她在闽台传统艺术研究和闽台文化交流中作出更大的贡献。

全国台湾研究会会长、厦门大学台湾研究院讲座教授 汪毅夫

二〇二二年元月十九日于北京

目 录
Contents

绪 论

一、选题由来与学术史的简要回顾

（一）选题由来

本书围绕着国家社科基金冷门“绝学”重点研究专项和福建省社会科学研究基地“闽南文化研究中心”确定的选题，既是闽南师范大学闽南文化学术型硕士学位点“闽南民俗文化与民间文艺”的主要研究方向，又是国家教育部特批的服务国家特殊需求“闽南文化与两岸交流研究”博士人才培养项目“闽南民间信仰与传统艺术”方向涵盖的主要研究内容。

闽南民俗文化与民间文艺研究以历史上和现实中闽南民俗文化的内容与形式为主要研究方向，重点研究闽南民间信仰习俗及其表现生产生活的艺术形态内容。闽南节庆礼俗、迎神赛会等民俗事象承载着丰富多元的民间传统艺术（含民间音乐、民间舞蹈、民间戏曲、民间工艺等），其形成的“信俗仪式—人—传统艺术”三维互动构建的符号表征系统，编织、记载着闽南民众千百年来的历史记忆与文化基因。基于此，期待从富含表演艺术形态的民间信俗仪礼中，探寻其潜在的文化内核系统，窥探闽南族群的行为模式衍生的文化脉络与发展规律。

作为国家级非物质文化遗产的“闽南关帝信俗”，是海内外华人和两岸民众共同的民间信仰和精神财富，而闽南关帝信俗与仪式舞蹈表演更成为一种活态的文化传统，承载着中华儒家雅乐（舞）与闽南民俗艺阵舞蹈文化和谐统一的区域性典范，这种民俗舞蹈文化蕴含着深刻的思想、道德、伦理、信仰价值，涵盖了历史学、民俗学、艺术学、社会学、人类学等学科领域，成为中华优秀传统文化的重要组成部分。本书以此为选题，立足于大量的田野调研，试图从多学科视野挖掘、整理闽南关帝信俗仪式中珍贵的舞蹈文化遗产，并从学理出发，系统阐释其蕴含的传统艺术基因，揭示其文化本质、艺术内涵及其传承发展规律，探讨当代社会中传统文化艺术在现代化进程中的冲突、碰撞与整合，及其融合发展转型等问题，具有显著的学术理论价值与广阔的探索空间。

（二）学术史简要梳理及研究动态

在中国大陆，一批著名的历史学家、地方文史专家涉及关帝信仰的研究成果颇多，对其中主要成果梳理、阐析如下：

1. 从历史学、宗教学、民俗学的学科角度研究闽南关帝信仰的主要著作

林国平教授的《漳州民间信仰与闽南社会》[①]《明清东山社会的变迁与关帝职能的演变》[②]《试析关帝崇拜的民间信仰属性》[③]等论著，从宗教学、历史学、民间信仰等学科专业视角，以东山关帝信仰的兴衰嬗变为切入点，考察明清以来东山关帝信仰的历史与发展变迁，详实阐析明清时期关帝从最初的武神逐渐向家族神、海神和财神转化的世俗化趋势，进而阐述近代以来，官方积极介入东山关帝信仰，官方和民间力量共同推动关帝信仰文化，既打造“中华民族的统一之神”，又兼顾东南沿海民众实用功利性的宗教信仰取向的社会文化现象。同时，林国平教授又从民间信仰的民俗学定义出发，分析了关帝崇拜的民间信仰属性，以现实利益为基本诉求的内在特征以及一般宗教组织的外在特征之标准，认为关帝信仰既有浓厚的儒释道三教色彩，又保持着根植于民间的草根性特质，从历史的发展变化方面界定了关帝崇拜的民间信仰属性，深刻揭示了关帝信仰的历史变迁及其宗教文化特质。郑镛教授的《论关公信仰与儒释道的关系》[④]从历史学的视角说明了关公信仰的缘起与佛教广泛传播的直接关系，关公神格的提高以道教制造“神迹”并与崇道皇权互为驱动力，加上中国传统社会英雄崇拜的文化心理等因素的相互影响，论述了关公信仰的发展史。张晓松教授的《试论

---

① 林国平：《漳州民间信仰与闽南社会》，中国社会科学出版社 2016 年版。

② 林国平：《明清东山社会的变迁与关帝职能的演变》，《闽台文化研究》2014 年第 4 期，第 49—54 页。

③ 林国平：《试析关帝崇拜的民间信仰属性》，载《关岳文化与民间信仰研究》，厦门大学出版社 2008 年版，第 50—60 页。

④ 郑镛：《论关公信仰与儒释道的关系》，《龙岩学院学报》2003 年第 1 期，第 81—86 页。

漳州的关帝信仰》[1]通过大量的田野调查，探究了漳州关帝信仰的特征、作用以及影响，论述了关帝信仰世俗化、人性化的倾向，体现出民间信仰的草根性与民众性特征，并说明了关帝信仰与当地社会经济发展的密切联系。陈名实教授的《试析台湾关帝崇拜内涵的演化》[2]对台湾关帝崇拜的发展过程进行了深入探讨，分析了明郑、清治、日据、光复后各个时期的内涵与特点，梳理了台湾地区的关帝崇拜由官方倡导推行到民间自发信仰的历史演化过程与转变，并指出当今民间的关帝崇拜已经形成极具影响力的关帝文化。地方文史专家刘小龙的《海峡圣灵——东山关帝庙志》[3]是专研东山关帝信仰的重要著作，书中详细记载了东山关帝信仰的历史发展与文化渊源，同时还收录了大量当地民间传说以及20世纪80年代以来福建省东山县关帝庙对台交流的史料，为闽台关帝文化交流研究提供了大量的珍贵资料。以上这些专家学者的论著，主要从历史学、宗教学、民俗学学理出发，探究闽南、台湾地区关帝信仰的源流、发展与本质特征。

2. 从社会学、文化学的视角研究闽南的关帝信仰

沈继生的《关羽崇拜的文化内涵》[4]一文对关公的“信义”品格对闽南商业贸易所发挥的社会功能进行了探讨，以福建泉州南门“行郊”奉关帝为财神为例，阐述闽南自古恪守信义的经商立业之本。刘小龙的《中国的武圣 世界的关帝》[5]以文学诗歌的形式记述两岸关帝文化的交流及其向全世界的流播情况，记录了闽台地区乃至流播世界各地的关帝庙宇及其民俗风情，展现了关帝文化的绚烂风貌。陈桂炳的《从关帝信俗看明清泉州士大夫的和谐观》[6]以泉州的关帝信仰为例，从实现身心、人际、社会和谐的历史梳理三个维度，探索了尊奉和实践儒家思想的明清士大夫的和谐观，诠释了“以醒世劝善实现身心的和谐、以贵重和合实现人际的和谐、以群体本位实现社会的和谐”的和谐观，同时指出了其存在的历史与阶级局限性。以上这些专家学者

① 张晓松：《试论漳州的关帝信仰》，《漳州师范学院学报（哲社版）》2009年第1期，第22—25页。
② 陈名实：《试析台湾关帝崇拜内涵的演化》，《东南学术》2009年第3期，第156—161页。
③ 刘小龙编著《海峡圣灵——东山关帝庙志》，海风出版社2003年版。
④ 沈继生：《关羽崇拜的文化内涵》，《道教文化研究通讯》，泉州市道教文化研究会1992年版，第25—26页。
⑤ 刘小龙：《中国的武圣 世界的关帝》，海风出版社2015年版。
⑥ 陈桂炳：《从关帝信俗看明清泉州士大夫的和谐观》，载《关岳文化与民间信仰研究》，厦门大学出版社2008年版，第30—38页。

的论著，主要从社会学、文学、文化学等学理出发，探究闽台地区关帝信仰的文化内涵、信俗文化交流传播及闽南人尊奉践行的儒家思想观念。

在中国台湾地区，涉及闽台地区关帝信仰民俗的相关研究成果梳理阐析如下：

（1）从历史学、宗教学、传播学的学科视角研究台湾关公信仰的历史源流与儒学含义的论著主要有：

王见川的《清代皇帝与关帝信仰的儒家化：兼谈文衡圣帝的由来》①主要以实录、会典、奏折等官方资料呈现了清代以降皇帝对关公的封赐及其信仰扩展，提出了清朝皇帝由中央推行至地方制定祭祀关帝的规例是关帝信仰儒家化的象征等观点，并就“文衡圣帝”称呼的由来进行解析。李新元的《关帝信仰在台湾的传播与发展之研究》②一文以历史学与传播学交叉互融的方法，对台湾的关帝信仰作了系统全面的考察，重点论述了关帝信仰在台湾的发展演变情况，探讨了台湾关帝信仰与大陆关帝信仰的渊源关系，分析了台湾关帝信仰发展的时代脉络与变迁，阐明其在不同历史阶段所显示的特色以及关帝信仰播植演变背后深层的社会原因。

（2）从文学、哲学、音乐学角度研究关帝信仰的论著主要有：

洪淑苓的《文人视野下的关公信仰——以清代张镇〈关帝志〉为例》③一文从清代张镇《关帝志》的编辑体例与各卷文章内容入手，阐明了该类图志的特性，在对《关帝志》内容考辨分析的基础上，阐述了人文视野中的关公形象塑造与认知。萧登福、林翠凤的《关帝信仰与现代社会研究论文集》④所收录的论文既含有田野调查，又包括文献研究。从纵向溯源上，包含了魏晋南北朝至宋元间的关帝前史、元明间《道法会元》关帝神格的讨论、明清时期关帝与戏曲，及关帝信仰和西洋教会相冲突的探讨。从横向研究来看，有台湾、香港所见关帝相关善书、南洋天地会的关帝信仰、越南关帝信仰，以及近代关帝经典及义理的讨论等。严国铭的《台湾关公信仰之儒家精神研究》⑤从哲学视角对关帝经典中的儒家精神及其中心思想进行了深入解析，进而提出

---

① 王见川：《清代皇帝与关帝信仰的儒家化：兼谈文衡圣帝的由来》，《北台湾科技学院通识学报》2008 年第 4 期，第 21—41 页。

② 李新元：《关帝信仰在台湾的传播与发展之研究》，厦门大学 2009 年硕士学位论文。

③ 洪淑苓：《文人视野下的关公信仰——以清代张镇〈关帝志〉为例》，《汉学研究集刊》2007 年第 5 期，第 139—166 页。

④ 萧登福、林翠凤：《关帝信仰与现代社会研究论文集》，台北：宇河文化出版有限公司 2013 年版。

⑤ 严国铭：《台湾关公信仰之儒家精神研究》，台湾省新北市华梵大学东方人文思想所 2009 年硕士论文。

了解决当代种种问题的观点，探讨了关公信仰在现代社会对儒家精神进行传播的可行性。林以文的《试探礁溪协天庙祭典音乐》[①]从民族音乐学视角对台湾宜兰关帝祭典音乐进行采集整理，对融合台湾本土歌谣创作而来的“武圣赞歌”进行阐述与分析，认为本土音乐文化的精髓在关帝祭典中展露，庙宇的活动与社区居民紧密结合，能提升社区居民的本土性人文素养。

综观学界前人的研究成果，不同学科的研究视野各异，但志同道合；学者们分别从历史学、民俗学、宗教学、社会学、文化学、文学、传播学、音乐学等学科角度展开了多维度的研究，从不同视角阐释了闽南与台湾地区关帝信仰属性、信仰的历史演变、世俗化特征及其蕴含的儒学含义，等等，在关帝信仰文化研究方面取得了前所未有的学术成就。这些前人的相关研究成果，为本书提供了重要的理论基础和实践依据。

综上所述，我们也发现了有待补充、扩展的研究空间。

（1）以“闽南关帝信俗仪式乐舞与传统舞蹈文化”为专题的学术理论，尚无人涉及，且文献资料缺乏。

（2）迄今为止，运用民俗学、历史学、艺术文化学、音乐舞蹈学、文化人类学等多学科交叉融合方法，综合考察、全面梳理“闽南关帝信俗与仪式舞蹈”的艺术形态与文化内涵，以达系统性和专有化的研究，尚显薄弱。

（3）立足两岸文化交流，以“闽南关帝信俗与仪式舞蹈”为研究专题，关注关帝祭典仪式表演播植台湾地区的长期互动交流样态，把它从表演形式的整理提升到系统理论研究层面，置于整个闽台关帝文化脉络中进行探索，还有待挖掘与拓展。

（4）顶层设计的指南引领。2019 年，习近平总书记在《告台湾同胞书》发表 40 周年纪念会上的重要讲话中提出：两岸同胞要共同传承中华优秀传统文化，推动其实现创造性转化、创新性发展。这一重要讲话，激励了包括笔者在内的研究闽南传统艺术领域的广大科研工作者。基于此，立足国家传承中华优秀传统文化的宏伟目标，本书的选题契合了顶层设计指南，为阐发、保护和传承闽南关帝信俗文化，增强两岸文化互动融合，具有重要的学术价值与现实意义。

---

① 林以文：《试探礁溪协天庙祭典音乐》，《宜兰大学人文及管理学报》2005 年第 2 期，第 85—122 页。

二、研究对象与重点、难点

（一）研究对象

仪式舞蹈作为关帝信仰崇拜被闽南族群所确认的符号体系，既是凝聚内部力量的方式，又是对外交流和结盟的形式。本书以“闽南关帝信俗与仪式舞蹈”为研究对象，从历史学、民俗学、文化学、民族音乐舞蹈学、戏曲学等多维视角进行综合考察，全面梳理闽南关帝信俗的历史源流、文化脉络、仪式表演与社会文化变迁；突出地域特色，挖掘技艺与内涵；剖析闽南关帝信俗与仪式舞蹈的艺术特征、风格特色；阐发仪式舞蹈蕴含的文化内核、内涵意蕴与地域特色，以期窥探其承袭衍化变异的发展规律。

（二）重点、难点

重点在于力求以历史事实、舞蹈形态为依据，借鉴多学科研究成果与方法，通过田野调研、整理考证、个案剖析、比较研究等方法，对闽南关帝信俗与仪式舞蹈的历史渊源、艺术特征、文化脉络、表演形态、传承规律及其文化意蕴作全面系统的梳理和分析。

关于关帝信俗仪式舞蹈成果资料的缺失，且关帝信俗仪式舞蹈依附于关帝信俗事象，需要借助实地田野调研，对大量的民间艺人进行采访与口述采集进行整理论证；既需要借助翔实的文献爬梳及田野考察的纵向历史梳理，多学科视角的民俗事象剖析，又需要诸多仪式舞蹈个案及两岸交流互动的横向研究个案的支撑；并将之放置于古今闽南社会大背景下去理解揭示其文化内涵，等等，是本研究的难点。

三、研究思路与方法

（一）基本思路

本书拟从探源、窥探闽南关帝信俗文化源流入手，以传承、试析闽南关帝信俗与仪式舞蹈的承袭发展作为切入点，立足人类学的田野调查，借鉴多学科融合方法进行研究，对闽南官祀祭关乐舞、释奠雅乐佾舞薪传的活态实存进行整理挖掘，对闽南民祀艺阵舞蹈的类型概貌、风格特征与意蕴表征进行综合分析。通过对闽南代表性的仪式舞蹈个案剖析研究，深入阐释其特定时空场域下的交融共生的舞蹈结构与创新表达，揭示闽南关帝信俗与仪式舞蹈的宗教哲学、文化内涵与现代价值。

（二）研究方法

本书采用历史学、民俗学、文化人类学、艺术学、民族音乐舞蹈学、生态学、形态学等多学科研究方法，立足大量的田野调研，全面搜集动作符号、文字、图片、录制现场影像、艺人口述，力求田野采集资料的客观性与完整性。通过田野采集、个案剖析、比较研究等方法，把仪式舞蹈置于关帝信俗的民俗事象中，探寻与关帝信俗的关系及其生成演变轨迹，剖析其表层的形态特征与深层的文化意涵，进而置于社会人文背景中进行宏观透视，把仪式舞蹈事象和它产生的社会历史背景、生态环境、舞蹈群体的民族心理、民族信仰、审美情趣等因素作为一个系统的文化结构进行整体研究。

四、创新之处

（一）新的研究视角与学术增长点

在大陆和台湾的民间舞蹈研究中，首次以闽南关帝信俗与仪式舞蹈作为理论研究专题，力求以文化脉络、舞蹈形态为依据，对其艺术特征、审美文化意蕴、承袭发展规律、活化生态系统及其文化关系的研究达到系统的、全面的高度。

（二）新的研究方法

本书从历史学、民俗学、文化人类学、艺术学、民族音乐舞蹈学、文化生态学等多维视角出发，通过田野采集、个案剖析、文献检索考证、比较研究等方法，把仪式舞蹈置于民俗事象中，探寻与关帝信俗的关系及其生成演变轨迹，剖析其表层的形态特征与深层的文化意涵，进而置于社会人文背景中进行宏观透视，论证其表层和深层的信仰文化结构，从而使研究成果具有较高的开创性意义。

五、学术价值和应用价值

（一）学术价值

闽南关帝信俗与仪式舞蹈研究是闽南信仰文化的重要内容，它以非语言文字符号承载着中华优秀传统文化，成为连接海内外华人华侨和海峡两岸文化认同的重要纽带。

第一，为关帝信俗文化传承提供新的理论依据。本书从闽南区域社会的民俗事象观照仪式舞蹈的形态特征与文化内涵，又从闽南关帝信俗文化的传播与交融中找寻闽台两地的文化渊源；通过对其艺术本体、文化内涵与传承保护的研究，为闽南关帝信仰仪式舞蹈的传承创新发展提供理论参考。

第二，拓展新的学术空间。通过对关帝信俗仪式舞蹈的历时性和共时性分析，综合考察、全面梳理闽南关帝信俗与仪式舞蹈文化研究，探讨其创造、传承和演变过程中形成的文化结构。从文化人类学、民俗学和舞蹈学等视角，揭示闽南关帝信俗与仪式舞蹈的全貌和特质，既为闽南区域文化研究作出舞蹈学领域的贡献，也将为我国民俗舞蹈文化理论增添闽台领域的学术成果，为两岸民间信俗的继承和创新发展提供借鉴和发展思路。

（二）应用价值

首先，通过剖析关帝信俗与仪式舞蹈生存发展的传统历史、民俗、神话传说意蕴，宗教哲学与文化思想理念，社会宗教文化功能及审美艺术特色，为闽南区域文化和民俗文化研究提供有益的参考，也为闽台非物质文化遗产项目的传承保护与认定提供理论依据。其次，研究成果既可以丰富民族民间舞蹈文化理论，亦能够直接纳入我国海峡两岸高等院校民族民间舞蹈课程的教材之中。

第一章 关帝信俗溯源与闽南社会

关帝信俗是一种传统信仰文化，属于传统民间信俗，是民间信仰关公的各种习俗的统称。本章首先就关帝信俗的含义、关帝文化的历史钩沉、闽南关帝文化形成的历史脉络、文化背景及闽南关帝纪略、区划分布进行文献爬梳与阐释，窥探其历史发展样态；其次，梳理在闽南传统社会中关帝信俗仪式表演的概况，主要通过对明清以降闽南地区祭关乐舞与民俗艺阵舞蹈的追寻、整理与阐析，窥探其传统艺术形态的样貌及本土化演变；继而立足田野调研，通过对闽南现代社会中关帝信俗仪式表演的梳理，剖析仪式舞蹈的文化建构，解析关帝祭典文化元素的构成与再造，并对民俗舞蹈的创新衍生样态进行整理，为后面章节的深入阐释奠定基础。

第一节 关帝信俗缘起

一、关帝信俗释义

（一）信俗的概念与闽南民间信俗

信俗又称“俗信”，是人们经历不同历史时期在长期生产生活过程中逐步形成的某种约定俗成的传统观念，在这种观念的支配下，民众会对某种民俗现象产生心理和行为认同。信俗依托于民间信仰，民间信仰中人们崇拜的各路神灵是信俗产生的重要源头，趋利避害、祈福禳灾是传统信俗世代传承不辍的内在动力和直接原因。

信俗是民俗的重要组成部分，是民众精神生活的一种表现形式，各种民俗文化表现形式的集合构成了民间信俗的文化空间，是中国传统文化中与民众生活密切相关的民俗文化现象。

闽南民间信俗是闽南民间社会发展的产物，它从原始宗教和巫术演变而来，与衍化而来的闽南民间信仰息息相关，与民间信仰依附共生的仪式表演行为经过民间长期传承，已经成为一种风俗习惯，是闽南民众自行创造的精神财富，具有顽强生命力。从民俗学视角，其内涵外延不断拓展，有雅文化和俗文化之分，有大传统和小传统[①]之别。但在实际生活中，雅文化和俗文化、大传统和小传统往往水乳交融、难分难解。闽台民间信俗具有草根性和原生态特质，它自发地在民间流传，其内核则体现了雅文化的精神，反映了大传统的气质；其潜藏在文化外在表现形式背后的精神内核包含古人的智慧思想、道德伦理与价值观，是闽南民间信俗文化得以繁衍的灵魂，成为古往今来影响人们生活方式与处事态度的心理认同基础。[②]

（二）关帝信俗概念的提出——闽南地区关帝信俗仪式的承继与意义

在中国民间，关羽与孔子并称，被尊为“武圣人”。孔子与关羽，一文一武，前者由人而圣，后者由人而圣再而神。关羽作为一个历史人物，是儒、释、道共同尊崇的超自然的神佛，体现了中国传统文化三教融合的思想主潮。因此，在中国大地上，有一位融儒、释、道为一体的神祇，受到上至君王、下至庶民，乃至三教九流的共同崇拜，其信俗仪式形成了中国独有的关帝文化现象[③]。放眼中华民族 5000 年的文明史，关公是祭祀庙宇最多、信奉领域最广的历史人物。关公文化及其内涵体现了中国传统的文化价值、道德理想和人格规范。关公的精神本质弘扬中华优秀的道德人格，是道德认知与道德实践相结合的知行合一最典型的代表，它与中华民族的核心价值观形成具体的对照与映射。从古到今，关公信俗崇拜具有很强的延续性，活态传承的关公祭祀仪礼与信俗活动展演，对中华文化传统的绵延起到积极作用，关公信俗事象下的非

---

① 大传统与小传统是美国人类学家罗伯特・雷德菲尔德（Robert Redfield）在 1956 年出版的《农民社会与文化》中提出的一种二元分析的框架，用来说明在复杂社会中存在的两个不同文化层次的传统。大传统指代表着国家与权力、由城镇的知识阶级所掌控的书写的文化传统；小传统则指代表乡村的，由乡民通过口传等方式传承的大众文化传统。

② 林国平：《闽台民间信俗的文化内涵与现代价值》，载《两岸视域中的传统文化与文化传统——第一届两岸文化发展论坛论文集》，人民出版社 2014 年版，第 116—130 页。

③ 漳州市民族与宗教事务局、漳州道教协会编《漳州关帝文化》，内部资料，2018 年版，第 3 页。

物质文化遗产体现了典型性、代表性和重大性。正因如此，2008 年关公信俗被列入第二批国家级非物质文化遗产名录。

在闽南地区，关帝崇拜融入民间生活，形成鲜明的广泛性和民俗性特征。明万历时，李光缙撰泉州通淮关帝庙的碑记叙道："上自监司守令居是邦者，迨郡缙绅学士、红女婴孺，无不人人奔走，祷靡不神。"[①] 闽南基层社会祭祀活动，除了按照朝廷祭典进行祭祀外，增加了诸多民间习俗内容。如清乾隆《晋江县志》提到泉州通淮关帝庙"岁春秋仲月颁行吉日及五月十三日致祭"[②]。又如清道光《晋江县志》载："（关帝庙）在萼辉铺提督署之左，前系提督东教场。康熙二十七年（1688）提帅张云翼建，称武庙。朔望行香，春秋致祭，而秩祀之典尚在涂门街庙。至嘉庆间，提帅颜城守英始移秩祀之祭于此庙（即武庙）。"[③] 可见，清代泉州府地方官员非常重视关帝祭祀活动，府城一带的祭祀活动气氛浓厚。文献特意提及"朔望行香"则揭示了地方社会日常祭祀活动的频繁，也从一个侧面反映关帝祭祀活动已成为民众日常生活的组成部分。清同治六年（1868）《重修泉郡通淮庙捐启》载："春秋祭祀，练时日，恭整肃穆，趋跄奔走。"[④] 民众参与祭祀关帝的热度依然不减，尤其是春秋祭祀期间，民众积极参与其中，追寻参与关帝祭典之风盛行。

民众对关羽的崇拜强化与形象塑造的过程，是借由关公信俗仪式的承继繁衍而不断深化的。在闽南民间社会的信仰实践中，关帝诞辰祭典、绕境出巡、进香谒祖等信俗活动都伴随和营造着传统祀典乐舞仪礼（雅）与民俗艺阵游舞、演戏酬神（俗）之雅俗交融的传统艺术展演空间。于是，源于民间，倡于朝廷，成于儒、道、佛三教的关帝文化是联结闽台地区的中华传统文化，闽台民众对关公先贤的祭祀活动，不仅是对先贤的怀念，更是对先贤品格的崇敬与弘扬。关公信俗仪式中展现的"忠、义、礼、智、信"等文化符号，作为中华传统文化的重要组成部分承沿不绝，且随闽南移民的足迹远播世界各国。关帝信俗仪式符号承载的儒家文化精髓成为维护承继中华民族优秀传统，增强海内外华人民族文化认同的重要基础，亦是关公精神在当代社会中所具有的新价值和新作用。

---

①〔明〕李光缙：《景璧集》卷八《碑记·汉关前将军汉寿亭侯庙记》，曾祥波点校，福建人民出版社 2012 年版，第 382 页。

②〔清〕周学曾等纂修《晋江县志》卷十六，福建人民出版社 1990 年版，第 427 页。

③〔清〕周学曾等纂修《道光晋江县志》，上海书店出版社 2000 年版，第 251 页。

④ 泉州市区道教文化研究会编《泉州道教》，鹭江出版社 1993 年版，第 28 页。

在闽南民间，关帝信俗仪式是传习传统技艺的民间文艺平台。人们尊崇、朝拜、祭祀关帝的形式丰富多彩，采用文学创作、影视戏剧演出、创办各种关公研究协会、制作民俗纪念品、以关公命名企业商店、关公古建筑修缮、参加各种祭拜关公的礼仪祭典活动等形式来传达对关公忠义、诚信精神的崇尚；民间生活习俗中，民众怀着对关帝保佑自己家人平安健康、金榜题名、五谷丰登等美好愿望与祈求，到关庙敬香、点烛、捐功德，参与关公出巡迎神赛会活动，表达对关公的崇敬之心。

明清时期“走会”“艺阵”盛行于闽南民间，闽南关帝信仰的盛行也带动了关帝信俗表演的蓬勃发展，关帝信俗仪式表演、演戏酬神成为闽南百姓重要的民俗活动之一。关帝信俗仪式中的游舞艺阵表演成为最大亮点，常见的有《头旗阵》《牌匾阵》《部将神尪傩舞阵》《銮轿阵》《闽南舞狮阵》《大鼓凉伞阵》《闽南锣鼓阵》《宋江阵》《藤牌阵》《高跷阵》，等等，这些形态不一、功能各异的关帝信俗艺阵，为进香仪式营造出威严、神秘、热闹的空间秘境。同时，这些传统艺阵表演亦承载着闽南民众独特的技艺创造，通过游神赛会得以代代传承。

闽南关帝信俗以颂扬关公的精神为核心，通过祭祀、习俗、传说、技艺等非物质文化遗产方式以及庙宇、古迹、祭器等物质文化遗产表现出来。在闽南社会特定的历史地理条件下，政治环境的因素、宗教合流的促进、民俗文化的土壤等催发了闽南关帝信俗日渐勃兴。闽南传统艺术文化底蕴深厚，闽南自古以来的唐宋遗响“南音”、宋元南戏梨园戏、闽台歌仔戏、漳州锦歌等传统艺术形式五彩缤纷，民众自行创造把这些乡土戏曲艺术成分融入关帝信俗仪式中，以表达其崇尚关公的心理愿景。在闽南土壤上，原有的仪式形态和本地传统艺术基因融合再造，赋予信俗展演仪式以新的元素。谒祖进香、出巡绕境、酬神演戏等民间信仰仪式与展演实践成为闽南地区文化生态中不可分割的部分。

二、关帝信俗仪式祭典的历史源流

（一）关帝祭祀礼典与官民祀典文化[①]

祭祀关公，无论官祀与民祀，都是尊崇关公人格的表现和推崇关公精神的彰显。

① 杨孟冬：《文化漫谈——关帝祭祀礼典探究》，《关帝庙》2013 年第 4 期，第 38—41 页。

1. 历代官祀祭典概貌

追溯历代官祀祭典，始于唐代中期。据《唐会要·卷二十三·武成王庙》记载，唐肃宗上元元年（760）追封太公望（西周吕尚）为武成王，依文宣王置庙，同时充十哲，配七十二弟子。关羽，便是七十二弟子之一。至宋代，宋徽宗宣和五年（1123）关羽被褒封为“义勇武安王”，并作为七十二将之一从祀于“武成王庙”。到了明代，武宗皇帝特赐关庙为“忠武庙”，世宗皇帝特封关羽为“汉寿亭侯”。明洪武二十七年（1394），朱元璋改建南京鸡鸣山汉寿亭侯庙，将关帝信仰纳入国家祀典之中，并与历代帝王及功臣庙、城隍庙等合称为“十庙”。朱元璋在王朝的首都建立关帝专庙，说明关帝信仰的发展在明朝初期已经突破了民间祭祀的范畴，提升为“护佑明朝国家命运的为数不多的神仙之一”①。有关关帝信仰的官方祭祀活动，据正德《明会典》载，汉前将军寿亭侯关公庙：四孟、岁暮遣应天府官祭，五月十三日又遣南京太常寺官祭。②明万历皇帝对关羽则更加尊崇，颁敕封关羽为“三界伏魔大帝神威远震天尊关圣帝君”。明封建统治阶级对关羽的褒封，使得关羽正式告别了“配享”角色，祭祀礼典规格由原来的“从祀”升格为“专祀”。据清乾隆《解梁关帝志·祀典》记载③：明世宗嘉靖年间（1522—1566），朝廷祭祀仪礼开始形成定制，每年五月十三日，欣逢关公生辰，牛、羊、猪三牲齐备，稻、稷、麦、豆、麻五谷盛设，并置绢帛一匹，特派太常官前往以行祭祀大礼。每季头一个月即孟春（正月）、孟夏（四月）、孟秋（七月）、孟冬（十月）和年终，仍派遣官员来祭。若国有大事，都要派遣官员到解州关帝庙向关公报告。但凡祭祀，都要提前派遣官员前往庙里安慰神灵。此记载呈现了明朝对关帝国祀祭典的隆重程度，祭祀的祭品已有严格定数，不得违犯规制。至清代官祀更达鼎盛，清代是集历代以来封赐关羽各类尊号之大成的朝代，代表了崇拜关公的顶峰时期，因此清关帝祀典享受最高的祭祀仪礼。清康熙帝钦定关帝诞祭日为五月十三日，每年举行盛大的关帝祭典仪式。关帝祭祀仪式由视牲、陈设、盥洗、初献、拜四方、谒拜、终献、圆墓等环节组成。清皇朝钦颁国家祀典乐舞规格，并有专司宫廷乐舞的乐部机构，负责礼乐典礼整理并推进全面施行。

---

① 朱海滨：《国家武神关羽明初兴起考——从姜子牙到关羽》，载詹石窗总主编《百年道学精华集成》第 2 辑“神仙信仰”卷 2，上海科学技术文献出版社 2018 年版，第 120 页。

②〔明〕徐溥撰、李东阳重修：《明会典》卷八十五《合祀神祇》，《景印文渊阁四库全书》第 617 册，台湾商务印书馆 1986 年版，第 801 页。

③〔清〕张镇：《关帝志》卷一《祀典》，重庆师范大学图书馆藏，清乾隆二十一年（1756）刻本。

2. 民祀之风盛行

随着统治阶级对关公的尊崇，关公作为神的形象逐渐深入人心，祭祀关公的活动在民间也开始形成，其规模和声势远在官祀之上。据清嘉庆《关帝圣迹图志全集》记载："每岁四月八日，传帝于是日受封，远近男女，皆刲击羊豕，伐鼓啸旗，俳优巫觋，舞燕娱悦。秦、晋、燕、齐、汴、卫之人肩毂击，相与试枪棒、校拳勇，倾动半天下。"①记载文字虽然简约，但把民间祭祀关公的时间、敬献礼品以及开展祭祀活动的地域、祭祀形式描绘得淋漓尽致。每年关公受封的当天，民间杀猪宰羊，击鼓吹箫，载歌载舞。乡民击毂摩肩，前往关帝庙祭拜。艺人粉墨登场，巫师虔诚祷告，武者舞刀弄棒，各路杂演争相献技。只要有关帝庙的地方，皆是香火缭绕，人潮如堵。整个祭祀活动遍及全国各地。

综上所述，无论官祀还是民祀，均是尊崇关帝文化的具象彰显，承载着中国传统文化核心价值观的共同认知和海内外民众一致的民间意识形态。

（二）关公信俗仪式祭典的历史发展

关公作为三国时期的蜀国名将，后世多有褒封，唐宋封王，明清封帝，是一位真实又充满传奇色彩的人物。历史上，关公被奉为忠义的化身，道德的楷模，理想的典范。凝聚在关羽身上而为万世共仰的"忠、义、仁、勇、信、智"，蕴含着中国传统文化的伦理、道德、理想之核心要素，渗透着儒学的春秋精义，并成为儒释道所趋同的人生价值观念。关公文化是各民族、各阶层共同的文化信仰，也是中国社会各阶层心理共同需要的结果。在中国民间，"关公信俗"渗透于思想及社会生活的各个方面，与各地的固有民俗活动相互融合发展，逐渐形成具有地方特色的文化景观。

1. 关羽历代封号与忠义形象塑造

历代皇朝加封关羽，极大提升了关公在全社会的形象，促进了关公文化的形成与发展。自魏至唐，文人史家仅以骁勇武将身份加以述及，五代平话作品亦将他作为英雄来描绘。隋唐以后，因宗教传播以及统治宣传的需要，关羽被奉为一方神祇，并形成民间性的神灵崇拜扩展开来。宋代以降，关公祭祀逐渐与封建统治者的封敕活动相结合，赋予了关公信俗新的社会内涵。至明嘉靖中后期，关公崇拜已成为全国性的民

---

①〔清〕卢湛等辑、王玉树重订《关帝圣迹图志全集》，刘家平、苏晓君主编《中华历史人物别传集》第 9 册，线装书局 2003 年版，第 465 页。

间信俗，其庙祀活动遍及天下；清代以降出于特殊的政治统治急需，加封的关羽与塑造的忠义形象达到历代最高，关羽成为中国历代“忠义勇武”的政治军事典范和人伦道德楷模乃至于“御灾捍患”的神灵符号[①]。

梳理关羽历代封号，先从关公家乡山西解州关帝庙的一副对联说起：“儒称圣，释称佛，道称天尊，三教尽皈依，式詹庙貌长新，无人不肃然起敬；汉封侯，宋封王，明封大帝，历朝加尊号，矧是神功卓著，真所谓荡乎难名。”这副清代关庙的对联简练概括了关公由侯而王、王而帝、帝而圣、圣而天的历代赐封与皇朝儒家忠义形象塑造及其在中国传统社会中的影响。关羽以事君至忠、临阵骁勇、待人至信、事友仗义的高尚品德而行于世，其忠义核心道德价值的塑造，既有文学的美化，也有统治者的圣化，还有民间社会的神化，描绘成一幅多彩的画卷。

（1）历代文人墨客笔下美化的关公

关羽的原始文学形象见于西晋史学家陈寿所著的《三国志》，主要事迹有刘关张结义、万众刺良、辞曹归刘、镇守荆州、刮骨疗毒、擒禁斩德、威震华夏、身死临沮等。随着历史的发展，文学作品对关羽形象加以丰富和完善，特别是宋元平话以《全相三国志平话》为代表，明清小说则以《三国演义》为代表，塑造美髯公“关公”的文学形象：“忠义关公”的形象，有义斩县尹、义结桃园、封金挂印、辞曹归刘、义护二嫂、义投古城、义释曹操等情节；“武勇关公”的形象，有温酒斩雄、三英战布、斩良诛丑、五关六将、刮骨疗毒、斩胄赚城、单刀赴会、擒禁斩德、威震华夏等情节，使其形象更为丰满、更为高大。其中，《三国演义》对关公“义绝”形象的美化居功至伟，清人王侃《江州笔谈》评价说：“《三国演义》可以通之妇孺，今天下无不知有关忠义者，《演义》之功也。”[②]

（2）历代统治者的需要将关公形象神圣化

关羽作为儒家“忠义”思想学说的忠实践行者，从临沮蒙难以后，蜀汉后主追封为壮缪侯，唐朝时以武将身份从祀武成王庙一直至北宋中期，从北宋后期开始，由于对外战争的需要和理学对社会的影响，宋元统治者逐渐提高关羽的封号等级。北宋徽宗时先后晋封武惠公、义勇武安王，南宋时封为“壮缪义勇武安显灵英济王”，元朝

① 田海林、李俊领：《“忠义”符号：论近代中国历史上的关岳祀典》，《山东师范大学学报（人文社科版）》2012 年第 1 期，第 86 页。

②〔清〕王侃：《巴山七种》，光裕堂刊发，同治四年（1856）刻印本，第 224 页。

时加封“壮穆义勇武安英济王崇宁护国真君”，其封号已经体现忠义、护国、佑民的儒道特色。明朝万历时期加封“三界伏魔大帝神威远震天尊关圣帝君”，此封号融汇儒释道三家文化元素。至清朝封号为历代之最，顺治皇帝敕封关帝为“忠义神武关圣大帝”，乾隆加封“灵佑”二字，并命“关帝历代尊崇”①。迨至嘉庆皇帝，又加“神勇”二字。此后，清廷各帝亦多加封号，道光加“威显”号，咸丰迭加“护国”“保民”“精诚绥靖”号，同治加“翊赞”号，光绪加“宣德”号。于是，清末最高统治者追加关羽的封号为“忠义神武灵佑仁勇显佑护国保民精诚绥靖翊赞宣德关圣帝君”，从封号的字数来说是历史最多的，从“关圣帝君”称号的规格来说又是历史最高的，显示了封建统治者将关羽圣化提高到至高无上的地位。

（3）闽南民间信仰中神化的关帝

闽南民间对关帝的崇拜是民间信仰中最典型的神人崇拜，其中所体现出的闽南民众的精神追求相当丰富。闽南民众对关帝的信仰和崇拜，也有其独特的文化价值取向，他们往往本着“唯神则灵”“唯灵是信”的原则来进行信仰活动。由于关帝“全能神”的功能与角色不断被强化，因此民众认为信奉关帝，便可护佑其日常生活的各方面周全，为此神职不断扩大，神性得以凸显。闽南关帝信俗经过千百年来在闽南大地的孕育生发，关羽在闽南民间造神运动中的神化过程也是其在地化过程，已经和闽南地域文化相融共生。闽南民间艺阵的传习和包括闽南关帝信俗在内的闽南民间信仰诸多仪式已近乎成为共生体，共同构成了闽南独特的民间信仰文化生态系统。

（4）鲜明民族性、广泛性的关帝文化

关公文化根植于中华民族文化的深厚土壤，具有鲜明的民族性，有着广泛的群众基础。古代中国对关帝的信仰崇拜，“上而后王君公，下而红女婴孺”，体现对象的广泛性，“近而都掖，远而魋结侏离之乡”，体现地域的全面性。宋元明清时期“关帝庙祀遍天下”，民间社会崇拜和信仰关帝的取向各不相同。明弘治三年（1490）的松江状元钱福，对关帝信仰极为虔诚，在其亲笔撰写的《义勇武安王庙碑记》中云：“义勇武安王关公云长，庙祀遍天下，精灵塞宇宙，声烈昭简册，端人正士义其忠，武夫劲卒壮其勇，田畯邨妪慑其神……”② 各阶层、各行业均建造或专祀或群祀的关帝庙，以满足自己不同的祈求。从关羽到关帝，是由凡入圣的历史蜕变，从人到神，

① 《清会典事例》卷四三八《礼部・中祀》，中华书局 1991 年据清代石印本影印。

② 〔明〕贺复征编《文章辨体汇选》卷六五四，《景印文渊阁四库全书》，台湾商务印书馆 1986 年版，第 792—793 页。

从英雄到帝君，得益于庶民语言表演系统（小说、戏曲、歌舞、仪式展演）等艺术形式的传播。这套传播体系也是民间信仰的重要发展途径之一，关帝崇拜的民间信仰与民众的日常生活密切相连，尤其在关帝信俗的仪式展演中实现关羽的角色复现以及二次建构。

（5）民族特性彰显的关帝文化认同

关帝信仰以汉民族为主的崇尚敬奉演化而来，继而融入了整个华夏民族。关公是汉蜀名将，初为汉民族所崇尚的忠义英雄，后其忠义精神为历代统治阶层所推崇，诚信精神被商界奉为经商信条，礼、仁、智为儒家尊为人伦典范，勇武为百姓所敬仰。历经顶礼膜拜，由侯而王、而帝、而君、而圣，终演变为威震华夏的武圣，共同的关帝信仰纽带增强了整个华夏民族的认同感。关公文化的忠义、诚信精神，成为维护社会稳定的基石，“忠义二字团结了中华儿女，春秋一书代表着民族精神”。对关公的信仰价值在于，其行为构成了统治者所提倡的伦理价值的楷模：忠孝节义，神勇威武，为国捐躯，生为人杰，死亦鬼雄。关公文化以“忠、义、仁、勇”为核心，本质上是一种道德崇拜，它根植于华夏民族文化的土壤，融合了儒释道的伦理道德精神，成为联系中华民族文化认同的纽带。

考察其背后的内涵，关帝信俗文化的存在形式实际上反映出闽南社会与中华民族历朝文化一脉相承的文化变迁。它以中原文化之源为本，与闽南在地风俗文化交融共生，经多元信俗文化元素在闽地的交汇，最终形成闽南关帝信俗的系列文化遗产，又保持着许多源于中原失散的文化元素。如此，在鲜明的闽南民俗民风的照映下，各种信俗文化的表达形式的背后，事实上完全承袭了中华传统文化中主张“天人合一”等思想观念，为人们理解闽南关帝信俗的内涵提供了思维框架。

明朝中期，内忧外患并至，北有蒙古贵族残余势力的威胁，东北有满洲的兴起，东南沿海有倭寇的侵扰。闽南地区的倭寇之患尤重，据东山关帝庙内大殿《鼎建铜城关王庙记》碑文记载：“明洪武二十年建铜山城，以防倭寇。刻像祀之，以护官兵。”为维护封建政权的地位，嘉靖以后及清代统治者特别注重体现在关帝身上的儒家忠义思想的推崇，对民间关帝信仰有意识地加以扶植和引导，以为时局政治服务。由此，关帝信仰在闽南地区民间得以迅速传播。海峡对岸，台湾的关帝庙是伴随明郑政权驱荷复台的民族斗争建立起来的，闽南民众追随郑成功合力抵抗外侮之际，关帝信仰亦即深入闽台寻常百姓家，成为妇孺皆知的信俗及激励官兵战斗的精神支柱。郑成功顺应历史潮流，从民族大义出发，率军驱逐荷兰侵略者，收复被荷兰殖民者侵占38年之久的祖国领土台湾，这体现了各民族人民的根本利益。紧接着在明郑据台“反清复明”特殊的政治背景下，关帝忠义神武的精神内核备受明郑政权尊崇而承袭开来。

2. 皇朝国家关帝祭典之演进

宋代以前，关羽并无独立祠庙，至北宋末年，民间已开始单独为关羽建祠。《宋会要辑稿·礼二〇》之“诸祠庙”记载：“蜀汉寿亭侯祠，一在当阳县，宋哲宗崇宁元年二月赐额显烈，徽宗崇宁元年二月封忠惠公，大观二年进封武安王。一在东隅仇香寺。羽字云长，世传有此寺时即有此祠，邑民疫疠必祷，寺僧以给食。”① 北宋宣和五年（1123），关公被加封为“义勇武安王”，从祀于“武成王庙”。韩组康《关壮缪侯事迹》考证“祀典”记载：“宋祀武成王，以关壮缪等七十二将配车。北京汉前将军汉寿亭侯关公庙，每岁五月十三日，以侯生辰，用牛一、羊一、豕一、果品五、帛一，遣太常寺堂上官行礼。国有大事则告。南京汉寿亭侯庙，于洪武二十七年（1394）自玄津桥迁至鸡鸣山。每岁四孟及岁暮，遣应天府官祭。五月十三日，又遣南京太常寺官祭。”② 至此，关羽被统治者正式列入官方祭祀，但属其他主神的从祀。明代，关公祭祀由“从祀”升格为“专祀”，祀典日益隆重，祭典以四孟岁暮，应天府官祭，每年农历五月十三日，环路南京太常寺祭。

清代，皇家祭祀关帝的规格渐臻完备，规模比明代更加隆盛。关公祭祀被列入国家祀典，不仅每年遣官致祭，而且帝王在深宫秘祭，可谓至信至诚。清世宗雍正三年（1725），清廷追封关羽为三代公爵，京师增加春、秋二祭……雍正五年（1727），下令重修京城关帝庙后，胤禛专门制定了五月十三日祭典的有关规制：每年五月十三日致祭，关帝前殿祭品用太牢，即牛一、羊一、豕一；祭品有：白色礼神制帛一、果品五、尊一、爵三。三代后殿用少牢，即羊一、豕一，余如前殿。春秋二祭，前殿用帛一、牛一、豕一、镫一、铏二、簠簋各二、笾豆各十、尊一、爵三，派遣大臣一人承祭，行三跪九叩礼。后殿摆设三案，用帛各一，羊各一，豕各一，铏各二，笸簋各二，笾豆各八，尊三，爵九，派遣太常寺堂上官承祭，行二跪六叩礼。光绪五年（1879），加号宣德，直省关帝庙亦一岁三祭，用太牢。先期承祭官致斋，不理刑名，前殿印官，后殿丞、史，陈设礼仪，略如京师。咸丰三年（1853），朝廷将关羽祭祀由“群祀”升

① 徐松：《宋会要辑稿》，中华书局2006年版，第1504页。

② 张羽新、张双志编纂《关帝文化集成》第14册，线装书局2009年版，第107页。

格为“中祀”，享有与历代帝王相同的祭祀礼遇。

据《钦定大清会典事例·礼部·中祀》记载，关羽祭祀乐章佾舞做如下规定：

（1）春秋二祭系卜吉，不得忌辰日期。（2）历代帝王庙乐章六奏用平字，迎神一成，初献一成，亚献一成，终献一成，撤馔一成，送神一成，凡六成。如遇亲祭，和声署照例奏导迎乐。今关帝庙乐章，照历代帝王庙用六成。（3）关帝庙佾舞，照历代帝王庙用八佾，文舞武舞兼用。（4）明年春秋二季，前殿承祭，以亲王郡王拟定正陪，遣王一员行礼；后殿遣太常寺堂官一员行礼。祀前于疏内开列具题请旨。（5）五月十三日告祭关帝庙，承祭遣官，祀前致斋一日，不作乐，不撤馔，供品鹿兔果酒，其余礼节与春秋二祭同。（6）后殿各事宜，均照旧例，惟五月十三告祭，礼节供品与前殿同。（7）祀前二日，太常寺恭请祝版进内，由内阁恭书祝文，送寺安奉洁安，翌日恭设亭内，送至祭所。（8）前殿神位前，笾豆案一、陈设爵垫一、镫一、簠一、簋二、笾十、豆十；俎一，内陈牛一、羊一、豕一；香案陈铜炉一；香靠具实炭垫一；铜炉台二，上设六两重黄蜡二枝。与此同时，祭礼、乐舞等一系列配套的礼仪制度也相继制定。其中，清朝新制关帝庙祭乐的春祭“七个乐章”如下[①]：

春夹钟清均，倍应钟起调，箫伬除仜亿，笛六除伍仜。

迎神 格平之章：懿铄兮焜煌，神威灵兮赫八方，伟烈昭兮累禩，祀事明兮永光，达精诚兮忝稷，馨香俨如在兮洋洋。

奠帛初献 翊平之章：英风飒兮神格，思纷绮盖兮龙旗，奭斗桂醑兮盈卮，香始升兮明粢，惟降鉴兮在兹，流景祚兮翊昌时。

亚献 恢平之章：觞再酌兮告虔，舞干戚兮合宫悬，歆苾芬兮洁蠲，扇巍显翼兮神功宣。

终献 靖平之章：郁鬯兮三申，罗笾簋兮毕陈，仪卒度兮肃明禋，神降福兮宜民宜人。

撤馔 彝平之章：物惟备兮成有，明德惟馨兮神其受，告撤兮礼终罔咎，佑我家邦兮孔厚。

送神 康平之章：幢葆葳蕤兮神聿归，驭凤轸兮骖虬騑，降烟煴兮馀芬菲，愿回灵盼兮德洽明威。

望燎 康平之章：蒿烈兮燎有辉，神观遥瞩兮祥云霏，祭受福兮茂典无违，庶扬骏烈兮永奠疆畿。

---

①〔清〕徐畅达：《皇朝祭器乐舞录》卷二，楚北崇文书局同治十年版。

咸丰四年（1854），奕詝又诏准皇帝在关帝祀典中要行三跪九叩之礼，突破了中祀的拜跪定制。同年农历八月十四日，咸丰帝还亲赴关帝庙祭拜行礼。至此，清朝对关帝的崇祀礼典及三献乐舞达到有史以来的最高峰。据《关帝志·祀典》云[①]：

祭仪：致斋二日。祭前一日，有司饬庙祝洁扫殿庭内外，奉祝眡眂割牲如坛祭仪。备器陈牛一，羊一，豕一，镫一，铏一，簠、簋各二，笾豆各十，炉一，镫一，帛一，香盘一，尊一，爵一，三牲陈于组帛，实于篚，尊实酒，幂勺具。祭日，五鼓，承祭官朝服诣庙，赞礼郎二人引，由庙左门入，武官由右边门入，至阶东盥手，毕，诣拜，位前立，陪祭官咸诣拜，位序立。典仪：赞乐舞生登歌，执事官各共适职，舞六佾，进赞礼郎，赞就位。赞迎神，乐奏格平之章，乐作，赞礼郎就上香位，引承祭官上炷香，三上瓣香，毕，赞复位，引承祭官复位立，赞跪叩，兴，承祭官行三跪九叩礼，兴，乐止。典仪：赞奠帛爵，行初献礼，奏翊平之章，舞干戚之舞，有司揭尊幂勺，挹酒实爵，乐作，赞礼郎引承祭官升东阶，赞诣诸神位前，赞跪，承祭官跪一叩礼，司帛奉篚，司爵奉爵，各进至神位前，司帛跪奠读祝，读毕，以祝版跪，安于神案，叩如初，兴，退，赞礼郎叩，兴，承祭官行三叩礼，兴。行亚献礼，奏恢平之章，舞同初献，乐作，司爵献爵于左，如初献典仪。赞行终献礼，奏靖平之章，舞同亚献，乐作，司爵献爵于右，如亚献仪，乐止舞退，兴仪，赞饮福受胙，赞诣受福胙位，引承祭官至崇中拜位立，奉福胙，二人自东案奉福胙至神位前，拱举接福胙，二人自西案进豆于左赞礼郎，赞跪，承祭官跪，赞饮福酒，右一人跪进福酒，承祭官拱举以授于左，接以兴，次受胙，如饮福之仪，赞叩，兴，承祭官、陪祭官均行三跪九叩礼。典仪：赞撤馔，奏彝平之章，乐作，有司撤馔，乐止，赞送神，奏康平之章，乐作，赞礼郎跪叩，兴，承祭官、配祭官均行三跪九叩礼，仪典乐止。典仪：赞奉祝帛送燎，有司奉祝帛香馔，以次送燎如仪，承祭官避立拜位西旁，竣过复位，乐作，赞望燎，赞礼郎即引承祭官诣燎位，望燎礼毕，乐止，承祭官及执事官皆退。同日，祭后殿正中奉三代神位，南向位，各巽案，每案羊一，豕一，铏二，簠、簋各二，笾豆各八，炉一，镫一，殿中设案，少西北向，供祝版，东西各设以案，分陈礼神。制：帛三，香盘三，爵九，尊三，组、篚、幂、勺具设，洗于后垣门内甬道东，承祭官位殿檐下正中，司祝、司香、司帛入后垣中门盥手，

① 〔清〕曾国荃、张煦等修《山西通志》卷七十二《秩祀略上》，《续修四库全书》第643册，上海古籍出版社2002年版，第138页。

毕，升阶就位，迎神，引诣正位前上香，毕，以次诣左右位前，上香，复位，行三跪九叩礼，初献，读祝如仪，凡仪节均与前殿同。

如上可见，晚清曾国荃所著的《关帝志·祀典》翔实地记述了清末皇朝关帝的崇祀礼典，再现了清代礼乐献享、三献雅乐佾舞的仪式流程及其规格。综上皇朝国家关帝祭典演进的梳理，窥见关帝祀典在清代的仪式样态，随着关公全能神祇地位的不断攀升，其礼乐规制庄重而严谨，达到了空前的规模。

古代祭祀本就有官方与民间两大系统，这两大系统并行不悖，互不对立。基于民间信俗的记忆倾向于先辈遗传的观念影响，而官方主导的意识源于同样观念的典籍，并借助制度强化官方解释。两套系统以节日为载体并行运作。官方祭祀，需要考虑国家不同等级祭祀仪礼如何能在各个层次的行政区域落实，让民众在年复一年的时节中对各类节日祭祀耳濡目染，逐步认知各级祀典礼仪的级别规格。礼仪所包含的价值体系便能渗透个人心灵体验，通过人们亲身实践达成社会教化功能，进而规范人们在社会关系中循规蹈矩，各正其位。

3. 民间信俗仪式表演之衍生

与国家祭祀并行的民间祭祀活动随之衍生，民众自创的关庙祭祀表演、赛社演剧盛行，其祭祀时间、内容、祭品与官祀有较大区别，保留着民间属性与文化特色。关帝信仰崇拜是中国历史上特殊的文化现象，它是通过民间信俗与仪式表演等形式来传承的文化形态，酬神演戏和出巡阵头表演是闽南关帝信俗的重要载体。

历代，关庙祭祀在闽南民间社会已经形成了祭祀关帝、迎神赛会、元宵祈愿、祭祖挂香、庆寿献戏等民俗事象，并积淀承载着闽南民间艺术表演：既有秉承朝廷规范的皇朝国家祀典仪礼雅乐，又有融入闽南民间信俗的本土元素而形成的俗艺术，如关帝巡狩绕境或元宵祈福伴随的以关帝出游为主体的闽南艺阵踩街游舞。晋江籍文人何乔远在《闽书》中记道，“泉中上元后数日为关圣会，大赛神像，妆扮故事，盛饰珠宝，钟鼓震鸣，一国若狂”[①]，道出了元宵关圣会闽南民间艺阵游街盛况。演戏酬神时演出闽南梨园戏、歌仔戏、打城戏等传统戏曲与关帝喜爱的剧目，既酬神又娱人。单就祭祀布置使用闽南当地易得常用的祭品、仪式表演乐器来看，都体现“以俗载礼”的在地化呈现。闽南关帝信俗仪式表演形态历经历史演变，其传承至今的形态内涵从

①〔明〕何乔远编撰《闽书》卷三十八《风俗》，福建人民出版社 1994 年版，第 950 页。

广义视角来看，既包含了中华历朝历代“礼”的传承，又体现着闽南本地“俗”艺术的改造。自东汉道教传入福建，在闽南地区久盛不衰，且对闽南关帝信俗文化产生了深远影响。关帝信俗受儒家哲理影响共同形成的主流观念，跟随国家祭祀规范落地闽南土壤而得到强化，也获得地方道教的浸染与支持。于是，闽南民众的关帝信俗仪式表演实践融合了儒释道三教义理，随即渗入民间风俗在闽南社会风行开来，成为地方文化烙印与民众日常的生活记忆。

综上可知，关帝信俗仪式是关公文化形成、发展、延续和流行的主要载体。通过关公祭典仪式表演符号诠释的关公道德品质、思想观念、文化精髓，得以在地化承继与发扬，并对社会生活产生影响。从皇朝国家祀典到民间世俗化演绎，以俗载礼，以礼化俗，展现礼俗互动的互摄与转换。从关帝信俗文化的形成演变轨迹，可发现其思想精髓源自华夏文明传承，应历史发展脉络而纵横大江南北。

三、以闽台关系为中心的两岸关帝庙宇文化圈

关帝信俗文化是传统文化的组成部分，它起源早、辐射广，对人们的意识观念浸染深。自古以来，穿过中原腹地，一路南下的关公信俗进入闽南，既保持信俗的核心要义，又和闽南的风土人情相互融通，形成了别具一格的闽南关帝信俗文化。

继 2008 年关公信俗被列入国家级非物质文化遗产名录后，2009 年福建省非物质文化遗产东山关帝信俗作为民俗类也入选全国第三批非物质文化遗产名录推荐项目。在闽南地域内部，“漳、泉、厦”闽南金三角的关帝信俗祭典仪式也具有不同的风格特色和地域色彩，播植台湾后，又呈现出海峡两岸一脉相承的多元文化色彩。于是，关公作为闽台民间神祇信仰的典范和最受尊崇的神灵，成为闽台民众共同的精神力量，并形成了以两岸交流为中心的关庙文化圈。

台湾最早建祀的关帝宫庙，由东山关帝庙分灵渡海而兴，嗣后又不断分香续焰延播全台各地，还有相当一部分是从泉州通淮庙分炉而去。现全台湾计有大小关帝宫庙 1000 余座，它们中绝大多数认东山关帝庙和泉州通淮关帝庙为香缘祖庭，每年到东山关帝庙和泉州通淮庙参拜的台湾同胞都在万人以上，春节、元宵等民俗节庆，更是人山人海，摩肩接踵。可以说，福建的关公信仰已成了台湾同胞、海外侨胞传递亲情、心归故土的一个精神寄托。明清以来保持与延续来闽进香谒祖的传统和双

向互动，构建起以对台关系为中心的庙宇网络，关帝庙宇文化圈连接起闽台双向互动交流的文化纽带。

（一）闽南地区的代表性关帝庙宇与两岸交流简况

1. 东山铜陵关帝庙

“英雄有几称夫子，忠义唯公号帝君。”关公信仰文化的萌生、发展、鼎盛经历了漫长的历史岁月。在东南海交汇、闽粤地交界处的东山岛，是台湾关帝信仰文化的发祥地。东山古时亦称铜山，是大陆距台湾澎湖最近的地方。历史上东山既是海峡西岸的兵戍重镇，又是东南沿海对台对外通航通商的重要港口，也是闽南移民最先进入台澎及海外的沿海岛县。

始建于明洪武二十年（1387）的东山关帝庙（铜陵关帝庙），是全国四大关帝庙之一，1996 年 12 月被国务院批准为全国重点文物保护单位。由明洪武年间江夏侯周德兴亲临东山所创建，后经扩建重修，成为一座巍峨庄严、金碧辉煌的武圣殿宇（见图 1-1）。庙的木结构部分为明代、部分为清代建筑。庙宇属抬梁式木构架建筑，面积 680 多平方米。大殿匾额为清咸丰皇帝御笔的“万世人极”，两柱有明武英殿大学士，乡贤黄道周亲笔写的木刻楹联“数定三分，扶炎汉，平魏削吴，辛苦倍常，未了一生事业；志存一统，佐熙明，降魔伏虏，威灵丕振，只完当日精忠”。此长联是黄道周对关公一生作为与精神境界的精辟概括。

庙内存有多方石碑刻、柱础、铜钟、香炉等珍贵文物，其中的金木雕、石雕更是

图 1-1 东山铜陵关帝庙外观（刘小龙 / 提供）

琳琅满目、栩栩如生，乃珍中之宝，具有很高的考古研究价值。庙前有明清时代雕刻石狮四对，昂首威猛，神气各殊。庙门建筑用六支圆石柱顶托数百支纵横交错、承力均匀的斗拱，拱架上捧着一座宫殿式的楼亭，称“太子亭”。亭上有各种闽南地方特色的瓷雕图案，正面是“八仙过海”和“兽图”。背面雕塑唐宋故事情节中的 120 个人像，造型生动，多彩多姿，举目环视，气势雄伟。太子亭不但建筑艺术高超，也具有很高的建筑科学价值，它经历 500 年来所发生的大地震大台风袭击仍安然无恙，赢得中外古建筑专家感叹不已。

600 余年来，东山关帝庙香火分灵遍布台湾和闽南、粤东各地，甚至远播南洋与海外。现全台湾 1000 余座关帝宫庙和闽南、粤东及海外部分关帝宫庙，都共尊东山关帝庙为香缘祖庭。每年农历五月十三关帝圣诞期间，东山县皆举办海峡两岸关帝文化节，有大量的台湾关帝分灵庙及信众进香谒祖，共襄盛举，掀起海峡两岸关帝文化交流的高潮。

2. 泉州通淮关帝庙

在泉州城区，“通淮关岳信俗”是最为活跃的民间信仰之一。2010 年，泉州通淮关岳庙以“通淮关岳信俗”成功申报泉州市级“非物质文化遗产”。2011 年，泉州市鲤城“泉州关岳信俗”项目入选福建省第四批非物质文化遗产名录。泉州关帝信仰起于唐宋，兴于元明，盛于清代。据考始于南宋、修建于明代的泉州通淮关岳庙是泉州地区关帝信仰兴盛的重要见证，其坐落在泉州涂门街（古称通淮街），香火旺盛，是泉南著名古迹，驰名海内外，分灵遍及台、港、澳和东南亚，是海内外人士谒祖朝拜的圣地。通淮街的关岳庙最早是供奉水神之庙，据清乾隆《泉州府志》记载，明太祖朱元璋崇拜关羽，朝廷要求泉州七城门都建关帝庙，通淮水神庙遂改作关帝庙。明代称“关王庙”，清代称“关帝庙”，为泉州朔望行香、春秋两祭的“武圣”专庙。民国三年增祀爱国英雄岳飞，改称为“关岳庙”。自明、清、民国以来，历经多次重修，

图 1-2 泉州通淮关岳庙关帝诞辰 1861 周年庆典活动（黄国炎 / 摄）

并于新中国成立后的1986—1990年再次进行整修。今三殿并峙，形成结构对称、庙宇壮观的建筑群，总建筑面积1294平方米（见图1-2）。

正殿称“武成殿”，祀三国关羽和南宋岳飞，面阔三间，进深五间，单檐硬山顶，穿斗式木构架。右为“三义庙”，祀三国时桃园三结义的刘备、关羽、张飞，旁祀诸葛亮。左为“崇先殿”，奉祀关公三代先祖。庙内保存着宋代大儒朱熹手书“正气”和明代书法家张瑞图书“充塞天地”等巨幅名匾。历代泉籍文士名贤之石刻、楹联遍布，现存文物碑刻主要有：清乾隆四十三年（1678）官献瑶撰的《重修泉郡通淮街关帝庙碑》和乾隆四十二年（1677）重修通淮关帝庙收支情况的石刻，清咸丰七年（1857）的《关圣帝祖茔碑记》《立看守碑》，嘉庆二十四年（1819）台湾林光复所书石刻，等等，这些珍贵文物古迹的文化内涵十分丰富。

作为闽南著名民间信俗场所，泉州通淮关岳庙香火远播台湾、东南亚各地，是台湾众多关帝庙、宫、堂的祖庙。诸如金门隶属泉州府，渊源深厚，民众自古往来密切，泉金两地的关帝信仰交流频繁，每年进香团来此祖庙晋谒络绎不绝。长期以来，通淮关岳庙以“晋谒关帝祖庙·联结两岸情缘”为主题，通过两岸关帝文化的双向互动，发挥其在海峡两岸经济文化交流中的积极作用，既谋求自身健康发展，又彰显其在两岸关系中的积极纽带作用。

3. 厦门内武庙

厦门建置关帝庙历史悠久，可以追溯到明代万历年间。据清乾隆年间成书的《鹭江志》记载：历史上厦门岛建有内关帝庙、外关帝庙和武庙等供奉关帝的庙宇。其中，厦门市思明区内武庙（内关帝庙）为厦门地区现存的代表性关庙之一。该庙肇建于明洪武年间（1368—1398），与厦门中左所城并古，为鹭岛奉祀关圣帝君之首庙。明万历年间（1573—1619）一度重建。旧庙在所城西门内，清康熙年间（1662—1722），靖海将军施琅修建所城时，捐银70两，迁建今址。嘉庆二十四年（1819）重新翻建，道光元年（1821）五月告成。光绪二十五年（1899）再修。民国二十三年（1934），蒋以德居士再度修葺，并在庙内创办义学，门前有以“义学”冠头联，曰“义之至上谁若夫子者，学而有成岂唯春秋乎”。佛家以关圣皈依佛陀，奉为伽蓝护法尊神。清道光年间（1821—1850）僧心明一度驻庙，20世纪30年代，释觉净等2人又复驻庙。1997年，厦门市宗教局与佛教协会拨内武庙为居士林林院基地。因厦门城市化进程的加快，原在内武庙举办的各类信俗仪式被逐渐简化或淡化。而随着闽南关帝信俗非遗项目的成功申报，每年元宵节，厦门内武庙恢复了闽南地区的信俗仪式，如“乞龟”仪式和几近失传的“听香”习俗。“听香”是指在正月十五月圆之夜，信众先在关帝前掷筊问卦，然后手持杯筊走出庙堂，一路穿过附近街巷，将耳边听到的第一句清晰话语当作“签”，随后回庙堂掷筊定“签”，最后将其复述给解签人“毕香”（即解签）。这一闽南民俗曾载录于清代道光年间的《厦门志》。在内武庙供桌上，还会摆放龟粿供信众“乞龟”。若想“乞龟”，需经过至少四五次掷筊程序。“乞”得“龟”后，需将龟首朝外摆放，或在龟粿上插香，以示龟粿“有主”。元宵之夜，内武庙杯筊声交错、香烟缭绕，民众纷纷来武庙“乞龟”以求吉纳福，这成为厦门岛的民俗文化特色。

（二）关帝香火由闽入台的代表性庙宇简况

1. 台澎“铜陵关帝庙”

宋末，福建东山军民抗元失败，部分人夺舟入海逃徙澎湖、台湾及南洋群岛，最初的关帝香火由此而播入台澎。明嘉靖年间，朝廷复设澎湖巡检司，入澎巡戍的铜山水寨官兵将关帝香火带入澎湖建祀。入清后，居澎铜山籍同人劝捐扩建铜山武圣殿，并沿袭祖庙之称“铜陵关帝庙”。

2. 台南祀典武庙

俗称“大关帝庙”（见图 1-3），为康熙三年（南明永历十八年，1664）明宗室宁靖王朱术桂入台前于东山铜陵（铜山）关帝庙请香分灵奉请入台，最先供祀在王府中，不久由民族英雄郑成功之子郑经建庙崇祀，成为南明政权在台湾建祀的最高规格的武庙，亦是台湾地区武圣关公的信仰中心。庙宇主祀关公，后又追封关帝三代并重建正殿庙门，也提升成为官方主祀典庙宇，所以名为祀典武庙。四时祭祀，香火旺盛，被台南民众称为“大关帝庙”，现为台湾一级文物保护单位。东山县文史专家刘小龙所著的《中国的武圣 世界的关帝》中梳理道：“宁靖王拜别铜山，他从关帝庙分灵了一尊神，跨战船过海来到台湾。台南城建起了最初的关帝庙……关帝香火不断传向宝岛四方，祀典武庙如今更加辉煌庄严，庙里还供奉着当年过海的老二爷，见证了两岸历史赐福宝岛的今天。”[①] 台南祀典武庙自明清以来与东山关帝祖庙保持着谒祖进香的常仪，成为两岸关帝信俗文化交流密切的代表性庙宇。

---

① 刘小龙：《中国的武圣 世界的关帝》，海风出版社 2015 年版，第 58 页。

图 1-3 台南祀典武庙外观（谢国兴 / 摄）

3. 高雄文衡殿

该庙为台湾南部最早的关帝庙之一，史传明万历年间，由泉州一陈姓海商泊舟于铜山，晋关帝庙祈请分灵而后入徙澎湖；入清后，其后裔子孙再徙台湾凤山扩修而成。

4. 台中圣寿宫

该庙为清康熙二十三年（1684）福建水师参将张国受命出任台湾协副将（后升为浙江定海总兵），率兵入台讨抚造乱的番民从东山渡海之前躬临铜山关帝庙晋乞香火入台而来。

5. 宜兰礁溪协天庙

为漳州府平和县五寨人林枫后裔林应狮、林古芮等人于清嘉庆九年（1804），奉请铜山关帝庙分灵神像迁徙入台所建祀。礁溪协天庙（见图 1-4）主祀关圣帝君，已有 200 多年的历史，台湾北部及东部都有其分灵庙，是北台湾规模最大的关帝庙。协天庙外观庄严，整体华丽辉煌，每年农历正月十三日及六月二十四日皆会举行春秋二祭，有隆重的乞龟及当地学生跳“四佾舞”的祭典表演仪式，成为吸引台湾信众前去参拜的亮点。

至今，澎湖铜陵关帝庙、台南祀典武庙、宜兰礁溪协天庙以及嘉义丌台尊王（郑成功）庙等都存有当年从东山分灵入台的“老二帝”神像。此外，澎湖红毛城关帝庙、台南山西宫、高雄文衡殿、嘉义关帝庙、金门烈屿关帝庙等台湾地区最早的关帝宫庙，也都是闽南百姓和铜山军民从东山关帝庙分灵过海所建。这些关帝宫庙，现已繁衍了

图 1-4 宜兰礁溪协天庙外观（谢国兴 / 摄）

数以千计的“子孙庙”。如今，中国台湾地区的关帝信仰，南部以高雄文衡殿为主庙，中部以台中圣寿宫为领衔，北部以宜兰礁溪协天庙为首要，全岛以台南祀典武庙为中心，构成了上千座关帝宫庙斗座拱连、灿若繁星的建祀庙宇网络系统，带领了台湾地区关帝信众子民前来大陆闽南主庙的谒祖寻根之旅，自古以来亦建构起“以闽台关系为中心”的两岸关帝庙宇文化圈。

本节小结

在闽南民间信仰中影响重大的关帝信仰，是由国家与地方社会双向影响而共同建构的民俗事象。如前所述，关帝祭典仪式表演随着历代皇朝的不断升格，形成官祀与民祀互动并行的信俗文化现象。从皇朝国家祀典到民间世俗化演绎，在闽南社会展现和构建了礼俗共存、礼俗融合的互动形态与传统实践机制。明清以来随闽南移民分灵带入台湾，又共同构成闽台社会圣贤崇拜的主要神灵，随之依附衍生的官祀雅乐佾舞祭典与民祀迎神赛会表演体系在闽台关帝文化圈里交融共生，交相辉映，形成“你中有我、我中有你”的信俗文化共同体，尤其是 20 世纪 90 年代以来闽台两岸的谒祖进香交流活动频繁，使关帝信俗仪式表演达到空前繁荣，极大地促进了两岸民间文化交流，成为台湾民众寻根问祖的文化认同纽带。

第二节　闽南关帝信俗与闽南传统社会

本节通过爬梳闽南关帝文化形成的历史脉络，以历代闽南漳州关帝纪略为例，纵向阐明闽南地区关帝信俗文化产生、发展的历史脉络及文化成因，进而阐发闽南关帝信俗仪式表演孕育的社会土壤和发展阶段，整理阐析明清以来闽南传统社会官祀祭关乐舞的概貌、闽南民间社会民祀关帝信俗与表演常仪。

一、闽南关帝文化形成的历史脉络

闽南关帝文化的形成、发展变化与闽南社会的历史发展有着密切的关系。本书通过纵向梳理闽南关帝信仰文化发展的历史脉络，从而明晰关帝信俗在闽南根植的文化成因。

（一）唐初中原将领入闽拓疆与关公文化的根植

古时闽南地区以漳泉二府为行政建置。闽南二府由于独特历史、地理诸因素，关帝文化信仰既传承了中原民间信仰的传说，又带有鲜明的闽南地方特色。

唐总章二年（669），陈政、陈元光父子率领首批将士开拓闽南，和自中原前来增援的军人，先后两批入闽开漳的近万名将士及其家眷，就地安家落籍漳州，世代繁衍，生生不息，其后裔成为漳、泉、潮汕地区的主要人口成分，造就了“漳江思源怀固始，唐人访祖到闽南”的“根文化”现象。据史志记载，为安抚将士思乡情结，寄予心灵依托，陈政、陈元光带来了家乡所奉祀的关羽神像香火入闽。由此可知，闽南关帝文化发端于中原河洛地区的关公文化，反映了闽南地区关公与中原河洛文化的传承关系。

关公文化随唐朝府兵及眷属带入闽南，逐渐在闽南传统社会扎根生长。以物化存在的关公信仰庙宇为例，就有坐落于漳州主城区的北宋真宗大中祥符年间所建的漳州关帝庙，该千年武庙现称“古武庙”，如今香火传遍海峡两岸及东南亚地区。明清时期闽南地区关公崇拜达到巅峰，漳泉府关帝庙林立，官祀祭典仪式及民间庙会艺阵游舞盛况空前。据明万历年间李光缙为泉州通淮关帝庙所撰的《关帝庙记》云：

今天下祀汉寿亭侯者，遍郡国而是，其在吾泉建宫，毋虑百数，独我儒林里中庙貌为胜……上至监司守令居是邦者，迨郡荐绅学士，红女婴孺，无不人人奔走，祷靡不应，应靡不神。①

这种崇拜之风与当时闽南传统社会文化背景息息相关，直至清代长盛不衰。

（二）南宋朱子理学教化与闽南关公文化的发展

闽南素有“海滨邹鲁”之称，自唐宋以来，向学风气大盛。宋明理学的教化，强调道德修行，重视主观意志力量，注重气节、品德，促使闽南人对传统文化的坚守，使传统文化重新焕发生机。泉州是南宋著名理学家朱熹的初仕之地，也是“二朱过化”之区。朱熹对泉州情有独钟，其足迹遍及泉州郡治及泉属各县；漳州又是朱熹知漳之地，他兴教育才、整饬吏治、体恤民瘼、移风易俗、刊刻“四书”，给漳州带来了政治经济文化改革的先进理念，推动了儒家礼仪文化在漳州的传播。可以说，朱子理学促使闽南漳泉二州成为“紫阳过化、海滨邹鲁”之城。朱熹推崇儒家文化，敬奉关公，泉州通淮关帝庙至今悬挂着朱熹题写的“正气”二字。朱熹作赋的《篆迹赞》《关帝篆赞》教诲世人，其中《篆迹赞》赞关帝的“四好”诗，表达了儒学大师朱文公对关公的敬仰之情及其对儒学礼教的推崇。《篆迹赞》全诗如下：

篆迹赞②

〔宋〕朱熹

读好书。百圣在目，千古在心，妙者躬践，敫者口吟。
说好话。莠言虚妄，兰言实杯，九兰一莠，驷追不回。
行好事。圣狂路口，义利关头，择行若游，急行若邮。
做好人。孔称成仁，孟戒非人，小人穷冬，巨人盛春。

在闽南传统社会，朱子理学教化及其对关帝文化的推崇，使得闽南社会风尚提升，自此对闽南文化生活的影响广泛而深刻。朱子理学发展到明代，把关公的“忠、义、礼、智、信”的儒家仁义观念推至最高层面，进而关羽逐步被官方认可和民间尊崇。闽南人读书治经蔚然成风延续至今，明代泉州回民的汉化，也与之有密切关系，时在明代

①〔清〕周学增等纂修《晋江县志》卷十六《祠庙志》，福建人民出版社 1990 年版，第 422 页。
②〔清〕卢湛编《关帝圣迹图志全集》卷五《艺文考》（下·赞类），康熙三十一年（1692）。

嘉靖、万历间，正是闽南崇拜关帝风气特盛之际。漳、泉士大夫在关帝信仰活动中，积极而活跃，他们或主持修庙，或撰写碑记，或塑神像奉祀，极大带动了闽南关帝信俗之风的盛行。

(三) 文学著书、传说掌故、闽南戏曲等形塑颂扬关公义理的文化影响

关羽的“忠勇仁义”是闽南关帝文化的主要内涵。闽南人对关羽的认识与文学作品、曲艺、戏曲、故事等文学艺术形式的广泛传播密切相关。罗贯中的名著《三国演义》的文学塑造，关羽成为了忠勇仁义的象征，寻常百姓无不知晓。再通过观看京剧、歌仔戏、潮剧、布袋戏等三国戏中了解关羽，如漳州的布袋戏剧目就有《三国演义》115 本之多；潮剧传衍剧目也非常丰富，其中有《关王庙》《三英战吕布》《桃园结义》《五关斩将》等剧目；漳州早期龙海石码的京剧科班常常上演《三国演义》；台湾诸多歌仔戏团至今盛传民众喜闻乐见的《桃园三结义》《关圣帝君战龙王》等关帝经典剧目。这些文学作品、地方戏曲、传说掌故等文艺形式形塑了关公忠勇仁义的神圣形象，满足了社会各阶层民众的不同追求。因为关公既有“上报国家”的忠义，又有“下安黎庶”的仁义；既有“救困扶危”的侠义，又有“同生共死”的情义。[①] 文学艺术形式所赞颂关公的这些品格尤其得到闽南人的普遍信奉，特别是明中后期始，闽南地区海上贸易和商品经济较为发达，明代漳州月港的海外贸易勃兴，这里店肆林立，千船扬帆，万商云集，繁甲一方。月港的豆巷（港口市场）是最热闹的商市，100 多米长的豆巷是粮货的集散地，巷内兴建了“武圣殿”，行船人都在这里祈求关帝的保庇，殿前有凉亭，供人们品茗娱乐，弹唱锦歌。从月港启航的海商，足迹遍及东南亚一带，主要到达的国家和地区有：日本、越南、柬埔寨、泰国、苏门答腊岛、加里曼丹岛、马来半岛、马鲁古群岛、菲律宾等。勃兴的月港，成了我国东南沿海最大的海外交通和贸易商港。闽南一度成为外国商人和各地贸易往来的聚集地，人们需要加强交流与合作、扩大社会联系的能力，相互帮助、患难与共、凝心聚力，以应付激烈的社会竞争及各种突发事变。闽南人对关帝的崇拜正是这种心理需求的反映，也是关帝信俗文化形成与盛行的重要原因。

① 吴鸿丽：《略论明清时期泉州地区关羽崇拜盛行的原因》，泉州市通淮关岳庙董事会、泉州市区民间信仰研究会编《泉州关岳信仰民俗研究文集》，（泉）新出内书第 001 号，2001 年版，第 81 页。

（四）闽南关帝文化的形成与闽海防倭抗倭时局有关

1. 明官府倡建武庙，防倭寇以护官兵

明代是闽南关帝文化较为昌盛的阶段。这与明代防倭寇、抗倭寇、抵御西方殖民势力有密切的关系。当时，倭寇猖獗骚扰闽海各地，西方殖民者荷兰、葡萄牙等也侵犯东南沿海，引起明王朝的重视。朱元璋在东南沿海设立军事海防机构，建立“一县设所、一府设卫”的严密海岸防卫体系。漳州镇海卫即明洪武二十年（1387）所建，是明代福建沿海抗倭御敌的重要卫城之一。据《镇海卫志·建置》载：“镇海卫城……明洪武二十年周德兴筑以防倭，及前、后、左、右、中千户所于此，而六鳌、铜山、悬钟三守御千户所属焉。”按明代规制，州县卫所均要建立武庙，于是漳州六鳌所城（今漳浦县）、铜山所城（今东山县）、悬钟所城（今诏安县梅岭）等，均建有关帝庙。东山铜陵关帝庙《鼎建铜城关王庙记》碑中记载：“国朝洪武之二十年（1387）城铜山，以防倭寇，刻像祀之，以护官兵，官兵赖之。”此碑文记载了明初时局下官府倡建武庙，防倭寇以护官兵的史实。

明初，人们把关帝当作勇猛无敌的军神、战神来祭祀，这起源于军队。闽南明军视关羽为军魂，守城的官兵希冀最具名望的“军神”关公保佑他们打胜仗。明洪武年间建立卫所制度时，各地将领已把中原奉祀关羽的习俗带至驻地，慕关公之神圣，以扬威之助。以漳州为例，漳州在一些海口、江边、关隘等地方都建有关帝庙：龙海的石码、角美，龙文区的赤岭，漳浦的旧镇、六鳌、杜浔，诏安的梅岭半岛悬钟城、南诏，东山的铜陵、港口，云霄的云陵、竹塔，南靖的山城，平和的小溪等地，关帝宫庙林立，用以激励官兵齐心抗倭。

2. 闽南民众崇祀关帝保卫家园

明嘉靖年间，倭寇愈加猖獗，劫掠我国沿海地区，漳州沿海百姓深受其害。自明嘉靖二十八年（1549）至崇祯七年（1634），东山岛先后16次遭受倭寇海盗的抢劫、烧杀。如何对付日本倭寇及汉奸海盗的祸害，老百姓出于生存的现实需要，也出于民间信仰，一方面求助于关圣显灵杀倭、退倭，保护地方百姓安宁；另一方面自发组织起来进行武装自卫。

民众自发的抗倭斗争需要精神支柱，他们选择的保护神必然是神勇的关圣。关公生前的勇武和殁后的神迹，使之成为漳州民众崇拜的对象。同时，关圣的忠义也成为汇集力量、相互联系、互相救援的精神纽带，关圣成为汇集各阶层力量、凝心聚力抗

倭斗争的主神和护佑一方的乡里神。民间至今流传着百姓以关帝神力号召民众、鼓舞士气抗倭成功的传说。至今，漳州沿海区域的龙海石码上码、下码武庙，铜山铜陵关帝庙，港口村关帝庙，漳浦旧镇六鳌、杜浔关帝庙，诏安悬钟关帝庙等都流传并记载着这样的事例。漳浦县六鳌城西门鳌西村关帝庙中的明隆庆五年（1571）守将杨江南《鼎建关帝庙碑》的碑文就有关于汉寿亭侯平倭保境、肃清倭虏、六鳌百姓感恩、纪石以表功绩的记载。诏安民间亦流传着关帝灵圣的故事传说，明嘉靖四十一年（1562），诏安县遭受倭寇大肆劫掠骚扰，梅岭悬钟城被倭寇攻破，守御所千户周华战死，倭寇长驱直入，诏安城十分危急。时任知县龚有成组织民众护城抗倭，危难之际，夜间民众见关帝骑赤兔马，手提青龙偃月刀显灵城垣，倭寇见而惊遁，于是诏安城得以保全。知县龚有成梦见关帝助御敌，为彰扬关王佑民护城殊功，倡议重新拓建关王庙，经两年扩建而成，称为武庙。当时南诏守御所副总兵邓继志，为追念关王保障之功，首倡莅诏文武官员于每月初一、十五必到武庙进香朝拜。漳浦县旧镇海屋关帝庙，据郑氏族谱记载，是先祖郑光德明代洪武年间为抗击倭寇而建的关帝庙。终上所述，闽南民间世代为激发本族子民忠贞爱国、抗击倭寇而崇祀关帝，自发建置关帝庙成为保家卫国的精神力量。

（五）闽南关帝文化和水运贸易有关

闽南关帝文化和水运贸易交通有密切关系。宋代泉州海上丝绸之路，明郑和下西洋，几次在泉州起船，明太祖朱元璋信服关公，下令泉州七个城门要建七座关帝庙。600 年来，泉州七个城门的这七座关帝庙香火旺盛，除了水陆城门这七座庙外，市区街道都建了一些小庙宇。到了清末，泉州城崇祀关帝的庙宇达到了 100 多座。漳州明代月港船运发达，带来漳州海上贸易繁荣，沿九龙江直至大海的水路沿线，关帝庙宇林立。以内陆河浦头港为例，浦头港是宋代人工开凿的内陆河，全长 3 公里，起于文英楼，入于九龙江，历史上船舶来往频繁。人们为祈求关公保护航行安全，于宋淳熙十四年（1187）在浦头港边建起了浦头关帝庙（崇福宫）。这样的例子比比皆是，说明闽南关帝文化和水运贸易密切相关。

二、历代闽南漳州关帝纪略[①]

（一）初唐：陈元光开漳布香火

唐总章二年（669），陈元光随其父亲归德将军陈政率领中原子弟兵入闽南平息蛮獠啸乱。陈政战死后，陈元光承袭父职，继以战功授岭南行军总管，在相继平定闽南、粤东的三十六寨峒之后，拓土开疆，著绩闽南，于垂拱二年（686）创立漳州，并为漳州郡首任刺史。

陈元光于开漳治漳期间，屯兵闽南四境，且战且耕，融合汉蛮民族，施行“唐化”教育，传播中原文化，兴学办校，奖农助耕，惠工通商，使处于闽粤间的这一千古蛮荒之地走向长治久安和初步的繁荣发展，并与中原地区形成政治、军事、经济、文化上的统一，成为“扼闽粤之吭，开千百世衣冠文物”的八闽名邦之一。因此，陈元光被后世奉为开漳圣王，建庙立祀。

陈元光父子入闽南平乱，最初驻兵与设治之地即在与东山岛仅一道海水相隔的云霄漳江之畔的火田一带。随其入闽开漳的官兵遂将中原文化带入闽南。中原文化信仰中的关王爷（即关公、关帝）、佛祖观音、玉皇大帝等神祇香火与“祀神庙、神道，祈晴求雨、焚香跪拜、迎神赛会、演戏修醮等”文化习俗随之传入闽南漳州地区。尤其关公信仰逐渐扎根闽南，引来了奉祀关公的香火，从此关公文化传入漳州，形成了漳州关帝文化。

（二）宋代：始建关庙宋铺兵祀关帝护战

宋代漳州开始建关帝庙。位于漳州芗城区的漳州武庙始建于北宋真宗大中祥符年间（1008—1016）。漳州始建于宋代的关帝庙还有平和县五寨乡新美村下店关帝庙，桥头关帝庙，龙文区赤岭关帝庙，芗城区浦头崇福宫、东岗宫，天宝蔡坑联登宫，漳浦县旧镇东厝关帝庙，湖西乡后洞关帝庙，佛昙镇后社关帝庙，诏安县梅州乡大陂关帝庙，华安县华丰镇良埔村南坂关帝庙。

漳州沿海地带的关帝信仰，以东山岛为例，宋建隆元年（960），当时东山岛属于漳浦县安仁乡思政里管辖，因地处闽粤沿海船舶必经之要塞，故朝廷在此设立兵铺，

---

① 这一部分主要参考漳州市民族与宗教事务局、漳州道教协会编《漳州关帝文化》，内部资料，2018 年版，第 145—148 页；刘小龙：《海峡关帝传奇》，海风出版社 2012 年版。

计有东坑（亦称铜坑，今属铜陵）、张塘（樟塘）和后林、磁窑四铺，各驻铺兵六七十人，归漳浦南诏场（即今诏安县）临水驿管辖，这是东山岛上最早的军事设置，赖以保卫东南沿海疆域边防。关公作为朝廷敕封的义勇武神和护国佑民的战神，理所当然为驻岛各铺官兵所崇奉。据传，当年东山岛上各兵铺都置有关公神坛，铺兵身上挂着关公的神符香火袋，以护身助战。

宋祥兴二年（1279），据史料记载，武翼都尉陈源霖护送宋帝赵昺入漳浦，奉旨领水师镇驻铜山（东山）。4月，元兵攻铜山，都尉战死，大批铜山人、诏安人为避元兵，遂带着关公香火逃入澎湖，关公香火迁播澎湖后入台湾。

进入元代，建于元代的闽南漳州关帝庙有平和县山格镇侯山龙虎宫、南靖县龙山镇南坪村坪顶关帝庙。

（三）明代：设卫所建关庙以护军民

建于明代的漳州关帝庙有68座。明洪武二十年（1387），明太祖朱元璋为防倭寇侵犯，遂命江夏侯周德兴入闽，先后在福宁（霞浦）、兴化（莆田）、泉州、漳州四郡设置福宁卫、镇东卫、平海卫、永宁卫、镇海卫五个卫指挥使司及12个守御千户所，籍民为兵，兼以戍垦，筑城防倭，以固海疆。周德兴在漳州沿海建置了镇海卫城（今龙海市镇海）之后，下辖六鳌所城（今漳浦县）、铜山所城（今东山县）、悬钟所城（今诏安县），四城内均建有关帝庙，以护官兵，保境安民。

明洪武二十一年（1388）建云霄县马铺镇太平庙，是云霄最早建的一座关帝庙。明万历年间（1573—1619）泉州一位陈姓商人到东山铜陵关帝庙进香，包香火分灵入澎湖奉祀，后其子孙又迁移到高雄凤山（今高雄），于赤山里建文衡殿关帝庙。

万历四十五年（1617），由于日本强寇卷土重来，不断进犯澎湖、台湾和福建沿海，朝廷下令福建水师“长戍澎湖”，“以固海疆”。东山（铜山）水寨营的官兵奉命进驻澎湖之后，与居住于澎湖的铜山百姓再次重修了曾被倭寇毁废的关公庙，并从铜山关王庙再次分灵一尊关公神像入澎奉祀，称作“铜山庙”。

（四）清代：漳州分灵过台湾的关帝情缘

始建于清代的漳州关帝庙有74座，为历代最多，主要有：

清康熙二年（1663）南明宗室宁靖王朱术桂随郑成功之子郑经退守东山，据守台湾时，他分请的东山铜陵关帝庙神灵入台南，建祀了台湾最早的武庙——台南大关帝庙。清雍正五年（1727）该庙被朝廷列为祀典，故又称祀典武庙。据传该庙的关帝爷神灵赫奕，屡显圣威，护国庇民，备受台湾军民仰崇，由此其香火又延播再植于台南城乡及台岛各地。

清代康熙年间（1662—1722）云霄县马铺罗氏第十二世子孙移居台湾嘉义，包了太平庙关帝香火到台湾奉祀。近年多次回云霄祖庙进香谒祖。

清代康熙年间，铜山营官兵在澎湖建妈宫铜山馆奉祀关帝，后名铜山武圣殿。

清乾隆三十二年（1767）漳浦县湖西乡后洞村移居佛昙镇大坑村的陈姓乡亲移居台湾，分灵湖西乡后洞关帝庙神灵香火到台湾宜兰县头城镇建协天宫。

清乾隆三十七年（1772）移居台湾的南靖商人在彰化县鹿港镇建南靖关帝庙（《彰化县志·祠典·寺观》和台湾《关圣帝君》卷）。

清嘉庆九年（1804）平和县林应狮奉先人林枫从铜陵关帝庙分灵神像到铜陵关帝庙过炉，带铜陵关帝神像移居台湾，于噶玛兰五峰山下临海处建庙奉祀。清咸丰七年（1857），得关圣帝君显灵指点黄蜂出巢吉穴（即今庙址），将庙扩建为土墙瓦顶，并增建东西厢房和两房护廊，供香客休息。同治六年（1867）奏请敕建，取名协天庙，即今宜兰礁溪协天庙。

清嘉庆年间，原铜山营参将陈梦熊（嘉庆十六年，即 1811 年在任）、陈化成（嘉庆十九年，即 1814 年在任）、郭继青（嘉庆二十年，即 1815 年在任）等人分别先后调任或驻戍金门，又把圣灵声威震撼东南沿海的东山关帝庙香火带入大小金门，建庙奉祀。清道光年间，东山关帝祖庙大修，已先后升任金门镇总兵官的郭继青和陈化成都捐银数十圆，其他将士也相继捐银修庙。

清代，龙文区步文霞店美内社村民移居台湾，从龙文赤岭关帝庙分灵一尊关帝神像过台湾，在台北县板桥市建一座庭天宫关帝庙，多次来赤岭关帝祖庙进香谒祖。

（五）民国：闽南关帝庙建筑工艺带入台湾

民国二十二年至二十三年（1933—1934）东山县康美村林进金、林进添、林保宗叔侄三人，应澎湖张娃邀请，赴台湾按铜陵关帝庙式样，在澎湖马公、台南赤崁、高雄小港及台北等处，建了五六座与铜陵关帝庙相同样式的关帝庙。这是漳州师傅首次入台湾建的关帝庙。

铜山派建筑工艺闻名于台湾，主要源于铜山关帝庙的赫赫威名及修建铜山关帝庙的工匠艺师声名远扬。台湾旧时许多寺庙建筑的名匠大师多源自铜山和潮州，并形成两大派，尤以“铜山派”为著。东山岛与澎湖岛相距仅 90 多海里，自古两岛关系密切。铜山师傅在清代就进入澎湖修庙，并留居台澎传徒授艺，形成了台澎地区庙建工艺的“通顺大师派”。① 据笔者调研访谈，台南许多古寺庙雕工精巧，屋面装饰更是精彩万分，所有交趾陶和剪贴作品都是出自名师，可以看到“双龙抢珠”“八仙过海”“福禄寿三星”“观音乘龙”“哪吒闹海”等神话传说的精美雕塑工艺。除了屋顶，山川殿的斗座拱梁也极具艺术性。这些主要出自澎湖铜山派大师之手。可见，漳台的关帝庙建筑装饰艺术的源头主要在漳州东山（铜山）。

（六）漳州地区关帝庙宇区划与分布

综前所述，通过对闽南关帝文化形成的历史脉络、社会背景的梳理阐释，历代漳州关帝纪略的整理爬梳，可知关帝信俗从古到今就在闽南民间扎根繁衍，信俗仪式依托的关帝庙宇遍及闽南各地。以漳州为例，关帝庙遍布漳州各县区，尤以沿海、九龙江沿岸居多。根据漳州市、县民宗局提供的资料，以及专家学者的深入调研，漳州关帝庙有如下一些（见表 1-1）。

表 1-1　漳州关帝庙一览表

关帝庙名	地址	始建年代	备注
芗城区			
漳州武庙	华侨新村西厝角新路顶	北宋真宗大中祥符年间（1008—1016）	市级文物保护单位 1988 年 6 月公布
浦头崇福宫	香格里拉小区浦头港边	宋淳熙十四年（1187）	省级文物保护单位 2009 年 12 月公布
打锡巷文衡殿	巷口打锡巷	明万历年间（1573—1619）	市级文物保护单位 2000 年 7 月登记
浦头东岗宫	浦头崇福庙左侧	南宋淳祐十二年（1252）	市级文物保护单位 2002 年 6 月登记
新桥正德宫	新桥江滨花园泰园	清雍正年间	市级文物保护单位 2005 年 4 月登记
岳口凤皋和义庙	芗城区丹霞路丹霞新城	明代	主祀关帝

① 刘小龙：《清代铜山班兵戍澎史绩述略》，《漳州师范学院（哲社版）》2013 年第 4 期，第 23 页。

续表

关帝庙名	地址	始建年代	备注
蔡坑联登宫	天宝镇后巷蔡坑社	宋熙宁六年（1073）	市级文物保护单位 2002 年 7 月登记
后郊关帝庙	天宝镇后郊村	现代	市级文物保护单位 2006 年 9 月登记
大寨关帝庙	天宝镇大寨村	民国三十五年	市级文物保护单位 2007 年 1 月登记
浦南光坪山西夫子庙	浦南镇光坪村	清代	主祀关帝
鳌浦大庙	浦南镇鳌浦村	清代	省级文物保护单位 2013 年公布
大岸顶忠荣庙	芗城鑫荣小区内	清代	主祀关帝
龙文区			
扶摇关帝庙	郭坑镇扶摇村	明天启年间	省级文物保护单位 2009 年 12 月公布
赤岭关帝庙	步文镇步文村	南宋仁宗年间	区级文物保护单位 2000 年 6 月公布
朝阳关帝庙	朝阳镇朝阳村	清代	区级文物保护单位 2004 年 6 月公布
珊瑚关帝庙	郭坑镇洛滨村	南宋	区级文物保护单位 2020 年 9 月公布
梧店好山殿	蓝田镇梧桥村梧店社	明正德十三年（1518）	一般不可移动文物
龙海区			
大码头关帝庙	石码镇解北九龙江边	明嘉靖年间	龙海区级文物保护单位 1999 年 12 月登记
戴厝马关帝庙	石码镇九龙江边	明末	2006 年 11 月登记
内社关帝庙（鸿团）	石码镇内社村	明代	区级文物保护单位
珊瑚关帝庙	郭坑镇洛滨村	南宋	主祀关帝
全德宫	白水镇方田村市尾社	明末清初	内奉关圣帝君、伽蓝尊王、福德正神
南门关帝庙	角美镇石美村南门社	明代	主祀关帝
东门关帝庙	角美镇石美村东门社	明天启年间	第三次全国文物普查不可移动文物 2012 年 7 月公布
石厝关帝庙	角美镇石厝村	清代	主祀关帝

续表

关帝庙名	地址	始建年代	备注
白礁关帝庙	角美镇白礁村	明天启年间	区级文物保护单位 2012 年 7 月公布
鸿渐关帝庙	角美镇鸿渐村	清代	主祀关帝
大庵关帝庙	颜厝镇洪塘村	清代	又名南安堂
林前文衡殿	九湖镇林前村	清嘉庆元年（1796）	漳州市关帝文化交流 协会会员单位 2016 年 8 月公布
水美庙	程溪镇东马村	清代	主祀关帝
外径关帝庙	程溪镇内云村外墘社	清代	第三次全国文物普查 不可移动文物 2012 年 7 月公布
顶叶关帝庙	程溪镇叶仓村	清顺治十三年（1656）	始于元末石狮庵
霞浒文衡殿	榜山镇园仔头村霞浒社	清代	主祀关帝
田中央瀛洲宫	榜山镇长洲村田中央	明代	区级文物保护单位 2012 年 7 月公布
下柯村关帝庵	榜山镇长洲村下柯社	清道光年间	主祀关帝
都边关帝庙	榜山镇田边村都边社	清代	主祀关帝
园仔头永和庙	榜山镇园仔头	清雍正六年（1728）	主祀关帝
麟山关帝庙	榜山镇长洲村麒麟山	现代	主祀关帝
浒埔关帝庙	港尾镇古城村浒埔	清代	主祀关帝
流会关帝庙	隆教畲族乡流会村	清代	第三次全国文物普查 不可移动文物 2012 年 7 月公布
漳浦县			
文卿关帝庙	杜浔镇文卿村	明万历年间	县级文物保护单位 2007 年 6 月公布
徐坎宜隆宫 关帝庙	杜浔镇徐坎村宜隆社	明永乐元年（1403）	主祀关帝 配祀观音、佛祖
高山宫	沙西镇高山村高山社	明代正德年间，清康熙 二十七年（1688）重建	主祀关帝 配祀观音、佛祖
屿头东坪 关帝庙	沙西镇屿头村东坪社	清代	县级文物保护单位 2001 年 4 月登记
海屋关圣帝君庙	旧镇城外港边海屋	明洪武初	主祀关帝 庙侧有清代碑刻
东厝关帝庙	旧镇东厝村大石后社	宋元祐二年（1087）	2000 年 7 月登记

续表

关帝庙名	地址	始建年代	备注
城外崎街顶关帝庙	旧镇城外崎街顶	清乾隆年间	一般不可移动文物点
长脚营塘营宫关帝庙	旧镇草埔村长脚营社	始建于元代，清乾隆年间重修	主祀关帝，省级文物保护单位
大埔关帝庙	旧镇大埔村	始建于明代，清代中期重修	县级文物保护单位 2020 年 12 月公布
万安楼关帝庙	赤土乡万安村	明嘉靖年间	县级文物保护单位
后埔关帝庙	石榴镇下车村后埔社	现代	主祀关帝
陂内武圣庙	古雷镇陂内村	明代	主祀关帝
西林关帝庙	古雷镇西林村	现代	主祀关帝
山油关帝庙	赤湖镇山油村	清代	农历五月十三日为关圣帝君寿诞日
营里关帝庙	六鳌镇营里村	民国	一般不可移动文物点
六鳌武庙	六鳌镇鳌西村	明隆庆五年（1571）	六鳌城为县级文物保护单位
后洞关帝庙	湖西乡后洞村	南宋嘉泰四年（1204）	县级文物保护单位 2020 年 12 月公布
顶坛关帝庙	湖西乡顶坛村	现代	主祀关帝
石门镇东宫	佛昙镇石门村	明末清初	一般不可移动文物点
后社关帝庙	佛昙镇后社村	南宋理宗（1225—1264）年间	一般不可移动文物点
先锋仰迎宫关帝庙	佛昙镇先锋村	清代	2002 年 5 月重建
洛运许坑庆安宫	前亭镇洛运村许坑	明万历年间	一般不可移动文物点
洛运中山保黎宫	前亭镇洛运村	清代	主祀关帝
桥仔头楼仔田关帝庙	前亭镇桥仔头村楼仔田	现代	村民信奉关帝，各社每年农历五月十三为关帝庆寿诞
桥仔头江厝关帝庙	前亭镇桥仔头村江厝社	现代	
桥仔头卓厝关帝庙	前亭镇桥仔头村卓厝社	现代	
桥仔头后亭关帝庙	前亭镇桥仔头村后亭社	明崇祯年间	
锦江关帝庙（灵武庙）	官浔镇锦江村	明洪武九年（1376）	每年农历五月十三庆祝关帝君寿诞活动
赵厝关帝庙	官浔镇赵厝村	明洪武十四年（1381）	主祀关帝，农历正月初五为帝君寿诞日
顶车关帝庙	石榴镇象牙村顶车社	明代	主祀关帝

续表

关帝庙名	地址	始建年代	备注
云霄县			
霞港关帝庙（下关帝庙）	云陵镇下港社区	明末清初	县级文物保护单位 2004 年 3 月登记
顶关帝庙	云陵镇大园街红旗路 54 号	明嘉靖年间	县级文物保护单位 2004 年 3 月登记
马铺太平庙	马铺镇大坪头村	明代	县级文物保护单位 2004 年 7 月登记
列屿武庙	列屿镇顶城村	明弘治九年（1496）	县级文物保护单位 2005 年 7 月登记
东门楼帝君庙	云陵镇溪美社区后兴横路 53 号	清乾隆十二年（1747）	2005 年 7 月登记
东安关帝庙	莆美镇三东村东安社	现代	2005 年 7 月登记
埔楼帝君庙	火田镇圆峰村埔楼社	1920 年	2005 年 7 月登记
竹塔关帝庙	东厦镇竹塔村	明建文四年（1402）	主祀关帝
竹塔协天大帝庙	东厦镇竹塔村	明万历三十二年（1604）	万历十年明神宗封关公为“协天大帝”
洲渡帝君庙	东厦镇洲渡村渡仔头社	现代	主祀关帝
吉坂典仃厝帝君庙	和平乡吉坂村典仃厝社	清代	主祀关帝
吉坂溪坪帝君庙	和平乡吉坂村溪坪社	清代	吉坂抢土地伯公非遗民俗活动
埔顶北樜关帝庙	和平乡埔顶村北樜社	清代	祭典提线木偶盛行
坎顶埔仔尾帝君庙	和平乡坎顶村埔仔社	清代	主祀关帝
菜埔关帝庙	火田镇菜埔村	清道光十年（1830）	农历五月十三为关帝神诞日，有演戏、博龟求财、求丁风俗
岳坑关帝庙	火田镇岳坑村	明万历年间	县级文物保护单位 2013 年 7 月登记
佳兜关帝庙	莆美镇佳兜村	清代	主祀关圣帝君
宝树庙	莆美镇佳兜村	清代	主祀关帝
前埔协龙庙	莆美镇前埔村	明弘治六年（1493）	主祀关帝
径头关帝庙	峛屿镇径头村	清代	主祀关帝
白衣关帝庙	峛屿镇白衣村	清代	主祀关帝
宅坂关帝庙	峛屿镇宅坂村	清代	主祀关帝

续表

关帝庙名	地址	始建年代	备注
后山崇仁庙	下河乡后山村	清代	主祀关帝
车圩庵前楼	下河乡车圩村	清代	主祀关帝
乌螺映碧堂	马铺乡乌螺村	清咸丰年间	多次修葺、翻建，主要供奉关圣帝君、三坪祖师公
乌石坑村江头关帝庙	马铺乡乌石坑村江头社	清代	主祀关帝
莆顶帝君庙	和平乡莆顶村	清代	主祀关帝
东山县			
铜陵关帝庙	铜陵镇东门	明洪武二十年（1387）	全国重点文物保护单位，1997 年 1 月 登记
赤土堀关帝庙	铜陵镇码头社区赤土堀	现代	正月关帝巡境闻名
港口武庙	陈城镇港口村	明代	县级文物保护单位
顶西关帝庙	西埔镇顶西村	1924 年	主祀关帝
白埕关帝庙	陈城镇白埕村	清代	主祀关帝
樟塘解山庙	樟塘镇樟塘村	明代	县级文物保护单位
诏安县			
西门街武庙	南诏镇西门街	明代	县级文物保护单位 2014 年 8 月公布
西岳寺武庙	南诏镇西门文化古街	清代	县级文物保护单位 2014 年 8 月公布
上湖关帝庙	四都镇上湖村	明嘉靖三十九年（1560）	县级文物保护单位 2013 年 4 月公布
桥头大院关帝庙	梅州乡梅溪村桥头大院社	宋代	又名回澜殿
桥头梅雀关帝庙	梅州乡梅溪桥头社	现代	第三次全国文物普查不可移动文物 2011 年 11 月公布
湖内村关帝庙	金星乡湖内村	明代	主祀关帝
悬钟关帝庙	梅岭镇悬钟城内	明代	县级文物保护单位
赤石湾关帝庙	梅岭镇赤石湾村	清代	第三次全国文物普查不可移动文物 2011 年 11 月公布
霞河关帝庙	海岭镇霞河村	明代	主祀关帝
石城关帝庙	梅岭镇石城村	清代	主祀关帝

续表

关帝庙名	地址	始建年代	备注
内凤关帝庙	桥东镇内凤村	清代	第三次全国文物普查不可移动文物 2011年11月公布
外凤关帝庙	桥东镇外凤村	清代	主祀关帝
下官万古庙	官陵镇下官村官圩社	明代	县级文物保护单位
凤狮浮山关帝庙	官陂镇凤狮村浮山社	明代	主祀关帝
大边霞山堂	官陂镇大边村	清嘉庆十一年（1806）	第三次全国文物普查不可移动文物 2011年11月公布
塘下关帝庙	官陂镇新坎村塘下社	现代	主祀关帝
林塘东升堂	太平镇林塘村	明代	第三次全国文物普查不可移动文物 2011年11月公布
长埔关帝庙	建设乡长埔村	明代	主祀关帝
万石溪关帝庙	建设乡万古溪村	清代	主祀关帝
龙潭东祖庙	西潭乡福兴村	清代	主祀关帝
下径关帝庙	白洋乡下径村	清代	主祀关帝
金溪圩关帝庙	红星乡金溪圩	明末清初	漳州市文物点
新春大庙	西潭乡新春村	清代	第三次全国文物普查不可移动文物 2011年11月公布
陈龙白顺楼	秀篆镇陈龙村	清代	第三次全国文物普查不可移动文物 2011年11月公布
陈龙梅仙楼	秀篆镇陈龙村	明代	第三次全国文物普查不可移动文物 2011年11月公布
平和县			
高南关帝庙	小溪镇高南村顶溪社	明万历四十六年（1618）	2002年2月登记
新美关帝庙	五寨乡新美村下店社	宋太平兴国三年（978）	县级文物保护单位 2002年7月登记
九峰武庙	九峰镇九峰村塔仔社	明正德十三年（1518）	县级文物保护单位 2002年2月登记
侯山龙虎宫	山格镇侯山麓	始建于元代 重建于1984年	有登记，主祀关帝，配祀关平、周仓将军

续表

关帝庙名	地址	始建年代	备注
桥头帝君庙	山格镇红旗桥西	清康熙年间	县级宗教活动场所 2003 年 3 月登记
高礤云林庵	山格镇高礤村	明成化四年（1468）	有登记
安厚关帝庙	安厚镇安厚村	清康熙年间	有登记，原址为清朝私塾学堂，后建庙定名“安厚大学”，也称安厚关帝庙
五星福寮庵	坂仔镇五星村	清咸丰四年（1854）	有登记，每年举办关帝巡境和关帝诞辰文化活动
新美桥仔头关帝庙	五寨乡新美村桥仔头社	宋代	一般不可移动文物
侯门山西宫	五寨乡侯门村	清代	一般不可移动文物
前坂关帝庙	五寨乡前岭村前坂社	清乾隆二十八年（1763）	一般不可移动文物
联明坑头关帝庙	五寨乡联明村坑头社	现代	主祀关帝
三坪上境帝君庙	文峰镇三坪村上境社	现代	主祀关帝
乾岭关帝庙	国强乡乾岭村	现代	主祀关帝
前山关帝庙	南胜镇前山村	民国	主祀关帝
云后关帝庙	南胜镇云后村后厝社	现代	主祀关帝
南胜关帝庙	南胜镇南胜村圩边	现代	主祀关帝
坪东关帝庵	秀峰乡坪东村点子角	民国	主祀关帝
坝头水尾庵	秀峰乡坝头村	民国	主祀关帝
南靖县			
山城武庙	山城镇大庙口	始建于明崇祯三年（1630） 重修于清嘉庆时	省级文物保护单位 1996 年 9 月公布
草坂帝君庙	靖城镇草坂村	明代	县级文物保护单位
东坂关帝庙	靖城镇东坂村	始建于清朝嘉庆十三年（1808） 1927 年和 2019 年重建	县级文物保护单位 省级海峡关公文化交流基地
草前前坂关帝庙	靖城镇草前村前坂社	清乾隆年间	县级文物保护单位 1993 年 6 月公布
郑店关帝庙	靖城镇郑店村	民国	主祀关帝
靖城关帝庙	靖城镇靖城村	民国初（1917）	主祀关帝
下割帝君庙	靖城镇下割村	民国	主祀关帝
湖山关帝庙	靖城镇湖山村	民国	主祀关帝

续表

关帝庙名	地址	始建年代	备注
元湖庵	山城镇元湖社	明代	有登记
宝林大众帝君庙	丰田镇宝林村	清光绪年间	有登记 一般不可移动文物
南坪内洞庙	龙山镇南坪村	明初	县级文物保护单位
南坪坪顶庵	龙山镇南坪村坪顶社	元代	县级文物保护单位
蓬莱什寨龙兴宫	龙山镇蓬莱村什寨社	清道光八年（1828）	一般不可移动文物
大坑同仁阁	龙山镇蓬莱村大坑社	清代	一般不可移动文物
新内村振南庙	金山镇新内村新圩街	明代	一般不可移动文物
金山新村七保庙	金山镇新村红寨	明洪武元年（1368）	一般不可移动文物
武忠庙	金山镇东建村	明代	2006 年 4 月登记
斗米石观音关帝庙	和溪镇斗米村石观音社	清代	2006 年 4 月登记
人和寨帝君庵	和溪镇和溪村南	明代	2003 年 7 月登记
葛竹关帝庵	南坑镇葛竹村	清代	一般不可移动文物
十八家帝君庙	船场镇十八家村	清康熙四十三年（1704）	主祀大帝刘备、二帝关公、三帝张飞
华安县			
丹霞庙（东山庙）	高安镇高安村	明代	县级文物保护单位 2004 年 3 月 29 日公布
南山庙	高安镇平东村	明代	2004 年 12 月登记
浮山庙	高安镇三洋村	明代	2004 年 12 月登记
下尾养正宫	丰山镇下尾村	明代	县级文物保护单位 主祀关帝、保生二帝
银塘开兴庙	丰山镇银塘村	清代	赵宋后裔所建庙宇
良埔南坂福兴庙	华丰镇良埔村南坂社	宋代	主祀关帝
长泰区			
外武庙	武安镇关村外武新村	始建于明万历二年（1574） 清乾隆二十六年（1761）重修	县级文物保护单位 第三次全国文物普查的不可移动文物 2012 年 4 月公布
鹤亭霞亭隆汉庙	武安镇鹤亭村霞亭社 下陈自然村	清道光二十年（1840）	第三次全国文物普查的不可移动文物 2012 年 4 月公布
蔡坑太卿宫	武安镇蔡坑村	清代	主祀关帝

续表

关帝庙名	地址	始建年代	备注
城关信兴庙	武安镇城关村	明代	又名信兴宫
戴乾常暇殿	陈巷镇戴乾村	清代	祀关帝、保生二帝
关云庙	陈巷镇古农村、店前社	清代	主祀关帝
花洋关帝亭	陈巷镇上花村花洋社	明代	主祀关帝
旺亭奎铀关帝君庵	陈巷镇旺亭奎铀社	清代	主祀关帝
山重村关帝庙	陈巷镇山重村 9 组	明代	主祀关帝
上洋水磨龙凤殿	枋洋镇上洋村水磨	清代	第三次全国文物普查的不可移动文物 2012 年 4 月公布
石横双溪口青龙宫	枋洋镇石横村双溪口	清代	又名青龙祠
黎明树德宫	古农农场黎明作业区	清代	主祀关帝
十里村关帝君庵	兴泰工业区十里村 14 组	清代	主祀关帝
漳州开发区			
店地社武圣庙	店地社区（港尾）	现代	供奉玉皇大帝、关圣帝君
城内关帝庙（又名旧镇关帝庙）	城外村城内社	明代	角美古建筑文物

注 1：表 1-1 主要参考漳州市民族与宗教事务局、漳州道教协会编《漳州关帝文化》，内部资料，2018 年版，第 10—18 页。

注 2：备注中的“公布”指该庙宇入选文物保护单位的时间；“登记”指该庙宇登记为民间信俗活动场所的时间。

从表 1-1 可见，关帝宫庙遍布漳州全市现辖四区七县，及开发区，即芗城区、龙文区、龙海区、长泰区、漳浦县、云霄县、诏安县、东山县、南靖县、平和县、华安县、漳州开发区等。从建置时间看，最早为北宋真宗年间建置的千年武庙，明清建置的关帝庙宇比例占 73%；从分布区划看，尤以沿海、九龙江沿岸居多，说明关帝信仰在明清达到最高峰，明代闽南海上贸易商业发达，故祈求护佑行船平安，且明清时局下倭寇的骚扰、异族的占领，闽海民众反击外侵、向往和平，使闽南沿海民众更加祈求关帝的护佑。了解关帝庙宇的分布区划，对进一步研究闽南关帝信俗与仪式表演的关系，揭示关帝文化艺术呈现的独特内涵及其背景有着重要的意义。

三、明清闽南关帝信俗仪式孕育的社会土壤和发展阶段

（一）明清闽南关帝信俗仪式孕育的社会土壤

古闽越历史悠久，自唐宋以来秉承中原传入的儒家忠孝观念，文风昌盛，尤其进入明清，关帝的忠义贤孝更是深入民心，使闽南传统社会结构更趋稳定。从明清时局上看，地处东南沿海特殊的地理位置，入明以后倭寇为患，闽南百姓遭受倭寇荼毒。明清交替之际，亦是局势动荡，海疆不宁，战争阴霾笼罩。关公代表的“忠义”之神显然在这危难之期尤为发挥着巨大的作用，被赋予了地方保护神的职能，成为激励将士，团结凝聚族人、乡民的精神凭借，至晚清关公在闽南地区已成为万能之神。皇朝钦定的农历正月十三、五月十三、六月二十四关帝圣诞盛典，自上而下并行演绎着关帝“忠孝仁勇”的仪式祭典。在闽南民间，关帝祭祀、习俗、传说、技艺等仪式形态传播着关帝义理，闽南民众通过祭祀庆典、进香拜谒、绕境巡游等仪式表演，强化着对关帝的崇拜。因此，关羽的神化过程和关帝信仰现象不仅适合统治者维系治理所需的臣民效忠朝廷的需要，而且符合闽南民众希翼平安求吉的心理愿景。正是明清以来闽南地区的历史文化积淀、时局变化态势、民众心理需求等多元社会因素的交互作用，造就了关帝信俗仪式得以孕育繁衍的社会土壤，也为明清关帝祭典仪式传统构建了“神人和融”的信俗空间图式。

（二）明清闽南关帝信俗的发展阶段

1. 肇始阶段（明初至明中叶）：官府倡建武庙，防倭寇以护官兵

明初，东南沿海倭寇猖獗，明官府派兵部署福建沿海防务，在闽南沿海一带建置卫所，以防倭寇。笔者调研发现，现存东山铜陵关帝庙的主殿右侧，明正德十一年（1516）立的石碑碑文《鼎建铜城关王庙记》中载：“国朝之二十年（1387），城铜山，以防倭寇，刻像祀，以护官兵，官兵赖之。”此碑文记载了明初时局下的闽南信仰和崇祀关公的史实。又据乾隆十七年（1752）的《镇海卫》[①] 载：“镇海卫城……明洪武二十年周德兴筑以防倭，及前、后、左、右、中千户所于此，而六鳌、铜山、悬钟三守御千户所属焉。”洪武二十年始建至二十二年完工的漳州镇海卫城、六鳌所城、铜山所城、悬钟所城均建置武庙，供奉崇祀关公，守城的官兵希翼关公“战神”能护佑他们。[②] 这些史迹古庙均是明初官府倡建武庙，防倭寇以护官兵的历史见证。

① 黄剑岚：《镇海卫志校注》，载《建置志》，中州古籍出版社 1993 年版，第 23 页。

② 郑镛：《闽南民间诸神探寻》，河南人民出版社 2009 年版，第 170 页。

2. 发展阶段（明中后期）：崇祀普及民间，尚武习武、保家卫国

闽南关帝崇拜的发展与明朝防倭、抗倭和抵御西方殖民势力有直接的关系。自嘉靖二十七年（1548），倭寇的侵掠日趋严重，闽南城乡遭受巨大破坏。闽南百姓自发自卫的抗倭组织壮大，“忠义神勇”成为民众聚集凝聚力量的纽带。整个明代，处于闽粤台沿海要塞的“闽南卫所”一直是反击外侵和抗御海盗的前沿阵地。闽南军民亟需有个能够庇护社稷和人心安宁的神祇作为崇拜偶像。关公的“忠”足以“事君”，“勇”足以“御敌”，举忠君报国之纲常与明制政体相适应，时势和民心相通的背景下，军民自发选择“战神关公”为偶像而崇祀，继而闽南民间尚武习武、保卫家园成为一时风气。

3. 繁盛阶段（明末及清）：闽台共仰的精神追求

明末清初是为关公信仰的鼎盛时期，其原因除了关公的忠孝节义观念的家喻户晓、深入民心的因素外，更为重要的是闽台时局的动荡不安，社会矛盾的交织激化。以东山为例，东山岛是史前连接大陆与台湾的“东山陆桥”（海峡陆桥）所在地，又历经明末清初郑成功收复台湾、清乾隆统一台湾等历史风云。这些历史片段均有着关帝信仰的历史烙印。因东山曾是明清朝代更迭之际郑成功据守辖地，追随郑氏入台者众多。清廷一直视东山百姓为“奸逆”，迟迟不予注册入籍。传说关帝为此曾显圣与官府辩诉，佑民入籍。康熙五十年（1711）东山百姓终于被批准入籍，减免各种税赋徭役，得以安居乐业。东山关帝庙犹存当年所镌《公立关永茂碑记》，记载了关帝与东山百姓神人共契的特殊情缘。自此东山百姓以关帝后嗣裔孙自居奉其为祖，形成世设家祭的习俗。数百年来以晋祀常仪、庆寿献戏、元宵祈愿、迎神赛会、祭祖挂香等方式崇祀关帝，且将文化仪俗传播台湾。据《台湾寺庙大观》载：“全台关帝庙都是明清时期从闽南东山岛的铜陵关帝庙分灵过去的。”

综上可见，特殊的地理位置、特定的历史背景为闽南关帝祀典表演的孕育提供了社会土壤，民众崇尚传统美德、反击外侵、祈求和平的心理愿景，使得闽台关帝信俗文化应运而生。

四、明清以降闽南传统社会祭关乐舞与信俗表演概貌

在闽南传统社会，闽南关帝祭典仪式表演分为官祀与民祀两轨并行。官祀服务于皇朝仪礼，符合皇朝颁布的仪轨，沿袭先秦“制礼作乐”的传统。民祀则是民众以独

特的自创祭祀常仪来表达对关帝的崇敬，数百年来形成色彩斑斓的民间祭祀风俗。如今，官祀与民祀往往有机融合，汲取所长，丰富自身。

（一）官祀：明清以降闽南传统社会祭关乐舞概貌

闽南关帝祭典始于明万历年间，按明制例行祀典。清代和民国时期更为盛行。东山是明清闽海五大水寨之一和重要军事驻地，故东山关帝祭典仪礼的规格隆重，清代祀典按邑级祭仪，民国五年（1916）东山建县后沿袭不变，祭以太牢，岁凡三祭（春秋二祭、五月十三日圣诞特祭）。[①] 据道光十年（1830）《晋江县志・祀典志・关圣之祭》记载的泉州通淮关帝庙的祭祀仪礼："每岁颁行祭费银贰拾肆两正，于春秋二仲月吉日及五月十三日致祭。"[②]

明清以来的闽南祭关乐舞，沿袭着古代"制礼作乐"的传统。"礼"包含仁、义、智、信、忠、孝、勇等关帝身上涵化的伦理，"乐"指诗歌、舞蹈、音乐三位一体的雅乐艺术。古代宫廷雅乐的主要内容有"六大舞"，分别为《云门》《咸池》《大韶》《大夏》《大濩》《大武》六部乐舞，前 4 部为"文舞"，后 2 部为"武舞"。文舞手持龠翟而舞；武舞手持干戚而舞，又称干戚舞。东山及传入台湾宜兰等地的关帝祭祀乐舞承袭我国古代《武舞》（干戚舞）而来。舞生左手执干（即盾）、右手执戚（即斧），行列以"六佾"而舞，古乐舞的行列称为"佾"，亦称《佾舞》，由 6 行 6 列组成 36 人乐舞方队，手执盾戚晋舞，体现威武雄壮的阳刚之美与精神气质。旧时祀典之日，按照明清皇朝颁制的祭典三献仪礼（初献、亚献、终献）的顺序，穿插相应的雅乐奏章仪节，乐生歌、舞生登，展干戚六佾之舞。届时，盛服晋祭、钟鼓和鸣、典仪赞乐、唱颂祝祷、乐奏舞拜、奉献尽礼。[③] 宗教仪规与儒道乐舞的有机融合，诠释着对"忠义仁勇"等精神追求与行为规范，潜移默化地影响着闽南地区民众的心理经验与人生态度。

（二）民祀：明清以降闽南关帝信仰民俗与表演常仪[④]

在闽南传统社会，与皇朝颁布的"威仪凝重、考究规范"的官祀不同，民间则以独特的民祀常仪表达对关帝的崇敬，以色彩斑斓的多元仪式形态成为闽南社会一道亮

① 刘小龙编著《海峡圣灵——东山关帝庙志》，海风出版社 2003 年版，第 110 页。
②〔清〕周学曾等纂修《道光晋江县志》，上海书店出版社 2000 年版，第 245 页。
③ 刘小龙编著《海峡圣灵——东山关帝庙志》，海风出版社 2003 年版，第 112 页。
④ 漳州市民族与宗教事务局、漳州道教协会编《漳州关帝文化》，内部资料，2018 年版，第 46—48 页。

丽的民俗文化景观。历代，闽南民众修建关帝庙、祭祀关帝、焚香跪拜、祀财祀福、迎神赛会、演戏酬神、修醮等民俗，这些信俗仪式承载着民众衍生创造的表演艺术。而民祀常仪又随着闽南移民传入台湾，成为两岸共同的关帝信俗文化现象。

1. 祭祀常仪

先斋沐洁服，心怀虔意，后肃容晋庙，入庙祭祀。先行请香十支，分别在天公炉、三界公炉、关帝香炉分别上香三炷，问神炉一支，有的庙上香给关帝及各附神。有的可添奉明烛一对，随意致献供品，焚化“龙金”“长钱”。然后向关帝祭祷圣灵或卜杯抽签诗，或祈告许愿。

按旧风俗，凡家有白事者禁忌入庙，有孕者避讳行祭。

若为许愿者，许愿遂后，须择吉日进庙还愿，以答谢圣恩。或捐款，或为关帝圣诞请戏祝嘏，或选吉日备办牲礼果品答谢。

盛大的民间祭祀风俗即古代官祀仪礼在闽南民间，结合本地关庙民俗演化而来的仪式。如一个市、县、镇、村的关帝庙举行的官方与民间融合的盛大祭祀，传统祭祀仪式由官方结合民间组织，时间定在每年关帝寿诞五月十三日，由本地行政官员或有名望的地方耆老为主祭官，其他参祭人员都是本地的绅士。朝拜人员由主祭官 1 名、陪祭 12 名、司礼 2 名、唱礼 1 名、引赞 1 名等组成。祭品主要有牲礼五味、果品、糕点、米粿类、金纸等。祭祀仪式流程如下：

（1）参祭人就位；

（2）鸣钟、擂鼓、鸣炮（司礼生点香）；

（3）奏乐；

（4）上香（司礼生分香与参祭人）；

（5）全体肃立，向关帝作三敬揖礼；

（6）晋香（司礼生收香上炉）；

（7）晋酒（司礼生斟第一巡酒）；

（8）敬向关帝首献礼行三跪九叩礼；

（9）晋爵（司礼生端酒爵与主祭奠酒）；

（10）奠酒（主祭人奠酒、司礼生添酒）；

（11）晋钱盒、晋寿桃；

（12）首献礼毕，兴；

（13）亚献礼开始（司礼生点香准备）；

（14）鸣钟九响，擂鼓三通；

（15）上香（司礼生分香与参祭人）；

（16）全体肃立，敬向关帝作三敬揖礼）；

（17）晋香（司礼生收香上炉）；

（18）晋香（司礼生斟第二巡酒）；

（19）敬向关帝行三跪九叩礼；

（20）晋牲礼、晋糕点、晋青果；

（21）主祭人读祝文；

（22）亚献礼毕，兴；

（23）向关帝行三献礼开始；

（24）鸣钟九响，擂鼓三通（司礼生点香）；

（25）上香（司礼生分第三巡香）；

（26）全体肃立，敬向关帝作三敬揖礼；

（27）晋香（司礼生收香上炉）；

（28）晋酒（司礼生斟第三巡酒）；

（29）敬向关帝行三跪九叩礼；

（30）兴，钟鼓齐鸣；

（31）三献礼毕。

2. 关帝出巡绕境

闽南各地有一种古老民俗——关帝出巡，即抬关帝神像绕境巡游，是民间信仰的一个重要特征。民间习俗认为举行了关帝出巡后会造福民间，消灾避邪，保佑民间风调雨顺，五谷丰登，平安顺遂。早在晚明时，就有上元节以关帝出游为主题的踩街游行。晋江籍何乔远在《闽书》记载道："泉中上元后数日为关圣会，大赛神像，妆扮故事，盛饰珠宝。钟鼓震鸣，一国若狂。"[①] 据清乾隆《泉州府志》记载，泉州每次赛会"关大帝、吴真人灯牌以数千计，钟鼓架、香架以数百计，火炬亦千百计，长街一望，如星宿，如燎原。凡兹皆不招二至，不约而同，欣欣而来，满愿而归者"[②]。这些史料证明了自古以来关帝绕境出巡习俗在闽南地区的盛行。关帝游神巡境的基本程序大体有：

（1）择日。传统为每年农历正月或二月，关帝庙理事会或由民间父老推选一位有名望、夫妻子孙齐全的长辈，穿长衫、马褂，戴碗帽，到关帝庙向关帝虔诚地投茭杯问卜，定关帝出巡吉日。

---

①〔明〕何乔远编撰《闽书》卷三十八《风俗》，福建人民出版社 1994 年版，第 950 页。

②〔清〕怀荫布修，黄任、郭赓武纂《泉州府志》卷二十《风俗》，上海书店出版社 2000 年版，第 491 页。

（2）鸣锣报街。派一人在出游的前三天（或二天），沿迎神的街路，边鸣锣边通知各家各户要打扫卫生，清洁街道路巷，以迎关帝，名为“报街”。闽南有的社里如漳州文衡殿关帝圣诞社庆则用时令鲜花做成一朵朵礼花，统称“虎爷花”，闽南锣鼓队沿社里各家各户送达礼花，通告关帝诞辰。有的则用贴红纸通知。

（3）出游。出游那天，由关帝信徒（全为男性）组成一支浩荡的游神队伍。游神绕境艺阵的基本顺序（见表 1-2）。

表 1-2　闽南关帝出巡常见的艺阵

序号	艺阵名称	艺阵涵义
1	十六面马头锣阵	开路先锋，鸣锣开道
2	八面大红镏金的“肃静”“回避”	告知四方，清道宣禁
3	“山西夫子”“关圣帝君”的红幅横彩幛阵	关公的尊号
4	闽南锣鼓班	营造关帝出巡的音声场域
5	八宝兵器阵（枪、矛、斧、戟、金瓜、葫芦、佛手、兽头）	古代征战用的兵器，象征武神出巡，赋予消灾解厄保护民众之意
6	五龙旗队（黑龙旗是周仓保驾旗、还有红、黄、白、绿龙旗，旗为三角形）	关帝调遣五营兵马的五方令旗，五营分东西南北中营，五营令旗有五个颜色：绿为东方、黑为北方、红为南方、白为西方、黄为中央的五营兵马
7	龙凤锣鼓、威风锣鼓、潮州锣鼓等锣鼓阵	营造信俗的热烈音声场域
8	舞龙舞狮队	象征祥瑞，祈求平安和丰收
9	“桃园结义”“八仙庆寿”妆扮阵	再现关帝义勇与祥瑞的阵头
10	芗曲、潮乐	闽南潮汕地域音乐阵头
11	“金童玉女”手捧盛着经文、果品的祥盘晋阵	承袭对关帝崇敬的古代礼仪
12	男丁抬着二百余斤重玄铁所铸的青龙偃月大刀阵	关帝使用的兵器
13	穿长衫马褂、戴碗帽的福首持铜炉阵	巡境的净炉，洗净荡除邪祟
14	八抬大轿忠勇侯周仓将军神轿阵	关帝的护驾阵
15	八抬大轿关帝圣辇阵、护帝君凉伞	关帝出巡的座驾与神伞标配

由表 1-2 可见，关帝绕境常见的 15 种艺阵体现着闽南民众自发的创造，有着独特的韵味与意涵（第二章专门分析）。关帝出巡艺阵队伍的最后是跟着一大群手握炷香的善男信女。游神队伍到哪里，哪里的老百姓就摆香案跪拜迎接，焚香放鞭炮。迎神场面热闹非凡，人山人海，锣鼓喧天，乐声悠扬，舞影翩跹，民俗特色表演令民众

驻足，民众的喜爱与崇尚无形营造了民间艺术表演的文化生态舞台。

3. 元宵乞愿

每年正月十五夜，闽南百姓吃完“元宵”，便到关帝庙“乞龟”“乞桃”“乞柑”“乞灯”“乞钱”，许愿还愿，乞福求平安。乞愿的龟有金龟、银龟，又名寿龟；桃为面桃；柑为柑果；灯为小花灯；或直接用钱。在关帝庙卜杯许愿或还愿。

去年已来许愿乞龟、乞桃回家的，今年必来庙还愿，奉还龟或桃，小龟还大龟，或一龟还二龟，或一桃还二桃、三桃，以示报谢一年来关帝的恩庇圣德。旧愿已了，再乞新愿，捧龟、捧桃、捧灯，成群结队，热闹非凡。

因此，闽南各地元宵夜的关帝庙彩灯辉煌，人流似潮，烟火漫天。人们乞愿后，欢欢喜喜地回家或赏灯看戏。

4. 祭祖挂香

挂香又称分香，是民间信仰的另一个特征，形成了祖庙与子庙这种类似“血统”的承袭关系。[①] 闽南及台湾地区的关帝庙经常会到一些祖庙祭祖挂香，如到泉州通淮关帝庙、漳州武庙、东山铜陵关帝庙、云霄马铺太平庙等祭祖挂香。祭祖挂香的时间多在关帝圣诞（农历五月十三日至六月廿四日期间，多数在五月十三日前夕）。

挂香流程：（1）先组织挂香队伍人数，传统用徒步。（2）挂香人员先斋沐三天，后穿上整齐的盛装。(3)挂香团队由宫庙主事或乩童引领，一路来到关帝庙。有挑担的，担内一头装本庙关帝像，一头装香火；也有抬着关帝神轿来的，伴随的香火队、鼓乐队、文艺踩街队、舞狮舞龙队等民俗艺阵随香而来；台湾常有“夯大神尪关帝神将阵”相随到庙。(4) 挂香队伍到达祖庙所在社里，通常祖庙会安排迎接队伍在村口接至祖庙。进香队伍敲锣打鼓、舞龙舞狮、奏乐鸣炮进行晋庙表演，然后晋庙谒祖，焚香膜拜，三牲五味盛供以祀；奉上本庙神像安放于祖庙祀案桌上分香乞灵，回銮时绕围过炉，包请庙内的炉丹香火袋回去。最后回到本庙安放神座，把带来的炉丹香火放回本庙。

5. 庆寿献戏

一年一度的关帝诞辰期间（农历五月十三至八月廿四日），民众于关帝庙前搭筑戏台，请戏班来演戏表示庆寿献戏。演出的剧种有芗剧、潮剧、木偶戏、曲艺南音等戏班，或放映电影。五月十三日开鼓，开演之前，献演头人及戏班老板先行晋庙致祭。

---

① 林国平：《闽台民间信仰源流》，福建人民出版社，第 248 页。

这些演戏费用全由信众或企业家捐资。一般演三台、五台，甚至演十多台，有时长达一个月。庆寿演戏夜晚进行，有的地方演“双棚斗”，两台戏相竞演，通宵达旦，人山人海，如过盛节。亦有加日戏，即“跳加官”“八仙戏”，由信众拜请祈愿。演戏时把捐款名单进行公布。

庆寿献戏剧目初期多演关公戏，如《桃园结义》《三英战吕布》《五关斩将》等，以后关公戏因礼成制而忌演，代之演各种传统古装戏。

6. 挂关帝像

在闽南地区，有的城乡有悬挂关帝神像的民俗。如东山子民有奉关帝为祖，世设家祭的习俗，家家户户在厅堂正中都悬挂关帝神像和关帝楹联；外甥结婚，舅父必定赠送一套关帝神像和楹联给外甥悬挂厅堂，庄严肃穆。

本节小结

关帝是闽南地区影响最大的民间信仰，自古以来与闽南民间习俗相互融合与交织，随着闽南传统社会的历史发展而形成独特的民俗文化共生事象。本节从闽南关帝文化形成的历史脉络、历代闽南地区关帝纪略的纵向深层梳理入手，分析闽南关帝信俗仪式表演孕育的社会土壤和发展阶段，进而阐析明清以来闽南传统社会官祀的祭关乐舞概貌，闽南民祀系统的关帝信仰民俗与表演常仪等方面的内容。因此，本节的阐释即从纵向历史长河中展开了一幅闽南地区关帝信俗仪式的历史源流画卷，为现代社会关帝信俗仪式表演的分析打下了基础。

第三节 闽南关帝信俗与闽南现代社会

在闽南近现代社会中，社会制度带来对文化的影响，反映在闽南地区关帝信仰上的重构，呈现出近现代社会的信仰特质与信俗文化现象。本节阐析近现代关帝祭典文化的变迁、关帝信俗仪式表演的断裂与重构、关帝文化节新形态与闽台传统信俗的复兴，梳理自20世纪80年代以来闽台关帝文化交流大事记，力图通过阐释呈现闽台关帝信俗仪式表演的新样态。

一、近现代闽台地区关帝祭典文化的变迁

辛亥革命推翻清朝，建立中华民国，结束了中国历史上绵延2000余年的封建帝制。社会制度的巨变对文化的影响往往是滞后的，北洋政府时期关帝信仰基本沿袭清代礼制，于1913年通电全国令关帝、岳飞合祀，设关岳庙。

近代以来，随着关帝信仰世俗化的发展，已经形成了一套严密的祭祀仪式。以东山关帝庙为例，《东山关帝庙志》根据口述资料还原了1939年前后的民间祭祀仪式规程。祭祀活动仍由地方行政首长主祭的祭典仪式，仪式规程包括三献礼的32个环节[①]，此外依然保留着古代关帝出巡绕境的民俗活动。在择日和鸣锣报街之后，巡游活动正式开始：

> 出游那天，由关帝信徒（全男性）组成一支浩浩荡荡的游神队伍，先由马头锣开道，随后依次为两队或多队“肃静”“回避”牌，横彩“山西夫子”，锣鼓班，八宝武器队，龙旗队，龙旗队由周仓的黑色护驾龙旗走前，紧接着为黄，红龙旗，锣鼓班或艺棚、乐队，化妆的孩子手捧盛有花、经（文）、果（品）的木盘。长者穿长衫、马褂，戴碗帽，手捧铜炉，再接着就是坐在神轿的周仓，其后才是坐在神轿的关帝，队伍的最后是轿后鼓、兵器、彩旗队以及一大群手握炷香的信众。游神队伍所到之处，老百姓就摆香案跪拜迎接，焚香放炮……

① 东山关帝庙理事会编《东山关帝庙志》，内部资料，2000年版，第52—53页。

以上民俗绕境活动描述反映了民国时期的民间祭祀活动秉承古礼的基本概况与民俗文化空间。这套仪式显然与传统官方主导的仪式有所不同，仪式活动本身已经具有明显的表演色彩。普通民众既是参与者，也是主导者。他们将传统肃穆的官方祭典转化成为民众日常生活的狂欢。这解释了关帝信仰祭祀活动的世俗化趋势。

忠义诚信，是关公的突出人格，奉为神后，人格转变成神格，具有神圣的感召力，氤氲于民心和民众日常生活中，成为闽南民间社会集体性格的引领象征。民国后，随着中华民族的自觉意识的增强，关岳之祀成为这种意识的象征。诸如泉州通淮关帝庙改为关岳庙，台湾宜兰民众建祀岳武的碧霞宫，正是民众崇尚忠臣名将的信仰特性的集中体现。[①] 据宜兰碧霞宫《岳武穆王治世金针》序云[②]：治世金针，本宫之史也，记载立庙之经纬，阐明先人于甲午割让之后，创立碧霞宫，奉祀岳武穆王，借以在日人统治之下，维系汉魂之不坠，进而冀求疆土之光复。据此可知，在日寇占据台湾之后的两岸民间，闽南籍宜兰人民毅然建碧霞宫，以崇尚忠臣藐视敌寇，宏扬忠孝节义的观念，以期唤醒国魂。

此外，在闽南民间的祭祀活动中，宗教仪式的融入也成为民俗活动的组成部分，而这些活动往往与宗族密切相关。地方宗族往往在祭祀关帝的活动中借助宗教仪式，增加了仪式的神秘性，进而起到加强宗族或宗族联盟的关系。诸如通过社里宫庙联盟共祀关帝信仰的“示威游行式”仪式蕴含着族群抗匪的记忆和演练意味，并且关帝信仰“扶弱锄强”的道德价值也成为地方族群关系调和的精神因素。地方社会总是充满能动性，通过民俗活动使神明关系、历史记忆、族群关系等复杂社会关系达到一种平衡的状态。

回溯明清以来官方的祭典仪式演变，其本质是“融教于俗”。官方祀典充满着强烈的教化色彩。萧公权将其概括为“神道设教”：清朝统治者在思想控制方面所采取的最微妙的尝试，是广泛采用古代的法则“神道设教”。不管清朝皇帝自己对宗教的态度如何，他们充分相信，可以利用祭祀来加强其他控制臣民思想的措施。[③] 这一观点深刻揭示祭祀活动在社会控制方面的功用。但是，在近现代闽南社会，随着关帝信仰在闽南社会的深耕，世俗化的趋势越发明显，民间社会逐渐将祭祀活动转化成为带

① 郭志超：《关帝崇拜属于民间信仰》，载《关岳文化与民间信仰研究》，厦门大学出版社 2008 年版，第 65—66 页。

② 台湾宜兰县碧霞宫编《岳武穆王治世金针》，厦门文德堂 1972 年版。

③ 萧公权：《中国乡村——19 世纪的帝国控制》，九州出版社 2018 年版，第 261 页。

有表演色彩的巡游仪式。

新中国成立后，特别是党的十一届三中全会召开后一系列保障公民宗教信仰自由政策法规的出台，为民间祭祀关帝的信俗活动提供了政策保证。20 世纪 80 年代末至 90 年代，闽南地区的关帝祭祀信俗活动又呈现复兴状态。基层民众也重新建构新的祭祀活动，以文化节形式出现的信俗活动成为颇具影响力的文化形态。

两岸关系影响着关帝文化的交流。1949 年之后，海峡两岸长期隔绝状态，致使文化交流受阻，由闽南地区分香台湾各地的关帝庙返回祖庙的进香活动也被阻断。20 世纪 80 年代后，两岸关系的缓和为关帝进香活动提供了契机，台湾同胞被压抑了 40 多年的寻根情结得以释放。以 1988 年高雄文衡殿第一次组团到东山关帝庙进香活动为起点，两岸民众开启了新的信俗活动形式。1995 年，东山关帝庙金身又赴台巡游，时间达半年之久，引起了台湾信众的强烈反响。这两个历史事件，展现了关帝信俗的新形态。

20 世纪 80 年代以来的关帝信俗演变轨迹，呈现了由“纯宗教范畴的交流，开始逐渐向政治、经济、文化等领域拓展”[①] 的趋势。为了适应两岸民众交流的需要，关帝信俗也产生新的文化形态，诞生了兼有传统和现代色彩的“文化节”。这契合了现代社会人们对民间信仰之文化精神的诠释，它不仅是对关帝神灵的崇拜，更是对传统与现代兼容式表达所带来的文化内涵及其对人们精神寄托的影响。

1992 年，东山关帝庙和台湾宜兰礁溪协天庙、台中圣寿宫等协同举办“首届海峡两岸关帝文化节”，同时，为了纪念东山关帝庙“铜陵帝君”祖神自古以来不断分灵过海福佑台湾全岛的历史功绩，两岸倡捐在铜陵西门澳兴建了朝圣楼。[②] 可见，从文化节创办开始，就具有两岸文化交流的意蕴。关帝文化节的创办明显有别于传统的庙会习俗，并且对当代闽南社会产生深刻的影响。传统的信俗更为侧重于仪式的展演，满足基层民众祈福禳灾的需要，进而达到教化的目的。文化节的举办再造了新的信俗文化，具有一定的区域局限性和信众局限性。除了祭典、祈福诵经等宗教之外，形形式式的文化节目附在其中，文化节已经成为一种文化狂欢，活动的参与对象和参与区域得到了拓展。以往单一以庙宇为中心的活动，走向了多庙宇、多信仰、多元互动。

① 范正义、郭阿娥：《闽台关帝文化交流的发展趋势》，载林振礼编《泉州多元文化和谐共处探微》，厦门大学出版社 2017 年版，第 448 页。

② 刘小龙：《缘系关帝——海峡两岸（福建东山）关帝文化旅游节纪实》，海风出版社 2015 年版，第 3 页。

2009年10—11月，在东山关帝庙的邀请下，泉州通淮关帝庙赴台南大天后宫交流访问。从此，闽台两岸民间关帝文化交流互动往来展开了新的篇章。

“海峡两岸关帝文化节”的产生与效应对闽南社会的影响也是多元化的。主要概括如下几点：

在政治方面，关帝信俗文化推动了闽台交流。据统计，东山关帝庙分灵到台湾地区的庙宇有170多座，泉州通淮关帝庙分灵到台湾的庙宇有70多座。台湾关帝信众众多，对闽南地区具有深厚的感情。在信俗活动的推动下，两岸以关帝信仰为核心的情感纽带得以维系和加强。如2011年第二十届东山关帝文化节期间，全国政协副主席张克辉、福建省政协副主席李祖可等出席了会议，而应邀参加活动的台湾政要就有台湾前“法务部部长”廖正豪、台湾工党主席郑昭明、金门县长李沃士、澎湖县长王乾发等。[①] 同时，历次赴台交流的活动中，闽南关帝交流团都得到了台湾政要的会见，如2009年通淮关帝庙交流团赴台交流期间，受到时任台湾立法机关最高顾问高信忠、高雄县县长杨秋兴、基隆市市长张通荣，国民党台南市党部书记长王志庸等十余位台湾政要和知名人士的接见。可见，关帝信俗为沟通两岸政治交流提供了平台和机会。

在经济方面，关帝文化节推动了地方经济的发展。实际上，东山关帝文化节也为闽南与台湾及周边地区商贸交流提供了平台。一是旅游经济。关帝文化节提升了东山岛旅游品牌的影响力。每年关帝文化节的召开，吸引了大量国内外游客，进而推动了闽南地区旅游业的发展。二是经贸合作。纵观关帝文化节的创办过程，大多都包含经贸合作内容，如1998年举办的“六·二〇东山关帝文化节贸洽会”、2007年第十六届“两岸（福建东山）关帝文化旅游节暨闽台水产品博览会”。从文化节的命名方式看，都具有明显的经济色彩。陈支平教授认为：“近年来的传统民间信仰民俗节日仪式复兴几乎到了无以复加的程度，其中最能诱导国家力量进入的因素莫过于民间信仰节日仪式蕴含的巨大经济价值。”[②] 据统计，第十七届东山关帝文化节期间，达成的项目总投资60.1218亿元；第十九届关帝文化节期间，达成的项目总投资166.5亿元；第二十一届关帝文化节期间，达成的项目总投资13.94亿元；第二十八届海峡两岸关帝文化旅游节开幕签约20个项目，总投资40多亿元。可见，民间信俗活动为闽南地方经济发展注入了强大的动力。

---

① 刘小龙：《缘系关帝——海峡两岸（福建东山）关帝文化旅游节纪实》，海风出版社2015年版，第5页。

② 陈支平、李玉柱：《闽台文化的多元诠释》，厦门大学出版社2013年版，第408页。

在文化方面，关帝文化节促进了民间传统艺术的传承和保护，也推进了民间传统文化的交流。民间传统文化受特定历史时期的影响，失去了传统可以维系的社会群体基础，记忆断层成为民间文化所面临的危机。关帝文化节的兴起，为这种危机的解除提供了新型的公共空间，“传统民间信仰民俗节日的复兴使民间社会又出现了一种维系社会团结的群体意识”①，这显然对于新型文化秩序的构建意义重大。应该注意到，关帝文化节的内容是一个开放的系统，也是一个不断发展的系统，不单有综艺表演还有体育赛事和学术研讨活动。同时，各地以友好庙际关系带来最特色的艺阵表演参加祭典，就连毗邻的潮汕、揭阳地区的艺阵表演也常参与其中，成为祭典表演的亮点，如第二十八届海峡两岸（福建东山）关帝文化旅游节中，来自广东揭阳地区的民俗舞蹈“英歌舞”应邀参加开幕式及关帝出巡绕境表演，以刚劲雄浑、粗犷奔放的舞姿，引起了全场轰动。这也体现了民间信俗活动具有的文化包容性。

值得关注的是，关帝文化节对闽南民众公共生活也产生多方面的影响。陈支平教授等专家学者从人类学的视角考察了关帝文化节形成过程，认为关帝文化节促进了农村公共生活的团结，拓展了在地民众公共生活空间，催生了农村社团组织建立，提供了农村社会的公共服务。②这项研究回应了在闽南社会变迁过程中，关帝文化节等信俗的复兴给地方社会带来的积极影响。

二、关帝文化节与闽台关帝信俗的复兴

陈支平教授的研究分析了民俗节日复兴过程中的权力关系，认为这是“国家力量与民间社会利用民俗节日仪式不断对话和糅合的过程”。③在这个理论框架中，民间社会借助文化节使得祭祀活动获得了合法化地位，同时，国家则是利用文化节来发挥潜在的社会、经济、文化价值。陈阳春和林国平教授随后的研究更是指出：关帝文化节在民间信仰合法化、神明职能的政治化、祭典活动的规范化、庆典活动的娱乐化、游神活动的大型化等方面具有重要影响。④这项研究从功能视角分析了文化节对民间

① 陈支平、李玉柱：《闽台文化的多元诠释》，厦门大学出版社 2013 年版，第 410 页。

② 同上书，第 409—412 页。

③ 同上书，第 408 页。

④ 陈春阳、林国平：《文化节与闽台民间信仰——以福建东山关帝文化节和湄洲妈祖文化节为中心》，《东南学术》2019 年第 3 期，第 211—214 页。

信仰的影响。国外学者也进行相关的研究，诸如日本学者酒井忠夫认为，关帝信仰所具有的“忠、孝、礼、义、仁、勇、信”等儒家人格精神是中国传统民间文化与国家政权建设的交汇点。① 美国学者杜赞奇也认为，乡村精英通过修建关帝庙使得关帝信仰突破了社区守护神的形象角色，成为国家、皇朝和正统的象征，具有连接民间与官方的组织功能。②

诚如前人成果所言，关帝信俗活动借用具有中性语义的“文化节”形态复兴的过程，在合法化的过程中，文化节和闽台社会存在着持续关系，这种关系在现如今主要表现在政治化、商业化和娱乐化等方面的交流。同样，关帝文化节对闽台社会、城市空间和文化认同产生了不同的影响。这种影响的深层意义则是地域文化与国家的互动过程。

必须强调的是，关帝文化节的核心依然在于强化关帝信仰符号的存在。如第二十六届海峡两岸（福建东山）关帝文化旅游节的活动方案就指出，举办文化节的目的在于强化“东山关帝庙作为台湾及东南亚众多关帝庙香缘祖庙的地位”；第二十七届海峡两岸（福建东山）关帝文化旅游节的主题则是“缘系关帝，和谐两岸”。可见，不管文化节背后的权力关系如何，文化节的核心内容建构都是以关帝信仰为核心的符号体系。同时，文化节所塑造的关帝信仰已经超越了传统关帝信仰意义范畴。林国平教授认为民间社会对民间信仰具有“祈福禳灾”的基本诉求，并且指出：“民间信仰是指信仰并崇拜某种或某些超自然力量（以万物有灵为基础，以鬼神信仰为主体），以祈福禳灾等现实利益为基本诉求，自发在民间流传的、非制度化、非组织化的准宗教。”③ 在关帝文化节的语境中，祈福禳灾的内容已经从属于政治价值的表达。一方面，基于东山关帝庙与台湾地区关帝庙的香缘关系，关帝文化节成为两岸关帝文化交流的纽带，也成为两岸文化交流的桥梁。另一方面，基于“一带一路”倡议的提出，东山关帝庙播植东南亚地区的香缘关系，关帝文化节成为中国与东南亚国家地区文化交流的纽带，也是一种文化实践。从这一层面上讲，关帝文化节具有“象征资本”的意义。

法国文化社会学家布尔迪厄认为，象征资本是“一切都求助于所有国家生成理论所不知的，公认的权威的象征资本的集中；象征资本的集中好像是所有其他集中形式

---

①［日］酒井忠夫：《民间信仰与社会生活》，胡小伟译，上海人民出版社 2011 年版，第 84 页。

②［美］杜赞奇：《文化，权力与国家——1900 ～ 1942 年的华北农村》，王福明译，江苏人民出版社 1996 年版，第 132—133 页。

③ 林国平：《关于中国民间信仰研究的几个问题》，《民俗研究》2007 年第 1 期，第 7 页。

的条件，或者，起码是它们的伴随物，至少，如果这些形式具有一定的持续性”[①]。在布尔迪厄的理论视野中，象征资本是依赖于国家这一权威所产生的，具有被公众所认知的形式。诚然，关帝信仰在历朝历代的册封中已经和国家产生了不可分割的关系，是国家价值理念和民众社会实践的权威象征，制约着公共秩序的形成。关帝文化节实际上也是关帝信仰象征资本属性的一种外在体现，文化节的组织者和参与者都在共同建构一种具有权威性和持续性的实践活动。这种活动形式符合社会建构的“集体期待”。因此，有学者甚至认为，象征资本实质上就是一种“集体信仰”[②]。同时，布尔迪厄强调，象征资本的属性是可以“被社会行动者所感知，他们的感知类别如此之广，他们能感受它（领会它）、确认它并使之有效”[③]。综观东山关帝文化节的宣传内容，无不凸显关帝信仰所蕴含的文化价值在当代社会中的意义，并且取得了丰硕的成果，这说明，在弘扬关帝文化的价值认知上，政府与民众的感知是一致的。

关帝文化节的产生往往被视为传统信俗的复兴。所谓复兴就是指传统信俗在特定历史时期断层后的一种文化承继行为，文化节既与传统的关帝信俗有着密切的关系，也有着明显的区别。无论是东山关帝文化节还是通淮关帝庙的祭祀活动，必然适应不同时空条件下的社会结构和民众的惯习。

布尔迪厄注意到人类的文化行为受到社会结构和心态结构的影响，并且将惯习的定义与场域的概念联系起来：场域塑造着惯习，而惯习同时影响着某个场域。社会实践者的惯习有助于把场域建构成为“一个充满意义的世界”。[④]

从社会结构上看，中国台湾地区是闽南文化的重要传播区域，同属闽台区域文化圈，传统社会结构相通。闽南移民将本土的信仰传播到台湾地区，因此大多闽南庙宇都是台湾庙宇的祖庙。尽管新中国成立后，两岸在社会制度上存在差异。但是民间文化传统的力量并未因政治制度的不同而发生变化。20 世纪 80 年代以来，两岸民众交流日益增强，台湾信众突破台湾当局的层层限制前往东山关帝庙会香祭祀。这种方式

①[法]布尔迪厄：《实践理性：关于行为理论》，秦岩译，生活·读书·新知三联书店 2007 年版，第 95 页。

②宫留记：《资本：社会实践工具——布尔迪厄的资本理论》，河南大学出版社 2010 年版，第 157 页。

③[法]布尔迪厄：《实践理性：关于行为理论》，秦岩译，生活·读书·新知三联书店 2007 年版，第 95 页。

④[法]布尔迪厄、[美]华康德：《实践与反思——反思社会学引论》，李猛、李康译，邓正来校，中央编译出版社 2004 年版，第 172 页。

依然可以看到传统社会结构对信众的影响。如前所析，关帝信仰在社会结构的形成和变迁中具有重要意义。一方面，两岸信众以关帝文化节为纽带，举行祭祀大典，从这种行为本身就是传统社会文化的延续。另一方面，就东山县而言，其社会结构也发生了重大的变化，新兴的旅游产业逐渐占据主导地位，传统的渔业社会正在发生转变。借助文化节助推旅游业的发展成为关帝文化节的另一个主要内容，而 20 世纪 80 年代后，台湾开放居民出岛旅游，掀起了旅游热潮。旅游产业也在文化节中呈现结构重叠的特征。不管社会结构如何变化，最核心最稳定的因素依然是传统社会形成的关帝祭祀传统。

从心态结构上看，闽台两地长期以来形成的关帝信仰是民众心灵结构和思维方式的体现。他们在适应自然环境过程中寻找到心灵的慰藉。同样，他们在族群冲突中又能够从关帝信仰中得到安抚与恐惧的庇佑。如顺治八年（1651）《铜山志》载："王裕光攻打将剿铜民，赖关帝老爷之灵灵，保全无恙。"[①] 在地方发生动乱或者遭遇灾害时，关帝信仰总是能够给予地方民众心灵的安慰，民众也往往将功绩归于神明佑护。另一种值得注意的文化形态是民俗的传唱活动：

> 铜俗端午插艾悬蒲之外，并以榕叶、稻穗缀于门首所在。竞渡有《龙船歌》，曼声高唱。语虽鄙俚，已饶情趣，其词曰：
>
> 正月十五是元宵，周坚酒醉满街摇。
> 谗臣岸贾[②] 害忠义，赵武把冤心正消。
>
> …… ……
>
> 三月上巳过清明，关公送嫂去寻兄，
> 过了五关斩六将，又斩蔡阳入古城。[③]

地方官员用"语虽鄙俚，已饶情趣"来评价民间歌谣，并且将其《龙船歌》全文收录在方志之中，说明以月份时间为顺序的歌谣深入民心，并且影响力颇大。其中涉及关帝的事迹，则选取了《三国演义》中关羽送嫂寻兄、过五关斩六将的故事。这些传唱活动也反映了民众对关帝的崇敬心理。

---

①〔清〕陈振藻纂《铜山志》卷九《灾祥志》，乾隆二十五年（1760）刻本。

② 曲文中的"岸贾"系指《赵氏孤儿》中的反面角色，姓屠岸，名贾，应简称为屠岸，但民间俗曲原文如此。

③〔清〕陈振藻纂《铜山志》卷十《杂志》，乾隆二十五年（1760）刻本。

总之，传统时代塑造了关帝的神性和神职给了民众精神上极大的动力。祭祀活动又成为他们表达对关帝感激之情的重要反思。这种心态虽然在特定历史时期有被冲击，但是他们依然相信关帝是他们的共同的守护神。因此，带有复兴色彩的关帝文化节的出现，满足了信众们祈福禳灾文化心理的需要。

社会结构和心态结构成为影响着关帝文化节的惯习因素。信众们总是在传统中寻找建构关帝文化节的力量，这既是“惯习”所影响的结果，以增强复兴文化节的“历史感”，同时这也是信众们建构新文化传统的努力。

文化节的构建推行离不开实践者的践行。在传统社会中，关帝信俗的实践者主要是礼乐司官员，他们按照朝廷的礼制，负责主持祭典仪式。宗教仪式的世俗化，则给了信众们参与活动的社会空间。信众甚至以关帝信仰为中心，逐渐组织化，形成不同的形态。清乾隆《铜山志》一则文献值得关注：“崇祯六年，关帝会首为总府高应岳收为标下，后蒙荐署铜山营篆。一年立功，钦授加衔守备。”① 这则史料揭示，至少在崇祯年间，地方社会就存在以关帝信仰为中心的香会组织。“关帝会首”可能凭借出色的领导能力得到官方的认可，执掌铜山营，随后立功受奖。这说明，香会组织的领导者们在特定历史时期同样能够获得朝廷认可，这其中的原因自然也包括关帝信仰因素。除了香会组织外，关帝信仰也影响着乡村秩序的构建。他们通过“报街”和巡游活动，串联起彼此在祭祀圈中的关系和角色。概言之，在传统社会中，以官方为主体的实践者，构建了以祭祀活动为中心的民俗活动，这些活动主要体现了国家正统观念在基层社会中的实践过程。

在当代社会中，实践者的角色发生了变化，其组织的关帝文化节也发生了意义的转变。按照关帝文化节主办单位的类别，主要包括政府部门、民间组织和企业。政府部门主要承担组织宣传工作和经贸工作。东山关帝庙理事会作为民间组织负责关帝圣诞民间祭祀活动、踩街祈福活动。企业则承担起文体活动的筹划营销。相比于传统时代，地方政府已经不再是祭祀的主体，东山关帝庙理事会则转变成为祭祀的主体，其职能发生了本质的变化。再者，活动内容也不局限于祭祀和踩街祈福活动，扩展到各类文体活动。除此以外，在传统时代，参与者的空间范围有所局限，而在当代，东山关帝文化节已经成为闽台和全世界信众参与的大型活动。实践者的变化，也使得关帝信俗活动的性质发生变化。《第九届海峡论坛·第二十六届海峡两岸（福建东山）关帝文

---

①〔清〕陈振藻纂《铜山志》卷七《人物志》，乾隆二十五年（1760）刻本。

化旅游节活动方案》提到："节庆的延续举办和模式创新，有利于进一步明确东山关帝庙作为台湾及东南亚众多关帝庙香缘祖庙的地位，有利于巩固东山关帝庙作为全国四大关庙之一的重要形象，有利于进一步确认东山在关帝文化传承、关帝精神弘扬的核心地位，有利于进一步扩大东山对台对外知名度和影响力，有利于进一步展现东山全县上下协力同心、拼搏奋斗所取得建设成果。"很显然，传统时代的祭祀活动其目的在于表达国家力量的存在和宣扬国家的正统价值观。如今关帝文化节的意义显然有了更大的拓展，传统的祭祀和祈福意义向巩固香缘祖庙地位和弘扬关帝文化精神转化，并且成为地方提升知名度、展示城市形象的一种文化策略。

显然，关帝祭祀活动的意义已经出现了转化。文化节的内容已经包容了祭祀活动并且被赋予了更多政治、经济、文化等内容。美国人类学家萨林斯（M. Sahlins）认为："只有当事件在文化系统中和通过文化系统而被挪用时，该事件才获得一种历史意义。"[①]关帝信俗是一套以关帝信仰为核心的文化系统，但是在当代的文化节内容中，关帝信俗已经成为地方政府塑造自身文化形象的策略，这种文化迁移已经具有新的历史意义。当然，这种意义的获得更是社会文化发展的体现。

三、关帝信俗仪式表演的断裂与重构

人类学家特纳引入"社会剧"（social drama）概念来强调仪式具有表演性的特征。他强调，仪式的内部过程是一种戏剧的表达，同时又是社会矛盾的反映。他力图通过社会剧理论来解释仪式所具有的普世性内容："来自于许多文化展演类型的经验模型，具有补偿性平衡和既定的规程，所有口传的、文字叙事都囊括其中。"[②]特纳的理论从自己独特的视角揭示了仪式本质上的内容："表演"事实上是一种社会空间中的实践，也是一种特殊的叙事。[③]同时，这种叙事表演过程也是思想和理念的表达。特纳的观点具有一定的借鉴意义，在传统年代，关帝信俗的表演具有强烈的伦理教化色彩，礼乐官员通过严密的祭祀仪式过程表达中央王朝的理念。特定的节日、神明信仰的威严、庙宇空间营造的庄严氛围以及王朝礼制的严格规程，共同将王朝的理念展

①［美］马歇尔·萨林斯：《历史之岛》，蓝达居等译，上海人民出版社2003年版，第11页。
② V. W. Turner, *Dramas, Fields and Metaphors*, Cornell University Press, 1974, p. 154.
③ 彭兆荣：《人类学仪式的理论与实践》，民族出版社2007年版，第158—159页。

现出来。诸如清代对关帝祭祀的乐舞有明确的规定，据《皇朝通志》载：

先医于景惠殿、火神庙、显佑宫、关帝庙、城隍庙、东岳庙、黑龙潭龙神祠、玉泉龙神祠，兴工祭后土、司工之神，迎吻祭窑神、门神，皆奏《庆神欢》曲，三献三奏辞谱，皆同乾隆七年定皇帝元旦《庆贺乐》(黄钟为宫),《元平》《和平》。

可见，清代宫廷祭祀关帝，所用的音乐为《庆神欢》。“三献三奏辞谱”则说明了每次祭祀规程中“初献、亚献、终献”的进阶，均需奏《庆神欢》。仪式音乐是伴随着祭祀活动推进而表演的。

关于演奏《庆神欢》所用乐器，《清史稿·音乐志》有载：

《庆神欢乐》，凡群祀用之。其器云锣二，管二，笛二，笙一，鼓一，拍板一，惟祀先蚕及关帝、文昌则加隆焉。笛、笙、鼓同《中和韶乐》，云锣、管、板同《丹陛大乐》。[①] 说明演奏《庆神欢》等雅乐所用乐器都有严格的规制。

庆神欢乐、中和韶乐、丹陛大乐都是清代的宫廷雅乐。《庆神欢》用二个云锣、二管、一笙、一鼓、一拍板合奏，主要用于群祀乐场，[②] 因清代关帝地位甚高，因此需升格音礼，在群祀乐场基础上，增加了用笛、笙、鼓奏的《中和韶乐》，云锣、管、板奏的《丹陛大乐》。

从后人译谱来看，《庆神欢》（见谱例 1-1）音乐较为简单，以级进为主，乐曲行板式自然速度，节奏平稳均衡，旋律舒缓中稍带欢悦，用以表达对神明的肃穆性。《中和韶乐》则继承了明代的音乐传统，其乐韵特征是：一字一音一拍，节奏旋律比较固定，缺乏变化，主要表现庄严肃穆的气氛，具有中和平正之美，充分体现了古人“齐庄中正，足以有敬”[③] 的理念。《丹陛大乐》则为乐师仿古雅乐之风，一字一音，具有“音乐庄严肃穆、节奏与旋律少变”的特点。[④]

可见，在清代祭祀关帝的活动中，所使用的音乐均具有庄严肃穆的特点，突破了小祀的礼乐范畴，这与关帝在清代地位的抬升息息相关。这套礼乐表演系统说明在清

① 〔民国〕赵尔巽等撰《清史稿》卷一〇一，吉林人民出版社 1995 年版，第 2038 页。
② 有学者认为，明清小祀所用的《庆神欢》是以“庆神欢乐”命名的一系列乐曲的统称。具体参见：逯凤华：《泰山、岱庙、东岳庙祭祀用乐研究》，上海音乐出版社 2019 年版，第 104 页。
③ 贾福林：《中和韶乐》，北京美术摄影出版社 2015 年版，第 134 页。
④ 钱树信：《避暑山庄宫廷音乐》，中国戏剧出版社 2004 年版，第 24 页。

代宫廷关帝祭祀活动表演中，传统的礼乐色彩浓厚，仪式性超过于娱乐性，表现出等级制仪式表演程序的庄严凝重。

谱例 1-1《庆神欢》

清代地方官员的祭祀关帝活动也讲究仪式性：每岁颁行祭费银二十四两正，于春秋二仲月吉日及五月十三日致祭。帛一，白色。白瓷爵三、登一、铏二、簠二、簋二、笾十、豆十、牛一、羊一、豕一、酒樽一，行三跪九叩礼。①

这些祭品所需费用颇多，器具规格严整。在祭祀之日，设礼乐亭，乐生以钟鼓和鸣开启祭祀仪式。参祭人员立定特定方位，形成了一个肃穆的表演空间。主祭由德高望重者担任，并敬诵祝文：

> 维帝浩气凌霄，丹心贯日，扶正统而彰信义，威震九州；完大节以笃忠贞，名高三国。神明如在，遍祠宇于环区；灵应丕昭，荐馨香于历代。屡徵异迹，显佑群生。恭值佳辰，遵行祀典。筵陈镑豆，几奠牲醪。尚飨。②

祝文又称祝辞，是祭祀时用以报告或赞颂的文字。上录《晋江县志》的祝文在赞颂关帝神德的同时，也期盼关帝能够赐福社区，佑护历代信众。祭祀活动与地方社会

① 〔清〕周学曾等纂修《晋江县志》卷十五《祀典志》，福建人民出版社 1990 年版。
② 同上。

的融合是民间祭祀关帝的重要特色。清代民间祭祀活动中包含着仪式性的活动，也融入了道教的仪式内容，并且在仪式表演上，更具有地方特色。

随着民间祭祀活动的勃兴、宗教仪式和民间文化的交融，祭祀活动的内容、空间和属性也逐渐发生变化。在仪式内容上，虽然保留着三跪九叩礼，但是传统的礼乐文化因素逐渐淡化；在仪式空间上，祭祀仪式虽然以庙宇为核心，但是融入了报街巡游等活动，民众自发创造的传统艺术的表演空间得到拓展，参与者也不局限于官员，更多的普通百姓参与到仪式表演中；在仪式属性上，祭祀活动开始呈现娱乐化色彩，仪式表演成为民众的狂欢活动。

民国时期，东山关帝庙的官祀祭典由地方行政首长为主祭官，本地士绅、耆老参祭。朝拜人员由主祭官 1 名、陪祭 12 人、司仪 2 人、唱礼 1 人、引赞 1 人组成，他们是仪式表演的核心人物。祭品主要有牲礼 5 味、粿品、糕点、米粿类以及金纸等。其祭祀仪程主要是三跪九叩大礼，分 32 个步骤：

> 1. 参祭人就位；2. 鸣钟、播鼓、鸣炮（司礼生点香）；3. 奏乐；4. 上香（司礼生分香与参祭人）；5. 全体肃立，敬向关圣帝君作三敬揖礼；6. 晋香（司礼生收香上炉）；7. 晋酒（司礼生斟第一巡酒）；8. 敬向关圣帝君首献礼行三跪九叩礼；9. 晋爵（司礼生端酒爵与主祭奠酒）；10. 奠酒（主祭人奠酒、司礼生添酒）；11. 晋钱盒、晋寿桃；12. 首献礼毕，兴；13. 亚献礼开始（司礼生点香准备）14. 鸣钟九响，擂鼓三通；15. 上香（司礼生分香与参祭人）；16. 全体肃立，敬向关圣帝君作三敬揖礼；17. 晋香（司礼生收香上炉）；18. 晋酒（司礼生斟第二巡酒）；19. 敬向关圣帝君行三跪九叩礼；20. 晋牲礼、晋糕点、晋青果；21. 主祭人读祝文；22. 亚献礼毕，兴；23. 向关圣帝君行三献礼开始；24. 鸣钟九响，擂鼓三通（司礼生点香）；25. 上香（司礼生分第三巡香）；26. 全体肃立，敬向关圣帝君作三敬揖礼；27. 晋香（司礼生收香上炉）；28. 晋酒（司礼生斟第三巡酒）；29. 敬向关圣帝君行三跪九叩礼；30. 晋长钱、寿金，献金山、金盾、金塔；31. 兴！钟鼓齐鸣；32. 三献礼毕。①

这套祭祀仪程最为重要的内容是三跪九叩礼、三奏乐、献五牲、读祝文。奏乐已经和清代的仪规有所不同，不再是礼乐的表演，而是“鸣钟九响，擂鼓三通”。这种钟鼓之乐，有别于西周、春秋时期的钟鼓之乐，因为西周、春秋时期所使用的“钟”

① 东山关帝庙理事会编《东山关帝庙志》，内部资料，2007 年版，第 52—53 页。

指的是编钟，所谓“鼓钟钦钦，鼓瑟鼓琴，笙磬同音。以雅以南，以命不僭”。关帝祭祀活动中，钟鼓齐鸣呈现了中国传统寺庙的左钟右鼓的布局，作为通天神器的皮鼓音色浑厚震天，具有庄严、肃穆、神圣以及沟通神灵的象征作用；钟音色沉稳悠扬，余音绕梁。特悬之钟与特悬大鼓为“琴瑟”之友，悬挂于关庙左右，是为钟鼓呼应。钟合五音，鼓可通天，钟鼓合奏通过声音的创造，实现了人与人、人与神的对话。在这套祭祀仪式中，钟鼓之乐既渲染了肃穆神秘的祭祀场面，更起到了统领全场作用。

在民祀仪式中，最重要的就是关帝出巡绕境表演。报街巡游活动将表演空间拓展到乡村。民间的绕境表演顺序大致如下：马头锣，“肃静”“回避”牌，横彩，锣鼓班，巡游队伍，香炉，神轿，法器，彩旗队。这很容易让人联想起古代地方官员出巡的威仪，仪仗成为仪式表演的核心内容。在民众的日常生活世界中，对“权威”最近距离的接触就是官员出巡的仪仗，也是百姓必须遵循的制度，代表着他们对权威的服从。在神明的巡游过程中，民众也希望通过仪式的表演来实现祛邪求吉的目的。民间观念认为，民众生活的空间总是充满着不确定的邪气，这种邪气可以通过特定的仪式进行驱除，需要借助某种权威的力量来实现这一目的。关帝信仰在长时间的形象建构过程中具有权威性。民众通过报街巡游的仪式表演来展示社区空间中权威力量的存在，有助于驱除邪魅之气，保佑社区安宁。概而言之，在关帝巡游的仪式表演中，对官员巡游的戏仿和重建社区安宁的愿望，都在表演一种无上的权威力量的存在。

在闽南民众的关帝仪式表演中，还有一类值得关注的存在。安溪八社联盟的关帝巡游活动除了展现关帝信仰的权威性外，更多地是增加了地方叙事的内容。八社系统涉及了汉族和畲族两个族群，他们在明嘉靖年间开始修建供奉关帝信仰的铜锣庙，并且围绕关帝信仰形成了组织联盟。这一组织联盟在地方动乱时起到团结御寇的作用，并且通过信俗活动传承下来。八社联盟的关帝巡游活动实际上与村落历史叙事交融在一起。其仪式表演的内容实际上带有明显的纪念性质。

在民俗仪式表演中，关注民众对仪式表演的接受程度和仪式体验，也是研究本领域的关键。民众在民间仪式表演中的角色身份，具有双重属性，他们既是受众又是表演者。从受众层面上讲，官方主导的祭祀仪式目的就在于将正统观念展演出来，让民众在仪式体验中接受朝廷所倡导的理念，进而确立他们作为王朝子民的身份。民众作为表演者，他们的经验来自于日常生活中所接受的知识与实践，进而反映其对日常生活劳作的认知模仿与创造。日常生活的仪式知识更多地来自于中央王朝的仪式活动：

> 三月"清明"墓祭，以竹木枝束五色纸挂楮钱、彩球，植于坟巅，子孙罗拜。有闽族鼓吹聚饮者，亦缀食之遗。[1]

上文所引文献中，"闽族鼓吹聚饮"寥寥数语说明在清代福建望族在宴会时也仿照朝廷礼仪，设鼓吹之乐。他们在吸收礼仪知识的同时，也在仿演礼仪。另一个需要注意的是，民间科仪活动对民众仪式表演也产生极大的影响，以关帝善书传播为例，游子安指出："清代关帝信仰深入人心，降示的宝训经文广为传布，教化遍行天下，自通都大邑至穷乡僻壤皆有流传，堪称敷化宇内。"[2] 善书由扶鸾仪式所产生，可见民间科仪活动极大提升了关帝信仰在民众心灵的地位。总之，宗教的世俗化和朝廷礼仪向民间的传播，使得民众能够熟练地进入仪式角色。

20 世纪中叶，民间信仰受到极大的冲击，信俗活动也出现了断层。进入 20 世纪 80 年代，传统文化开始复兴。信俗活动得以延续和重构。纵观自首届"海峡两岸关帝文化旅游节"开办30年来的信俗表演内容，主办者在努力维系传统仪式表演的基础上，加入了更多的表演艺术形式。这背后的动力主要体现在政治、经济、文化等多个层面。从信俗表演内容上看，除了保留传统的祭典仪式外，还增加了舞台化、广场化和娱乐化等多元表现形式，是适应现代社会人们需求的传扬关帝文化的新选择与新的艺术形态。

图 1-5 大型舞剧《关公》（刘海栋 / 摄）

其一，舞台化节目主要是通过舞台艺术形式展示关帝文化。庙戏是传统祭典的娱乐节目，主要在戏台搬演地方剧目，其目的还在于向关帝表达敬意。但是在文化节中，舞台节目已经不局限于地方剧目表演，而是融入了舞台剧的因素。如第二十六届关帝文化节中演出的大型原创史诗舞剧《关公》（见图 1-5），是大陆首部关公题材的原创舞剧，追求思想深度和审

① 彭崧毓纂、王庭桢修《江夏县志》卷八，同治八年刻本。

② 游子安：《敷化宇内：清代以来关帝善书及其信仰的传播》，《中国文化研究所学报》2010 年第 50 期，第 220 页。

美内涵于一体的原创作品，分为《忠》《义》《仁》《勇》四幕，通过“桃园三结义”“温酒斩华雄”“华容道释曹操”“败走麦城”等情节，用舞蹈艺术语言塑造了关公“有血有肉”的艺术形象，诠释其“正气冲霄汉、大义薄云天”的精神内核。值得一提的是，关公作为一位充满正能量的英雄人物，以他为主角的戏曲、影视作品不胜枚举，但以现代舞剧的艺术形式展示关公的作品尚属国内首部，歌颂了关帝忠义仁勇的英雄形象，拓展了观众的想象空间，也迎合了观众的审美需求，具有强烈的感染力与表演效果。

再如，表演艺术形式亦有现代交响乐团创作的大型民族交响乐《关公颂》的乐章，用创作的乐章讲述关公的故事。曲目柔美与激昂并存，舒缓与高亢兼具，涵盖了关公立身、成功、辉煌、败亡的悲壮一生，凝练了关公对国忠诚、以义待人、用仁做事的精神，表达了民众对关公的崇敬之情。

关公对中国人而言一直是特殊的存在，从耄耋老人到咿呀学语的孩童，几乎都对关老爷的故事耳熟能详。关公承载着中国优秀传统文化的美好基因，千百年来，人们崇拜关公，本质上是崇拜关公高尚的道德人格，他对国以忠、待人以义、处世以仁、作战以勇。这些思想观念、道德品质、精神气质已然成为全民族的精神和大义，对后世产生了极大影响。现代社会用高雅的民族舞剧、民族交响乐的形式将关公的故事、精神呈现传递给观众，显然是对传统文化的创造性转化，使之得到创新性发展。

其二，广场化节目更具有群众的参与性和开放性，他们以民间游艺活动为基础，以广场为表演空间，既能保证几百人的演出规模，又能满足四周观众都能欣赏到的需求。节目表演一般规模宏大、气势非凡，对于烘托文化节热闹气氛具有独特优势。如，2019年关帝文化节开幕式上表演的《想欲吃好鱼 请你到东山》大型民俗“海底反”舞蹈，就是由40名小学生和70名广场舞志愿者及“海底反”专业舞蹈老师组成的演员阵容，表现了东山渔业丰收的欢乐景象。

其三，娱乐化节目主要结合流行元素，将带有闽南文化色彩的文娱节目进行包装。传统民俗活动本来就具有从敬神到娱人的娱乐元素，这种娱乐元素具有便于传播推广的特性。在复兴的民俗活动中，值得注意的是闽南语歌曲的创作和表演，如第二十七届关帝文化节中的“闽台流行音乐青年歌手赛”、第二十八届关帝文化节中的“‘关帝杯’闽台流行音乐歌手赛”的关帝文化活动取得圆满成功，就是充分发挥闽南语歌曲独特的向心力、感染力而带来的凝聚效应。

闽南语歌曲一直以来就是两岸现代流行歌曲中的一支重要力量。梳理闽南语歌曲的发展历史，从明末清初大批福建人迁台时期为主源，闽籍移民在拓垦台湾过程中逐渐用闽南语的歌唱旋律来表达日常的劳作生活和情感经历，感叹人生又勉励进取。其歌词纯朴通俗又感情丰富，旋律大多带着入骨的悲怆，充满韵味又易于传唱，很快在两岸风行开来。20世纪四五十年代闽南语歌曲初现整体格局，80年代以来走至颠峰，诸如《爱拼才会赢》《酒干倘卖无》《浪子的心情》等闽南语歌曲在两岸大街小巷传唱。台湾闽南语歌曲源在西岸、流在东岸，随着海峡两岸的民间交流深入，以闽南开展“关帝杯”闽台流行音乐歌手赛为例，借助关帝文化节平台，能把流行于闽台地区的乡音民谣有效地传扬，又能用闽南语歌曲的特殊韵味和本土内涵给两岸人民的生活带来欢乐和理想，给两岸人民的人生带来意志和力量。

再以关帝为主题创作的闽南语歌曲《关公》在两岸文化节上的首发活动为例，更是契合弘扬关帝文化的有效艺术形式。2014年12月泉州与台湾新竹市联合主办的“第三届海峡两岸关帝文化节”开幕式上，两岸第一首歌颂关帝精神的闽南语歌曲《关圣帝君》首发式，并作为在泉州举办的第二届海峡两岸关帝文化节的主题歌引起了海峡两岸的情感共鸣。这首歌由泉州籍台湾著名音乐人林垂立创作并演唱，本届关帝文化节以全新的歌颂关帝的闽南语创作表演歌曲，赢得了现场两岸乡亲的喝彩。通俗易懂、朗朗入口、大气雄浑的闽南语通俗唱法演绎，有利于传唱和传播“仁义礼智信”的关帝精神。尤其是其精心制作的《关圣帝君》DVD/CD光盘（大陆版、中国台湾地区版）在两岸出版发行，是传扬中华儒家文化以及两岸寻根祖缘交流共创上的一个成功举措。

值得注意的是，关帝文化节随着媒介的发展，娱乐节目也结合网络传媒进行传播。如第二十六届关帝文化节中的“东山岛‘网红·大V’旅游节”、第二十七届关帝文化节中的“东山岛创意抖音短视频征集大赛”等，均取得良好的成效。

四、20世纪80年代以来闽台关帝文化交流大事记

梳理20世纪80年以来的闽台关帝文化交流活动，了解两岸关帝信俗的互动，对整理依附于关帝信俗仪式的传统艺术有参考意义。根据田野调研采集和文献查阅，代表性的两岸关帝庙际交流大致如下：

1988年8月

台湾高雄文衡殿30人组团率先到铜陵关帝庙谒祖进香，奉赠《追源谒祖》匾。本次台湾进香谒祖为首批漳州籍台湾同胞到漳州关帝庙的进香活动。

1990 年 3 月、5 月

台北新安宫一行 76 人来泉州通淮关岳庙参拜。5 月台湾花莲同胞一行 19 人来通淮关岳庙参拜、座谈交流。

1990 年 8 月 11 日

在台湾圆山饭店召开“两岸同祀关帝信仰文化交流筹备会台湾代表联席会”。

1991 年 3 月、5 月

台北南岗区南天宫进香团一行 33 人来泉州通淮关岳庙谒祖进香，通淮庙送予“泉州通淮关岳庙分灵印”一枚、铜香炉一个、纪念章、庙志等。5 月云林县四湖乡保长湖保安宫一行 55 人，应邀参加泉州通淮关岳庙修建落成庆典，敬献匾额一块，受赠青石香炉、大灯、红彩等。

1991 年 12 月 27 日

时任国务院副总理吴学谦、时任国台办主任王兆国等人到东山视察，参观铜陵关帝庙。

1992 年 9 月、10 月

9 月 17 日台北明山天行宫一行四人来泉州通淮关岳庙进香，应要求送予关刀、香炉、红灯各一件。10 月 8 日嘉义水上乡粗溪村关帝庙一行 34 人来庙进香，受赠木雕关帝一尊和红灯、龙旗等纪念品。

1993 年 2 月、5 月

2 月 21 日台湾桃园八德明圣宫一行 25 人进泉州通淮关岳庙进香。5 月 14 日台北明山天行宫一行 17 人来庙参拜，受赠“泉州通淮关岳庙分灵印”一枚和龙旗、红灯等纪念品。

1994 年 3 月

3 月 14 日台北桃园市八德明圣宫一行 21 人来泉州通淮关岳庙参拜；台南禹帝庙进香团一行 35 人专程来庙恭迎“泉州通淮关岳庙文衡帝君镇驻禹帝宫仪式”，受赠“乾坤正气”匾一方，“泉州通淮关岳庙分灵印”一枚，关刀、剑、红灯等纪念品。

1995 年元月、2 月、3 月

1995 年元月初，台湾基隆市普化警善堂（关帝庙）、基隆区渔会、基隆区拖网渔业协会组织朝圣团来东山朝圣谒祖，并向东山关帝庙管委会呈上一张十二摺丹书请柬，恭请东山祖庙关帝入台主镇台湾四百年来首次“太上黄箓护国祈天七朝清醮”大典暨全台湾最大的情人湖玉敕文武庙兴建鉴醮活动，同时出巡台湾全境。大陆祖庙神像跨海入台湾鉴醮，是40多年来闽台两岸往来的第一例，为祖国大陆关帝首次赴台巡游。1995年元月11日，台湾基隆籍渔船“源丰11号”抵达东山铜陵渔港，恭迎铜陵关帝入台。东山关帝金身在两岸同胞数百名信众的簇拥下，启辇离庙，东山各界举行隆重的恭送仪典，炮锣鼓声震云霄，艺阵旋舞，彩旗如林。

1995年2月20日（农历正月二十一日）跨海入台的东山大关帝主镇鉴醮功德圆满之后，从北台湾基隆启驾移辇，南下巡护台湾全境，巡境路线分别为：

2月20日东山铜陵关帝到兰阳平原的宜兰县巡境，驻跸于宜兰礁溪协天庙；

2月22日，东山大关帝沿阿里山麓抵达台中平原，入台中市巡境，驻跸于台中圣寿宫；

2月24，东山大关帝驾临台湾高雄市巡境，驻跸于高雄文衡殿；

2月26日，东山大关帝驾临台南县巡境，驻跸于台南关帝庙；

2月28日，东山大关帝驰赴台湾府城台南市巡境，驻跸于台南山西宫；

3月1日，东山大关帝驰赴桃园县巡境，驻跸于桃园大溪普济堂；

3月3日，东山大关帝越海飞临离岛妈宫巡护澎湖，驻跸于澎湖红毛城关帝庙。本次东山关帝巡境横贯台湾南北各地，一路声威显赫，阵容浩荡。所到之处，台湾同胞信众皆携老扶幼，夹道恭迎，焚香跪拜，分香乞灵。

东山铜陵大关帝巡护全台之后，返驾驻跸于基隆普化警善堂，接受从台岛四方，甚至从海外返台的同胞信众朝圣晋祀。直至7月20日，东山关帝圣驾才由台湾政要及信众10余人护送，乘坐豪华游艇返回东山。7月21日上午举行盛大的恭迎圣驾接驾仪典，铜陵各家宫庙主神均出銮到港岸码头迎接关帝回辇，上万民众夹道恭迎，锣鼓管弦、艺棚艺阵、腾龙戏狮，载歌载舞，盛况空前。

1995年6月20日至22日

由中国历史文献研究会、东山县人民政府联合主办“海峡两岸关帝文化学术研讨会”，在东山华福酒店隆重举行，来自北京、山西、河南、湖北、福建、中国台湾、俄罗斯等近百名专家学者参加，为全国首次关帝文化学术研讨会。

1995年8月30日

出席福建省闽台民间信仰学术研讨会的台湾学者18人来泉州通淮关岳庙考察、座谈交流。

1996 年 4 月 24 日

台南马沙沟李圣宫一行 133 人来泉州通淮关岳庙参拜，敬献“正气参天”匾一方。

1996 年 9 月

福建省人民政府公布南靖县山城武庙为福建省级文物保护单位。

1996 年 11 月 20 日

国务院公布东山县铜陵关帝庙为全国重点文物保护单位，据悉，全国重点文物保护单位的关帝庙只有东山铜陵关帝庙和山西运城解州关帝庙。

1997 年 1 月 7 日至 21 日

东山关帝庙访问团一行 10 人应邀访问台湾多家关帝庙，为期半个月。

1997 年 3 月 18 日

台湾桃园八德明圣宫一行 19 人来泉州通淮关岳庙参拜。

2000 年 6 月 3 日

台湾嘉义开元殿组织 24 人到铜陵关帝庙朝圣进香，同时奉迎开台尊王郑成功神像到东山水寨大山（九仙岩）当年郑成功指挥操练水师的水操台下安位立祀。

2004 年 5 月 20 日

海峡两岸（福建东山）第十三届关帝文化旅游节，台湾嘉义开元殿又有 200 多位信众前来参加关帝圣诞庆典。

2005 年 5 月 11 日

福建省人民政府公布诏安县悬钟城（含悬钟关帝庙）为省级文物保护单位。

2005 年 6 月 3 日至 4 日

台湾嘉义开元殿主委叶松海先生率 150 多人到东山关帝庙朝圣，同时在关帝庙广场举行隆重醮会，恭请关帝圣灵主镇鉴醮。搭建关圣帝君坛、开台尊王坛，举行“三献”祭祀仪典；竖立醮旗、灯篙和扬幡，钟鼓礼乐，张扬法事，超度当年跟随郑成功收复台湾而壮烈殉国的将士亡魂。共祈关帝福祐中华，国泰民安。

2005 年 11 月 15 日

漳州武庙关帝神像和护送人员 6 人，应邀首度赴台湾巡视，受到台湾 100 多座宫庙的迎请恭奉，为期半年。

2007年农历五月十三日

台南祀典武庙主委陈仁寿先生率领朝圣团与台湾各地关帝宫庙的朝圣团来到漳州东山，参加海峡两岸第十六届关帝文化旅游节铜陵关帝庙祭典谒祖。

2008年7月15日至17日

漳州武庙关圣帝君跨海到金门，进行为期三天的关帝文化交流。

2009年10月28日至11月8日

应台湾中华道教关圣帝君协会、台湾高雄东照山关帝庙邀请，漳州古武庙、东山铜陵关帝庙、泉州通淮关帝庙、山西运城解州关帝庙、河南洛阳关林关帝庙、湖北当阳关陵关帝庙等人员及神像和宝物，赴台访问。

2009年11月1日

赴台参访团在高雄受到欢迎与拥戴，东照山关帝庙举行规模盛大的向大陆六大祖庙关圣帝君神像、宝物的祭祀大典，来自全台湾200多家关帝庙和道教团体负责人及信众5000多人参加。

2009年12月

福建省人民政府公布漳州市芗城区浦头崇福宫、龙文区扶摇关帝庙为第七批省级文物保护单位。

2010年6月22日

由台湾弘道协会组织的台湾百家关帝庙的1000余名台湾关帝庙信众代表来到福建泉州谒祖会香，这不仅是台湾历史上关帝信众到大陆最大规模的进香活动，也是400年来台湾地区百家关帝庙神首次携手“西渡”海峡。

2014年12月10日

泉州关帝神尊首次从平潭东渡台湾海峡，在台湾台中、新竹、桃园、台北、新北、高雄、台南等20多个地区近160间关帝宫庙间开展巡游，为期43天。两岸间频繁的关帝信俗互动进一步推动了两岸关帝庙宇的互动往来和交流，促进了两岸关帝信仰的传承延续。

2014年12月30日

泉州通淮关岳庙董事会与台湾关圣帝君弘道协会连续3次联合举办关帝文化节。此次关帝文化节首次在台湾举办，进一步推动了两岸关帝庙宇的互动往来和交流。开幕式上泉州籍台湾著名音乐人作曲家林垂立创作的《关圣帝君》首发式隆重举行。还有极具泉州色彩的表演队“火鼎公婆”“拍胸舞”“排子吹”等特色传统艺阵倾情演绎，让台湾民众大饱眼福，深化了台湾民众对泉州民俗文化的认知与认同。

2017 年 1 月 1 日

台湾中华道教关圣帝君弘道协会总会长陈展松带领台湾关帝信仰文化参访团一行20人到福建省泉州市通淮关岳庙参访，受到泉州通淮关岳庙董事长吴金炎的热烈欢迎。此次协会组团到大陆参拜祖庙，通过两地庙与庙之间的交流，对关帝文化的发扬起到更好的促进作用，并以此带动两岸关系更加和谐，增进两岸之间的情谊。

本节小结

闽南关帝信俗伴随历史的长河，在生生不息的闽南民众生活空间秩序中得到良好的传扬。关帝文化信俗仪式表演在闽南现代社会中又以传统与现代元素相融的方式构成了新时代的仪式表演样态，反映了官方和民间力量携手推动的过程，特别是力图在“对台交流、促进统一大业”上的认知共识所取得的成效。与此同时，深入阐析闽南关帝信俗仪式表演的断裂与重构，明晰关帝仪式表演的形成发展，该历程既反映了闽南民众对古代传统乐舞仪礼的承继，更体现对依托关帝信俗事象中的本土传统艺术的守护之情，同时也从一个侧面反映了闽南社会的历史文化变迁与社会文化心理。

第二章 闽南关帝祭典与仪式舞蹈艺术

本章共分三节，首先立足于闽南关帝祭典仪式的溯源，找寻闽南关帝佾舞舞谱的古籍记载；进而通过文献爬梳与田野调研相结合的方法，对闽南关帝祭典乐舞的活态实存进行整理与研究，力图梳理出历代官祀“三献古礼仪程、八音雅乐重构、释奠佾舞薪传、乐舞空间的关系建构”等艺术形态与意涵；最后阐析流行于闽南民间的民祀关帝绕境艺阵舞蹈的类型与风格特征，力图从艺术学视角对关帝祭典仪式舞蹈进行剖析，考察仪式舞蹈的动态构成，以期获得对仪式舞蹈本体特征规律的认知。

第一节 闽南关帝祭典与舞谱的古籍记载

一、关帝祭典的由来与闽南祭典内容[①]

（一）古籍记载的皇朝关帝祭典

关帝祭典属于“圣贤之祭”，关帝获得武圣地位并享有与文圣同等级的祭典，在明代后期，最早记载见古籍清初史学家赵翼撰《陔馀业考》卷三十五：“万历四十二年，又敕封三界伏魔大帝神威远镇天尊关圣帝君……继又崇为武庙，与孔庙并祀。”可见从明末直至清代以后的武圣祭典规格高且鼎盛。又据《清史稿・礼志三》

① 参考吴幼雄、李少园主编《通淮关岳庙志》，中国社会科学出版社 2008 年版，第 758—763 页。

卷 84 记载："关圣帝君，清初都盛京（沈阳）建庙地载门外，赐额'义高千骨'。世祖入关，复建庙（北京）地安门外，岁以五月十三日致祭。顺治九年，敕封'忠义神武关圣大帝'。雍正三年……增春秋二祭。"

闽南的武圣关帝祭典，以泉州通淮关帝庙为例，据道光《晋江县志·祠庙志》卷 16 记载："朔望行香，春秋致祭，而秩祀之典，尚在涂门街庙。"万历《泉州府志》记载："关王庙在郡城通淮街北，郡人奉之特盛。"可见万历年间泉州涂门街关帝庙已香火鼎盛。道光十年（1830）《晋江县志·祠庙志》卷 15 中记载了关于关圣之祭"每岁颁行祭费银贰拾肆两正，于春秋二仲月吉日及五月十三日致祭。帛一，白色。白瓷爵三、登一，铏二、簋二、笾十、豆十、牛一、羊一、豕一、酒樽一，行三跪九叩礼。"并明确相关祝文与祭祀规格。

（二）清制闽南关帝祭典内容

祭典即祭祀典礼。皇朝历代典礼由皇帝或礼部审批，朝廷颁布，因此关帝祭典等级高至极品。闽南清制关帝祀典内容，按清朝颁布记载的礼器、祭品、乐舞、礼仪等内容，主要有：礼器和贡品、乐舞、礼仪三大部分。关于"乐舞、礼仪"部分的规制如下：

1. 八音：泛指古代宫廷雅乐，是音律史的重要符号。据《史记·五帝本纪》云："诗言意，歌长言，声依永，律和声，八音能谐，毋相夺伦，神人以和。"这阐释了八音雅乐的礼乐和谐音效。八音按照我国古代八种制造乐器的材料，通常为金、石、丝、竹、匏、土、革、木八种不同材质所制的乐器（见图 2-1）演奏的音律。

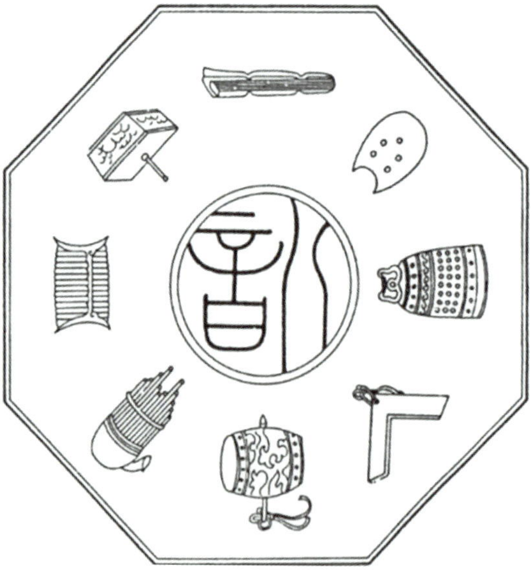

图 2-1 古代八音乐器

金之乐器：编钟、歌钟、镛钟、錞、铙等；

石之乐器：磬，有玉磬、铁磬、铜磬、编磬、笙磬等；

土之乐器：埙，有握埙、葫芦埙、鸳鸯埙、子母埙等；

革之乐器：鼓、鞞等；

丝之乐器：琴、瑟等；

木之乐器：木柷、敔等；

匏之乐器：笙、芋等；

竹之乐器：管、龠、萧、篪等。

关帝祭典所用的八音乐器演奏的祭典乐曲，称为“雅乐”，即为“中和之乐”。

五声：古代音乐的五声音阶：宫、商、角、徵、羽。

十二律：十二律分为阴阳两类，凡属奇数的六种律称阳律，属偶数的六种律称阴律。另外，奇数各律称“律”，偶数各律称“吕”，故十二律又简称“律吕”。阳律六：黄钟、太簇、姑冼、蕤宾、夷则、无射；阴律六：大吕、夹钟、中吕、林钟、南吕、应钟。共为十二律。

2. 佾舞：释奠雅乐舞的重要组成部分，舞者称为“佾生”，佾是队伍的行列，分祭天子、公侯、大夫、士，又有八佾、六佾、四佾、二佾之分。“八佾舞”即 8 行 8 列，共 64 人；“六佾舞”即 6 行 6 列，共 36 人。释奠佾舞分文舞和武舞。跳文舞时右手执羽，左手执籥；武舞又称干戚舞，左手执干（盾），右手执戚（斧）。《礼》曰：“朱干玉戚以舞大武，干盾也。所以自蔽戚斧也。所以待敌，朱干白金以饰其背，戚剥玉以饰其柄。”干象征神权，戚象征王权，军权，父权。干与戚结合舞动，象征神权与王权的结合，在“王权神授”时期显示其王权的权威性与正统性。[①] 武圣祭典的佾舞一般用武舞表演（见图 2-2）。

图 2-2 武舞（干戚舞）

① 段丽梅、雷聪亮：《干戚舞渊源考（一）——干、戚考证》，《河北体育学院学报》2009 年第 5 期，第 97 页。

二、泉州《关岳祀典》的乐歌、舞谱记载①

据民国三年（1914）的泉州《关岳祀典》乐歌、舞谱记载，佾舞生合着释奠雅乐，按三献古礼仪程：初献礼——舞《安和之舞》；亚献礼——舞《靖和之舞》；终献礼——舞《康和之舞》，佾舞生依三献礼的“安和、靖和、康和”雅乐之曲，一字一势，一句六字乐曲，以六势动作为一组合开启，中和规整、威武庄严。

（一）初献：乐奏安和之章·武舞《安和之舞》

奏《安和之章》（见谱例 2-1），舞《安和之舞》（见图 2-3），有舞干、戚者 36 人，按照闽志注式的舞图，每一个字（音）换一个动作，初献全乐章 6 句，共 33 字，一字一势，舞生做 33 式舞蹈动势。

谱例 2-1：《安和之章》词曲

奠帛初献

（乐奏安和之章·武舞）

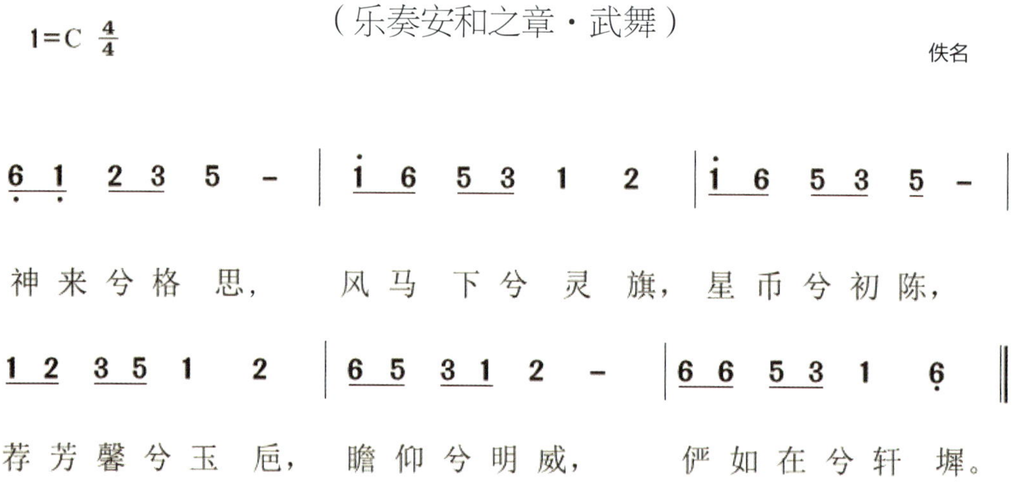

① 参考吴幼雄、李少园：《通淮关岳庙志》，中国社会科学出版社 2008 年版，第 295—308 页；刘春曙：《闽台乐海钩沉录》，海峡文艺出版社 2008 年版，第 167—170 页。

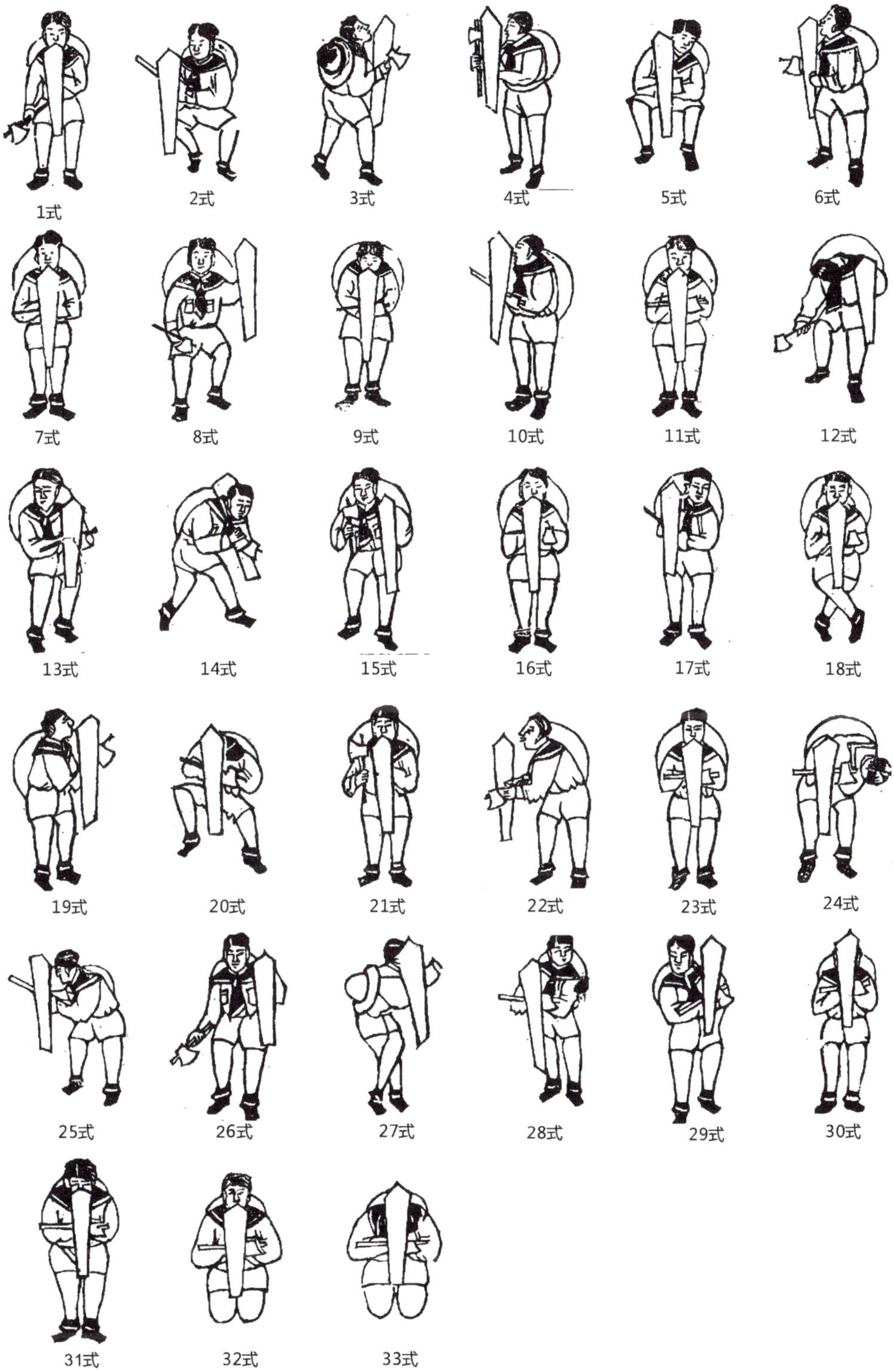

图 2–3 《初献 33 动式：安和之舞》舞谱

（二）亚献：乐奏靖和之章·文舞《靖和之舞》

奏《靖和之曲》（见谱例 2-2），舞《靖和之舞》（见图 2-4），有舞龠、翟者 36 人，每字（音）换一个动作，亚献全乐章 4 句，共 23 字，一字一势，舞生做 23 式舞蹈动势。

谱例 2-2：《靖和之曲》词曲

亚　献

（乐奏靖和之章·文舞）

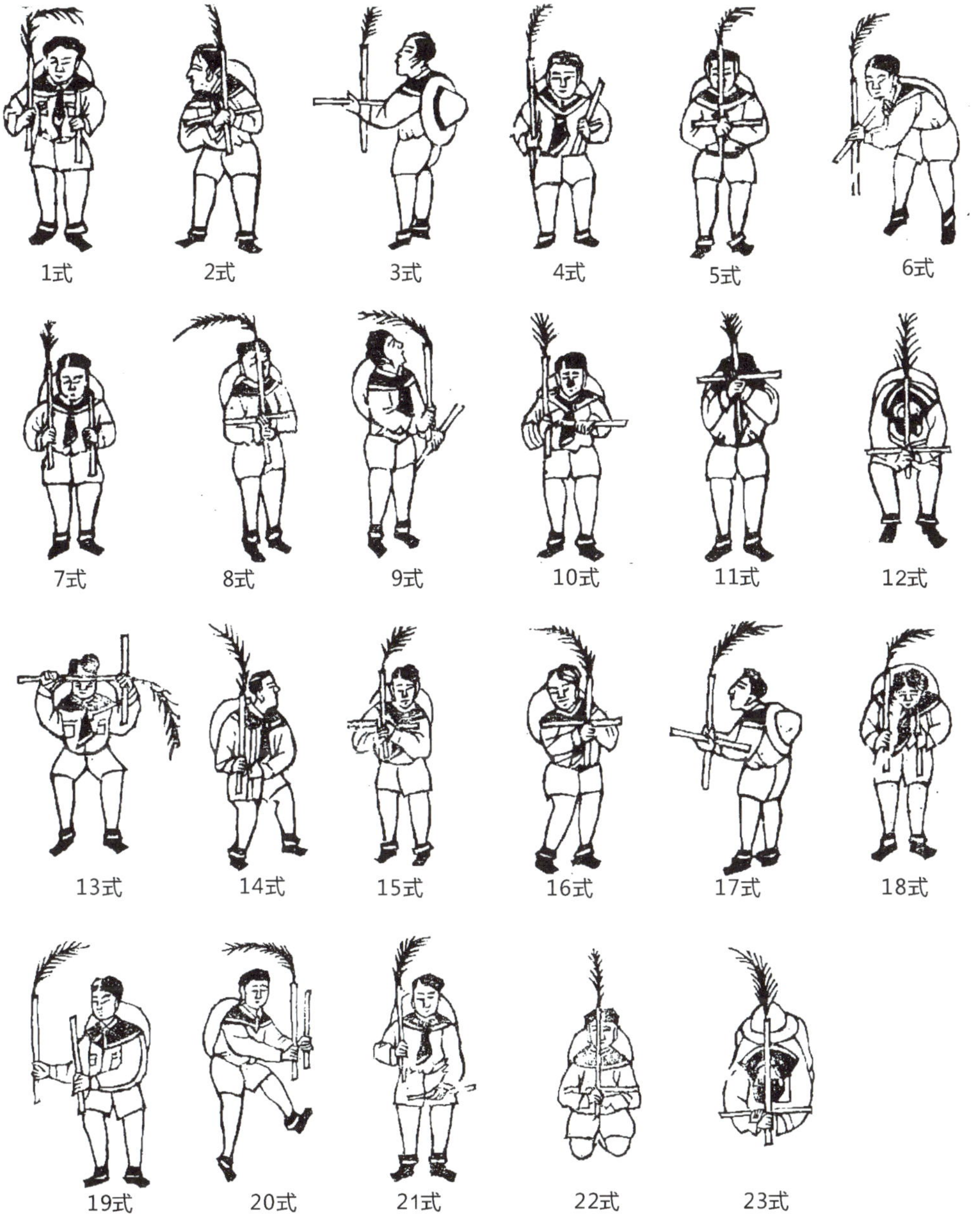

图 2-4 《亚献 23 动式：靖和之舞》舞谱

（三）终献：乐奏康和之章·文舞《康和之舞》

奏如上《康和之曲》（见谱例 2-3），舞《康和之舞》（见图 2-5），有舞籥、翟者 36 人，每字（音）换一个动作，终献全乐章 4 句，共 22 字，一字一势，舞生做 22 式舞蹈动势。

谱例 2-3：《康和之章》词曲

终　献

（乐奏康和之章·文舞）

1=C 4/4　　佚名

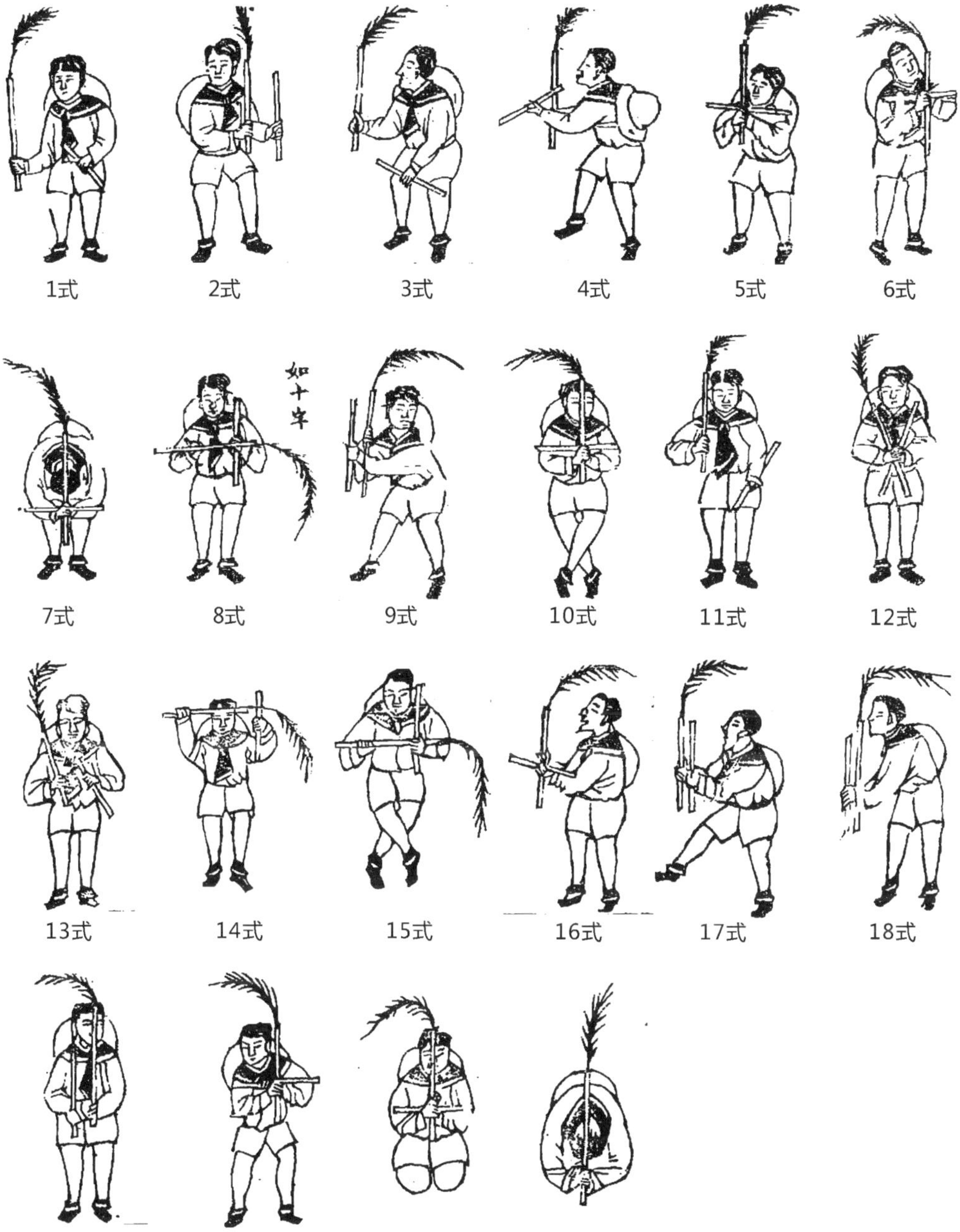

图 2–5 《终献 22 动式：康和之舞》舞谱

（四）乐器、舞器及其乐舞辨位

1. 伴舞之乐的演奏乐器

为祭关佾舞伴奏的乐歌乐队，规模较为庞大：其中金部有镛钟一、镈钟一、编钟十六、歌钟十六；石部有特磬一、编磬十六、歌磬十六；丝部有琴六、瑟四；竹部有凤箫二、洞箫四、龙笛四、篪四、双管二；属匏部有笙四；属土部有埙二；属革部有贲鼓一、建鼓一、应鼓一、足鼓一、鼗鼓二、搏鼓二、田鼓二；属木部一柷、敔一。每种乐器都附有形制图、定音、定弦（除鼓外）以及演奏的方法。

2. 祭关佾舞的表演舞器

舞器指的是舞生手中所执的道具。主要有麾节、龠、翟、木铎、相鼓、旌、干、戚、金铎。

3. 祭关乐舞的分区与辨位（见图 2-6）

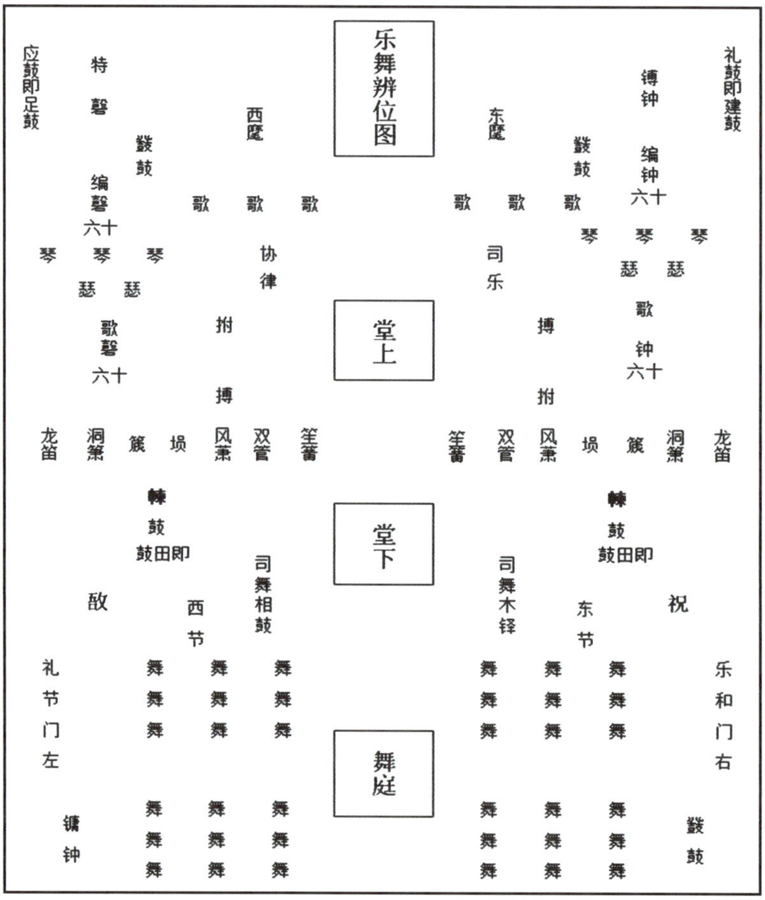

图 2-6 乐舞辨位图

本节小结

民国时期泉州《关岳祀典》记载的祭关乐舞包括：三献礼“初献、亚献、终献”的乐歌与佾舞舞谱、乐器、舞器以及乐舞辨位图，基本沿袭了清制的乐律形制、佾舞形态与动律，又具有泉州地区关帝乐舞的本土特色，主要体现在以下三个特点：

第一，三献乐歌（伴舞之歌）歌词以“五字 + 六字”唱词为一个基本乐句，循环反复。音乐节奏均为 4/4 拍，五声音阶羽调式，风格意凝迟缓，雍容平和。

第二，三献礼以六佾舞规格，文舞武舞交替。先《初献—武舞》（舞干戚 36 人）→《亚献、终献—文舞》（舞羽籥 36 人）的表演结构。与漳州、台湾宜兰的三献结构（初献、亚献皆用武舞，终献文舞）的布局有所不同（详见本章第二节分析）。说明闽台各地宫庙承袭古制乐舞的过程中，常根据编者、舞者与本地的实际情况呈现出不同的样态，体现了祭关乐舞的多样性特色。

舞蹈按照闽志注式的舞图，一字（音）一式。初献全乐章 6 句共 33 字，有 33 式舞蹈动势；亚献全乐章 4 句共 23 字，舞生做 23 式舞蹈动势；终献全乐章 4 句共 22 字，舞生做 22 式舞蹈动势。

第三，乐器、舞具以及乐舞的分区有严格的规定。按照“堂上、堂下、舞庭”的位置划分区域，堂上堂下的乐器位置有礼有节，遵循“八音乐器”的形制进行分区设置：金部、石部、丝部、竹部、匏部、土部、革部、木部的八音八部乐器分区。

佾舞在舞庭之处，按照“6×6”的行列排开，展现六佾舞的规格与表演格律。

综上所述，笔者整理的泉州民国三年《关岳祀典》的乐歌谱例、舞谱、舞图等记载与图文阐释，是流落民间的非物质文化遗产。通过田野调研与古籍文献爬梳，笔者希望为现代社会泉州祭关佾舞的恢复、重现提供珍贵的史料与借鉴意义。

第二节 闽南关帝祭典乐舞的活态实存与重构

礼制雅乐和佾舞展演之本体，在当下与闽台社会的礼乐文化信仰“实践”依附共生，表征为镶嵌在特定时空语境中的社会文化现象。笔者基于对闽南、台湾的田野调研和文献考证，就弥足珍贵的“三献古礼仪程、释奠佾舞表演”等活态实存及其文化重构进行梳理和阐释。

一、三献古礼仪程——仪式音声的神圣空间

明清时期的宫廷祭祀仪礼，经由400多年间的因革损益，积淀并转化为现代闽南民间信仰中存续的祭典仪礼，成为闽南“敬崇关帝”的主要仪式。调研发现，东山关帝祭典“三献古礼”仍保持古时以“初献、亚献、终献”的中心结构，但“三献古礼”涵盖的八音雅乐、五声十二律体系、释奠干戚佾舞等传统表达范式几近凋零与失传。因此，站在传统文化复兴和非遗传承视角，统合爬梳闽南仪式乐舞的传统复现和活态传承是重中之重。

（一）三献雅乐的恢复与重构

《乐论篇》云：“乐者，天地之和也；礼者，天地之序也。”置身于“乐和与礼序”的时空神圣场域中，通过“乐”导“礼”，感发人而“治心”，达到百物皆化的效果①，道出礼乐关系和雅乐的功能。梳理东山关帝祭典礼乐的恢复发展过程：明清至民国时期均延续“三献礼”祭仪；1939年关帝庙被日军轰炸，祭典中断；1995年祭典恢复，经当地文史学家、东山关帝理事会、地方耆老的努力，祭典仪式加以规制，祭典仪礼乐舞的重构展演实践成为两岸民间交流合作的艺术平台。如东山潮乐奏鸣社、台湾基隆铜陵关帝庙（第五乐团）曾合作演绎，重现“‘三献礼’+‘三献乐’”的雅乐乐章；释奠文舞曾经在关帝庙祭祀三献礼中呈现。闽南文史专家对古礼乐文化恢

① 袁禾：《中国古代舞蹈史教程》，上海音乐出版社2004年版，第24页。

复重现的坚守之际，也在为传统仪典及其雅乐佾舞日渐为现代式表演所替代而忧心。

笔者通过调研、访谈，并查阅清代《皇朝祭器乐舞录》第3册之开篇《关帝庙典礼》[①]，梳理出古时闽南依清代颁制的关帝祭典仪式流程、雅乐乐章和佾舞内容（见表2-1）。

表2-1　清制关帝祭祀祈福大典的仪式流程、雅乐佾舞、曲词及阐释

仪式流程	雅乐章（乐生）	曲风	佾舞（舞生）	乐唱词（歌生）	仪式意涵
迎神礼	格平之章	至平平和		懿铄兮焜煌，神威灵兮赫八方，伟烈昭兮累禩，祀事明兮永光，达精诚兮忝稷，馨香俨如在兮洋洋	以庄严神圣的仪式音声迎接各界神祇来欢庆
初献礼	翊平之章	维护平和	武舞：干戚六佾翊平之舞	英风飒兮神格，思纷绮盖兮龙旗，奭斗桂醑兮盈卮，香始升兮明粢，惟降鉴兮在兹，流景祚兮翊昌时	舞干戚六佾展示武得天下、维护平和的地方家园期许
亚献礼	恢平之章	广大平和	武舞：干戚六佾恢平之舞	觞再酌兮告虔，舞干戚兮合宫悬，歆苾芬兮洁蠲，扇巍显翼兮神功宣	舞干戚合宫悬展示对闽台地区和平的美好期望
终献礼	靖平之章	安静平和	文舞：羽籥六佾靖平之舞	郁鬯兮三申，罗笾簋兮毕陈，仪卒度兮肃明禋，神降福兮宜民宜人	舞文舞展示文治天下的世界和平期望
撤馔礼	彝平之章	礼备平和		物惟备兮成有，明德惟馨兮神其受，告撤兮礼终罔咎，佑我家邦兮孔厚	佑我家邦兴盛
送神礼	康平之章	世间平和		幢葆葳蕤兮神聿归，驭凤轸兮骖虬騑，降烟熅兮馀芬菲，愿回灵盼兮德洽明威	诸神告别期待福报
望燎礼	康平之二章	安和平和		蒿烈兮燎有辉，神观遥瞩兮祥云霏，祭受福兮茂典无违，庶扬骏烈兮永奠疆畿	火化祭品眺望美好

① 〔清〕严树森、徐畅达辑《皇朝祭器乐舞录》，崇文书局同治十年（1871）刻印本第3册，第1—27页。

从表 2-1 可见，清代关羽祭祀规格已由“群祀”晋升为“中祀”，雅乐编制和佾舞献礼为历代最高规格。乐舞为祭礼的核心，有着严格的制度性、规范性与程序性。透过乐章佾舞的渲染宣化，以关羽“忠义神勇”为内涵的神圣文化符号，在闽南民间社会代表着调整义利的伦理尺度，成为一种官方与民间都奉行的文化传统[①]。祭祀乐舞具有如下两个特点：

第一，围绕关帝“忠义”主题编制春祭《中和韶乐》：“格平—翊平—恢平—靖平—彝平—康平”七个乐章，层层递进，与礼相映，以有形音声的唱响，达到无形神圣的时空营造。正如明代西学先驱李之藻在《泮宫礼乐疏》云：“祭祀是以事生之道事鬼神。盖音者，生之所听；舞者，生之所睹。故乐必有歌有舞，以备观听之美，而后神人之交始洽。”[②]关帝释奠通过雅乐佾舞的符号载体，来传递“神与人”的交感过程，以达“人→乐←神”的双向和谐关系。

雅乐音律曲调依祭祀时节有相应的律制规定，如春祭：春夹钟清均，倍应钟起调，箫织除仜亿，笛六除伍仜。乐章合着“赞歌生数十人”“佾舞生 36 人”而奏，诗、舞、曲三位一体的格局诠释着儒家“大乐与天地同和，大礼与天地同节”的“和”乐思想，营造神人交流的时空乐场。

第二，祭典乐器庞大而古朴，古典乐音典雅中正。乐队编制有：司麾生 2 人、司古琴 6 人、司瑟 4 人、司笛 6 人、司笙 6 人、司箫 6 人、司篪 4 人、司埙 2 人、司凤箫 2 人、司板 1 人、司柷 1 人、司博钟 1 人、司编钟 1 人、司编磬特磬各 1 人、司应鼓 1 人、司搏拊鼓 1 人、司节 2 人等。[③]这些中国民族乐器按照制作材料分别属于金、石、丝、竹、匏、土、革、木八类，又称“八音”。八音象征着八节（立春、立夏、立秋、立冬、春分、夏至、秋分、冬至），又对应八卦方位，故产生出《尚书·尧典》所云“八音克谐，无相夺伦，神人以和”[④]的美学意境。

综上可见，在此仪式音声的建构空间里，共同塑造了一种神圣的氛围，烘托并强化了祭祀过程的含义，意在祈求维护闽南家园→闽台两岸→世界和平圆融的期许。现

---

① 田海林、李俊领：《“忠义”符号：论近代中国历史上的关岳祀典》，《山东师范大学学报（人文社科版）》2012 年第 1 期，第 87 页。

②〔明〕李之藻撰《泮宫礼乐疏》卷八，《景印文渊阁四库全书》第 651 册，台湾商务印书馆 1986 年版，第 265 页。

③〔清〕严树森、徐畅达辑《皇朝祭器乐舞录》，崇文书局同治十年（1871）刻印本第 1 册，第 2 页。

④〔汉〕孔安国撰，〔唐〕孔颖达疏，黄怀信整理《尚书正义》，上海古籍出版社 2007 年版，第 106 页。

场祭祀参与者在神圣音声的环绕下，进入圣凡一体的神圣场域中，其行为举止与心境自然受其感发而内化为向善之心[①]。依附信俗仪式的雅乐（舞）艺术符号和感化现实、馈饴后世的表达范式，不断受本土文化的浸润，形成一种在闽台有着稳定的传承主体和足够生存空间的社会文化风俗。

二、祭典乐场的创腔融入——古典与歌仔的雅俗融合

闽南歌仔（锦歌）曲调在闽台地区关帝祭典乐场的创腔融入，使闽台地区祭典彰显本土音乐色彩。闽南歌仔（锦歌）是产生于漳州一带的乡土歌曲民谣衍生而来的一种曲艺唱曲形式，明末清初随闽南漳籍移民传入台湾，主要传播于台湾东北部的兰阳平原。据 1926 年宜兰三郡“宜兰”“罗东”“苏澳”的籍贯调查，宜兰地区 92.95% 的人口为漳州籍，是漳州移民密度最高的区域，[②] 故闽南歌仔（锦歌）播植宜兰后糅合本土音乐元素成为该地区盛行的本地歌仔，是宜兰民众闲暇之余怀乡念土的重要曲唱形式。调研发现，清制关帝祭典乐场中的闽调曲唱在闽南地区日渐被现代音乐替代而几近凋零，反而在宜兰礁溪保存尚好。自清代由东山分灵台湾宜兰礁溪协天庙的关帝典礼“乐场”融入的闽南歌仔曲唱在近代民间社会变迁中不断进行着本土化的实践重构。宜兰礁溪协天庙关帝典礼为了增加热烈气氛，在“行上香礼”万民朝拜时，仪式场音穿插闽南民谣、本地歌仔调改编而成的《武圣赞歌》。该赞歌共计八首，按本地歌仔的唱腔设计“每首四句、每句七字”的七言四句诗体，歌词为表彰武圣关公“仁、义”精神的内容。请看《武圣赞歌》第一、二首“七字四句体”唱词[③]：

一

汉朝武圣有名声，桃园结义世传名。
扶汉征吴兼伐魏，忠闻四海透京城。

---

① 李瑞祥：《传统国家祭祀雅乐的人文阐释——以台湾祭孔雅乐的本土化实践为例》，《世界宗教研究》2019 年第 3 期，第 103 页。

② 郑玉玲：《歌仔戏的雏形——台湾宜兰本地歌仔研究》，《闽南师范大学学报（哲社版）》2016 年第 1 期，第 8 页。

③ 林万荣编《礁溪乡志》，宜兰县礁溪乡公所 1994 年编印，第 106 页。

二

武圣义勇是天生，仁义礼智信完成。
卜说五常伊行谊，乎人钦敬拜阶墀。

头尾第一、第八首的曲调采用本地歌仔的【大调】旋律，商调式。曲调音域广且高昂，在唱词中插入“耶、啊”等衬字音来拉长尾音，强化戏剧效果以烘托喜气洋洋的庆典气氛。第二首曲调采自本地歌仔【古早七字调】创作而来（见谱例 2-4）。【古早七字调】即明清时期随漳籍移民带入台湾宜兰的漳州锦歌【四空仔】演化而来，成为歌仔戏主曲调，结构为七字四句体。通常在乐句的唱腔结构即兴上求变化：如谱例 1《古早七字调》第一句“武圣义勇是天生”七个字中插入了三次“啊”的衬字音，以及植入句中第 4-7 小节的过门（间奏），进行了本地歌仔戏曲创腔的变化处理。有经验的民间艺人常依唱词的声韵变化及情感起伏“依字行腔、以腔传情”编出不同的旋律，使得曲音极富闽台乡土色彩。合尺管 sol-re 定弦，徵调式。

谱例 2-4《武圣赞歌》第 2 首《古早七字调》

古早七字调

源自漳州锦歌【四空仔】
陈冠华 藏谱　张月娥 编曲

在庄严的释奠典礼中注入闽台本土音调行腔传情达意，朗朗上口，人人会诵，展现了发自民众内心深处的传承力量。古代传统和地方特色有机融合，演唱者声音嘹亮、音色高亢，活泼多样，使祭典时空充满了对关公忠义精神的敬贺之意。

三、释奠武佾舞薪传——发扬蹈厉的舞容舞意

如前所述，闽南及传入台湾的关帝祭祀佾舞承袭了我国古代《武舞》（干戚舞）。“干戚舞”最早语出《韩非子·五蠹》：“当舜之时，有苗不服，禹将伐之。舜曰‘不可。上德不厚而行武，非道也。’乃修教三年，执干戚舞，有苗乃服。”① 这说明远古时期干戚舞是一种宣传武义的舞蹈，即教人化干戈为玉帛，先礼后兵、德先武后的儒家教范。如今《武佾舞》在闽南几近失传，却在宜兰民间宫庙得以承继，这种现象不足为奇，因为宜兰人的祖先90%以上来自漳州，自然承袭以漳州人为主的信仰体系。武舞薪传良好的宜兰礁溪协天庙创建于清嘉庆年间，其《敕建礁溪协天庙志》明确记载着当年从东山祖庭分灵入台的史实：“清初漳州人林枫自铜山分灵回乡雕塑金身，春秋致祭，嘉庆九年（1804 年）其后人林应狮迎神携眷渡海抵台，率众人垦葛玛兰（宜兰），卜居礁溪，并在此建庙奉祀。”② 每逢东山关帝祭典，宜兰礁溪协天庙必云集东山，谒祖进香。下面以礁溪祭典呈现的《忠义乐章之佾舞》为例，窥见闽台一脉相传的乐舞风貌。

图 2-7 从东山祖庙分灵宜兰的礁溪协天宫依托中小学的武佾舞薪传表演（张柏韡/摄）

礁溪协天庙祭典属州县级，故采用四佾舞释奠。宜兰中小学秉承传统礼乐教育的责任，把从闽南播植台湾的奏乐、歌唱和佾舞祭神体系，通过中小学师生的参与实践得到有效薪传。

① 陈奇猷：《韩非子新校注》，上海古籍出版社 2000 年版，第 1092 页。
② 黄文博：《站在台湾庙会现场》，常民文化出版社 1998 年版，第 120 页。

由16位礁溪中小学生扮演关家军，依古礼身穿象征关帝的青色长袍、革黄腰带，左手持“关·义气参天”字样之盾，右手执长柄斧头之戚，在击鼓三通后，依典礼程序“进场、就位、合三献礼表演”（见图2-7）。

（一） 舞之以序的表演形态

1. 进场步伐：舞生场外排列两纵队，面朝主神坛，行走武生虎步至乐舞区。

进场节奏型 5/5拍 （备注：左右=左、右脚）

鼓点：	咚	咚	咚	咚	匡0	|	咚	咚	咚	咚	匡0 ‖
佾生：	右	左	右	左	右并	|	右	左	右	左	右并 ‖

从进场节奏型和舞步看出，佾生脚步随每组5拍鼓点节奏型，按“右→左→右→左→右并”的步法节律，向前行走虎步，先“两两成行”再依“双龙出水”分流成“4×4”行列的佾舞方阵，在流动路线中“置阵布势”，出场即营造忠义勇猛、中正绥安的肃穆气象。

2. 表演形式：佾舞生随【忠义乐章】之《初献—秩平之章》《亚献终献—懿平之章》有序表演。按照乐章歌诗中每字、句的含义，每小节四拍一字一音，做一个动律元素。每乐章共跳六十四小节（即把乐章三十二小节反复一次），为一个完整舞蹈组合，当舞曲即将结束之际，舞生皆鞠躬作揖向武圣关公致敬。

3. 舞蹈音乐：【忠义乐章】第四乐章《亚献终献—懿平之章》，曲风庄严肃穆，旋律流畅，调式采用五声音阶、宫调式。拍子为四四拍，三十二小节构成一章，一字一音，每一音皆为四拍。第四乐章唱词源自漳州东山（铜山）圣灵而来的内容：

铜山显迹 圣帝文衡，
分灵本邑 庙矗汤城[1]；
雍雍肃肃 钟鼓齐鸣，
金樽酒满 三献礼成。

如上歌词每句四字且押韵，两句八字成行。以“ㄥ”音为主，意在借此词韵之特性，营造绵绵不绝意犹未尽的效果。该唱词的旋律谱如下（见谱例2-5）：

---

① 汤城即宜兰礁溪，因拥有台湾地区少见的天然平地温泉，故称“汤城”。

谱例 2-5《懿平之章》

懿平之章

（亚献、终献）

谱例 2-5《懿平之章》采用五声 G 宫调式的曲牌奏唱，武生合着庄严雍容的乐曲舞动干戚，遵循着“应天地之和，合阴阳之序”的音声舞律之序。

4. 舞蹈动律：《懿平之章》对应的关帝武舞动律遵循“一字一律、一音一舞”的舞节，在庄严肃穆、中正和平的乐音中，展现“刚劲稳健、舒展从容”的舞风，遵循孔子“礼也者，理也；乐也者，节也[①]”的礼乐思想，强调乐舞都必须在节奏的规定、规范下达到有序状态，以符合礼乐舞节的要求。以谱例 2-5《懿平之章》第 1-4 小节“铜山显迹”的动作解析为例：

音节：	铜——	山——	显——	迹——
五声：	（宫）	（角）	（商）	（宫）
五行：	（土）	（木）	（金）	（土）
五方：	（中）	（东）	（西）	（中）
	↓	↓	↓	↓
佾舞：	前弓步 + 盾戚前伸	盾后射 + 收回并步	盾戚双举 + 平伸	鞠躬下礼

如上，笔者从“舞蹈动律表达、音声舞律意涵”两方面解析：

从舞蹈动律的表达来看：舞生佾舞动作一字一势、一音一舞，“前弓步、并步”等脚下动作稳健、步伐简易；操盾戚“前伸→后射→双举→平伸”等手姿形态，舞容

① 〔清〕孙希旦撰，沈啸寰点校《礼记集解》，中华书局 1989 年版，第 1272 页。

庄严、整齐划一、精准干练。（1）动律要领。武生手执干戚，按照“举、伸、指、进、攻、守、致、胜”的八大要领，配合形体的弓步、开合、吸腿、揖让、跪拜、转身、鞠躬等动作，呈现盾戚“双举平伸、开合上下、盾平进戚、戚平进盾、戚后射盾、盾举戚射、转戚伸盾、弯盾戚举、盾戚推进、盾戚上举”等舞具动态，营造令人肃然起敬的关公威武显赫的场景。（2）回转动律的贯穿。汲取明代舞学家朱载堉的“上转、下转、外转、内转”四个转向和“转初、转半、转周、转过、转留、伏睹、仰瞻、回顾”八个动势进行重组变化发展，传达四转为“仁、义、礼、智”四端及三纲五常的舞蹈意象，展现了深刻的哲理。

从音声舞律的意涵来看：显然《懿平之章》表演秉承中国传统音律与自然界阴阳体系相通的哲理。在中国传统文化里，五声（宫商角徵羽）属于五行学说范畴，它与五行（土金木火水）、五方（东西南北中）有着一一对应的关系。《汉书·律历志》对五声之宫的阐释为：“宫，中也，居中央，畅四方，唱始施生，为四声纲也。”[①]《懿平之章》以五声之宫起音“开门”，对应着五行之“土”和五方之“中”，匹配“正前弓步 + 盾戚前伸”的表演，包含着阴阳演变过程的基本动态，蕴含着阴阳畅达、万物昌盛之意。这种顺应天地万物之体性的“五声 + 五行 + 五方”的和谐关系，体现在人就是仁、义、礼、智、信的五种德性，此音声舞律的非语言文字符号形塑着武圣关帝的神圣权威性，亦诠释着儒家文化对社会民众的心理暗示、思想导引。

（二）乐舞符号意涵的承继动因

明代朱载堉在《乐律全书》中对文、武舞的伦理道德意涵作出相应的阐释：“武舞则朱干玉戚，所以表其功也；文舞则夏翟苇籥，所以昭其德也。武舞则发扬蹈厉以示其勇，文舞则谦恭揖让所以著其仁也。”[②] 佾舞象征天地之间的人事，其武佾舞阳刚而有节制，每个基本体式都赋予一定的义理，故武舞执具动作要进退有节，俯仰屈伸从容庄重，讲究阵法而方能取胜，正如明代著名音乐理论家李文察（闽南人）所著《李氏乐书六种》载：“武舞三进而三退取乎于六伐止齐之义焉……武舞有进而有退此节制于兵，所以万全而取胜。”[③] 宜兰武舞以舞象礼，按诗歌之意，展示一字一音一势

① 袁禾：《中国舞蹈意象论》，文化艺术出版社 1994 年版，第 210 页。
②〔明〕朱载堉撰《乐律全书》卷十九《律吕精义外篇九》，《景印文渊阁四库全书》第 213 册，台湾商务印书馆 1986 年版，第 525 页。
③〔明〕李文察撰《李氏乐书六种》，《续修四库全书》（经部乐类）第 114 册，上海古籍出版社 2002 年影印明嘉靖版，第 288 页。

动态，武生面朝南方，舞盾戚依左—后—右—前的东北西南“转向动势”，创造了“圆形运动轨迹、四个空间方位”的天圆地方“回”之意象，亦是体现儒道和谐有序的礼乐观。

与此同时，佾舞运用古代哲学十二律（阳律、阴律）和十二月、十二时辰（阳辰、阴辰）契合五行七星八卦的对应规律，建立了六律六吕、八音、五声和舞律关系，赋予佾舞进退屈伸的动作符号意涵。故李文察《李氏乐书六种》在舞节论中曰：“阳辰则舞自魁而之杓，阴辰则舞自杓而之魁；盖阳辰当位自得斗气之伸也，阴辰则居其衡斗气之屈也；屈伸相感而岁功成焉，进退相因而武道成焉。”① 由此可见，明代乐律家闽南人李文察论述的明制武佾舞要求舞律符合天象阴阳二气重叠相吸的自然交感关系，并创造出《六阳辰、六阴辰的进退之舞》（见图2-8）。阳辰阴辰的进退舞法需按“天璇、天玑、天枢、天权（统称魁），天衡、闿阳、摇光（统称杓）”的北斗七星天位，行相应的《七星魁杓方位之舞》（见图2-9），以达舞容与乾坤体系融合相生之意象。于是，佾舞阴阳进退回旋的演绎范式便是在中国“天人合一”的宇宙结构里成为沟通天、地、人三才的重要手段和方式。

图 2-8 明干戚佾舞之《阳辰阴辰进退舞步》

① 〔明〕李文察撰《李氏乐书六种》，《续修四库全书》（经部乐类）第 114 册，上海古籍出版社 2002 年影印明嘉靖版，第 297 页。

图 2-9 明干戚佾舞《七星魁杓方位之舞》解析图[1]

根据对以上关帝祭典乐舞符号所诠释追求的忠勇仁德意涵在闽台得以承继的内在动因的分析，笔者认为与明清闽台社会因素、闽台民众心理愿景密切相关。明清两代的闽台地区处于海峡风云变幻、动荡不安的年代，倭寇的骚扰、异族的占领、人民的反抗、郑成功收复台湾反清复明、清统一建设台湾，期间战争阴霾笼罩、闽南义民大批东渡。在此之际，闽南东山一直是海峡两岸反击外侵、驱荷复台和统一台湾的驻军斗争最前沿，东山民众亦有一段有碑可证的“全岛祀奉关帝为帝祖”的历史神缘。明清王朝适时将祭祀关帝升级为国家大祭，恢复使用武舞，颁发推崇武舞谱，以关羽忠义武勇精神教化臣民、激励将士，以化解社会矛盾。当时的闽南民间，大批民众背井离乡、远涉重洋，渡海谋生。在这种动荡不定的生活状况下，“忠义”理念就显得格外重要，“在家靠父母，出门靠朋友”成了闽台沿海民众生存的一个信条，于是关羽成为他们崇拜的英雄和为人的表率。闽南移民在台湾各地开发拓垦、成庄立社，借助关帝神明信仰形构了他们的地域社会，维系了地方传统。这种建立在血缘宗亲纽结的伦理之圈，铸就了闽南人无论身处何地都坚守“强调整体、注重统一、和谐圆满”的中国传统，于是认关帝后裔为荣的闽南人在舞动的“圆—回”圈里，自然把个体与家庭、社会乃至自然都联系起来，达到了“和”之境界[2]，自此基于弘扬传统文化理念的关帝信俗仪式表演得以播植，历代传承、延绵不绝。

---

①〔明〕李文察撰《李氏乐书六种》，《续修四库全书》（经部乐类）第 114 册，上海古籍出版社 2002 年影印明嘉靖版，第 285、295 页。

② 袁禾：《中国舞蹈意象论》，文化艺术出版社 1994 年版，第 67 页。

本节小结

闽南地区的关帝祭祀乐舞文化依附于民间信俗仪式而繁衍播植，追溯历史，特别是明清以来东山关帝信仰承载的历史文化，播植台湾各地，引领着两岸谒祖进香的文化交流，传衍着中华乐舞符号。如今祭礼乐舞文化迅速与闽台生活、宗教习俗产生了融合而相互借鉴，以“自下而上”的渠道，通过地方祭祀圈的人文性流转与传习，形成了一套区域性认同的典型表达范式。东山和宜兰关帝信俗祭典乐舞在闽台地区的人文性建构，在三献仪礼、结构乐章、音声舞形、佾舞薪传等方面都彰显出仪式是神圣性与人文性的双重协奏。研究当下闽台地区民间信俗祭典乐舞经典的传承与创新，深入剖析古代关帝仪礼音声佾舞的特征意涵，并将之应用于实际恢复编排重构，可以为闽南关帝祭典乐舞的恢复再造乃至两岸亟待复兴的明清雅乐遗韵传统模式重建提供一定的理论参照。

第三节　闽南关帝绕境仪式舞蹈的概貌与类型

出巡绕境，在明清时期被称为庙会、社火，是祭祀关帝的一种形式。它由官祀演化而来，融入了民间反映民众生活创造的民俗事象，具有鲜明的广泛性与民俗性。在神诞之日举行的盛大庙会中，以关帝出游为主题的绕境踩街表演是关帝信俗承载传统艺术的重要形式。关帝绕境仪式艺阵舞蹈五彩缤纷，绚丽多姿。闽南民众自行创造的最具地方传统特色的内容，跟随关帝出巡队伍，以艺阵游艺形式整装出阵而舞，传递关帝信俗活动所表达的内涵与期许。

一、闽南关帝绕境仪式舞蹈的概貌

基于田野调研，笔者总结出闽南地区关帝祭典常见的民俗艺阵游神表演，通过对舞蹈名称、表演形态、专业类别与仪式意涵的梳理，了解闽南地区关帝祭典常见的民俗艺阵舞蹈的表演概况（见表 2-2）。

表 2-2　闽南地区关帝祭典常见的民俗艺阵舞蹈解析表

序号	艺阵名称	表演形态	专业类别	仪式意涵
1	开路先锋锣阵	男丁手提 8—16 面马锣，以两纵队阵势，边走边敲	音乐仪仗阵	鸣锣开道
2	“肃静”“回避”清道阵	手持 8 面大红镏金的“肃静”“回避”，以两纵队阵势行进	古代仪仗阵	清道宣禁
3	八宝兵器阵	男丁持枪、矛、斧、戟、金瓜、葫芦、佛手、兽头八宝武器，双纵队排列而来	古代仪仗阵	象征武神出巡的仪仗，赋予消灾解厄，保护民众之寓意
4	五龙旗队	旗手手举黑龙、红龙、黄龙、白龙、绿龙的三角形或方形龙旗	道法武阵	关帝调遣五营兵马的五方五色龙令旗阵头：黄为中央、绿为东、白为西、红为南、黑为北的东西南北中五营兵马

续表

序号	艺阵名称	表演形态	专业类别	仪式意涵
5	闽南锣鼓阵	分大鼓吹（文武场）与“三不合”（武场）。大鼓吹由唢呐、鼓、大钹、锣、亢钟等组成；三不合属打击乐，由大鼓、小鼓、武锣、小锣、大钹、小钹构成	音乐艺阵	营造信俗的热烈音声场域
6	舞龙阵	舞龙者在龙珠引导下，手持龙具，通过人体的运动和姿势的变化完成穿、腾、跃、翻、滚、戏、缠等龙的动作形态，展示龙的精、气与神韵	假形民俗舞蹈艺阵	龙图腾崇拜的体现，借助手中的龙道具舞出“龙”之形，祈求风调雨顺、人寿年丰、国泰民安
7	舞狮阵	闽南俗称“弄狮”，是融武术与民间舞蹈为一体的融合形式。一人持狮头（开口狮，嘴、眼、耳均会动），一人俯身持狮尾，两人套上狮衣扮演，活灵活现。漳州增加一个戴面具、持葵扇的“狮团”在前逗狮引舞。在舞狮基础上加入十八般兵器的宋江阵法，形成独特的刣狮表演	拟兽舞蹈	狮子为中国“祥瑞之兽”，人们希冀模拟“百兽之王”的形象，以驱魔避邪，祈求和平安宁
8	水族舞（海底反）	“海底反”（水族舞）是一种饰演海洋水族动物的传统舞蹈。舞蹈形态以饰演海洋水族动物为主，再现海底世界水族动物生动情景	假形民俗舞蹈艺阵	表达闽南沿海百姓祈求风调雨顺、平安幸福的心愿
9	渔鼓渔歌阵	闽南沿海一带的特色曲艺，手拿长筒形的渔鼓，边击边唱	民俗歌舞曲艺	曲调婉转，多为劝善积德内容，弘扬正能量的特色艺阵
10	螺号舞阵	反映闽南渔民生活劳作，以吹螺号为主题动作的舞蹈表演	民俗舞蹈	寓意两岸渔民渔业丰收、吉祥丰年之意
11	跑旱船	模拟水中行船的民间舞蹈。表演水上跑船时的生动画卷：艄公丑划桨引船，船娘子立于旱船中默契配合，主要有驾船、圆场步、碎步、横步、自转、正反葫芦、晃船步、转船等动态	民俗舞蹈	根据沿海渔民在水上用船打鱼的生活情节的构思创意，用于抒发民众劳作之余庆丰祈年的心理愿景
12	公背婆	由一演员扮演互相背着的“公”与“婆”两个角色：上半身扮“婆”，下半身扮“公”。表演上坡、下坡、涉水、过桥、捋花、照镜、打伞等情态。脚步以戏曲“傀儡丑”科步为主，手势、腰身则以“家婆丑”动作为主	民俗舞蹈	反映百姓在劳作闲暇之余幽默风趣、热爱生活的素朴情趣
13	竹马舞	以竹马为道具绑系于男丁身上而表演的歌舞小戏。常扮演《昭君出塞》中的昭君、番王、小生、婢女等角色，有围场、南蛇游、交麒麟、铰剪鼓、四柱穿、篦篱仔、叠马、南蛇脱壳、八仙会阵、各归洞府等队形变化与唱念表演	民俗舞蹈	流行于南靖金山镇新村村，为本村主神关帝出巡的迎神赛会游神表演，祈求合境平安，风调雨顺

续表

序号	艺阵名称	表演形态	专业类别	仪式意涵
14	高跷舞	闽台高跷以武跷为主，常扮演关公保二嫂、八仙过海、包青天等戏曲人物情节，尤以塑造关公武将的高超技巧著称，空翻落地、单腿高踢、劈叉、倒立、鱼跃、单脚跳等技巧，也有“高跷舞龙”的独特表演形式	民俗舞蹈	踩高跷技艺性强，形式活泼多样，深受群众喜爱。寓意登高望远，年年高。常以塑造英雄人物而传扬关帝文化
15	宫女祝寿舞阵	官祀宫廷舞衍化而来，几十位仕女手提花篮、花灯而舞	古典舞蹈	晋献祝寿，祈求平安
16	大鼓凉伞	漳州最具特色的民间舞蹈，只舞不歌的纯舞蹈表演形式。将士（鼓手）身背战鼓，伞娘手撑凉伞。伞绕鼓转，翩翩起舞。表演时有二鼓、四鼓、八鼓、十六鼓等。动作有斗鼓、翻鼓、擂鼓、绕鼓、踏鼓等。队形有观山式、莲花转、龙吐须等。以鼓伞双人对舞为主。明清大鼓凉伞舞随漳州移民传至台湾，衍化成台湾地区最热络的“跳鼓阵”	民俗舞蹈	寓意以伞为天、以鼓敬神的表意功能；天圆地方、吉祥瑞兆的神圣心理；反映民众祈求喜庆丰收、平安吉祥的心理需求
17	英歌舞	舞者扮演梁山好汉的形象，手握两节“英歌槌”敲击起舞，助威前进。有一人扮时迁，手执布制长蛇，穿梭腾跃，指挥进程；伴随“咚咚喳，咚咚喳，咚咚喳”的英歌锣鼓节奏，演出各式各样的舞蹈动作和攻城战阵	民俗舞蹈	英歌槌的舞风刚劲雄浑，展示出不可抑制、直冲九霄的力量与豪情。在关帝神诞庆典上表演，亦是崇尚关公嫉恶如仇、除暴安良、义薄云天的高尚品格
18	拍胸舞	发源于泉州流行于闽台的男子传统舞蹈。舞者赤足裸身，头戴蛇形草箍。基本动律为“打七响”，双手依次击掌、胸、肋、腿，配合蹲裆步有节奏地跳动，身体随之左右晃动。强调以身体拍击出声响节奏，既体现舞蹈的动律特色，也用来协调群体动作、喧染舞蹈气氛，保留了古闽越舞蹈粗犷、古朴的闽南民族舞蹈遗风	民俗舞蹈	表现闽南民众豁达质朴、豪放拼搏、诙谐乐观的人文特征
19	五神将大神尪舞	“大神尪”傩舞是我国傩文化在闽台遗存的一种独特祭祀仪礼。民众把关帝五个部将（周仓、关平、王普、赵累、廖化）做成大型神尪神躯，舞尪人钻进傩身扛起代为行走的驾前巡游表演	宗教舞蹈	作为关帝的驾前部将，以神尪傩舞蹈来表达他们护驾主神的荣尚和驱邪护佑的神圣使命

续表

序号	艺阵名称	表演形态	专业类别	仪式意涵
20	电音三太子神尪舞	电音三太子是由台湾庙会传统民俗艺阵“大仙尪仔”哪吒三太子阵头演化而来，改变传统锣鼓为背景音乐，加入流行动感音乐，传统民俗结合现代节奏动律，把传统表演变成嘉年华式的表演，是对传统艺术形态创新的代表，受到年轻人的欢迎，成为另类流行图腾	宗教创新舞蹈	娱神娱人的创新艺阵舞蹈
21	“桃园结义”阵头	表演者饰演三国刘备、关羽、张飞的桃园结拜三兄弟，以戏曲扮相，手拿兵器，牵着三匹由人扮演的战马，踩街游行表演的阵头	戏曲舞蹈	表现对关公有苦同受、有难同当、有福同享，共同实现人生美好理想的崇尚
22	南音艺阁阵	让南音的拍板、南琶、洞箫（尺八）、二弦、三弦、南嗳、双铃、四宝、响盏组成的南音坐唱阵势坐在平阁或花车上游行表演的阵头	宫廷音乐艺阵	为关帝出巡演奏遗存闽南地区的世界级非物质文化遗产的中原唐音雅乐
23	青龙偃月刀阵	数位男丁肩扛关公的青龙偃月刀游行表演的阵头	静态艺阵	关帝出巡使用的兵器，驱魔镇邪，使任何魑魅魍魉无所遁形，惩恶扬善
24	持檀香宝炉福首队	穿长衫马褂、戴碗帽的福首持檀香宝炉走在神轿前的阵头	静态艺阵	绕境的净炉，用于洗净荡除邪祟
25	护轿班	八抬大轿周仓部将护轿阵与关帝圣辇护轿阵，以三步进退步伐晋庙表演	宗教艺阵	关帝出巡的座驾与仪礼

从表 2-2 分析得知，闽南地区关帝祭典民俗艺阵形式多样，体现了传统与民俗合一的多元化的表演形态，有古代“开路先锋锣阵”“五龙旗队”“八宝兵器阵”“青龙偃月刀阵”等宫廷仪仗与“乐舞三献”“宫女祝寿舞阵”等雅乐艺术的复现，形成古典正统的民俗化。艺阵又荟萃了闽台本土艺术的精华呈现，诸如泉州“拍胸舞”“南音”“公背婆”，漳州“大鼓凉伞”“海底反”“竹马舞”，台湾“五神将大神尪舞”“电音三太子神尪舞”等闽台地域特色艺术的交织融合现象。

我们还看到了闽台民众对关帝崇敬信念而自发产生的创作表达：结合关帝文化主题的创生艺阵，诸如“桃园结义阵头”“五神将大神尪舞”“关公保二嫂武跷阵”“渔鼓渔歌颂关帝”等，既是对当地民风民情的一种原生态的展示，也是其文化个性的一种深情表达。民间艺人们将自己对生存意义的追问和对生命价值的关怀融入表演之中，其实也是在表达自己对关帝信仰追求的艺术蕴藉。依托关帝信俗的艺阵表演，亦是民俗事象的重要组成部分，构成了闽南文化的完整系统，体现了鲜明的文化特征。

二、闽南关帝绕境仪式舞蹈的类型

民间舞蹈的类型划分是研究舞蹈文化的开端，关帝绕境仪式的舞蹈形式丰富多彩，以闽南民间舞蹈的活动目的、表现形式为依据，归纳为以下三大类。

（一）民俗舞蹈

民俗舞蹈是指与民俗事象息息相融，是民俗事象中最生动、最形象的组成部分。闽南民俗舞蹈渗透着闽南的民族风情，成为岁时关帝信俗祭典仪式舞蹈的主要内容。

1. 灯类民俗舞蹈

此类舞蹈有着深远的闽南文化渊源，“不孝有三，无后为大”“早生贵子，多子多福”的闽南传统观念深刻地反映在民俗舞蹈中。“灯”“丁”谐音，“送灯”即为“送丁”，“添灯”即为“添丁”，基于这一认识，千百年来，各种以“灯—丁”讨彩的舞蹈应运而生。以灯命名的舞蹈不计其数：四角灯、八角灯、凤凰灯、蛤蟆灯、棋盘灯、烛笼灯、走阵灯、麒麟灯、挑菜灯、七星灯、荷花灯、兰花灯、龙凤灯、竹马灯、绣球灯、车鼓灯、伞灯、香灯等。于是，闽南元宵节关帝游春巡境，“出灯”是必不可少的，灯类舞蹈大量出现在关帝信俗仪式踩街中，这一民俗包含着人丁兴旺的寓含。

下面以“甩球灯”“穿灯舞”“竹马灯”为代表，进行简要介绍。

（1）甩球灯

上元节泉州城内游灯、踩街歌舞，呈现“倾城若狂”的景象，甩球灯就是其中一种民俗舞蹈形式。通常使用“绣球灯”，用细红绳系一盏球状带 32 个角的灯，提在手上作上下前后晃、甩、转、颠、绕、圆等甩球动律，主要动作有：“左右旋灯”“八字绕灯”“摆灯”“圆灯”“举灯”“伏灯”等，音乐采用南音和通俗的民间小调。

（2）穿灯舞

流行于漳州市平和县芦溪镇一带，据说出自三国，人们点灯为三国英雄祈寿，原为道士舞。现为平和民众在秋收后或元宵时神诞跳起穿灯舞庆丰收，祈求财、子、寿。

（3）竹马灯

竹马灯也称“跑竹马”“竹马舞”，始于唐代的马阵，盛行于宋代，享有“唐宋遗风”之誉。因其独特的表演形式，常被吸收到戏曲中。流行于闽台各地的竹马戏就是由民间歌舞“竹马灯”发展而来。在南靖县金山镇新村村，至今保存着较为原生形态的“竹马灯”。新村村林氏开基祖庙的土楼式“龟仑寨”，供奉着关帝主神，每年正月十三日神诞之日，“竹马灯”的护驾出巡表演，成为龟仑寨关帝出巡迎神赛会的特色亮点。

金山乡新村村的“竹马灯”，区别于其他地区的竹马灯，具有独具特色的传统原生形态特征。竹马用篾片扎成骨架，外面糊纸或布，分前后两截，系在扮演者腰上如骑马状。据林如柏和林朝元两位老艺人介绍，扎竹马讲究时辰规矩。竹马平时不能随意编，只能在每年的正月十三神诞日前夜，由该年的庙会头家在神像前向神灵“拔杯”，如出现“圣杯”，才能编竹马，意为得到天庭的许可，请来九只竹马降生新村村林氏村落。出巡活动结束，关帝神像就位后的当晚，在庙前摆好九只竹马道具，竹马前各放九棵草、九盏酒、茶叶和寿金，点上香，由长者唱贺歌与谢歌，敬神后焚烧，以示“送神升天”，象征烧掉旧岁的邪气，消灾过运，迎来大吉大利的好年景。

表演时先在“龟仑寨”神像前点香，唱贺歌，敬神后进行庙前表演。之后进行游村表演，以竹马开道、舞龙压阵的队伍，护驾神轿，到林姓所属区域挨家挨户巡安表演，意寓保佑四方村民，风调雨顺、五谷丰登（见图 2-10 至图 2-13）。

图 2-10 在龟仑寨祖庙关帝神像前的祭拜仪式

图 2-11 竹马灯在土楼式关帝庙前表演

图 2-12 竹马舞随关帝神轿出巡游走乡间

图 2-13 在迎神赛会中的游街表演

上图均为作者摄

竹马灯表演内容取材于汉代《昭君出塞》的故事，表现护送昭君出塞途中的情节片段，由九名扮演者身骑竹马，分别扮演王昭君、状元刘文龙、番王、番兵、女婢、小丑（分四块丑、打锣丑、钱鼓丑）、番婆。围场表演打击乐起，表演者按着节奏，进行各种队形变化，有团场、南蛇游、交麒麟、铰剪鼓、四柱穿、笾篱仔、叠马、南蛇脱壳、八仙会阵、各归洞府等。在队形变化的同时，穿插表演各种舞蹈动作和对舞情节。

舞蹈通过离城出关、越岭涉溪、迎风驰骋、对舞嬉戏等情节表现昭君出塞和番时的沿途情景和复杂心态。特别是路上丑角、番兵为博昭君欢心，出乖露丑的对舞表演，活泼而诙谐，为舞蹈增添色彩。这一表演有人物形象、情节故事、动作身段，又融合南曲、锦歌及民谣小调的唱腔道白，具备了戏曲唱、念、做的三个基本要素，是竹马戏曲的雏形，为我们研究竹马戏曲的产生、发展历史提供了舞蹈形态上的活态资料。

2. 鼓类民俗舞蹈

鼓是精神的象征，舞是力量的表现；鼓舞结合开舞蹈文化之先河。闽南民间鼓类舞蹈有自身浓厚的地域色彩。如流行于泉州城区灵巧、别致的“跳鼓·旋鼓舞”；广泛流传于漳州、泉州和厦门各地形式各异、风格热烈的“大车鼓”“大鼓弄狮”；流传于漳州各县区鼓稳伞飘、刚柔相济的“大鼓凉伞”等。下面对“大鼓凉伞”“跳鼓舞”“大鼓弄狮”进行简要介绍。

（1）大鼓凉伞

大鼓凉伞是漳州最具特色的传统民间舞蹈（见图 2-14、图 2-15）。据《中国民族民间舞蹈集成·福建卷》记载：“大鼓凉伞舞”亦称“花鼓阵”，主要流传于芗城区、龙海县九湖、颜厝、程溪一带。[①] 每逢喜庆佳节、迎神赛会，这些地区几乎每个村落都有这个舞蹈的表演。其扎根之深、影响之广，可谓家喻户晓。

大鼓凉伞的起源，有不同的说法，主要有“军队凯旋舞说”“中原花鼓灯说”与“本地因素说”，其中最为普遍的渊源说为“军队凯旋舞说”：明代漳州百姓为戚家军作战鼓舞士气及庆祝胜利的舞蹈。明代嘉靖年间，抗倭名将戚继光先后两次率兵援闽抗倭，每与倭寇交战，漳州百姓擂鼓助威，平息倭寇之后，人们为庆祝胜利，舞鼓欢迎戚家军凯旋。戚家军虽多次敲锣鸣谢，仍未能止住。戚将军乃赠伞遮阳，以表达爱民

---

①《中国民族民间舞蹈集成·福建卷》，中国民族民间舞蹈编辑部 1996 年版，第 254 页。

之情。从此，鼓、伞、锣奠定了舞蹈内容而流传下来。这个欢乐的喜庆场面，使漳州艺人产生了创作灵感，将持伞小伙子改由少女扮演，成为漳州伞娘撵转凉伞舞蹈，并且少女的舞姿和造型不断改进，日臻完美。并在表演形式中增加了一对插科打诨的丑公、丑婆角色穿插其间。一种具有漳州乡土趣味的“大鼓凉伞舞”就这样诞生了。

图 2-14　作者创作的“大鼓凉伞”在漳州市运会开幕式精彩表演（蔡文原 / 摄）

盛行于漳州民间的“大鼓凉伞”原生态表演是一种没有音乐伴奏而随鼓手击鼓节奏表演的纯舞蹈形式。一般用于迎神赛会诸如关帝圣诞的喜庆庆典上，漳州民众以最热烈的“鼓伞对舞”形式祈求平安、吉祥的民俗舞蹈。情绪欢快热烈，节奏粗犷豪迈，男子战将“鼓手”的背鼓击鼓与女子伞娘手持凉伞撵转对舞，成为“大鼓凉伞”的舞风亮点。表演时有二鼓、四鼓、八鼓、十六鼓等，鼓越多越壮观。将士（鼓手）身背战鼓，村姑（伞娘）手撑凉伞，击鼓捻伞，对舞造型，伞绕鼓转，翩翩起舞。鼓手动作有斗鼓、翻鼓、擂鼓、绕鼓、踏鼓等。队形有观山式、莲花转、龙吐须等。偶有一个丑婆手持蒲扇，为将士扇风驱热；一个丑公肩挑竹箩，为将士送菜献果，随着鼓点插科打诨，绕场伴舞。舞蹈节奏以鼓手击鼓的鼓点节拍为主，主要动态以鼓手与伞娘的双人交错对舞为主，高潮时鼓点加快并带有较高的技巧性动作，如舞伞者可跳到击鼓人胸前的鼓上舞动凉伞。

图 2-15　漳州芗城文衡殿“大鼓凉伞”艺阵在东山关帝庙进香表演（刘小龙 / 提供）

“大鼓凉伞”的表演形式不断创新，既有威武雄壮、刚劲洒脱的群舞，又有轻盈飘逸的对舞。其节奏突出对比起落，诸如在 4/4 拍的欢乐鼓中，插入一段 3/4 拍的敲边鼓与柔美的凉伞舞，鼓稳伞飘形成和谐之美，这样的节奏合上了人们跳动的心弦，迎合了现代人的欣赏口味。舞蹈编排注重队列变化，注重群像造型。表演形式的变化，使得表现内容拓宽，表达意蕴更浓烈。如今，“大鼓凉伞”有着三种表演形式：一是迎神赛会的民俗祭典仪式表演；二是提炼升华为舞蹈艺术创作作品；三是城市老年群众性的体育化表演。这三种形式满足了不同层面的表演所需，使这一传统艺术形式发扬光大，成为一种新的与时代相吻合的民俗事项。① 明清时期“大鼓凉伞”亦随漳州移民传至台湾，历经数百年，衍化成台湾地区的“跳鼓阵”。如今源于漳州“大鼓凉伞”的“跳鼓阵”成为中国台湾地区最热络的民间表演艺术。

（2）跳鼓舞

跳鼓舞在泉州的流传已有六七百年的历史，是泉州农村谒祖、贺寿、佛诞、庙会、祈雨等宗教信奉活动中敬神娱人的重要表演阵头。代表性的有泉州地区的“跳鼓舞”、南安丰州的“丰州跳鼓”、南安诗山的“凤坡跳鼓”、晋江的“跳鼓”等。泉州城区的“跳鼓舞”是由《水浒传》中梁山好汉劫法场救卢俊义的故事编成的舞蹈情节。扮演角色有：鲁智深持木鱼、顾大嫂持铜钲、孙二娘持扁鼓、阮小二持鼓槌、时迁持双铃、燕青持小钹、石秀持草锣，扈三娘持“四块”（南音竹板），表演形式以举扁鼓（旋鼓）

图 2-16 泉州“跳鼓舞”持扁鼓的孙二娘和拿鼓槌的阮小二的双人对舞（作者 / 摄）

① 郑玉玲：《闽台民间舞蹈研究》，中国戏剧出版社 2010 年版，第 129 页。

的孙二娘和手拿鼓槌的阮小二之双人对舞为中心（见图 2-16），其余 6 人时分时合，围绕扁鼓配合舞蹈。

“跳鼓舞”扁鼓的形状宽 8 寸、厚 2 寸，一根小铁丝棍穿过鼓中间，在鼓的两边留住铁丝棍拧成的两个头便于抓握，舞者双手抓握时用中指拨动扁鼓使其转动起来。正因这一旋动的扁鼓在舞蹈中有着独特的舞法色彩与地位，所以有人也将其单独称为“璇鼓舞”。敲鼓的则围绕着璇鼓做击鼓造型，形成对舞。整支游舞艺阵和着曲调表演，他们各执道具、脚跳手击，腰转体旋，屈腰踢腿，动作轻快，跳跃自如，逗趣欢乐，还时快时慢，时跃时击，配合默契。

“跳鼓舞”的特色是以鼓为主，表演时，持扁鼓和鼓槌的演员必须有较高的舞蹈技巧。鼓的花样表演形式也很别致，持鼓者有“捧鼓”“举鼓”“转鼓”“左右边鼓”“躺身接鼓”“劈腿亮鼓”等，技巧高超；打鼓者有“软鼓”“硬鼓”“单鼓”“慢鼓”“紧鼓”等；技艺超群者还可做“空翻击鼓”“璇身轮鼓”“金鸡独立点鼓”“奄鸡行捻鼓”等，鼓手表演刚健不流粗野、跳跃不显造作。持木鱼的有“一敲、二拍、三响、四翻身”；持“四块”的有“双历板”“上下顿板”“转板”等对斗、对舞，潇洒奔放；持双铃和拍板演员舞蹈动作柔美、轻盈；彩旦的动作有花扇、转扇、拍扇、端扇，幽默诙谐，生动洒脱；脚步动作主要有“七步翻转”“泼脚慢步”“磨脚移步”“魁星踢斗”“铁拐灵额”“洞宾背剑”等。

跳鼓舞的舞蹈情态变化颇多，亦可自由发挥，还可随着舞蹈环境和情绪的不同而变化，动作丰富，变化无穷，花样百出，表演时滑稽怪相，挤眉弄眼，抖肩扭腰，引人发笑，艺术造型优美。

伴奏使用打击乐和南音音乐。在清脆悦耳的各种击乐音响的动人旋律中边跳边舞，击乐戏弄。鼓乐节奏明朗，基本节奏型为“才才 七才 | 七才 匡 | 才才 七才 | 七才 匡 ‖”，分有快速、中板、慢板。整个舞蹈在清脆悦耳的打击乐音响、悠扬婉转的动人旋律中进行。

（3）大鼓弄狮

在漳浦各地流传，由民间小鬼弄金狮、火球弄狮、英雄斗狮等形式发展而来，表演形式为鼓手背鼓舞蹈与狮子对舞、逗趣，斗智斗勇，粗犷威武，锣鼓伴奏，场面热闹非凡。

弄狮时，引导、指挥狮子的表演者（简称弄狮人）胸前绑背一个大鼓，大鼓长约

60 厘米，直径约 50 厘米，大鼓上装饰着一面镜子，寓意避邪，镜子两边结着绸缎花。背鼓弄狮人双手紧握鼓槌，边走边擂大鼓，后面紧跟着两个锣、钹组成锣鼓乐队。狮子由两人舞动，一人持狮头，另一人持狮尾，狮尾形状像一个笼子，套在一个表演者身上，顶部露出一个小尾巴，行走表演时左右摇晃，狮身由一条画有彩色花纹的宽布条组成，狮头、狮尾、狮身配合灵动十足。大鼓与狮子对舞，故称“大鼓弄狮”。持狮子道具的人跟随弄狮人面对面横向交错对舞，时而短兵相接，你左我右、你右我左，舞弄对舞。舞至高潮，只见背鼓艺人就地跃起，以腾空翻转技巧并稳健落地，动作扣人心弦，紧随其后的两个打锣人边敲边跳跃转身。狮子也边舞边退，仿佛被大鼓所震慑。漳浦民众借以“大鼓弄狮”的民俗舞蹈来祈求平安。

3. 其他特色民俗舞蹈

有源于生产劳动的劳作型舞蹈：《采茶舞》《白菜担》《担金枣》《跑旱船》《赛龙舟》等；有源于民间艺人为天灾人祸，乞讨为生的民艺型舞蹈：《拍胸舞》《打钱套》《摇钱树》《九连环》等；有滑稽幽默、逗趣诙谐的游艺类舞蹈：《火鼎公婆》《公背婆》《双生仔阵》《跳铎铎》等；有武技型舞蹈：《水族舞》《下水操》《弄狮》《宋江阵》《跳火群》等；有纯乐器演奏的阵头：《南管阵》《北管阵》《开路鼓》《大鼓吹》《西乐队》等。

下面对《拍胸舞》《火鼎公婆》进行简要介绍。

（1）拍胸舞

《拍胸舞》亦称《打花草》《打七响》《乞丐舞》，广泛流传于福建南部沿海泉州、漳州、厦门、同安等地。拍胸舞为男性舞蹈，头戴草圈，以赤膊拍胸为主要特点。基本动作称“打七响”，顾名思义，即双手胸前合击一掌，接着依次拍击左右胸部，双臂内侧依次夹击右、左肋部，最后再依次拍打右、左腿部，共得“七响”。击打七响时，脚下以马步蹲裆为主，配合任意的颠头，自由活泼变化多端。高昂、激越时双脚反复顿地，双手拍至全身通红，充分地抒发内心的情感。

《拍胸舞》原本无音乐伴奏，强调以身体拍出的七响作为动律节奏，彰显古朴风貌。现今看到的《拍胸舞》大多配以南音“三千两金”，是被泉州古老剧种梨园戏保留剧目《郑元和》所吸收。在《郑元和》“莲花落”一折，就出现郑元和流落街头与众乞丐为伍，唱着“三千两金”的南曲，踏跳拍胸舞的情景。之后，郑元和梨园戏剧目广为流传，反过来影响民间“拍胸舞”，也使用“三千两金”音乐，“乞丐舞”的别名由此而来。

《拍胸舞》主要特征：第一，具有鲜明的闽南地区特点，舞蹈形态和动律反映了闽南地区特定的社会生活内容和习俗风情，体现了闽南人轻巧、诙谐、爽朗的性格特征。表演风格粗犷古朴，豪迈奔放，自由活泼，颇具浓厚的乡土气息，是一种挥洒自如的男性舞蹈。服装、化妆简易质朴，表演人数不限，舞台、广场或踩街游乡等均可表演，富有广泛的群众性。第二，舞蹈动作的协调性和技巧性。《拍胸舞》主干动作"七响"，综合了头、颈、手、脚的协调性，强调击出胸、肋、腿、掌的"七响"，捶胸顿足，包含了节奏、乐感、力度、弹性、速度、气质性与控制力等诸多要素。从原来单一的横晃单拍掌动作发展到如今的凌空双拍掌、双拍胸屈膝坐地等高难度动作，已逐渐形成了一套完整的舞蹈动作。"青蛙扑蚊""蜈蚣展须""老鼠摆尾""矮子步八响""矮子步螃蟹走"等动作颇具技巧性和表现力。根据民间艺人传授、创新的动作目前已有 20 个，名称大都与动物有关，如"老鼠逐""鸡展翅""公鸡斗""青蛙喝水""加令跳""蜈蚣展须""老鼠摆尾"等，还有"善才抱牌""善才观天"等佛界人物形象动作。动作以横晃动律为主线，配以八字步和加令跳步，交叉变化，构成一条包括体态、节奏、动律和技巧动作相互联系的规律线。舞蹈形式也发展为"田间拍胸舞""彩街拍胸舞""乞丐拍胸舞"和"醉酒拍胸舞"四种形式。

随着时代的发展，以郭金锁、尤金满、邱剑英为代表的一批民间艺人不断总结、丰富、创新，传承了较为公认的三种艺人流派：以尤金满为代表，流行于厦门同安一带，动作细腻圆润、抒情优美；以邱剑英为代表，流行于泉州城区，动作丰富多彩，跳动幅度大，快慢缓急相兼，具有粗犷豪爽的男性阳刚之美；以郭金锁为代表，流行于南安官桥一带，风格幽默风趣，动作灵活、节奏快速、变化多端，感染力强。他们同出一脉又各具特色。

（2）火鼎公婆

《火鼎公婆》俗称"火鼎公、火鼎婆"，流行于闽南泉州、金门一带（见图 2-17）。表演者有的只有一对公婆，有的多了"村姑"角色。火鼎公高甲戏的破衫丑扮相，鼻梁上涂着白色，绘着俗称"鸟屎脸"的戏剧丑角脸谱，鼻子下挂着两撇八字胡须，鼻梁上架着一副老式眼镜，头戴深色的毡绒帽，身着长衫，束着腰带，腰上挂一个特大的烟袋，手拿一支旱烟枪。火鼎婆高甲戏的家婆丑扮相，面庞涂得粉白，脸颊上各饰一团大红胭脂，嘴唇涂成圆形状，头上戴着发髻，上面插满了鲜花和"熟花"[1]，耳朵

---

① "熟花"指的是人造花类。在闽南，媒婆、送嫁妈、火鼎婆等角色头上戴的都是人工制作的花。人造花早时有通草花，后大部分为扎花、绢花、绸花。

图 2-17 泉州《火鼎公婆》诙谐逗趣的踩街表演

上挂着饰有玻璃珠的大耳钩，上穿领口镶黑边的大红袄，下穿裤脚细边的大红裤，脚上穿特大号红弓鞋，扮相夸张、滑稽。有的表演团队多一个肩挑木柴的村姑。

火鼎公婆的重要道具是一只燃烧着炽热木炭的大鼎，通常在鼎中放着浇有土豆油（花生油）的木材，该大鼎放在一只“五斗篮”中或饭脚架（木架子）上，大鼎中的炭火象征火红发达，有的五斗篮的两侧还贴有表达吉祥如意之意的对联，如“扫去千灾，迎来百福”等。有的在抬杠上饰有八珍彩。表演时，火鼎公、火鼎婆合抬着放在五斗篮中或架上的大鼎，时而走着夸张滑稽的踏摇步，在观看“彩街”的人群中穿梭起舞，时而用风趣幽默的话语同观众嬉戏逗乐。有的团队是边唱边扭，对唱的曲调是诸如《十月病子歌》的民间歌谣。有的以情节戏弄为主，公婆二人运用手中的道具表演各种身段、技巧，村姑紧随其后，三人或快或慢，或颠或顿。有时火鼎婆故意大扇其火，撩得前头的火鼎公火烧屁股，捶胸跳脚，骂骂咧咧；有时火焰将息，三人鼓足腮帮，拼命吹火，结果被烟灰迷眼，涕泪齐流，狼狈至极……①

火鼎公、火鼎婆源自泉州民间的“火鼎踩路”，寓意人们扫除一路污浊，驱除疾疫，祈求风调雨顺、国泰民安的心愿，具有较强的娱乐性和观赏性。因其表演独特，气氛热烈而诙谐生趣，遂广为流传，形成闽南地区人们喜闻乐见的民间舞蹈，被誉为闽南“地道的民间艺术”，是闽南关帝出巡绕境常见的民俗舞蹈。

（二）宗教舞蹈

信仰习俗包括原始宗教和现代宗教中的民间信仰部分，在社会生活中，这两部分都表现形形色色的舞蹈形态。据考古学家发现的崖画和古籍记载，宗教舞蹈最早见于原始先民的巫术祭祀活动中，是原始宗教信仰的产物。原始先民希望通过祈祷、祭献

① 蔡湘江：《泉州民间舞蹈》，福建人民出版社 2006 年版，第 105 页。

等行为，求得神灵赐福，而舞蹈正是进行巫术祭祀活动的手段。早在夏商周三代，巫术祭祀活动频繁，其舞蹈亦为多样。主要类型有蜡祭、傩舞和巫舞。

闽自古“信鬼好祀”，唐宋以来佛、道繁盛，巫术祭祀仪式日趋简单化。随着社会的进步，人类对大自然的了解与征服能力的提高，许多傩仪被衍化为其他祭祀仪式，或融合于迎神赛社之中，逐渐衍变成民间的娱神娱人舞蹈。闽南宗教舞蹈，主要有祭祀舞蹈与法事舞蹈。

1. 祭祀舞蹈

用以祭祀天地、神灵的仪式舞蹈，主要有：傩舞遗存的《大神尪傩舞》（漳州也称高爷或大头尪仔，泉州称大摇人，福州称塔骨，台湾称神将、神尪等）、《跳加官》、《舞龙弄狮》；古代雩祭遗存的《求雨舞》；出巡的仪仗阵头《神轿阵》《宋江阵》《棕轿舞》《皂隶摆》等。

用以祭祀祖先的仪式舞蹈，主要有《走阵灯》《打团牌》等。

2. 法事舞蹈

流传于闽南的法师请神调将“踏火”仪式中的哪吒鼓乐《踏旗花》；颁符押火仪式的《鞭对符、鞭对刀》双人舞；又如流传于闽南各地的师公醮仪舞蹈《道士舞》和《五梅花舞》《跳海青》《香花舞》等。

下面对《踏旗花》《宋江阵》《五梅花舞》进行简要介绍。

（1）踏旗花

《踏旗花》是流传于漳州民间“三坛鼓”中带有舞蹈性的哪吒鼓表演片段，即一种特殊的关帝迎送“咬旗”阵式。漳州主要有芗城文衡殿哪吒鼓队、芗城南门溪疍民三坛哪吒念咒鼓队表演。每年农历五月十三关帝君圣诞日，九月初九太子爷诞日，十月初一、初二文衡殿社庆日，周边善男信女自备牲礼前往祭拜，在三坛鼓的吟唱中，祈求阖境平安。踏旗花是其中的一个环节，在踏火时主人迎送客人的三坛鼓队时表演。

三坛鼓又名哪吒鼓（取哪吒足踩风火轮、踏火之意），相传明代由道教圣地闾山传入。表演时，先是由三坛鼓和法师请神调将，点燃火堆，三坛鼓全大连续不断地念唱。时遇有交谊而前来庆贺的三坛鼓，主队与客队均要表演咬旗花。踏火后送客时，主宾两队再次表演咬旗花以示依依不舍的情谊，表演风格朴实、粗犷、刚强。

表演形式以文衡殿关帝庙为例，表演时，两人执旗，十人执贴有灵符的长柄手鼓。咬旗花者以交足蹲为主，移步，斜跨，两旗交错摇动；打鼓者分两队，各跟随一旗敲鼓。双方队员随头旗屈膝行踽步，客进主退，走对称路线。踏旗花者，右手举旗在头上或左右盘旋，左手指在胸前呈佛指，右腿落地站立，左腿屈曲于前，足心向前翻起，形同“端腿”。10 位执手鼓者在后呈弧形，单脚跪地或半蹲转身动作，使人物造型有似敦煌壁画中的古人形象。过去表演者额扎丝带，身穿单袖武衣短裤，腰扎板带，手戴彩圈并赤足。现已改为穿对襟汉衫、灯笼裤。三坛鼓音乐丰富，有 2/2、2/4、3/3 等节拍。乐曲有 20 多首。1957 年，芗城区文化馆曾整理参加专区文艺会演，并改用哨拉和马锣加以伴奏，受到好评。近几年，在漳州市文化部门的高度重视扶持下，得以保护并被列入福建省非物质文化遗产名录。

（2）宋江阵

《宋江阵》（见图 2-18）作为福建省非遗项目，成为活跃于闽南村社信俗仪式的重要活动。源于明末闽南沿海地区的抗倭历史背景，明末东南沿海一带社会动荡不安，土匪横行，倭寇猖獗，闽南沿海一带深受倭寇侵害。为了自救，民间组织了宋江阵，以《水浒传》人物为依托，以梁山好汉攻打大名府救卢俊义的故事为基础，将作战阵

图 2-18　闽南传入台湾的《宋江阵》表演（谢国兴 / 提供）

法与南拳武术相结合，用以对付倭患。宋江阵按“三十六天罡”“七十二地煞”可安排 36 人、72 人、108 人（亦有 107 人）。主要扮演宋江、卢俊义、公孙胜、李逵、孙二娘、武松、阮小二等梁山好汉，出阵时以锣鼓点场，以正副龙虎大旗为前导，首先按三十六天罡、七十二地煞的顺序亮相行进表演。手中器械有刀、枪、剑、镰、钩、盾牌等兵器。表演的流程主要包括：布城、发彩、开场、行阵、单人表演、对打演练、舞雄狮、四面打盾、刣狮、集体阵势等。开场“宋江舞大旗”，锣鼓响起，大旗卷地而起，浑天挥舞。旗展处，“李逵”使双斧，“徐宁”使开钩镰枪，“刘唐”抡着朴刀，“解珍、解宝”飞舞托天叉……梁山泊众好汉纷纷上阵，十八般兵器各显神通。再如操练各种阵法，有蜈蚣阵、蜘蛛结网、扛对、白鹤阵、空手连环、黄蜂阵、美蝶阵、八卦阵，等等。“连环八卦阵”是宋江阵的高潮，最后收场一般是“关胜舞大刀”，青龙偃月刀大开大合，豪放潇洒，划破青天，威武壮观。

在闽南关帝信俗活动中，《宋江阵》契合弘扬勇武的忠义主题，以营造关帝作战的威武气势；在现实生活中，《宋江阵》还是一种健身娱乐的项目，给闽南乡村民众带来乐趣与交流平台。

（3）五梅花舞

《五梅花舞》是道教“道情”中的一种宗教舞蹈。一般有 9 人，先由主行（道教“中尊”）持花（有的执如意、帝钟等）上场唱“三春天地风光好”的曲子，接着 8 人各按次序手托莲花灯成对上场，唱欣赏春天各种美景的词句，以后依次表演 3 人舞、5 人舞、7 人舞、9 人舞。至 9 人舞时，主行唱“海反”词（龙王上天献宝），唱毕，穿梭变化，环绕起舞形成“五梅花”状，队形复杂多变，气氛热烈凝重。伴奏由吹奏乐，配以“唠哩嗹”的曲牌。道教《五梅花舞》历史悠久，据说已有六七百年的历史，是古老的宗教仪式之舞。

（三）戏曲舞蹈

戏曲舞蹈是从戏曲艺术中提炼出来的舞蹈。舞蹈加盟于戏曲，不但给戏曲以巨大的影响，而且也大大拓展了自己的表演空间。闽南戏曲历史悠久，蕴藏着丰富的舞蹈遗产。其完美的表演程式、独特的科步动作，唱做俱佳，常吸收了大量的民间舞蹈，进行加工、改造，为剧目增色。如高甲戏《管甫送》《桃花搭渡》等歌舞小戏，一丑一旦，载歌载舞，为剧目增添情趣。

戏曲舞蹈的来源有两种：

一是把传统的民间舞蹈吸收进来，进行加工提高，成为戏曲剧目的内容。如“拍胸舞”原为民间流传的民间舞蹈，后被泉州古老剧种梨园戏保留剧目《郑元和》所吸收，插入于《郑元和》“莲花落”一折，郑元和流落街头与众乞丐为伍，唱着“三千两金”的南曲，踏跳拍胸舞的情景。之后，郑元和梨园戏剧目广为流传，反过来影响民间“拍胸舞”，使得表演形式更为完善。又如流行于漳浦、南靖各县享有“戏曲活化石”之誉的《竹马戏》是一种古朴而稀少的民间歌舞小戏，也是起源于《竹马灯》的民俗舞蹈，在唐宋时期就已成为漳州民间佳节喜庆的民俗文艺活动。

二是源自戏曲片段，后在民间广为流传。这些经典片段，常一丑一旦，载歌载舞，以歌舞小戏的形式呈现，如《箭江波》《管甫送》《四九弄》《桃花搭渡》等。现在流传在闽南地区的民间舞蹈《大车鼓》《钱鼓弄》，就是从传统剧目《昭君出塞》中脱胎出来的；又如平和的“扇舞”是根据地方戏曲《四平戏》的剧目《红娘请宴》戏中红娘所表演的扇舞加以整理改编。明代戏曲所表演的民间舞蹈，如跳和合、哑背疯、小尼姑下山，至今还流传于民间。

因此，闽南地方戏曲为民间舞蹈输送了艺术营养，丰富了舞蹈的表现力。如《大车鼓》脱胎于戏曲《昭君出塞》的情节，有了刻画人物的各种个性化性格动作及情节融于其中，嬉笑打闹皆成舞，既自我娱乐又取悦于人。戏曲舞蹈可以吸收杂技、武术的技巧绝活，增强自身的表现力。又由于戏曲表现生活的实践需要，使用道具成为其一大特色，因此造就丰富了诸如藤牌舞、水袖舞、撑船舞、公背婆等舞蹈形式。因此，民间舞蹈与传统戏曲艺术往往相互影响、互为融合。闽南民间在关帝祭祀仪式定有演戏酬神，其中的经典戏曲舞蹈往往是关帝出巡仪式表演的艺阵内容。下面介绍戏曲舞蹈《八仙舞》。

《八仙舞》是闽南地区常用于关帝庆诞酬神的贺寿内容，流行于泉州、漳州、莆田地区。《八仙舞》起源于宗教仪式，后被本地戏曲艺术莆仙戏、梨园戏吸收，丰富了戏曲的表现力，成为戏曲艺术拓展表演空间的重要手段。据《中国戏曲志·福建卷》载：“梨园戏演出习俗的顺序：起鼓—贺寿—跳加官—献礼—献棚—演出本戏—演出小戏。”这里的“贺寿”即泉州民间俗称的《八仙贺寿》。漳州民间常把“跳加官”放于关帝贺寿前，用歌仔戏（芗剧）曲调与表演程式演唱。

闽南关帝庆诞民俗活动，邀请戏班搭台唱戏，在正戏演出前表演的开场戏，常以《跳加官》人戴面具扮“天官”舞段作为引子，寓意“天官赐福”“加官进财”“吉祥如意”之意。紧接着就是表演民众喜爱的戏曲仪式剧目《八仙贺寿》，由8名男女演员扮成传说中的八仙形象，在戏台上或到主人厅堂前配以鼓乐舞之蹈之，并唱念相应【八仙】曲牌，如“福如东海，寿比南山”之类的吉祥唱段，主人给予“红包”赏钱，这是戏班中除正戏外的一项额外收入。因折子剧目均放在最前面，因此也常单独成为戏曲舞蹈，成为民众喜爱的舞蹈形式。

“八仙”人物形象通常为铁拐李、汉钟离、吕洞宾、张果老、何仙姑、曹国舅、蓝采和、韩湘子（见图2-19），人物形象本于明中叶吴元泰《八仙出处东游记》。而闽南“八仙”人物有所不同的是出现刘海蟾的形象，这是福建古南戏遗响莆仙戏与梨园戏仅有的艺术形象。这种现象为我们传递了一个十分重要的信息，即这两个剧种保留的是明中叶以前的“八仙”传说面貌。

八仙唱腔：漳州采用的是歌仔戏七字调唱腔曲牌。而泉州《八仙贺寿》采用梨园戏婉转悠扬的南曲唱腔，曲牌联套，体式主要有：套曲、集曲、过曲、慢、引、近、小令和唐宋大曲的衮等。《八仙贺寿》主要运用的曲牌为【八仙歌】。

铁拐李

汉钟离

曹国舅

吕洞宾

张果老

韩湘子

蓝采和

何仙姑

图2-19 《八仙舞》之八仙角色扮相图（谢燕/摄）

《八仙贺寿》拜寿时，经验丰富的艺人能根据既定的曲牌即兴填词，一般唱曲《八仙贺寿》如下：

众仙白：笑笑下山来，鲜花满地开。
一声锣鼓响，会得众仙来。

众仙唱：海岛祥云紫气来，人间福神庆长生。
但看四海生平日，共乐欢呼昂太平。
诸仙齐庆吉辰，堂上椿萱并茂。
万贵百世簪缨，爵居众神之上。
位列三公威能，寿比南山不老，福如东海长生。
花开结籽千秋，人间岁福长流。
蟠桃会上已熟，吾等前来拜寿。

从开头到“会得众仙来”是念白，后两段则是齐唱，用泉州方言演唱押韵委婉动听。五言、六言、七言的长短句相融。生吕洞宾与旦何仙姑的唱腔纤细圆润，净铁拐李粗犷豪放，而末蓝采和、贴何仙姑、外曹国舅苍劲浑厚，丑刘海蟾则略带尖利谐趣。均用本嗓，发声位置都靠近喉音。咬字吐音方面非常讲究，凡遇双韵母的唱词而又拖长腔者，就必须依次唱出字头、字腹、字尾；如果是单韵母的，则不论其音乐之长短，均可一气唱出。

身段设计：采用梨园戏优雅细腻的身段表演。梨园戏的身段表演有一套极其独特、严谨的基本程式，称为“十八步科母”，对表演的手、眼、身、步等每个动作都有严格的规定，中规中矩，颇有法度，如“举手到目眉，分手到肚脐，拱手到下颌”等，七个行当角色都遵循“十八步科母”，表演程式以生旦为主，其他行当则在此基础上略有变化。

十八步科母有：拱手科、分手科、举手科、毒错科、指手科、偏触科、提手科、搭手科、过眉科、垂手行科、按心行科、过场科、相公摩科、七步颠科、双顿蹄科、牛车水科、返头轧角科、走圆场科。

在《八仙贺寿》中八仙要表现环境、行程移动或表演区位变化用“过场”“圆场科”，表现欢乐的情绪用“牛车水科”，还可不同搭配，如蓝采和的欢欣雀跃用“加鸽跳科”。吕洞宾常用的舞蹈有“拱手科”“指手科”。旦角何仙姑的主要舞蹈属于“科母”中的“垂手行科”，这是手姿与步伐结合的身段中最留有中原古典韵味的形体舞姿，有“小垂手”“大垂手”，据《乐府杂录·舞工条》记载：“舞者，乐之容也，有大垂手，小垂手。或如惊鸿，或如飞燕。”梁简文帝《赋得大垂手》也载：“垂手忽苕苕，飞燕掌中娇。”又有南宋周密《癸辛杂识》载：“大小垂手，双拂袖，抱肘合蝉小转，虚影横影称里。”可见梨园戏的“垂手行科”系自六朝以至宋元，一脉相承，不绝如缕。末行的有“十八罗汉科”、净的“马鞭科”、丑角的“七步颠科”等。

细看梨园戏的身段表演形态特征，有不少是模拟傀儡的形体动作而成，这和莆仙戏的舞蹈表演形态特征有所相似。诸如八仙走“过场科”中的“抬步”，丑角“七步颠科”中的“纳鞋拉线”，蓝采和的“加鸽跳科”等都是模仿傀儡动作的，印证了莆仙戏、梨园戏完好保存了古南戏的遗风。

图 2-20 笔者采访漳州芳苑芗剧团表演的《八仙舞》《跳加官》并合影留念

伴奏器乐：梨园戏的乐律和乐器沿用唐代旧制，《八仙贺寿》主要伴奏乐器有琵琶、洞箫、二弦、三弦、唢呐、品箫等。打击乐器以鼓、小锣、拍板为主，另有草锣、响盏、马锣、双铃、南铙、小叫等。与其他剧种的锣鼓经不同，梨园戏的鼓用音色浑厚的“南鼓”亦称“压脚鼓”，鼓师演奏时将脚后跟压在鼓面上，利用脚后跟的移动变化和运力轻重，敲出千变万化的鼓点。用这种“压脚鼓”的特殊技法制造气氛，烘托情绪，与莆仙地区的“石狮压大鼓”有异曲同工之妙。在梨园戏中“压脚鼓”有着不可替代的主导地位，具有定音的效果，但不是定音鼓。音色浑厚，优雅又细腻，不仅能渲染气氛、烘托剧情，还能准确地刻画人物的性格，揭示人物的情感变化和心理活动。

综上所述，闽南戏曲正戏前表演的开场舞蹈《跳加官》《八仙舞》（见图 2-20）只舞不唱，以独特的闽南傩神扮相和舞蹈身段表演著称，深受闽南民众的喜爱，作为演戏酬神的必备仪式表演，寄托着民众对加官晋爵与美好生活的遐想。

本节小结

关帝信俗仪式舞蹈种类与形态丰富多元，以闽南民间舞蹈的活动目的、表现形式为依据，在整体结构上分为民俗舞蹈、宗教舞蹈、戏曲舞蹈这三大类，同时我们看到每一类又有枝繁叶茂的子符号形态，每个子符号又以舞蹈结构符号、动作符号、手诀符号、祭祀经文符号、装扮道具符号等分符号具象来涵化构建起关帝文化符号系统。从整体性上看，这个符号系统在自身发展、演变的过程中，受到了中原文化、闽南文化、巫傩文化、道教文化等多元文化的影响，形成了舞蹈文化的多相性特点。同时，又秉持本身独特的舞蹈结构形态，保持着自身的仪式规格与符号规律，体现出仪式舞蹈的个性色彩，用以诠释多元的闽南审美表意文化。

第四节 闽南关帝信俗艺阵舞蹈的风格特征与文化内涵

闽南关帝信俗承载的仪式舞蹈富含闽南地域风格，反映闽南民众的人文性格与审美情趣，舞蹈内涵既秉承关帝仁义至善之中正平和的传统价值特征，又彰显着闽台地域文化品格和艺术个性。

一、闽南关帝信俗艺阵舞蹈的风格特征

闽南民间舞蹈的风格特征是闽南民众在生产生活中创造的舞蹈艺术所呈现的反映闽南区域人文性格、审美观念、精神气质的内在特性和整体面貌，它的形成体现了闽南民众在传承创造舞蹈过程中人与环境的双向同构关系。仪式舞蹈既有宫廷古典舞的形态，在信俗语境中更多呈现民间创造的舞蹈形态。古典与民俗符号交织融合，在多元文化的浸润中，保持着自身的仪式规格与符号规律，体现出仪式舞蹈的个性色彩与风格特征。

闽南区域枕山襟海、坐拥平原的地理态势形成“海洋与农耕”兼具的生活方式，山海兼具的自然环境和饭稻羹鱼的水作文化造就了传统艺术得以保存延续的“自然场”，为民间歌舞传统积淀了沃土。正如初唐开漳圣王陈元光《漳州新城秋宴》描写的诗句：“秦箫吹引凤，邹律奏生春。缥缈纤歌遏，婆娑妙舞神。”[①] 道出古时漳州民间歌舞艺术的盛况。

闽海天然条件和向海拓展历程形成了闽南先民的海洋人文性格，也孕育着闽南民间艺术的海洋文化基因。明郑成功收复台湾、清乾隆统一台湾的历史风云，跟关帝护佑助胜的灵圣故事传说有密切联系。闽海民众自然把关帝圣灵的传说故事融入民间艺术创作，成为迎神赛会艺术表达的源泉。

① 何池：《龙湖集评注与陈元光研究》，鹭江出版社 2016 年版，第 168 页。

明清两代，闽南移民与各界文臣武将、饱学之士赴台拓垦建设台湾，把中华文化全面播传至台湾，闽台也形成了以闽南民间艺术为主体的民俗文化圈[①]。因此关帝信俗舞蹈随之蓬勃发展，形成两岸一脉相承的信俗舞蹈文化特点。关公忠、义、仁、勇的儒家伦理道德精神也营造了两岸庙会艺阵舞蹈文化的丰富内涵。

关于闽南地区关帝仪式舞蹈的风格特征，笔者概括为以下三点。

（一）鼓稳伞飘、刚柔相济的和谐舞风，彰显关帝仪式的威仪气势

闽南民众在闽海生活环境里，练就了乐观爽朗的心态和坚韧沉稳的气质，反映在民间舞蹈中：男子体态挺胸拔背、稳健自信。舞蹈时步态重心下沉，常以蹲裆步、四方步表现稳重务实、淳朴豪爽的性格，又以横移步、矮子步表现风趣诙谐、乐观豁达之风。女子体态则轻盈灵秀、含胸立腰、娇羞妩媚。步态重心略高且前倾，常以横移风摆柳、拧身旁垫步、S形旁三道弯的主要身姿，配以双目流盼的“观音指”“含蕊指”“凌波手”“尊佛手”等独特手姿，表现闽南女子端庄内秀、柔美灵巧、钟情含蓄的性格特点和男耕女织、相夫教子的传统。闽南男子与女子的这种鲜明互补的对比，缔造了闽南民间舞蹈“男悍女媚、刚柔相济”的和谐之美。

漳州民间舞蹈《大鼓凉伞》是男悍女媚、刚柔相济和谐形态的典型写照，它源于中原战将戚继光援闽抗倭与漳州百姓热烈拥戴的历史故事，民间艺人把军民鱼水情涵化在舞蹈形式上以“战将击鼓—伞娘捻伞”的对舞设计，再现“鼓稳伞飘、男悍女媚”的舞风。《大鼓凉伞》随漳州籍移民播植台湾衍化而来的《跳鼓阵》亦是和谐形态的基因再现，“击鼓捻伞·鼓伞对舞”的《大鼓凉伞》主题动作在《跳鼓阵》中同样显现。《跳鼓阵》在台湾又称《弄花鼓》，据《台南县志》记载[②]：“‘弄花鼓’即福建漳州一带的‘大鼓凉伞’，是一种不用音乐伴奏及演唱的舞蹈形式。表演之时两人一对手，一人持凉伞，一人抱大鼓，凉伞打回旋，大鼓双面打，另有打锣手三四人围住大鼓，边打边舞。其状天真浪漫，爽然欲醉。”笔者多次赴台湾田野采风，通过比较二者的表演形态（见表 2-3），发掘其共同基因和风格特征，全面感受两岸舞蹈文化渊源。

---

① 郑玉玲：《闽台民间舞蹈的区域文化特质研究》，《集美大学学报（哲社版）》2018 年第 4 期，第 118 页。

② 陈丁：《南瀛艺阵志》，台湾台南县立文化中心 1997 年版，第 81 页。

表 2-3　台湾《跳鼓阵》与闽南《大鼓凉伞》之形态对比

项目名称	主题动作	道具造型舞法	阵势构图	舞风亮点
台湾 《跳鼓阵》	左右摆胯为主的跳跃动律带来的马步摇、菱形步、蹲跳步等步伐	1. 鼓手：胸前背鼓，竖立式双面击鼓 2. 伞娘：捻转小型凉伞，上下挥舞	开四门 龙门阵 蛇仔游 祥龙摆尾 合圆开花	“击鼓捻伞·鼓伞对舞”的跳跃动态
闽南 《大鼓凉伞》	1. 鼓手：左右摇摆动态的四方步、拧身垫步 2. 伞娘：左右留胯微扭的十字步、拧身垫步	1. 鼓手：胸前背鼓，竖立式双面击鼓 2. 伞娘：捻转中型凉伞，呈“伞花纷飞”状	打四门 龙摆尾 龙吐须 莲花转	“鼓稳伞飘·击鼓捻伞”的对舞形态

从表 2-3 中可看出，台湾《跳鼓阵》承袭闽南《大鼓凉伞》和谐形态的闽南风格特征，成为闽台地区关帝出巡绕境仪式表演的首选民俗舞蹈。

第一，道具造型舞法的闽南风格：（1）胸前背鼓、竖立双击的闽南鼓舞风格；（2）凉伞外形、捻转舞法的闽南宗教色彩。

第二，鼓伞对舞的闽南舞风：（1）承袭“击鼓捻伞·鼓伞对舞”的闽南形态；（2）沿袭“横晃动势”的闽南横摆动律。

第三，遵循闽南古仪、蛇龙图腾的吉祥阵势：（1）依循“开四门”传统仪式形态，传达“天地和谐”意象；（2）呈现祥龙摆尾、蛇仔游、龙吐须、合圆开花等阵势花样，表达闽台民众共同的蛇龙崇拜和祈求吉祥瑞兆的心理愿景。

台湾《跳鼓阵》秉承闽南《大鼓凉伞》的基因特征，鼓手脚下屈伸蹲裆，上身击鼓挥槌摆浪的横晃动态，怡然自得、豁达质朴，在祭典神像前诠释对关帝的崇敬与文化的认知，也契合在关帝信俗场域下的威仪气势的营造，往往成为闽台关帝信俗仪式表演的首选节目。

（二）以丑衬美、科诨对舞的审美表达，体现以闹为乐的闽南信俗特征

演戏酬神是闽南关帝信俗的传统规定项目，必然形成独特的闽南戏曲舞蹈文化。闽南“丑”舞主要从戏曲艺术提炼发展而来，亦称戏曲舞蹈。在戏曲之乡的闽南，世代传承着梨园戏、木偶戏、打城戏、高甲戏、歌仔戏等国家级戏曲艺术瑰宝。异彩纷呈的闽南戏曲中，尤以丑行表演最能彰显本土特征。丑舞以形写神、追求神似，以丑

写美、寓庄于谐的表演，折射着闽南的市井百态和闽南人独特的审美情趣。或从乞丐、店小二、道士和尚、媒婆等市井角色摄取生活动作，或模仿飞禽走兽神态提炼身段，或汲取傀儡、布袋戏表演创造艺术形象。经加工创新的科步程式巧妙融舞之中，产生了闽南丑舞艺术。丑戏融舞的风格表达，成为闽南民俗聚戏狂欢的文化现象，以极具夸张的“丑角插科打诨”的艺术构想彰显闽南人传统意识中以“闹”为乐的情趣和乐天知命的性格。

在《中国民族民间舞蹈集成·福建卷》① 收录的 70 多种闽南民间舞蹈中，“丑”舞就有 20 种，约占 1/3。闽南人海纳百川、开放包容的心态，影响着闽南“丑”舞的表现形态和审美表达，使“丑”舞从动律到动态，从角色到装扮，从形式到内容，融汇了戏曲、武术、杂技等多种艺术精华，充实着自身的艺术表现力，形成闽南舞蹈“无戏不丑、无技不丑”的风格特点。

闽南丑角形象贯穿着舞蹈的表达。闽南“丑”舞保留宋元南戏善于插科打诨的表演特色，主要效仿高甲戏的丑角体系加工而来，包括文丑、武丑、老丑、小丑、官袍丑、公子丑、家丁丑、衙役丑、破衫丑、花婆丑、夫人丑、婢女丑等，应有尽有，艺人纷纷效仿，在民俗踩街表演中自然融入丑角形象，尤以“傀儡丑、花婆丑、破衫丑、拐杖丑”为特色，或妙趣横生、幽默机智，或畅怀惬意、活泼诙谐，有着鲜明人物性格特征的“丑”角表演的“丑”舞呈现出独特的美学形态。

泉州《火鼎公婆》的破衫丑“火鼎公”与家婆丑“火鼎婆”、《骑驴探亲》傀儡丑、《彩球舞》彩婆丑、漳州《大鼓凉伞》穿梭肩挑彩担的“丑公丑婆”、厦门同安《车鼓弄》合挑盖彩斗篮的丑公婆……从这些丑角形象中足见民间自行创造的多样性表达，其表现出闽南人的另一种审视角度，以“丑”衬“美”，增益其美。正是这种美与丑审美形态的衬托与转化，使得草根艺术的“丑”舞能最大限度诠释着闽南人乐天知命、向往完美的精神期待。适当穿插着以丑衬美、科诨对舞的审美表达，让本土艺术以接地气的方式，表现出熟悉生活、贴近民众的通俗情趣，让现场观众享受到丰盛的民俗艺术大餐与民俗聚戏游艺互动的文化现象，体现以闹为乐的闽南信俗特征。

（三）古拙挚真、拼阵较技的游舞特点，彰显爱拼会赢的心理

自古以来，特殊的“游舞”形式构成闽南信俗舞蹈的主要风格和地域色彩。每逢

① 吴晓邦：《中国民族民间舞蹈集成·福建卷》，中国 ISBN 中心 1996 年版，第 1—3 页。

传统民俗节庆，踩街必成焦点，民间舞蹈纷纷拥上街头，万人空巷争观望。“朱门华族，设看位东西衙廊外，通衢大路，比屋临观，仍驰门禁，远乡下邑来游者，通夕不绝。”①文中“设看位”“比屋临观”的热闹场面就是“踩街”。踩街表演即为“游舞”，亦称“行动剧场”，它解决了“落地扫”围场表演因人多拥挤、时间有限而使内容丰富的表演无法让观众一饱眼福的问题，以“简朴的演出形态、短暂的表演时间和自由即兴的表演内容”特点而闻名。

游舞性质的“踩街”表演，十里长街，鱼贯而过，容不得哪个表演作长时间的停留。因此，艺人们必须做出抉择，去繁就简，去难就易，将最具特色的动作保留下来展示给观众，以最抓人的亮点锁住观众的眼睛，博得喝彩。泉州《火鼎公婆》之所以家喻户晓，与其民间艺人在游舞中自由即兴的精彩瞬间密切相关，火鼎公婆合抬烧着柴火的铁鼎，三进三退，在观看踩街的人巷中穿梭起舞。或快步飞穿，或缓缓踯躅，颠而不狂，醉而不痴；或运用手中道具展示绝技。舞姿神态随意变化，同围观群众嬉戏互动，高潮迭起。舞风无拘无束、自由即兴、风趣幽默、自成一格。

闽南元宵节庆民俗“踩街”场面热闹，均万人狂欢，街道两侧围观者里三层外三层。为了让后面的观众都能看得见，《高跷》《肩头坪》《桌子戏》《马阁》《蜈蚣阁》等应运而生，风采争奇斗艳，临街而过。《甩球舞》舞者挥动手中的彩球，左抛右甩，为“踩街”的队伍打开一条通道；而《车鼓阵》《踢球阵》随狂舞的金龙，排场而来。伴随铿锵锣鼓十音，《跑旱船》《船工船婆》《扑蝴蝶》《耍钱剑》《跑竹马》《挥大钹》《舞花伞》等轮番斗阵出场，风格古拙，民间舞者自如率直地抒发真挚之情，在游街行进队伍中使出最亮的绝招，一晃而过，让观众大饱眼福、意犹未尽。

闽台把民俗节庆、神明出巡、迎神赛会中游舞形式的民间舞蹈，统称“艺阵”。虽然出巡绕境的主角是神明，但吸引民众“凑热闹”的焦点是艺阵表演。

以 2019 年东山关帝文化节关帝出巡绕境踩街为例，吸引了来自海峡两岸及东南亚的信众参加，东山万民空巷，烟花纷飞鞭炮响，盛况空前。来自两岸的艺阵表演阵容浩大：开路大锣阵与“肃静回避”阵清道宣禁；“山西夫子”“铜陵帝君”的红幅彩幛锦簇霞团；一班班鼓乐鼓点咚咚，管弦高奏；枪、矛、斧、戟、金瓜、葫芦、佛手、兽头八宝武器阵英姿飒爽；五龙大旗迎风招展；龙凤锣鼓、威风锣鼓、潮州锣鼓阵雷鸣潮响；潮音、南音艺阁曲唱、昆腔乐曲穿云萦绕；舞龙舞狮欢舞腾跃；《桃园结义》

① 蓝凡：《中华舞蹈志・福建卷》，学林出版社 2006 年版，第 18 页。

《八仙庆寿》《海底反》《英歌舞》《旱船舞》《花扇舞》《凉伞舞》《竹马舞》《高跷阵》《秧歌舞》《宫女花篮舞》……千姿百态的艺阵舞蹈排场而来，载歌载舞，把最具特色的绝技一一亮出，较技拼阵，让围观群众拍手叫绝。拼技较阵意识渗透于游街表演中，彰显着“输人不输阵、爱拼才会赢”的心理，这种古拙挚真、自由即兴的闽海游舞特点，为我国民俗文化增添了闽台区域绚丽多姿的形象色彩。

二、闽南信俗舞蹈风格动律的文化内涵

纵观闽南信俗舞蹈的风格特征，蕴含着闽南独特的区域文化色彩。闽南得天独厚的地理历史底蕴、海港勃兴的海上丝绸之路足迹、男耕女织的生产方式、儒家宋明理学的文风教化，营造出民间舞蹈发展的“社会场”。闽台民众在这“自然场”和“社会场”互相交织的文化空间中创造繁衍着民间舞蹈文化。

（一）闽南信俗舞蹈风格特征的文化意蕴

1. 男悍女媚、刚柔相济的和谐形态秉承中正平和的传统价值特征

如前所述，《大鼓凉伞》鼓与伞的双人动作、情感交流的默契配合，刚柔相济的互补；男子击鼓斗舞状态与伞娘轻柔飘逸形成的和谐舞风；“莲花转”行云流水般的舞蹈构图，等等，体现了中国人看待处理事务的中正平和的态度，以及讲究和谐友善、和平共处的状态。这种儒家传统处事哲理和美善合一的审美观念使民间舞蹈形成了“和与中、天人协调”的表现形态，也反映了独特的艺术审美价值。闽南播植台湾地区衍化而来的《跳鼓阵》亦秉承闽南文化传统，探究其历史根源：首先，明清闽南人大批入台主要是垦殖性移民，移民初期原始状态的农耕方式和劳累艰苦的生活，必然使其追求原乡情感外露、热情奔放的文娱形式。《大鼓凉伞》男女和谐对舞、质朴奔放的特点容易被民众所接受，亦是闽南移民离妻别子思念家乡释放情怀的表达方式。其次，《跳鼓阵》主要流行于“台湾谷仓”的云林、嘉义、台南一带，这里的早期垦荒移民主要依靠艰辛的农耕劳作，田耕闲暇之余，爽然欲醉、轻松活泼的男女对舞、扭摆跳跃式舞蹈容易成为他们首选的娱乐形式，[①] 同时也成为台湾民间社会祭关绕境表演的

① 郑玉玲：《台湾“跳鼓阵”与闽南“大鼓凉伞”的关系探析》，《北京舞蹈学院学报》2009年第2期，第33页。

主要内容，以祈求风调雨顺、五谷丰登。再如，亦漳亦泉的台湾《车鼓弄》是漳、泉车鼓元素在台湾新的环境中交融衍生的结果，常常是关帝分灵庙表演的内容，成为早期闽南籍民众怀念故土、消却乡愁的娱乐内容。于是，闽南籍台湾民众就在新居住地的信俗文化语境中繁衍创造着家乡舞蹈，形成了闽台民间遵循传统、互动共创的舞蹈文化景观。

2. 闽南舞蹈的和谐形态彰显闽台地域文化品格和信仰心理

闽南熟语“输人不输阵”。阵代表战阵，意味着团队精神。明清以来闽南人在拓垦开发台湾过程中的团队精神已载入史册。闽南舞蹈自古以来以“艺阵”称谓，讲求“较技”表演、注重方阵构图变化，显现男悍女媚的表演形态……其文化成因与闽台移民社会形成的历史背景、山海交融的生态环境、先民在恶劣环境中的抗争与信仰心理等因素有着直接的关系。家乡带来的民间信仰提供了丰厚的精神滋补，尤以关公信仰最盛。关公崇拜融合了儒家伦理，佛家仁爱，道法自然的精髓，不仅是一种心理上的寄托，卸掉了底层民众的心理重负和社会压力，同时也承载了闽南人的道德追求与行为理念。以家庭传统伦理为例，闽南人骨子里尊崇传统，聚族而居，恪守“男主外、女主内”的男女互补、夫唱妇随、夫贵妻荣的传统家庭理念。闽南话“女人”读音为“载哺人”，“男子”读音为“打捕人”。前者即采摘、哺乳人；后者即打猎捕鱼人。这些精神内核涵化在闽台民间舞蹈的风范之中，男耕女织、夫唱妇随的民风特征显然在闽台民间舞蹈的风格特征中得以印证。

在老百姓的心目中，关公扮演了扬善惩恶、驱邪辟魔、主持正义的保护神的角色，成为妇孺老幼皆尊奉的万能之神。尤其在明清以来动荡的闽台社会，关帝信仰成为维系民众族群凝聚的纽带，在某种程度上也激励、锻造了闽南人“三分天注定、七分靠打拼”敢拼敢闯、踏实开拓的群体性格特征，铸就了“海纳百川、勇立潮头”的独特精神。明清以来闽南移民把这种独特精神凝聚释放的能量，充分发挥在对台湾岛早期的成功拓垦与开发上。因此不难理解，在闽台地区关帝信俗活动会如此兴盛，民众自发创造的祭典仪式表演丰富而多元，讲求较技表演的内在心理。

闽台民间舞蹈插入插科打诨、即兴表演的丑舞，有别于其他地区，具有独特的风格色彩。融入了闽南地方戏曲的丑角科范因素，体现出鲜明的地方艺术个性，负载着丰富的文化内涵。[①] 我们看到，无论是闽南傀儡丑、彩婆丑、破衫丑，还是台湾车

① 郑玉玲：《闽台民间舞蹈的源流与嬗变》，社会科学文献出版社 2019 年版，第 118 页。

鼓婆丑、犁田歌仔丑，在闽台民间舞蹈中大多表现的是身份地位卑微，接地气的农村市井人物，这种特殊的身份和形象，使得“丑”角能够灵动跳跃地对现实进行模仿和夸张。丑角装扮、舞步与走位均无限制，即兴而演，夸张活泼，以较劲丑态取胜，无拘无束地对现实进行赞扬、批判和嘲讽，引领人们进入一种“忘情忘形”的境界，达到对荣辱、贵贱、是非好恶的超功利的审美态度。[①] 民众的随兴创意给民间舞蹈带来随意的美感，反映了根植于闽台地域文化的审美情趣。它已超越一般丑角的插科打诨的局限，以形写神、以丑衬美，以不登大雅之堂的通俗面貌风行于闽台民众之中，成为闽南文化的宝贵财富。

（二）闽南信俗舞蹈动律特征的文化表达

1. 横摆动律特征蕴含“圆—回”文化意象

闽南舞蹈以腰为轴的横摆动律，带动上身、躯干、头和四肢走圆形运动轨迹，“圆”贯穿于闽南舞蹈形体运动的始终：（1）以腰带胯地画“∞”字圆；（2）躯干蛇腰走“S”形波浪立圆；（3）双手七击及摆臂动作行“立圆”，肩走“∞”字圆。其他体态如拧倾、扭旋、折曲等，皆属“圆”的动律范围，是“圆”的变化和易形，蕴含着“往复循环、阴阳互补、平衡融通”的太极思维和时空意象。这些运动规律道出了闽南民间舞蹈秉承中国传统艺术“形虽无‘圆’，意皆有‘圆’，心在‘圆’中，‘圆’在意中”[②] 的核心理念。这在遵崇敬祖睦宗、祖根情结的闽台社会里尤为凸显，它涵化在舞蹈动律中，民众舞动画圆运动生成的○（圆）代表宗族延续的伦理之圈，个体在家庭、社会乃至自然的生态圈里必须强调整体，注重统一，以达“阴阳合德、刚柔有体”的“和”之境界。闽台舞蹈秉承了“圆—回”形态生成的“外圆内转”动态规律，是闽台民众追求“圆融、团聚”民族心理的形态化，民众在圆—回形态传达的“立象尽意”中抒发着真挚的情感，将自己的审美思想贯彻其中，以求得精神的平宁和希冀团圆的幸福。

2. 动律特征折射“以龙为图、吉祥瑞兆”蛇龙崇拜心理

自古生活在多蛇的山丘临海地带的闽南人，奉蛇为图腾族徽。雨量充沛、草丰林茂的闽台区域，是蛇类的天堂。蛇与人们的生产生活相关、农作物的生长规律同步，

① 张媛：《闽南民间“丑”舞的美学形态研究》，《南京艺术学院学报》2016 年第 2 期，第 136 页。
② 袁禾：《中国舞蹈美学》，人民出版社 2011 年版，第 256 页。

于是人们由“蛇”虚拟出蛇身、骆驼头、麒麟角、乌龟眼、牛耳朵、蜥蜴腿、老虎爪、狮鬃的神力无比的“龙”，可降服一切自然灾害和野兽。而由各种动物组合而成的龙还是以蛇身为主体，蛇自然就叫成了小龙。这种图腾崇拜是闽南文化的蛇意识渗透，蛇能屈能伸，盘绕伸展之能，柔弱且有冲劲，出则拼、回则守。闽南女性拜神顾家持家即其证。

至今遗存闽地的游蛇神、舞蛇灯、竹蛇灯等崇蛇舞蹈，其盛行的本质原因是民众崇奉蛇图腾希冀带来“风调雨顺”的素朴心理，而舞动中的蛇形态具有“体如游龙”的“回”之意象，挥舞绣“龙”凉伞就有了“护佑”美好生活的寓意，表达出地域原初文化内涵。田野调研发现，闽南民间关帝出巡的艺阵队伍常有舞龙表演在前引路。闽南民间艺人自来就注重腰的运用，以腰为轴，其往复回旋必然显出体活，闽南民间舞蹈基本动律：以腰为轴的“左右横摆动律”（∞字平圆）、“前后蛇腰动律”（S形立圆）、手肩随之波动画圆的运动轨迹、躯干“三道弯”形态……这些体如游龙的动态，加上“长蛇阵”“双龙出水”“祥龙摆尾”等游蛇飞龙构图，折射出闽南人追求吉祥瑞兆的蛇龙图腾意象和祈求和谐圆满的心理需要。

本节小结

闽南与台湾信俗舞蹈风格特征与动律表达一脉相承，它不仅真实生动地反映了闽台信俗舞蹈古朴自然的艺术气质，更诠释了海峡两岸民众共同的人文性格、审美情趣，以及对关帝文化的崇尚与理想追求。从文化结构来看，闽台舞蹈是由显性文象和隐性文脉构成的统一体。显性文象是舞蹈表现出来的外部表层结构。如前所析，台湾地区基本承继了闽南舞蹈的显性文象，表现在道具造型舞法、舞蹈动律、主题动作、对舞形态与阵势构图等外部形态的相同或相似。隐性文脉则是潜藏在闽台舞蹈外在形态背后的思想智慧、价值观念、审美情趣与思维方式，如闽台共同的蛇龙崇拜，追求天人合一的“圆回”意象及其“圆融、团聚”民族心埋，以丑衬美、乐天知命的审美情趣、拼阵较技爱拼会赢的群体性格、多元融合的开放包容意识，等等。这些要素构成了闽台舞蹈文化结构的隐形内核，它是相对稳定的、不易产生变化的无意识层次，并涵化在舞蹈文化的风范中，形成一种无形的制约和强大的向心力，规范着人们的思想行为，使之表现出独特的民族性格与精神气质①。

我们看到，两岸民间舞蹈虽在现代化进程中呈现出表演形式表层结构上的某些异质形态，但其潜藏的隐形内核是共同的、稳定的，这种共同性成为凝聚两岸民众文化认同感的心理基础。尤其在海峡两岸长期互动交流的关帝文化活动中，依托关帝信俗仪式蓬勃发展的民俗舞蹈不断传承创新，承载着中华关帝文化的价值观念与审美情趣，成为维系闽台两岸同胞的文化纽带。

① 刘登翰、陈耕：《论文化生态保护——以厦门市闽南文化生态保护实验区为中心》，福建人民出版社 2014 年版，第 229 页。

第三章　闽南关帝仪式祭典表演的田野考察

本章基于文化人类学的田野调研，对闽南地区代表性的关帝庙宇进行考察，抓住关帝祭典仪式与信俗事象进行实地调查、收集、整理、描述、分析和论证，从多学科视角阐析闽南关帝信俗与仪式舞蹈的艺术形态及其表演意涵，以期探求其本质结构、特点与社会功能。

第一节　泉州通淮关岳庙仪式祭典表演的形态与意涵

关帝信俗是国家非物质文化遗产，也是闽南民间信仰的重要组成部分。明清时期，泉州的关帝信俗蓬勃发展，与之相伴随而存在的仪式表演展示出独特的泉州人文色彩。本节立足于田野调研，以泉州通淮关岳庙为调研对象，运用民俗学、艺术学、形态学的研究方法，对泉州关帝信俗艺阵舞蹈进行田野采集，从中梳理仪式舞蹈表演形态，进而剖析其形态背后的文化意蕴。

一、泉州关帝信俗及其艺阵表演概况

（一）关帝信俗与泉州历史文化生态印象

关帝信俗是泉州民间信俗文化的重要组成部分，据资料记载，该信俗自古由中原传入泉州，经过本土化的根植繁衍，已成为泉州民众日常生活的主要信俗内容。关帝信俗能在泉州广泛传播，与泉州独特的文化生态环境密不可分。

位于东南沿海的历史文化名城——泉州，北承福州，南接厦门，东望台湾岛。独特的地理位置孕育出泉州独树一帜的海洋文明。宋元时期作为“东方第一大港”的泉州港兴起，国际贸易的繁荣，给泉州带来了丰富的外来文化，朱熹曾描绘泉州文化的繁荣：“濒海通商，民物繁夥，风俗错杂。”[①] 追溯历史，泉州地处东南一隅，中原发生战乱时，偏安的南方成为中原移民的首要选择，泉州曾接纳了数批的中原移民。中原人大批入闽，带来先进的中原文明并与本土文化交融呈现出独特的地域文化色彩。随中原移民带入的关帝信仰自然在泉州根植繁衍。泉州自唐宋时期已形成了中原、本土和外来融合的多元文化格局，也铸就了泉州民众包容、开放的人文性格。独特的历史渊源让民众对关帝身上涵盖的儒家精义及其信俗文化有着高度的心理认同，使关帝信俗迅速在泉州扎根、传播，并历久不衰。

明清时期泉州民间时局与关帝信仰文化的兴起繁荣密切相关。明初倭寇骚乱，侵扰我国沿海地区，明官府在泉州设立卫所，推崇关帝信仰，设置关帝庙，以关帝忠勇精神激励将士。据《泉州三义庙重建前殿碑记》载：“明太祖朱元璋崇信关羽，命江夏侯周德兴入闽整顿海防，修建卫所城，命泉州七座城门都得建关帝庙。”在泉州民间，民众也选择“战神关帝”为保护神，希望得到关帝的庇佑。

明末清初，郑成功反清复明，驱荷复台的主要阵地在闽南。将士们崇尚勇于抗争、英勇无畏的精神与史书、演义记载中的关帝精神具有一致性，他们皆视关帝为忠义楷模。自乾隆时期收复台湾以来，关帝在闽台两岸民间皆有极高的威望，清廷从教化百姓的角度出发，将“忠义仁勇”的关帝精神渗透到民间，既维护统治，又稳定了地方。于是，在明清时期，关帝精神得到追封敬崇，物化的关帝庙被修缮，关帝神职逐渐扩大，满足民众的各种心理诉求，逐步走向泛化。在官方和民众的双重努力下，泉州关帝信俗蓬勃发展，达到顶峰。

---

① 〔宋〕朱熹：《朱熹集・范公神道碑》，四川教育出版社 1996 年版，第 4650 页。

综上可见，泉州的历史底蕴为关帝信俗提供了孕育的文化土壤。关帝信俗在不同的历史条件下服务于不同的民间期待，其群体基础具有广泛性，为关帝信俗仪式表演提供了广阔的生存空间。

（二）关帝信俗艺阵表演概况

泉州的民间信仰驳杂，民俗信仰氛围浓烈，据《泉州旧城铺境稽略·附泉州城厢民间祀神诞辰表》所示，仅泉州城厢一地，百姓奉祀的神灵就多达 126 个，神灵诞辰整整占有 100 天。[①] 民间信仰依附的民俗活动也十分浓烈，泉州民间在举办酬神和庙会活动时，往往都会请戏班、艺阵表演来娱神娱人。“赛社演剧，在所不禁”[②] 间接反映了当时演戏酬神的盛况。泉州民间艺术形式丰富，唐宋遗音的南曲、宋元南戏活化石的梨园戏、南海明珠的高甲戏等歌舞戏曲成为当地的文化瑰宝而名扬海内外。于是，在浓厚的传统艺术的氛围熏染下，民众自发地将最喜爱的艺术表演形式引入关帝信俗仪式中。以泉州通淮关岳庙的祭祀活动为例，民众自发组织庞大的庙会，其中信俗仪式艺阵舞蹈的形式丰富，按踩街仪程主要有令旗阵、威风鼓、龙狮阵、大神尪傩舞、电音三太子、拍胸舞、火鼎公婆舞、八家将、官将首等。这些仪式舞蹈部分脱胎于祭祀仪式，随着民间信仰的俗信化趋势演变成为娱神娱人的民间艺术形式。泉州民间艺人善于博采众长，在仪式场域“拼阵”展示的良性循环中，不断丰富自身的表演艺术。如大神尪傩舞、电音三太子、八家将等艺阵自古从大陆播植台湾，在台湾丰富其表演形态后回传闽南。民众把它们融入关帝祭祀仪式中，来表达他们对关帝的崇敬之心。

二、泉州通淮庙关帝祭祀仪式与艺阵舞蹈的文化解读

（一）通淮庙关帝庆诞祭祀仪式与意涵

每年农历五月十三是泉州通淮关帝庙的庆诞日之一，每年庆诞之际，通淮关帝庙热闹非凡，主庙与分灵庙的祭祀表演交汇于此，表演着传统的祭祀仪礼，在两大时空场域中的仪程如下。

---

① 罗金满：《论梨园戏的流派发展与剧种个性》，《戏曲艺术》2014 年第 35 卷第 3 期。

② 厦门地方志编纂委员会编《清道光厦门志》，鹭江出版社 1996 年版，第 508 页。

1. 庙内祭祀仪式——素朴虔诚之礼

（1）点头香仪式：农历五月十三庆诞前一天，泉州年长妇人常常会夜宿关岳庙，希望能在十三日的凌晨十二点整点到头香，认为点头香可以求好运。因此，十三日的凌晨，通淮关岳庙灯火通明，香火鼎盛，男女老幼都前来祭拜，希冀得到关帝庇佑。

（2）组织祭拜仪式：由通淮关岳庙董事会组织祭拜，主要表现为：

其一，祭品及寓涵。关帝祭祀用“三牲五果六斋”祭品，该祭品具有本土寓涵：“三牲”在闽南多用公鸡、猪脚和鱼，与闽南当地的饮食习惯相关。“五果”一般选择有吉祥意义的水果，如菠萝，闽南语发音“旺来”；香蕉为“快招”，寓意好事相招等。“六斋”一般是指腐竹、金针菇、紫菜等干货，是闽南民众日常喜爱的素食。民众把美好的意愿寄托于具体的祭品符号，希冀求得相应的福报。

其二，信众祭拜行礼的七个步骤。依照通淮关岳庙的七个行礼位置进行七个步骤的行礼：第一步，在门外拜天公；第二步，到门前的两侧拜关羽的赤兔马和岳飞的雪青骐骥；第三步，进门到武成殿和土地公处行礼；第四步，到右殿——崇先殿行礼，先拜中间的关圣先祖，再拜左边的关圣夫子圣像；第五步，到左殿——三义庙行礼，先向中间的刘先主、关圣帝、张桓侯行礼，再向左侧的诸葛孔明仙师圣像和右侧赵云圣像行礼；第六步，回到大殿香案前行礼；第七步，礼毕。

2.“过炉”进香仪式——神人联谊之礼

进香是迎请神明前往主庙拜会，为神与神、人与人之间的联谊活动。正如钟承翰所言：“所谓的进香，是指到别间神灵力量更强、信徒更多的庙宇，透过某些仪式来获取该庙神灵的力量。”[①]

泉州通淮关岳庙的分灵庙众多，泉州各县区、海内外都有通淮庙的分灵庙。如前所述，旧时泉州有七个古城门均设置相应七座关帝庙以守护本郡，如今遗存涂门通淮关岳庙和水门三义庙。泉州地区的街道、县市关庙多是从这些关庙分灵而去。相传，初期泉州街道和县市在分灵立庙时，因为经济不甚宽裕，会从庙前香炉取走一把香灰并用红纸裹住，用红纸香灰代表关帝神像。待经济宽裕后，再立庙塑神像。因此，每年关帝庆诞日，这些分灵庙都会前来为关帝庆生。

---

① 钟承翰、徐荣崇：《大甲妈祖绕境进香仪式转变的想象与诠释》，《妈祖文化研究》2019 年第 1 期。

前来庆生的分灵庙在关帝神像前问神，通过掷茭杯确定进香时辰。届时进香队伍主要有：关旗、开锣开道阵、关帝神像阵及其带来的艺阵簇拥其间。待神像将要抵达关岳庙时，开锣开道阵鸣锣示意。抵达关岳庙后，男丁抬着神像进庙安座，随行人员祭拜完毕后抬神像“顺时针”在殿前的大香炉转三圈，这个仪式被称为“过炉”，又称“过火”。本仪式由众男丁抬进神像在代表着“四方”的主庙安座，而后在“圆形”的大香炉周围，顺时针绕三圈（见图 3-1）。从该仪式的时空语境出发，笔者认为该仪式蕴含了“天圆地方”的动态上古宇宙观。关帝仪式场域之地为“□”形，具有阴义，代表着地；男子抬神轿过炉的顺时针运动轨迹呈现的“○”，具有阳理，代表着天；过炉进香仪式动态过程便形成了方圆交融的时空场域，表达出“天圆地方、天人合一”的宇宙观，营造了“阴阳调和、天地相合”的文化意象，印证了《大戴礼记解诂》中“方者阴义，而圆者阳理，故以名天地也”[①] 的古人哲理。

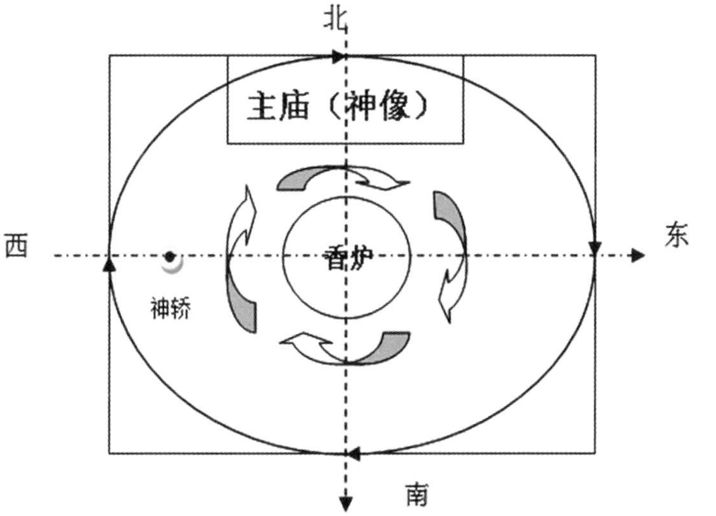

图 3-1 进香神轿“过炉”仪式方位解析图（苏秋婷 / 绘）

“过炉”仪式中顺时针的绕转方式、绕转三圈规定皆有特定的意涵，先民们根据天体（太阳）的弧形运行轨迹推测出天圆的概念，太阳自西向东绕转，投射到地面的日晷上，方向相反，为自东向西运动。因此，遵循古阴阳观与宇宙观的哲理，太阳的运动轨迹和日晷的投射轨迹是相互对立又相互联系的。“过炉”仪式亦是参照自西向东的“西—北—东—南”顺绕法则，与升为神格的关帝互动，借此加强与关帝神力的

①〔清〕王聘珍：《大戴礼记解诂》，中华书局 1983 年版，第 98 页。

融合。此外，绕转三圈的规定也和阴阳五行说相关，在中国古代阴阳五行学说中，三是奇数，代表着天。《易经·系辞上》道："天一、地二、天三、地四、天五、地六、天七、地八、天九、地十。"在古人看来，圆形香炉代表着阳，奇数三为阳数，同时抬神像的男丁代表阳性，抬着神像在力量强盛的武帝祭祀空间绕顺圆，阳 + 阳 + 阳得升（闽南语亦是"胜"），民俗文化解释为能获得升级、胜利，于是过炉仪式就达到了民众期许的获得主庙关帝灵力的加持，求得关帝神力对本埠民众的护佑，又表达了对祖庙的崇敬和感激。

（二）泉州通淮关帝信俗艺阵表演与意涵

关帝艺阵表演是民俗事象的重要组成部分。作为仪式表演，它具有审美娱人的艺术价值；作为民俗事象与民间信仰的结合，它又具有深刻的文化内涵。民众将普遍的心理期待、情感外化成仪式舞蹈展示出来，在表演的过程中宣泄情感、表达欲求。

1. 关帝艺阵表演形态解析

为庆祝关帝诞辰，前来进香的分灵庙会组织当地的艺阵队伍前来表演。前来庆诞的艺阵队伍主要有：南音、火鼎公婆、拍胸舞、舞龙舞狮和献金等最具泉州特色的艺阵，下面以舞蹈形态学方法，对以上艺阵的表演形态列表剖析（见表 3-1）。

表 3-1　泉州通淮关岳庙祭祀艺阵舞蹈解析表

序号	艺阵名称	表演形态	意涵
1	南音	坐唱形式，演唱者执拍板立于中央，两侧乐师坐弹乐器；左侧乐师弹奏南琶、三弦；右侧乐师吹洞箫、拉二弦。	承继古代雅乐遗风，再现中和礼乐、舒缓悠扬的儒家礼乐规范
2	火鼎公婆	游舞形式，丑公丑婆抬一口大铁鼎，鼎中烧着通红的柴火，伴随民间小调，以踏谣戏谑的步伐前进，舞态随意、动作滑稽。	具有消灾驱邪的民俗寓意，体现泉州人幽默豁达的人文性格
3	拍胸舞	群舞形式，舞者头戴蛇形草环，赤裸上身，光足，蹲裆步，身体横晃动势，打七击动律：胸前击掌→拍左右胸→击打左右肋→拍打左右大腿。	保留古闽越遗风，舞蹈动律再现传统文化中阴阳调和思想

续表

序号	艺阵名称	表演形态	意涵
4	舞狮	群舞形式，舞者穿灯笼裤，披彩狮被舞，引狮人持彩球领三只双人大狮和四只单人小狮，展示争球、翻滚、追逐以及理毛咬尾、争斗嬉戏等套路。	祈求平安 消灾降福
5	献金	音乐舞蹈形式，演奏者执锣，分站成两行，拿锣槌的手由上至下、由下而上依次敲锣面，队列即每敲一下锣绕一次圆圈，敲打由慢到快，声音由大到小。	敬神娱神 显示威风

从表 3-1 中可以看出关帝庆诞活动中艺阵的特点。

（1）雅乐和俗舞相融

泉州民间的艺术形式繁多，类型多样，根据艺术活动者身份以及艺术的性质大致上可分为民俗型传统艺阵、雅集型传统音乐。在关帝庆诞仪式表演中，融合了民俗型和雅集型的传统艺阵，具有雅乐俗舞交融的特点。雅集型的传统音乐以“南音”为代表，民俗型的传统艺阵有《拍胸舞》《火鼎公婆》《舞狮》等。《南音》是泉州雅集型音乐的一个符号，演奏南音的艺人代表被称为“五少芳贤”，其音乐形式、内容以及演唱方式、组织形式具有雅化的特点，富含“旨趣高雅”的意境。

表 3-1 中的《火鼎公婆》《拍胸舞》等民俗型艺阵舞蹈是泉州民众在生产生活中自行创造的艺术形式，具有浓厚的草根性和地方化色彩，表演诙谐风趣、自由即兴，其表演方式、内容以及组织形式具有俗化的特点。由此，雅乐和俗舞的结合、动静合宜的民间艺术展演，既得益于泉州丰富的历史文化底蕴的滋养，又受到泉州包容、开放的内在人文文化的熏染，雅俗共存、动静兼容，让泉州民间文艺不断焕发生机，大放异彩。

（2）艺阵风格与武帝精义契合

泉州关帝庆诞活动中的艺阵表演具有气势恢宏、声势浩大的特点。威风凛凛的《关旗阵》、锣鼓喧天的《献金阵》、技艺高超的《武跷阵》、场面壮观的《宋江阵》等，这些艺阵队伍规模庞大、排列次序整齐、配乐雄浑震撼、表演者动作爽脆利落。《关旗阵》《献金阵》引领头旗彰显先锋气质；《武跷阵》《宋江阵》展示出民间艺人精湛的艺术绝技。这些民间艺阵的表演风格较为统一，通过大规模的排演来传达关帝之精义“勇”。不论是在文人笔下刻画的关羽，还是官方意识形态下描摹的关帝，“勇”

是关帝文化的精义。因此，关帝庆诞活动中的武阵表演更以威仪震撼的艺阵表演形态营造勇武气势，有称颂关帝、再现关帝雄风的意涵。

2. 关帝信俗语境与南音艺阵表演

在众多娱神娱人的艺阵中，《南音》艺阵尤能体现泉州的精神气质。南音有“御前清音”之称，是雅集型的传统音乐。它较完整地保留了中原古韵，有严格的演唱规制和成熟的曲谱体系，它的音声乐场与关帝祭典仪式交相辉映。

《南音》的曲目为指、谱、曲三个部分。其中的指，又称为“指套”，“是有词、有谱、有琵琶弹奏指法的比较完整的套曲”[①]。现存完整的指套有五十多套，其中最主要的“五大指套”是南音艺术演出交流的基本曲目。下面以“五大指套”之一的《心肝跋悴》为例分析南音乐场表演与关帝精义的联系。

（1）文本蕴含的儒家哲理

“五大指套”之一的《心肝跋悴》是关帝祭祀演出的经典曲目之一，讲述的是南宋爱国官员朱弁出使赴金，金人欲招降朱弁，将公主许配给他，但他恪守名节，未曾与公主有夫妻之实，始终以兄妹相称。待宋金议和后，朱弁得归，辞别公主。在情与理的抉择中，朱弁心系家国，恪守忠义，下面以《心肝跋悴》的第二小节《感谢公主》的唱词为例分析。

朱弁：感谢公主只深恩无比，念着朱弁刻骨铭心，我须当记。
公主：记得当初在许玉楼前，许时节阮亦曾共哥你相见，一心所望爱卜
共我哥你结做连理，谁知到今旦反成一参商星。

这一段男女对唱描绘了朱弁与公主离别时的场景，朱弁有情义感谢公主的照顾，同时胸中理义让他选择归国，不负忠义。该曲目源于梨园戏《朱弁》，《朱弁》是梨园戏和莆仙戏的传统剧目，并未见于其他剧种，与闽地独特的闽学传统有关。朱熹是闽学的开创者，也是朱弁的侄孙，朱弁守节忠义的精神符合朱子理学塑造的注重气节和德行的理想人格。朱弁和关帝都是理学系统下的备受推崇的英雄人物，在官方和民间都享有极高的赞誉。在关帝的祭祀、庆诞活动中，常奏唱《心肝跋悴》经典片段，以表达对关帝和朱弁的崇敬，同时也起到教化百姓、宣扬理学的作用。

---

① 王耀华：《福建传统音乐》，福建出版社 2000 年版，第 12 页。

图 3-2 《只恐畏》工尺谱与南音坐唱（泉州艺校 / 提供）

（2）南音乐律与礼教特点

指套《心肝跋悴》共四小节。前两节《心肝跋悴》《感谢公主》的“撩拍”为七撩拍（8/2），一拍七撩，其节奏十分缓慢。其首句“心肝跋碎，魂缥缈”被称为“慢头”，用“拖腔”形式演唱，音调悠扬婉转，由高到低，通过曲调变化展示二人内心的离愁别恨。

第四小节《只恐畏》（见图 3-2），节奏由慢转快，为叠拍（1/2），有拍无撩，曲子的速度较快，旋律结构较为紧凑，韵律以短韵为主，其唱词内容为公主自叙内心，公主恐畏时光匆匆别离将至，恐畏别言难尽，用快速的节奏和演唱来暗示时光飞逝，离别已至。

整套《心肝跋悴》的音律、内容具有很强的抒情性，但是在演唱过程中，演唱者仅凭借演唱技巧进行演绎，并不融入个人情感，这与南音独特的“教化”作用相关。指套《心肝跋悴》的旋律悠扬哀婉、感人肺腑；演唱时含蓄冷静，用轻柔浅唱的状态来中和忧伤，符合“中和”“情理交融”的礼乐观。以孔子为代表的礼乐观认为：“喜怒哀乐之未发谓之中，发而皆中节谓之和。”[①] 他认为音乐之美体现在于中和，在于合宜。而后朱子理学发展了这种礼乐观并且对南音产生了深厚的影响，朱熹提出用音乐教化学生，主张的是“以理为主，情理交融的音乐观”[②]。南音的音乐形式符合儒家的礼乐观，

① 韩维志：《大学中庸》，吉林文史出版社 2006 年版，第 50 页。

② 王耀华：《福建传统音乐》，福建出版社 2000 年版，第 163 页。

受到理学家的推崇。关帝是儒家思想体系下的武将，其代表的儒家精义受到历代君王和百姓们的推崇。南音在关帝信俗场域下的演唱体现了儒家思想文化的外延，用南音的礼乐规制来庆祝关帝诞辰，展现了地方特色。

（3）乐器演唱形态的仪礼概念

在南音乐器演奏过程中，演奏者的表演姿态庄重典雅、正襟危坐，其演奏的仪礼规范深入人心。南音的主奏乐器琵琶、三弦、洞箫、二弦为南音上四管，有固定的演奏仪程，包括了“整弦”“起指”“收谱”；演奏者平素举止温文尔雅，不可口出恶言，表演时着古装，按规矩坐“交椅”的三分之一；弹奏琵琶三弦时不可使用中指和小指，因中指和小指被认为有不恭不敬之意；洞箫表演有严格的姿势要求，坐需端正，眼需平视前方，双脚需分开呈八字形；歌者居于中间位置，执节而歌，“执拍者双手持拍置于胸前，在拍位敲击拍板后，双手顺势缓缓晃动拍板，暗示各个撩拍”①。在严格的规制影响下，南音的传统得以保存，传统儒家的“礼乐”准则得以再现。

3. 演戏酬神表演与关帝信义教化——以《三忠救孤》为例

为庆贺关帝诞辰，每年农历五月初五至五月十六的晚上，通淮关岳庙均会组织酬神献戏活动。香客出资捐戏，庙方联系剧团排戏，庙前将会进行为期十二天的酬神献戏表演。泉州的地方戏种类颇多，但是通淮关岳庙联系的献戏剧团多为高甲戏，以2019年的献戏剧目为例，12个演出剧团中，高甲戏剧团占了10个。高甲戏又名“戈甲戏”，由宋江阵演化而来，表演者穿战甲拿戈枪，表演武术打斗。关帝是武将，在关庙前出演武戏暗合关帝的身份。出演的剧目与关帝象征的“仁、义、礼、智、忠、勇”的儒家精神相关。下面以高甲戏《三忠救孤》为例，分析该剧目的情节结构、角色程式化表演的意涵与关帝精义之间的联系。

（1）剧情概要与义理

高甲戏《三忠救孤》讲述了武则天图谋后位，陷害王皇后及皇子，内侍杜回、国公程咬金、守将殷国泰三人为匡扶正义，不畏强权救下皇子的故事。《三忠救孤》中刻画的武将既英勇无畏、敢于与皇权作斗争，又能明辨是非、坚持正义，他们身上的武将精神与关帝代表的“忠义仁勇”精义具有高度的一致性。在泉州民间有关帝面前不演关公戏的习俗，因此，在关帝诞辰日的演戏酬神活动中，一般不将关帝形象搬上

① 陈燕婷：《古乐南音》，文化艺术出版社2018年版，第9页。

舞台，而是借助其他具有“忠义仁勇”精义的故事来娱乐神明、教化百姓。

（2）角色的程式化表演与意涵

“唱、念、做、打”构成了戏曲艺术的程式化表达，而这种程式化表演从生活中提取而来，常用戏曲舞蹈展示人物的性格特征和情感起伏。下面以《三忠救孤》中的夫人丑程七奶奶的念白唱词和程式化动作为例，分析其动作的意涵和人物的性格特征。

程七奶奶是这出戏的夫人丑，主要性格特征为大胆泼辣、仗义正直。在第四回《搜府》中，程七奶奶与武承嗣周旋，演员通过念白唱腔和做功的表演来塑造人物形象，其表演生动地展示出人物情绪的变化，凸显了人物性格的特色。

a. 念白音调特色

程七奶奶的情绪变化主要通过其念白声调变化来体现。在念白中提高音调，用高调的念白方式嘲讽武承嗣，加强了讽刺的尖锐感；句首加上语气词“哈”并拉长音调，带有浓厚的戏腔，配合舞台做功表达对武承嗣的嘲笑。武承嗣硬闯程府，点明搜查来意，程七奶奶恼怒其行为狂妄，念白时加重了语气，断句干脆，语速加快，合着紧凑明快的撩拍，压低浑厚声音，在言语上震慑武承嗣，配合步步紧逼的身段动作，达到人物与情节紧扣的效果。

b. 身段表演特点

本剧重要角色“老旦”程七奶奶为人正直、性格泼辣，演员通过设计人物的主要特色身段来表现其性格、身份、年龄、性别等特征。

第一，轻摇慢转。

在第四回《搜府》中，武承嗣闯程府，程七奶奶盘腿坐在大堂，左手叉腰，右手捻着长细辫，突出头部的晃动感，以“摇头捻辫”+“翘起的右脚踝打转”的连接动势来诠释女丑的轻蔑诙谐之感。

第二，返头转角。

返头转角是演员在舞台上完成转身、掉头等调度动作的重要科步。演员用脚跟转动身体，提起双手将右手放在身体前侧，左手放置在身后，转动身体后小步快速前移。程七奶奶是封建时代的女性，步伐小符合其身份、性别特征；但是她生性又是大胆泼辣，举止不同于平常女性，其在舞台上表演动作多且细，步速快，移动范围大，常常是满场调度移动，这些动作又能体现其独特的性格特点。

第三，指手。

“指手”是高甲戏演员表达情绪的重要科步。程七奶奶在使用该动作时，配合高昂的语调和慷慨的陈词，指向武承嗣，怒骂其倚仗权势、不识规矩、为虎作伥。通过程式化的表演塑造出了不畏权势、不愚忠的将门夫人形象，她信奉的“忠”是正义的化身，而非皇权。关帝象征的精义“忠”也是如此，关羽效忠的蜀汉朝廷在演义话本中是得道多助的政权，象征着仁德正义。将门夫人程七奶奶不仅英勇无畏，有武将风姿，而且刚正仗义，有武将风骨。程七奶奶这一人物形象传达出来的精义与关帝精神相契合，因此，在关帝祭祀场域内上演《三忠报孤》，既是致敬关帝，又传扬关帝精神以教化百姓。

本节小结

关帝信俗传入泉州后，迅速融入泉州人民的日常生活中，与泉州的信俗文化、民间艺术相结合，成为泉州民间信俗的重要组成部分。关帝信俗仪式的祭祀规制既体现了中国古代传统祭祀习俗，也融入了泉州当地的乡风民俗。“过炉”进香仪式既受到中国传统阴阳五行说的影响，在闽南民俗语境下又具有独特的寓意。关帝的祭典仪式是官方和民间共同促进推演的活动，具有官方民间双重属性，仪式艺阵舞蹈是泉州民俗事象的重要组成部分，具有娱神娱人的特点。民众展示最具泉州特色的艺阵，借此来表达对关帝的崇敬，祈求关帝的庇佑。为贴合关帝“忠义仁勇”的儒家理想化英雄人物的身份，民众在关帝信俗仪式场域下自创展演的艺术形式、故事意涵、角色塑造均起到诠释关帝精义，弘扬关帝文化的作用。

第二节 漳州文衡殿社庆“三出头”仪式舞蹈的田野考察

始建于明万历年间（1573—1619）的漳州文衡殿关帝庙是漳州市重点文物保护单位。每年农历十月初一是文衡殿所在芗城打锡巷社里的社庆吉日，每逢此时，殿内都会举行隆重的关帝祭典庆贺仪式，主要有：第一，社庆吉日前夜，文衡关帝主神出巡绕境表演；第二，社庆当日，当地信众和兄弟庙前来拜寿祈福；第三，文衡殿主庙艺阵迎宾接驾仪式；第四，在文衡殿庙前请戏酬神。在这四个信俗仪式活动中，均承载着民俗仪式艺阵舞蹈、戏曲表演等内容，色彩斑斓的漳州民俗艺阵巡游与歌仔戏酬神往往是文衡殿关帝信俗仪式表演的重头戏。其中答谢仪式中的歌仔戏“三出头”戏曲舞蹈最具特色，蕴含着珍贵的闽南非物质文化遗产，它吸收了闽南传统傩仪与现代元素，成为文衡殿关帝信俗社庆仪式的亮点。

通过文献爬梳和田野调研发现，酬神正戏之前的开场戏——歌仔戏“三出头”表演是关帝庙庆寿仪式最接地气的戏曲舞蹈表演。关于歌仔戏“三出头”仪式舞蹈的整理保护与学术研究尚较为薄弱，鉴于此，笔者立足于田野调查，借鉴民族舞蹈学、民俗学和文化人类学的研究方法，围绕文衡殿社庆的歌仔戏“三出头”仪式舞蹈表演，探究其艺术形态特征，进而阐释其在闽南关帝信俗场域中的文化内涵，旨在为闽南关帝信俗戏曲舞蹈领域研究做一点整理和补充。

一、漳州文衡殿关帝信俗的生态环境与仪式舞蹈概况

漳州文衡殿关帝信俗的繁衍与播植得益于其优越的地理环境与深厚的历史文化底蕴，岁时节庆呈现的民俗仪式舞蹈成为漳州文衡殿关帝信俗文化的重要组成部分，架起“人—神”双向交流的桥梁。

（一）文衡殿关帝信俗仪式表演依附的生态环境

1. 关帝信俗仪式表演与得天独厚的自然地理条件

漳州地处闽南最南端，东南临海，福建省第二大河九龙江贯穿漳州府城，沿江码头鳞次栉比，自古便是连接海内外的生态工贸港口城市。优越的生态条件，山海兼具、依山傍海的自然地理优势为漳州民间信俗的滋养提供了良好的自然生态环境。打锡巷位于漳州府城中心，毗邻九龙江南门溪码头，陆港交通便利使其迅速形成了以打锡巷为中心的发散型商品流通圈。

追溯历史，明代“漳州月港”海外贸易勃兴为漳州经济发展注入强大活力，形成了“海舶鳞集、商贾咸聚”的繁荣景象。富饶的经济基础带来文化的繁荣，且地处东南边陲的漳州远离政治中心，客观上形成了一种“隔绝机制”[①]，使闽南民间信俗与传统艺术得以保存并延续。漳州文衡殿正是在这样的环境中孕育出的信俗文化产物。

2. 关帝信俗仪式表演与打锡巷的历史人文环境

打锡巷位于漳州市区新华东路与新华南路的交叉口，是市区人口流量较大的片区之一。漳州近代民谚“东门金，南门银，西门马屎，北门苍蝇”的前两句便是打锡巷经济富庶的真实写照。明代漳州以金银首饰业和纺织业为代表的制造业发展较为发达，打锡巷独特的地理位置成为手工业者的聚集地。

打锡巷位于城中巷且毗邻九龙江南门溪大码头，陆港交通便利使其迅速形成了以打锡巷为中心的发散型商品流通圈，出现“城门之内百工鳞集，机杼炉锤，心手俱应”的盛况。文衡殿正是建置于繁华的打锡巷，它始建于明万历年间，清乾隆、咸丰年间有修葺。文衡殿的诞生与打锡巷社里民众对关帝的崇敬息息相关，文衡殿主祀关圣帝君，配祀关平、周仓两位大将，人们祈求关帝神力以保境安民，就连文衡殿所处的打锡巷的巷道，也被民众形象地喻为形似关公的“青龙偃月刀”状，说明关帝在民众心中的崇高位置。明清以来，打锡巷商品贸易繁荣，绝大部分店铺是以家族血缘为纽带的父子店、兄弟店，此外还有来自各地的商贸往来，人口流动为关帝信俗的播植提供了良好的信仰生态基础。此外，文衡殿信众的流动推动了本庙香火的传播，随之形成的分灵庙作为子庙与祖庙文衡殿之间呈现一种“源与流的血缘承袭关系”[②]。各分灵

---

① 郑玉玲：《闽台民间舞蹈的源流与嬗变》，社会科学文献出版社 2019 年版，第 119 页。

② 林国平、范正义：《闽台宫庙间的分灵、进香、巡游及其文化意义》，《世界宗教研究》2002 年第 3 期，第 131—144 页。

庙需要定期回祖庙进香，参加祖庙的祭祀活动，保持血脉间的联系，以增强子庙神灵的法力。由此，打锡巷文衡殿逐渐形成了以关帝信仰为核心的漳州关帝信仰中心，构建起“庙宇—仪式—地方社会”的信仰网络体系。

闽南人重视传统，重情重义，对朋友肝胆相照，赴汤蹈火在所不辞，对家族和事业尽忠诚，对亲友和邻里讲义气，是谋生经商的第一要义，这与关帝“忠义”精神相契合。打锡巷内经商的民众将关帝作为境内的保护神供奉在文衡殿中，一是让这位“忠义”大帝时刻提醒人们在贸易时讲求诚实守信，监督并规范自身行为；二是希望借助关圣帝君的神力，保佑打锡巷内的子民风调雨顺、安居乐业和兴旺发达。

（二）以关帝信俗为核心的文衡殿信仰体系与仪式舞蹈内容

民俗信仰的本质在于祈福禳灾，民众从现实的生活需要出发，凡是与本人、家族或本地利益相关，能为我所用者，皆加以供奉。以漳州文衡殿为例，该庙以关帝信俗为核心，配祀其他神灵，形成一种“神—神”“人—神”的双向对话关系，而仪式舞蹈在这中间作为媒介，架起“人→仪式舞蹈←神”双向对话的桥梁。

1. 文衡殿信仰体系中蕴含“人→仪式舞蹈←神”的时空场域

闽南民间信仰中的神灵众多，在民众看来，这些神灵不分亲疏，只要以虔诚之心供奉神灵，就能得到他们的保佑，因此在闽南存在着一处庙宇同时供奉数位神灵的现象，[①] 漳州文衡殿亦是如此，它以关帝为主神，配祀、附祀其他神灵，形成一种“神—神”“人—神”的双向对话关系，而仪式舞蹈在这中间作为媒介，架起“人→仪式舞蹈←神”双向对话的桥梁。

从信仰空间上说，人与神存在于不同的生活环境，因此两者间的沟通需要特殊的媒介作为桥梁。据《周礼·春官宗伯·大司乐》载：“以六律、六同、五声、八音、六舞大合乐，以致鬼、神、示，以和邦国，以谐万民，以安宾客，以说远人，以作动物。”[②] 古人通过五音六律与六舞合乐体系，营造仪式音声空间，来招致人鬼、天神和地神一同祭祀，以使各地亲睦，民众和谐，宾客安定。可以看出，早在古代，乐舞便作为人神沟通的重要媒介，人们在“乐和与礼序”的时空场域中，感发治心的和谐愿景。时至今日，闽南关帝信俗依然延续此礼，在岁时节庆中借助民间俗舞来联系人

① 林国平：《关于中国民间信仰研究的几个问题》，《民俗研究》2007 年第 1 期，第 5—15 页。
② 杨天宇：《周礼译注》，上海古籍出版社 2016 年版，第 433 页。

神的沟通，酬神娱神，以求家园平宁、风调雨顺。

闽南地区的民俗乐舞主要表现为艺阵舞蹈与戏曲歌舞小戏，成为迎神赛社和宫庙祭祀活动中不可缺少的组成部分。南宋文人陈淳在《上赵寺丞论淫祀》中，就已经对漳州城乡庙会的盛况予以记载："某窃以南人好尚淫祀，而此邦之俗尤为甚。……今甲庙未偿，后月乙庙又至，又后月丙庙丁庙复张颐接踵于其后。……四境闻风鼓动，复为优戏相胜以应之。"① 这描述了当时漳州民间庙会演戏酬神的风俗盛行。文衡殿社庆祭祀活动秉承古礼，以漳州剧种歌仔戏（芗剧）作为庙会社庆仪式舞蹈的主打内容，其中的歌仔戏"三出头"戏曲表演被视为连接人与神的媒介，信众通过演戏酬神的方式向文衡殿内的神灵传达虔诚、感谢之意，同时也祈求殿内神灵赐予人们福佑和境内的安居乐业。

2. 娱人娱神的文衡殿社庆仪式舞蹈

社庆是漳州特有的习俗之一，每个社区的社庆日不同。每年的农历十月初一是打锡巷文衡殿的社庆。据文衡殿管委会负责人林济民先生介绍，文衡殿社庆是以社区为单位，民间自发形成的一个庆贺节日。每逢农历十月初一，文衡殿信众、打锡巷内的居民和周边地区的兄弟庙都会前来文衡殿参加社庆，目的是向殿内供奉的神灵拜寿，请神灵保佑其管辖的区域合境平安，保佑信众及其家人身体健康。文衡殿社庆又称小年夜，这一节日起源于何时有待考证，文衡殿的小年夜类似除夕夜的"围炉"，打锡巷内的居民团聚一起，每家每户都会准备丰盛的菜肴款待前来参加社庆的亲戚朋友。

农历十月初一是漳州文衡殿的社庆吉日，拜寿关帝为主的祭祀活动由出巡仪式、拜寿仪式和答谢仪式三部分组成，一般持续两三天，整个过程包含着信俗仪式舞蹈，映射出闽南地区丰富多彩的信俗文化。

（1）出巡仪式——主庙艺阵巡游

文衡殿的出巡仪式一般会在社庆的前一晚举行。出巡前，需要通过"博杯"的方式来决定当日是否适合殿内的主神出巡。出巡队伍由关帝神轿和艺阵表演队伍组成，详见表 3-2。

---

①〔宋〕陈淳：《北溪大全集》，《景印文渊阁四库全书》第 1168 册，台湾商务印书馆 1986 年版，第 851—852 页。

表 3-2 文衡殿社庆关帝出巡艺阵简况

序号 \ 内容	出巡艺阵名称	出巡艺阵形态	艺阵意涵
1	开道锣阵	由肩扛金瓜锤挂调的马锣、肃静牌组成	为关帝出巡开道，提醒周边信众为关帝出巡做好准备
2	关圣帝君旗队阵	由三枚颜色为红、绿、黑的关圣帝君旗组成旗阵，分别代表关帝、关平、周仓	为关帝出巡开道，展示关帝出巡威严的气势
3	关帝圣辇阵	由 4 男丁扛起文衡殿关帝神像的圣辇轿阵	关帝巡境庇佑文衡殿周边子民
4	哪吒鼓乐艺阵	由长柄念咒手鼓、马锣组成哪吒鼓乐艺阵	通神辟邪，为关帝出巡清道，营造庄严肃穆的气氛
5	大鼓凉伞艺阵	1 人持小钹击打引领，8 对“鼓手 + 伞娘”分两纵队行进式表演	击鼓捻伞，营造喜庆热闹的气氛，娱人娱神

如表 3-2 所示，跟随神轿绕境艺阵按照“开道锣阵→旗队阵→圣辇阵→哪吒鼓乐艺阵→大鼓凉伞艺阵”的顺序绕境巡游。概括来说，在文衡关帝辖管区域表演信俗阵势，一是为了发挥神灵的威慑作用以驱鬼除疫，二是为了通知周边信众前来参加第二天的社庆活动。此外，文衡殿管委会还会到文衡殿周边的商铺分发请帖，并赠花一朵，“花”寓意“发”，借以祝愿店铺生意兴隆、财源广进。

（2）拜寿仪式——主客艺阵迎送仪式对舞

社庆当天前来拜寿的群体主要有当地的信男善女和兄弟庙、分灵庙信众代表。十月初一上午，社庆正式开始。文衡殿管委会在殿前用红纸张榜公布信众的姓名和答谢物。凡前来参加社庆的信众，先到管委会负责人处登记姓名和答谢物品，再到殿前奉香三支，先向殿外拜天公再向殿内拜众神灵，同时在口中默念神祷词，祈求神灵实现自己的愿望。

除了文衡殿周边的信众外，文衡殿的兄弟庙、分灵庙受邀在当天前来祝寿，文衡殿作为主庙会到打锡巷路口迎接客庙（见图 3-3、图 3-4），迎接队伍按“关圣帝君开路锣→关圣帝君旗→大鼓凉伞阵”组成艺阵队伍，有时还会根据情况增加关帝五部将大神尪傩舞阵、舞狮阵、哪吒鼓乐阵等表演艺阵。前来参加社庆的兄弟庙、分灵庙组成的艺阵形态各异，诸如龙海角美明圣堂由锣鼓舞狮艺阵组成，五峰山山仔尾关帝

图 3-3 文衡殿《大鼓凉伞》列队迎接进香庙团

图 3-4 分灵庙龙海角美明圣堂的舞狮阵表演

上图均为作者摄

庙大鼓凉伞队艺阵，柑仔市附龙庙则由军鼓和大鼓凉伞队组成艺阵。同时这些信众也会从各自的庙宇带来香火和丰盛的贡品向文衡殿的众神灵拜寿。通过这些仪式可以看出，不同庙宇以最出彩的艺阵展示技艺，以“输人不输阵”的群体意识拼阵较技，其目的都是为了营造出喜庆热闹的氛围，以示对神灵的崇敬之情。

（3）答谢仪式——酬神表演的人神对话

答谢仪式主要由信众出资，以答谢物的形式供奉神灵，感谢神灵的庇佑。答谢物的形式多样，诸如信众请歌仔戏（芗剧）酬神、礼金、斋饭、歌阵等，内容十分丰富（见表 3-3）。

表 3-3　2020 年文衡殿社庆部分信众答谢物列表

信众姓名	答谢物	答谢金额（数量）	仪式作用
元光南路＊号水果店 杨川花	谢斋芗剧初二晚上	1200 元	请戏酬神，答谢神灵对社境的保护
弟子黄江泉	谢斋	400 元	作香火钱，保佑庙宇香火旺盛
弟子蔡瑞霖	答谢卤面	200 元	请神用宴，答谢神灵保佑五谷丰收
石塘孙江琳	答谢菠萝金	2 对	菠萝的闽南语发音近似“旺来”，寓意“好运来”

从表 3-3 中可看出，文衡殿社庆答谢主要内容是歌仔戏（芗剧）表演，按当地信众的说法是为了“请殿内神灵看戏”，即请戏酬神，这种娱神娱人的民俗社庆活动深受当地信众的喜爱。演出需要的戏台一般搭建在宫庙的正前方，以便让庙中供奉的神灵在最佳的位置看戏。如果宫庙没有固定戏台，则演出前需要将神灵请出庙外，同时也方便前来看戏的信众向神灵拜寿祈福（见图 3-5）。请戏酬神由三个环节组成：其一，承办剧团团长介绍本次请戏的主家以及演出剧目；其二，歌仔戏（芗剧）“三出头”仪式表演；其三，歌仔戏（芗剧）正式开演及结束。

在整个谢戏表演过程中，最具特色的是歌仔戏（芗剧）“三出头”仪式，这是社庆谢戏中必不可少的仪式性表演，主要包括：“跳加官”“八仙贺寿”和“状元夫人送子”三部分的表演。其中“八仙贺寿”的表演又分为小八仙和大八仙，大八仙的表演内容详细，唱词较多，表演时间较长，一般在三十分钟左右；小八仙的表演形式简洁，表演时间短，一般在 5—15 分钟左右。整场“三出头”仪式可以根据请戏主家的要求加演，前来请戏的主家不同，一场仪式下来可以重复表演十几次之多。

图 3-5 文衡殿社庆把关帝神像请出庙外看戏（作者 / 摄）

二、漳州文衡殿关帝信俗“三出头”仪式舞蹈的结构分析

信俗仪式舞蹈结构指在信俗场域中仪式表演的内部构造和组织方式，是民众塑造戏曲舞蹈形象以表现祈愿思想的重要手段。下面就“三出头”释义与概况、“三出头”的表演程式、角色形象塑造及内部结构元素进行解析。

（一）“三出头”释义与概况

“三出头”是闽南地区歌仔戏正戏开演前的传统戏曲艺术形式，与正戏内容无关，演出时间较短，演出场合多在民间宫庙的戏台。“三出头”作为一种具有宗教色彩的仪式性戏曲表演，是闽南关帝信俗事象的主要内容，也是文衡殿社庆仪式作为信众与神灵沟通的媒介，目的是向神灵表示尊敬与感谢，同时请求神灵赐福于谢戏人和观众，有着祛邪纳吉、还愿谢神的作用，迎合了信众的心理需要，是闽南民众信仰需求的体现。整场“三出头”仪式的表演空间在戏台与宫庙之间转换，演员从戏台来到庙中向神灵拜寿，此时戏台上的演出延伸到戏台外的宫庙中，与祭祀仪式相互穿插，形成戏中有仪、仪中有戏的特点。

“三出头”仪式表演由“跳加官”“八仙贺寿”和“状元夫人送子”三部分组成，富含求取功名、贺寿和求子等驱邪纳福的内容。因其仪式科仪包含唱、念、做、打，尤以身段动作最具特色，故把其归属民俗戏曲舞蹈范畴。

（二）“三出头”的表演程式与艺术分析

1.《跳加官》[①]：闽南傩戏的演变与解析

（1）《跳加官》傩戏源流

《跳加官》也称《跳加官》，它的由来与古傩仪及其衍生的傩戏相关。傩仪的出现与旧时民间信仰的神祇方相氏有关。据《大学衍义补卷六十四》载：“郑玄曰季春之月，日行历昴，昴有大陵积尸之气，气佚则厉鬼随而出行，命方相氏帅百隶索室、驱疫以逐之。”[②] 由此可知，傩仪最早的功能在于驱鬼除疫。随着人们抵御自然灾害的能力提高与生活环境的改善，傩仪的功能性质出现根本性的转变。一方面傩仪开始

---

①《跳加官》的艺术个案分析详见第四章第三节。

②〔明〕丘浚：《大学衍义补卷六十四》，载文渊阁《钦定四库全书》，上海人民出版社 1999 年版。

从宫廷走向民间，冲淡了仪式的严肃性与规范化；另一方面傩仪来到民间后，驱鬼除疫的功能明显弱化，而加深了与人们日常生活的联系，成为保境安民、祈福还愿的重要手段。随着傩仪的发展变化，民间表演至今保留着面具傩的遗存形态，脸戴傩面具，身穿红蟒袍，扮演傩神化的“天官”角色。民众将以官为神、以神为官的观念融入“跳加官”傩戏之中[①]，成为一种祭祀仪式性表演，具有祈愿加官进爵之意。

（2）《跳加官》的表演形式

《跳加官》所扮人物即道教神仙“天、地、水”三官中的“天官”，因向观众展开的条幅上写着“天官赐福”“加官进禄”等吉祥祝辞，故称“跳加官”。旧时傩舞“跳加官”的主要内容有：天官降神、天官出巡、天官赐福、天官加冠、天官凯旋等几个段落。加官多由生角演员扮演，出场时头戴相纱帽、脸部口衔加官面具，身着大红或黄色或绿色加官解袍，手执朝笏或一迭条幅，上书“天官赐福”“加官进爵”“一品当朝”“富贵长春”等字样。表演者和着锣鼓乐，灵活运用各种戏曲生角身段、步法，演绎独特的戏曲舞蹈程式，结合程式动作，持朝笏请拜或向台下逐一展示条幅上的吉祥词语，摆出各种生角亮相架势，借以向观众表示祝贺与欢迎。如今，经过历代艺人的不断丰富，已形成了一套完整的科步仪礼（见图 3-6）。

闽南《跳加官》傩戏的演出形式较为随意，除了作为正戏的开台小戏外，还可以根据观众的需求增演，据《清稗类钞》中记载：“每有大官或重要人物到场，则前台必招呼戏班，命跳加官，表示尊敬。此时台上，虽演极热闹之戏，亦必偃旗息鼓，演员暂面朝里稍立，后台扮一加官，登台一舞。加官手持封条，名曰加官条字，上书一品当朝等字样，舞完即下。而到场之人，知加官为己而跳，故必发赏……有时一次堂会，能跳十几次，至几十次。”[②]由此可见，“跳加官”受信众的喜爱程度，此俗亦延续至今。据调研访谈的南靖兰花香芗剧团“跳加官”表演者陈汉俊介绍，过去应每家每户的需求有时需要重复跳上十几次，由于体力受限，因而才将“跳加官”表演浓缩成一次。

图 3-6 手持朝笏的《跳加官》

① 汪晓云：《傩：从仪式到戏剧》，《艺术探索》2004 年第 4 期。
② 徐珂：《清稗类钞》（七），中华书局 1986 年版，第 3339 页。

2.《八仙贺寿》：闽南戏曲开场戏的解析

《八仙贺寿》是一种戏台表演与祭祀仪式结合表演形式，呈现出“祭中有戏，戏中有祭”的特点。《八仙贺寿》一般在歌仔戏正戏开场前表演，分为“大八仙”和“小八仙”两种，是庙会、神灵寿辰的必演仪式剧，一般根据谢戏人的要求选择表演“大八仙”或“小八仙”。“小八仙”较为简短，一般在5—15分钟左右。“大八仙”内容丰富，一般在30分钟左右。

（1）八仙形象塑造与特点

《八仙贺寿》表现形式只是一种歌仔戏仪式性的场面和过程，戏曲扮相角色由一位王母娘娘和中国民间神话传说的八仙构成，分别为铁拐李、汉钟离、张果老、吕洞宾、何仙姑、蓝采和、韩湘子和曹国舅。民间传说贺寿的对象为王母娘娘，在打锡巷社庆场域中表演，也意喻为文衡殿关帝庆寿之意。八仙的装扮和服饰贴近民间传说，其中吕洞宾由小生饰演，手执宝剑与拂尘；汉钟离则袒胸露腹，手摇芭蕉扇；张果老是大花脸丑生，手拿鱼鼓；曹国舅是生角装扮，手执玉板；铁拐李背着酒葫芦，用单拐拄着一只跛脚上场；韩湘子潇洒俊逸，拿一支横箫吹奏；蓝采和手挽花篮，似童子；何仙姑拿一支荷花，为亭亭玉立的少女装扮。这样的八仙装扮更贴近生活中的人。这个例戏现在主要是在城镇、农村庙会戏台演出，主办者喜欢其意头吉利，往往点这个“八仙贺寿”戏来祝寿。

八仙角色扮相形象生动，道具各有不同，呈现不同的寓意（见表3-4）。

表3-4　“八仙贺寿”角色道具及意涵

序号	角色	道具和扮相	道具、扮相意涵
1	王母娘娘	凤冠霞帔	雍容华贵的女帝形象
2	铁拐李	葫芦	“葫芦起止存五福”——救济众生
3	汉钟离	芭蕉扇	“轻摇小扇乐陶然”——起死回生
4	张果老	鱼鼓	“鱼鼓频敲有梵音”——排忧解难
5	吕洞宾	宝剑和拂尘	“剑现灵光魑魅惊”——降妖除魔
6	何仙姑	荷花	“手执荷花不染尘”——修身养性
7	蓝采和	花篮	“花篮内蓄无凡品”——广通神明
8	韩湘子	玉箫	“紫箫吹渡千波静”——滋生万物
9	曹国舅	笏板	“玉板和声万籁清”——万物俱静

如表 3-4 可见，《八仙贺寿》即是闽南传统的扮仙戏，在装扮和道具上遵循民间神话传说进行角色刻画，赋予独特意涵，八仙各司其职，民众希翼八仙舞能为人间驱邪除煞，祈神赐福。

（2）八仙的表演程式与舞蹈场图

a. 表演程式

文衡殿《八仙贺寿》的表演内容为“小八仙”。锣鼓经伴奏起，众八仙两两成行从戏台两侧出场，双手合十，先拜戏台前的神灵再对拜；紧接王母娘娘缓缓登场面向舞台 1 点方位，站立台中，领八仙齐念道白吉语：“寿酒瓶瓶醉，寿花朵朵开，寿山如寿海，福寿万万年。”意为命八仙下凡，向庙内神灵拜寿；随后，吕洞宾手持拂尘与弓箭登场，在戏台右侧面向八点站定，做“拉弓射箭”动作，寓意为人间扫去杂念烦恼，将福气安康带到人间。吕洞宾动作毕，众八仙依次下场到文衡殿内按照仪礼向关帝主神点香拜寿，仪礼完成后返回戏台，完成“八仙贺寿”的仪式表演。

b. 舞蹈场图

文衡殿《八仙贺寿》表演的队形变换灵活，画面丰富饱满，其主要舞蹈场图（见图 3-7），分析如下：

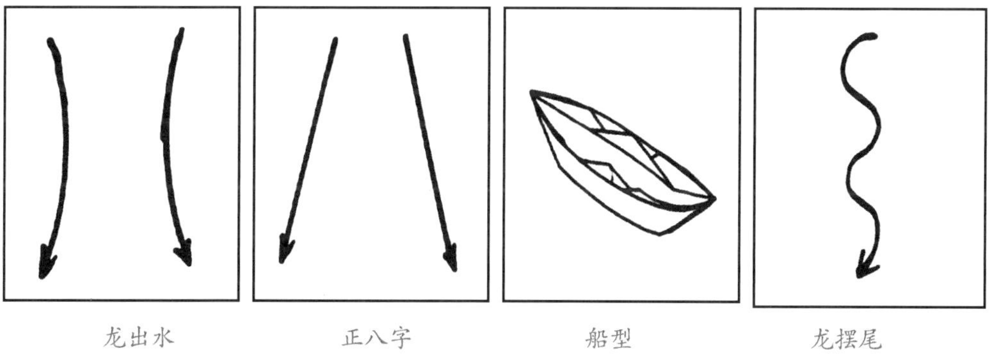

图 3-7 “小八仙”舞蹈场图（朱楚涵 / 绘）

“龙出水”：八仙以“龙出水”的形式从戏台两侧一一出场，配合八仙精美的服装扮相和道具，画面流动似“双龙戏水而出”，具有漳州民俗蛇龙图腾寓意。

“正八字”：八仙登场后以“正八字”队形居中排场而站，画面平稳，强劲有力的威严动势展现了八仙在天庭的神威，以及听命于王母时的庄严态度。

“船型”：八仙应王母之命下凡向神灵拜寿，队形随即变换为“船型”。众八仙面向 8 点，朝 8 点方向的对角线以“船型”流动，意为坐飞船从天庭降落人间，画面富有动态的延伸感，意境深远，展现了八仙对下凡拜寿的殷殷期盼。

“龙摆尾”：八仙完成戏台上的表演，以“龙摆尾”移动队形下台到殿内向神灵拜寿，以迂回、流畅的“S”型动态走向，似蛟龙摆尾蜿蜒流畅，使舞台画面连绵不断、生生不息，令观众产生意犹未尽之感。

3.《状元夫人送子》：三出头仪式的福报呈祥

《状元夫人送子》的环节紧接在《八仙贺寿》之后，是一场模拟神灵送子的仪式，也是“三出头”仪式表演的最后一出（见图 3-8）。表演形式为戏曲扮相的状元夫人怀抱“太子爷”神像和状元及众八仙，一齐来到文衡庙内拜寿送子。随后返回戏台，等待请戏主家来献礼。答谢贡品置于红盘中，盘内放有“太子爷”神像和贡品数种，状元夫人接过红盘来到戏台右侧留下部分礼品后，将剩余的礼品端到台前归还给主家。同时歌仔戏剧团的“三出头”负责人高喊本场“三出头”由谁答谢，并念诵神祷词：“本次‘三出头’（扮仙）由某某人全家诚心答谢神灵，保佑全家大小阖家平安，身体健康，出入平安，发大财……”紧接着“三出头”演员们退场准备接下来的正戏表演。整个“三出头”表演到此结束，寓意答谢酬戏的信众祈愿的吉祥福报已经呈现。

图 3-8 《状元夫人送子》剧照（康志星 / 摄）

三、关帝信俗场域下“三出头”仪式舞蹈的文化意涵

（一）《跳加官》仪式舞蹈形态的符号意涵

调研访谈中得知，漳州歌仔戏《跳加官》傩戏扮演的角色为宰相狄仁杰。傩戏演员口衔加官面具，被赋予民间祈愿的加冠神灵身份，成为傩神的载体。加官手持朝笏上指天、下指地的动作，寓意“天知地知”，借以表达狄仁杰效忠皇帝的心意与作为。此动作亦与文衡殿前楹联“天下忠勇无双士，世上义气第一人”赞颂关帝的义勇忠心节操相吻合，体现了打锡巷文衡殿民众从商讲究信誉、诚信的道德准则。在关帝信俗场域下，《跳加官》仪式表演暗喻的“忠臣不事二主”，与关帝事公以忠的道德标准相契合。因此，《跳加官》仪式表演蕴含的文化意涵在一定程度上是对关帝忠义精神的传递。

（二）《八仙贺寿》表演形态意涵

1. 八仙形象意涵

《八仙贺寿》作为扮仙戏的一种，其特点在于八位神仙皆从凡间出身，后得道成仙。张果老年事最高，云游四方宣唱道情；汉钟离原在朝为官，后得道成仙；吕洞宾及第治县，因科场不第而罢举，为民除害；曹国舅性情平和，淡泊名利，师从吕洞宾修仙为道；蓝采和身着破衫，四海为家；何仙姑、铁拐李和韩湘子也都有着自己的传奇经历。

从人物构成上看，八仙与一般庄严神圣的神仙不同，他们或富贵或贫贱，涵盖了各个阶级的男女老少，体现了儒家“中和之美”的审美观念。“八仙过海，各显神通”的故事源于民间，贴近民众。在闽南民间“八仙”的形象随处可见，常出现在刺绣、瓷器、神灵出巡神轿、宫庙房梁及戏剧中，是闽南民众追求吉祥瑞兆的民俗表达范式。

“八仙闹海”的故事彰显了神灵的团结精神，在关帝信俗的依托下更教育民众要团结一心、凝心聚力。八仙蟠桃赴会向神灵贺寿，实则代表了各个阶层的男女老少向神灵祈福纳吉，从而达到圆融一体、天人合一的理想境界，这也是“八仙贺寿”成为闽南关帝信俗歌仔戏常见的祝寿题材的本质根源。

2.《八仙贺寿》唱词意涵

《八仙贺寿》通过唱演结合的形式来表达对关帝等神灵的崇敬。唱词内容方面各剧团有所不同，可以归为两类：一类是以简短的祷神词作为念白，此处节选漳州南靖兰花香剧团的唱词为例：

张果老：保庇吉星高照　富贵两全
汉钟离：保庇出入平安　开车顺利
吕洞宾：保庇渔业兴旺　一帆风顺
曹国舅：保庇各行事业　飞黄腾达
韩湘子：保庇健康长寿　万事如意
何仙姑：保庇心想事成　步步高升
蓝采和：保庇生意兴隆　财源广进

这类唱词在内容上较为相似，采用通俗易懂的白话，以排比的句式进行唱念，向神灵拜寿以表虔诚的同时又为信众祈福，借以满足信众在衣食住行上的心理需求。这类唱词在“小八仙”中较为常见。

另一类是歌仔戏（芗剧）七字四句体唱词，此处节选漳州艺光芗剧团的唱词为例：

铁拐李：八仙之中我为首
天上地下任我游
葫芦内中吐仙气
山河锦绣绿油油

汉钟离：手拿芭蕉好自在
大摇大摆下山来
肚大乃是聚旺财
金玉满堂笑颜开

韩湘子：吹箫引凤音句美
乐声悠扬冲九天
男婚女嫁成双对
白头偕老享百年

蓝采和：怀抱花篮采花香
仙山蓬莱花映红
百花齐放显茂盛
百家争鸣庆太平

如上七字四句体唱词语言口语化且通俗易懂，唱腔上采用【七字调】与【杂碎调】结合的形式，使闽南语的音乐性与韵律性融为一体。唱词中既有押韵也有叠音，集中展现了歌仔戏（芗剧）七字四句体的音韵特征。例如汉钟离的唱词押的是[ai]韵，一韵到底，朗朗上口。曲调悠扬欢快，旋律起伏错落有致，抒情性强，能够很好地展现场上人物的情感状态。从内容上看，“金玉满堂笑颜开”“白头偕老享百年”“百家争鸣庆太平”等唱词是闽南民众理想世俗生活的写照，凝结了人们对福禄寿的深切期盼。

（三）“三出头”舞律舞表的文化意涵

1. 展现闽南关帝信俗与仪式舞蹈“天人合一”的文化内蕴

“天人合一”的哲学观念是古人在应对自然、体悟自然之境而孕育出的思想结晶。天始万物，地生万物，人成万物，天地人三者各有其道，又相互联系。闽南关帝信俗与仪式舞蹈在儒道文化的影响下直接反映出“天人合一”的文化内蕴。在“天人合一”观念的浸润下，闽南关帝信俗与仪式舞蹈集中反映了民众与天（神）之间的互动交流。

如上分析，闽南民众自古传衍至今的《跳加官》《八仙贺寿》《状元夫人送子》“三出头”，是闽南民众喜闻乐见的献棚戏曲仪式，其扮相与演绎均富含着“天、地、人”的道法意涵：加官作为天官，带着玉皇大帝的赐福旨意，来文衡殿为关帝贺寿，且实现酬神驱邪、加官进爵、护佑百姓的民间期许；《八仙贺寿》以闽南戏曲生旦净丑的八仙扮相，亦是采用了“天人合一”在传统戏曲中的神、佛、仙的人格化塑造，从装扮、情节到身段走位均在表达着实现天庭旨意为人间驱邪赐福的内容，以通俗化、艺术化、形象化的符号载体诠释着“天人合一”的认知和理想。

2. 体现闽南民众对关帝世俗化的信仰寄托

“三出头”仪式舞蹈是闽南民众喜闻乐见的文艺形式，在民间信仰场域中，它被视为关帝信俗生态下人神沟通的桥梁，更具有闽南独特的地域文化内涵。《跳加官》

的“打四门”圆形走位，《八仙贺寿》的“龙出水”“龙摆尾”舞蹈场图，将闽南人遵循“天圆地方”秩序、崇尚龙蛇图腾崇拜符号纳入舞蹈的动作表达与场图构建之中，无不体现着闽南民众追求圆融美满、祈求祥瑞平安的文化心理。

此外，“三出头”仪式舞蹈从表演形式到唱诵演绎均体现着闽南民众对关帝世俗化的信仰寄托。下面以《八仙贺寿》与《状元夫人送子》的部分唱词为例，略析闽南民众在其中寄托的深刻寓意：

《八仙贺寿》七字调唱词

（节选）

荷花出水尘不染
清香秀丽在爱荷
世世代代享富贵
多子多孙拜寿堂

《状元夫人送子》七字调唱词

（节选）

腾云驾雾下凡尘
命你前去送孩儿
送因孝子和孝孙
全村福气年年春

根据上述《八仙贺寿》的两段唱词节选，笔者概括出以下两点意涵：

第一，多子多福的家庭观。

闽南社会素有浓厚的家族血缘观念，重视男性血缘的继承。男性对扩大家族势力有着现实作用，男性血脉的延续关系着家族势力的强弱。因此传宗接代成为闽南根深蒂固的家族观念，多子多孙被视为是福气的象征。在东山流传着“关帝爷送子”的传说，说明关帝形象已从武神向俗神转变，表现出鲜明的世俗化、人性化倾向[①]。因此文衡殿社庆借《八仙贺寿》和《状元夫人送子》的表演向关帝拜寿求子，希冀实现“送因孝子和孝孙，全村福气年年春”的美好愿景。而这样的家庭观也促使闽南家族社会

① 张晓松：《试论漳州的关帝信仰》，《漳州师范学院学报（哲学社会科学版）》2009 年第 1 期，第 24 页。

的团结和睦，使闽南社会始终秉承“家国圆融”的情怀，这种家族社会的认同基础推动着海峡两岸的民族文化认同，从而维系中华民族的和谐统一。

第二，重商意识的体现。

明中叶以后，以漳州月港为起点的“海上丝绸之路”打开了闽南海外贸易的大门，为闽南商品经济的发展注入强大动力。闽南民众的重商意识趋于典型，并逐渐将重商意识涵化在戏曲唱词之中。八仙唱词中“聚旺财”“享富贵”等词语正体现了民众希望获得神灵庇佑、助力事业发展的心理。关帝信俗在被民众赋予理想的精神寄托后趋于世俗化，原始的武神职能逐渐淡化，而财神、家族神等职能得到加强，甚至被民众赋予了生育神的职能。“三出头”仪式作为一种酬神表演，既表达了民众对神灵的崇敬心理，又寄托了他们祈求神灵庇佑的信仰追求，折射出闽南民众独特的文化心理。因此，闽南民众借关帝信俗以求血脉延续和岁岁欢愉、年年胜意的诉求便可以得到合理的解释。

四、“三出头”仪式表演是对闽南非物质文化遗产的承继

（一）“非遗”的传承价值

歌仔戏（芗剧）是闽台两岸同生共创的戏曲艺术瑰宝，是两岸人民敦亲和睦、尽善尽美价值观念的反映，于2006年被列入第一批国家级非物质文化遗产名录。“三出头”仪式是歌仔戏（芗剧）的开场吉祥仪式，依附于闽南民间信俗，凝结着中正平和的人生态度和平安祥瑞的美好寓意，寄托了闽南民众对理想生活的殷切期盼，因此成为两岸民间歌仔戏（芗剧）演出的必备表演内容。如前所述，“三出头”仪式表演形式简单，易学易唱，因此使歌仔戏【七字调】唱腔音乐、身段表演、乐器演奏及民俗寓意得以在民间播植，从而推动了闽南非物质文化遗产歌仔戏（芗剧）的传承与发展。

（二）传承发展思考

近年来政府越加重视对“非遗”文化、民俗文化的保护与传承，“三出头”仪式作为民间戏曲表演，是民俗文化的重要组成部分，它依托于闽南民间信仰，有着较为良好的戏曲市场与发展前景。经调研发现，“三出头”仪式表演大部分由民间职业

剧团承接演出，很大程度上活跃了民间戏曲市场，使歌仔戏（芗剧）的传承与发展呈现新的态势。同时，我们也应看到“三出头”仪式在传承发展中的不足，主要体现在以下两个方面：

第一，民间职业剧团演出程式的规范化有待提高。

调研发现，“三出头”仪式的表演质量良莠不齐，服饰扮相比较随意，没有严格按照既定要求扮演人物，从而给角色的呈现和辨别带来一定难度，影响了观众的观感。

第二，民间职业剧团的曲谱、剧本保存不当。

民间职业剧团的唱词和曲谱多是口口相传，缺乏专业化的记录与整理。对于剧本资料保存的疏忽，给文献的搜集和整理带来一定困难。

第三，民间职业剧团艺人出现年龄断层现象。在笔者采访的几个剧团中，演员与乐团成员的年龄集中在40—50岁，非科班出身，只是根据上一辈的言传身教“半路出家”，因此缺乏表演的专业性。

根据上述“三出头”仪式表演传承的不足，笔者提出以下四点建议：

第一，加强闽南民间信俗文化生态的保护。

歌仔戏（芗剧）的衍生发展依赖于民间社会演戏酬神的生态环境，离不开民间的“聚戏”与庙会酬神演戏的习俗，也是闽南自古以来传统农耕社会最普遍的交往方式。每逢年节庙会、神诞贺寿、诞子婚娶等习俗，均有“演戏热戏”之风。有了演戏的环境、看戏的习俗等外因条件，再有民众自发表现意愿的内在因素[①]，才能为广大的民间剧团提供演戏生存的良好生态空间。因此，加强保护闽南民间信俗文化生态，才是歌仔戏（芗剧）得以生生不息传承繁衍的最根本保障。

第二，提高民间职业剧团的表演规范化。

地方文化部门投入适当资金援助民间剧团，给予剧团及民间艺人一定的优待；艺人从戏曲本身出发，提高演出质量；剧团重视剧本、唱词和曲谱等资料的保存，建议将这些资料转为电子版的资料，避免抄录的讹误出现，方便研究者资料的搜集。

第三，加强地方高校专业人才培养。

地方高校依托艺术学院设置歌仔戏（芗剧）专业方向，培养专业人才；加强艺术实践活动，如组织歌仔戏（芗剧）社团、两岸高校艺术交流等活动提升技艺素养；鼓励地方高校师生对“三出头”仪式进行深度调研，共同探索歌仔戏“非遗”的传承途径。

---

① 陈新凤：《闽调台腔——闽台歌仔戏音乐研究》，中国戏剧出版社2007年版，第13页。

第四，地方文化部门加强“三出头”仪式推广路径。

相关部门普查了解当前戏曲市场状况，兴利除弊，推陈出新，鼓励歌仔戏（芗剧）表演创新；利用新媒体和互联网平台加大宣传力度，展现闽南民俗文化的精彩瞬间；考虑将“三出头”仪式作为民俗舞蹈的类别纳入非物质文化遗产申报范畴，使民间艺人得到应有的重视和保护，提供一定的演出平台推动民间艺人的积极性，以提升“三出头”仪式的表演空间与质量。

本节小结

歌仔戏（芗剧）“三出头”仪式表演是闽南地区独特的民俗文化，不仅展现了闽南仪式舞蹈的艺术风貌，更蕴含着闽南民众的理想追求。在关帝信俗文化视域下，“三出头”仪式成为“人—神”时空场域中的沟通媒介和符号载体，闽南民众将关帝“忠义仁勇”之精神涵化在“三出头”表演程式、角色扮相、主题动作、舞蹈场图之中，反映了民众崇尚中正平和的价值观念与追求圆满的文化心理。 众所周知，歌仔戏（芗剧）是两岸民众在地缘、语缘、情缘的基础上创造出的戏曲艺术，是维系两岸人民情感、建立两岸文化认同的精神纽带。本书整理和阐释关帝信俗仪式中歌仔戏（芗剧）“三出头”仪式戏曲舞蹈艺术、探究其深层文化内涵，旨在为闽南关帝信俗与两岸戏曲艺术的保护传扬提供一定的理论参照。

第三节 闽南九龙江疍民三坛遗韵与关帝信俗
——以世界“非遗”传习点进发宫为中心

闽南漳州坐落在“面临大溪，背负千峰”的福建最大平原上，东南际海，衿喉岭表，两山拥翼，二江襟带，气候温暖，雨量充沛，是中国东南沿海的“鱼米之乡，花果之城”。全长1923公里的母亲之河“九龙江”穿流而过，是福建省第二大河流，形成了独特的九龙江流域文化生态。

一、闽南九龙江流域与龙溪疍民文化生态

闽南九龙江流域古属龙溪县，据传说有九条龙在漳州溪戏水，故“九龙江”由此得名。此民间传说契合了古闽越人崇蛇习俗而创造的“九龙戏水”龙图腾崇拜心理。“九龙”指的是来自北、西、东、南的上下游九条小溪流汇聚而来，再由两大支流及南溪汇合，于龙海石码和浮宫镇入海，在厦门港对岸注入台湾海峡。这水系发达的九龙江流域自古就是漳州疍民繁衍生息的聚集地。清代陈梦雷《古今图书集成·职方典》卷1101《漳州府风俗》云：“南北溪有水居之民焉。维舟而岸住，为人通往来，输货物，俗呼之曰泊水。”记载了早期在九龙江流域生活的水上居民“泊水仔”的生活状况。“习于水斗，便于用舟”的疍民一直连家带眷，终岁舟楫，“以舟为车，以楫为马”是疍民的生活写照（见图3-9）。主要从事渔业、航运、造船以及水产相关行业的生产，漳州疍民经九龙江水路迁徙近则厦门，远到台湾、香港、澳门等地区以及日本、印尼、新加坡、越南等国家，同时把自己的文化和习俗传播到了海内外。

梳理龙溪疍民的足迹，沿着九龙江水系形成了漳州市域沿海及内河（九龙江北溪、西溪、南溪及云霄漳江、诏安东溪等）流域的一衣带水的疍民聚居区域。主要有：芗城区九龙江沿岸原烧灰巷南门溪进发宫庙船及其周边码头、九龙江西溪流域芗城区金峰渔业码头（原烧灰巷连家船拆迁而聚集于此）形成的连家船水居社，以郑、欧、张、陈四大姓氏为主，世代以打鱼为生。疍民的另一主业为航货运，货运船民以阮、张、黄、

欧、翁、陈等姓氏为主。从芗城沿西溪而上为南靖、平和船社，平和南靖窑瓷（克拉克瓷）便是通过疍民沿江而下，通过月港运往海外。九龙江北溪上游有华安新圩渡口、潭口沙船社，是漳平、安溪、华安等地的北溪货物集散点，再经过“泊水”（疍民）运往石码海澄。九龙江下游龙海石码可称是九龙江疍民的“都邑”，龙海地处九龙江下游冲积平原，北溪、西溪、南溪穿境而过，是历史上对海内外贸易航运起重要作用的疍民连家船聚散地。目前仍有龙江社、锦江社、华清社等石码连家船社，石洲社、隆教乡等通海区域。明代古月港繁荣崛起，月港便依托九龙江发达的水系，建造了众多的码头，开启了出洋贸易的繁荣时代，使月港成为了“海舶鳞集、商贾成聚”的对外贸易商港。①

九龙江入海口的天然良港，各县域通达的水系流域，丰富的渔业资源，为疍民生存繁衍提供了生态环境。疍民处于社会底层，常年漂泊在江流溪海谋生，居无定所，遇到瘟疫瘴疠、环境险恶时，无法形成一个整体来应付解决，因此神祇信仰成为凝聚疍民联接成群的精神依托，以寻求神灵庇护。千百年来，九龙江疍民连家带眷、终岁舟楫，保留着“习于水性、善于驾舟、笃信神鬼”的水上文化特征。其信仰习俗及其衍生的仪式表演（三坛令咒鼓乐、跳旗花、谚语歌谣等）蕴含着丰富的疍家特色，形成了独特的江上疍民文化。

图 3-9 漳州九龙江南门溪疍民连家船和南门溪中山桥边的疍民水上捕鱼生活（花现 / 提供）

① 参考漳州市人民政府办公室文件《闽南文化生态保护区总体规划》漳州市建设提升方案（2021—2025）（漳政办〔2020〕79 号），第 85 页。

二、芗城九龙江沿岸疍民水上庙船与关帝信仰

漳州疍民信仰沿袭闽南崇尚“万物有灵”的自然崇拜信仰体系，涵盖了日月星辰、山川河流、王爷神仙、忠义圣贤等，其中忠义神勇的“关圣帝君”成为九龙江流域疍民的主要信奉神灵，这与水上船民祈求关公保护航运安全密切相关。因关公在荆州曾操练、掌管水军，熟谙航行，关公的忠义、仁爱、忠勇和诚信，与船民追求崇尚的待事以忠，待人以仁，以义取利，以勇奋发的精神和愿景相契合。据漳州市民宗局提供的资料显示，关帝庙遍布漳州市区，分布在沿海、九龙江沿岸较多。①

梳理芗城九龙江沿岸的关帝庙宇，主要有：九龙江南门溪旧桥头进发宫与关帝信仰（合祀），九龙江北岸洋老洲阮氏船社水上帝君庙，九龙江南岸蜈蚣山关帝庙，九龙江北溪下游浦南鳌浦关帝庙，九龙江内河浦头港关帝庙。其中进发宫和洋老洲阮氏水上帝君庙为疍民独创而祀的“船底尪”。

1. 水上神庙——进发宫

流经漳州府城的九龙江西溪南门溪是漳州水运繁忙的河段，岸边码头鳞次栉比，庙宇罗列，也是疍民船只生产、生活的主要水域。由于在陆上无立锥之地，崇信神佛的漳州疍民把属于自己的神殿纷纷安置在船上，形成一道独特景观——水上移动神庙“疍民船庙”。比如旧桥头的“进发宫”、新桥头“新发宫”、东闸口“金山宫”“宝山宫”“三狮山”等，随着岁月流逝这些疍民神宫都已经消亡了。目前漳州市区仅存的位于漳州市芗城区江滨公园旧中山桥头（原烧灰巷）码头上停靠的一艘庙船——“进发宫”（见图 3-10、图 3-11），是漳州疍民世代传承下来的袖珍级水上庙宇。其信仰范围包括了九龙江流域的芗城、龙海、南靖、平和、华安、长泰等地疍民以及陆上民众。从所供奉的神像原件和传承至今明确注明制作于明正德元年（1506）的神旗可知，庙船已有 500 多年的历史。船庙为多神合祀，其神明圣诞如表 3-5 所示。

表 3-5　进发宫庙船诸位神明圣诞表

诸神明	玄天上帝	玄坛元帅	关圣帝君	朱、池、李、邢四府王爷	中坛元帅	九天玄女
圣诞日	三月初三	三月十六	五月十三	六月初八、十八、七月廿二、八月廿三	九月初九	九月十二

① 漳州市民宗局编《漳州关帝文化》，（闽）新出内书（宗）2018043 号，第 9 页。

从表 3-5 可见闽南民间诸神并祀的世俗化、人性化特点。各路神祇和平共处、帮衬合力，体现出鲜明的民间信仰特征，以贴近民间、深入生活、富于乡土气息的草根性而永葆其旺盛生命力，成为漳州民众朴素从善的精神崇拜现象。

有关进发宫九天玄女、王爷崇拜的文章较多，本书侧重从关帝信俗视角进行分析。关帝作为道教护法四大天神之一，也作为进发宫神坛主祀神灵，每年正月十三、五月十三均要举行相应的祭祀仪式。此外，但凡其他神灵如九天玄女、王爷信俗活动日，关帝亦作为天神之一，民间活动亦奏请关帝来调兵遣将，齐力维护疍民信仰秩序。

图 3-10 船内敬奉的“关圣帝君”神像（花现 / 提供）

图 3-11 漳州芗城区进发宫庙船（花现 / 提供）

2. 洋老洲阮氏水上帝君庙

漳州九龙江水上帝君庙也在南门溪九龙江畔，历代生活着从事捕鱼、捞沙、运输等水上作业的船民。那个年代，船民的生活很艰辛，在面对自然灾害与社会压迫等无力抵抗的时候，只能寻求神明的庇护。关公是千百年来民间信仰中家喻户晓的神明，深受人们爱戴，也就自然而然地成为了船民的守护神。阮氏家族曾经是船民里占比较大的姓氏家族，在明朝成化年间，阮氏家族在九龙江畔的船上为关公建了座小木庙“水上帝君庙”，堪称世界上最小的“关帝庙”，传承至今已有 500 多年的历史。由于船民的生计基本都在船上，这些船又被俗称为“连家船”。连家船是流动的，于是这座“水上帝君庙”也就随船而行，关帝也随着船民们四处巡游，保佑阮氏家族四季平安。

每年的农历十月十二、十三两天，是水上帝君的年庆，载有“水上帝君庙”的船只停泊在市区洋老洲一处古地名为“春兴埕”的码头举行庆典活动（见图 3-12），接受信众的祭拜。是日，九龙江西、北溪流域的各地阮氏宗亲船只汇集洋老洲水泊地（此码头也成为地标，称为洋老洲阮氏祖神活动基地“关圣帝君祖水泊地”水上码头，简称关帝君码头）。每年均举行的民俗祭拜活动，有船上祭拜、岸上庆典，有民间踏火、哪吒鼓乐、舞龙舞狮、武术表演、演大戏，等等；在端午节也有划龙舟比赛等活动。该民间文化习俗已沿袭 500 多年。

图 3-12 阮氏水上帝君神诞信俗祭典

在“文化大革命”时期的“破四旧”中，水上帝君庙被毁，当时每年一次的庆典活动也被中止，直到宗教政策放宽后的1987年，阮氏家族的船民才重造了现在这座为小二进、双屋脊，面宽76厘米、进深65厘米、高70多厘米的小木庙，里面供奉着三尊神像，中间是关圣帝君，两旁各有一尊护神菩萨（见图3-13）。水上帝君是阮氏家族的精神寄托，为了让500多年的历史继续沿袭，经过努力得以恢复，每年的庆典 民俗信仰文化，在2013年被列入福建省地方历史文化古迹研究单位，作为珍贵的非物质文化遗产得到了较好的保护。

随着时代变迁，原先以船为家的船民纷纷上岸定居，加上政府对船民实行弃船上岸安居政策，昔日九龙江畔的“连家船”现已基本消失。2010年，在漳州市政府建设部门建设江滨公园时，为保护历史文化及尊重宗教信仰需求，在江滨公园民俗文化广场前江边“春兴埕”原址处，建造了“漳州阮氏帝君祖水泊地”水上码头。如今这里成为每年阮氏“水上帝君”民俗文化庆典活动的固定场所（见图3-14）。

综上可见，漳州九龙江沿岸疍民在长期的生活劳作中形成的水上庙船与关帝信俗，成为一道独特的文化景观，其关帝信俗仪式承载着传统民间艺术，蕴含着深厚的闽南民俗文化，亟待挖掘、保护与传承。

图3-13 水上关帝庙形神龛（江焕民/摄）

图3-14 洋老洲阮氏水上关帝庙水泊地碑文（江焕民/摄）

三、进发宫三坛仪式中的哪吒令咒鼓乐与仪式舞蹈分析

2020 年 12 月 17 日联合国教科文组织宣布：中国与马来西亚联合申报的“送王船——有关人与海洋可持续联系的仪式及相关实践”项目（以下简称“送王船”），被正式列入联合国教科文组织人类非物质文化遗产代表作名录。其中漳州九龙江芗城进发宫就是此次申遗的 14 个代表性传习点之一，是本次申请世界“非遗”的重要亮点和支撑。进发宫以历史悠久、恪守传统的特色“送王船”仪式特征，越来越引起人们和学者的关注。进发宫“送王船”习俗由来已久。“送王船”又称“烧王船”，是闽南渔港、渔村古已有之的传统民俗，通过祭水府神明、安抚水中遇难的孤魂，祈求水上靖安和渔发利市。进发宫“送王船”仪式程序主要有三大阶段：询平安、请平安、送平安王以及三坛放兵、造王船、建坛请王、三坛踏火、祝寿、王醮、祭王、王船巡境、酬王、烧王船、普度、补运进钱、犒赏收兵、谢篙安座等 16 个环节。接下来，笔者以三坛小法的仪式表演为例，分析“哪吒令咒鼓乐”的传统艺术遗韵。

（一）三坛小法关帝咒韵分析

三坛小法咒语曲文讲究韵律，以吟诵的方式体现，至今完好保存于进发宫疍民子弟演示的“哪吒令咒古乐”中，也是目前保留着漳州地区最多的《请神咒》曲调。“哪吒咒语”分曲文和音乐两种表现形式，曲文结构分七字句、五字句、长短句式，用闽南语演唱，呈现了闽南口诀文学的基本特征，内容有颂扬神明出身、圣贤英武等流传于民间的中华民族传统故事情节。以颂扬关公为例，三坛小法帝君咒，唱词内容丰富，在唱词格式、唱词韵律等方面具有鲜明的形态特征，配合哪吒令咒鼓的音乐节奏变换，以闽南语独特的声腔念诵，形成别具一格的音声韵律。

1. 唱词格式与内容

三坛小法帝君咒为开坛仪式第三部分的唱词，共计四首，其中赞颂关帝的有两首《拜请九 • 恩主义勇武安王》《拜请十 • 恩主关王大帝君》，赞颂周仓有一首《拜请十一 • 恩主义勇周将军》，赞颂关平的一首《拜请十二 • 恩主义忠关太子》。下面以赞颂关帝的两首唱词为例，分析帝君咒的格式与内容：

拜请九·恩主义勇武安王

恩主义勇武安王，桃园结义世无双。尽心协力扶刘主，不忘厚意报曹公。
五关斩将无敌手，古城树下斩蔡阳。水淹七军尽妙算，促捉周仓斩庞德。
东吴孙权魏曹操，三分汉室是威风。五虎将军独自强，赤兔乘风成大功。
英灵显赫庇诸人，敕封三界伏群魔。无极地方度巡接，神威远振大天尊。
扬可天下诸望君，按察地下护君门。万古真心贯日月，一腔义气报乾坤。
弟子一心专拜请，恩主帝君降临来。

拜请十·恩主关王大帝君

恩主关王大帝君，手执关刀把天门。镇守荆州三十年，按察定国救万民。
直去桃园三结义，结义三人刘关张。身为天子面前游，身骑宝马走如云。
吾奉玉皇上帝敕，敕封荆州大帝君。弟子一心专拜请，恩主帝君降临来。

由以上唱词可见，帝君咒的唱词采用“二二三”的句式结构，七字成句，四句成段，简称“七言四句体”式，以闽南语方言为基础写成，可见与漳州传统地方戏曲歌仔戏的句法格式完全一致，这说明宗教仪式唱诵与地方戏曲的互相汲取与融合现象。同时借鉴闽南语诗词吟诵中具有表现力的词汇与句法，使帝君咒的唱词语言质朴自然又不失诗意的美感，呈现出闽南语口诀文学的基本特征。

从内容上看，帝君咒的唱词以史实为根据，用“桃园结义”“过五关斩六将”“水淹七军”等民众耳熟能详的英勇事迹串联起唱词内容，以赞颂关帝忠、义、勇、智的品格。“桃园结义世无双”赞颂了关帝忠于桃园盟誓的千古义气；“尽心协力扶刘主”赞颂了关帝一心为君的赤忱忠心；“五关斩将无敌手”赞颂了关帝勇猛无畏的高强武艺；“水淹七军尽妙算”赞颂了关帝深思熟虑的谋略之智。可以看出，关帝的英勇事迹与忠义精神早已深入人心，三坛小法帝君咒将关帝事迹凝结在唱词之中，主要赞颂了关圣帝君讲义气、重诺言、感知遇、报恩情的高尚品德，民众对关帝的崇敬可见一斑。

2. 唱词韵律

帝君咒的唱词大部分押韵，唱词韵律与三坛令咒鼓乐的曲调配合具有一定的和谐性。按照闽南语发音相近的韵母进行分类，主要有以下几种押韵类别：

（1）以 [o] [ong] [iong] **为韵母的有：**

魔 [mo2] 王 [uŋ2] 双 [suŋ1] 公 [k'uŋ1] 风 [xuŋ1] 望 [muŋ6] 功 [kŋ1] 强 [kyŋ3] 雄 [xyŋ2] 张 [tyŋ2]

（2）以［u］［uen］［uen］为韵母的有：

主［tsu3］尊［［tsuɵn1］君［kuɵn1］门［muɵn2］坤［k'uɵn］云［xuɵn2］军［kuɵn1］分［xuɵn1］会［xuei6］飞［xuei1］

为了直观体现上述两种韵律，下面以《拜请九·恩主义勇武安王》与《拜请十一·恩主义勇周将军》中的选段为例，用不同的符号对两种押韵情况进行标注：

拜请九·恩主义勇武安王

恩主义勇武安王，桃园结义世无双。尽心协力扶刘王，不忘厚意破曹公。
五关斩将无敌手，古城树下斩蔡雄。水淹七军尽妙算，促捉周仓斩庞德。
东吴孙权魏曹操，三分汉室是威风。五虎将军独自强，赤兔乘风成大功。
英灵显赫庇诸人，敕封三界伏群魔。无极地方度巡接，身为远振大天尊。
扬可天下诸望君，按察地下护君门。万古真心贯日月，一腔义气报乾坤。

拜请十一·恩主义勇周将军

恩主义勇周将军，扶主护国定三分。身力剑戟单刀会，三国门风取身飞。
万古真忠为忠义，手执关刀一部书。有心常念扶正主，自古英雄无二主。
吾奉玉皇上帝敕，敕封传来随见见。弟子一心专拜请，恩主将军降临来。

以上选段共用两种押韵韵角，其中《拜请九》前十四句主要押［uŋ］韵（圆圈标识），韵律和谐，朗朗上口，体现出闽南语方言韵律的音乐性特征。后五句转为［uɵn］韵（方框标识），这是在遵循押韵合辙规律的基础上灵活转韵，避免韵辙僵化而造成的听觉疲劳，使唱词的韵律多变富有节奏感。

（二）三坛小法的音乐形态分析

1. 演奏法器与音乐形态

三坛小法演奏的法器主要有手鼓、马锣和令尺，一般情况下由两对马锣、两对令尺和十二面手鼓（四面红鼓、八面绿鼓）组成（见图 3-15、图 3-16、图 3-17），其中四名顶手拿红鼓，负责节奏的带领和转奏。表演者手持不同法器齐奏，配合吟唱曲文和道坛顶手的请敕金鞭、甩敕金鞭、调安营仪式等仪式动作表演，形成完整的哪吒念咒鼓乐表演，大致按照“开坛→唱将→开鞭→开坛密语→三拍四→二拍二→先生调→开营召兵→结界护坛→颁符→押火→娘妈调→犒赏→安营”等仪式顺序完成。整场

图 3-15 三坛小法在庙船上的演奏现场

图 3-16 主要法器有马锣、令尺

图 3-17 主要法器手鼓

上图均由花现提供

仪式表演的乐场由人声吟唱和打击乐器演奏交响而成，结合一系列科仪动作，形成肃穆而神秘的道场，民众在这一场域中焚香祈福，实现自己的期许。

2. 奏唱的节奏分析

音乐形态的表达在节拍上一共有大三坛调（二拍二，类似现代节奏 3/4 拍节奏标识）、恩主调（二拍，类似 2/2 拍节奏）、马崎调（先生调，三拍三，类似中快板 3/8 拍）、娘妈调（四拍四，类似 4/4 的慢板）、什鼓调（叠鼓）以及安营调、落路调、结界调、赏兵调等十几种调韵。音乐形态的表达丰富，并且根据曲文内容综合运用 2/3、3/3、3/4、4/4 等复合节奏，与道坛法器打击乐声相融。下面选择【恩主调】与【什鼓调】进行具体分析：

（1）【恩主调】节奏型

2/2 平和、缓慢

鼓：	× — × —	× — × —	× — × —	× — × —
锣：	× — × —	× — × —	× — × —	× — × —
尺：	× — × —	× — × —	× — × —	× — × —

【恩主调】主要采用 2/2 的节奏型，节奏平和、缓慢，有缓缓延伸之感。唱词每句末字作为换气口不发声。唱词中遇动词，则发去声重音，例如“古城树下斩蔡阳”“促捉周仓斩庞德”中的“斩”字，唱至此字时，空一拍，再发重音，强调“斩”这一动作，以体现关帝和周仓的嫉恶如仇的神勇状态。

（2）【什鼓调】节奏型

3/4 流畅、紧凑、富有旋律性

鼓：	× × ×	× × ×	× × ×	× × ×
锣：	× × ×	× × ×	× × ×	× × ×
尺：	× × ×	× × ×	× × ×	× × ×

【什鼓调】主要采用 3/4 的节奏型，节奏紧凑、流畅。唱词有七字、九字和十一字，如七字句则每两字用三拍，第七字独用三拍时值，增强旋律感，洋溢着轻快、明媚、鲜亮的色彩，律动性强。例如敕金鞭仪式在【什鼓调】的递进式加速的三拍子节奏中进行，配合唱词“一打金鞭天门开，二打金鞭地户裂，三打金鞭人长生，四打金鞭鬼灭亡”，顶手每小节甩鞭一次，口中随之念快咒，以起到催促兵马前来的作用。

3. 音乐旋法特色分析

笔者把赞颂关帝的两首帝君咒《拜请恩主关公大帝君》《拜请恩主义勇武安王》翻成音乐谱例，以此为例，进行音乐旋法特色分析（见谱例 3-1、谱例 3-2）。

谱例 3–1《拜请恩主关王大帝君》

帝君咒

拜请恩主关公大帝君

吟唱：漳州疍民进发宫哪吒鼓乐队
采谱：郑玉玲

1=C 2/4 舒缓，意凝地

谱例 3–2《拜请恩主义勇武安王》

帝君咒

拜请恩主义勇武安王

吟唱：漳州疍民进发宫哪吒鼓乐队
采谱：郑玉玲

1=C 2/4 舒缓，意凝地

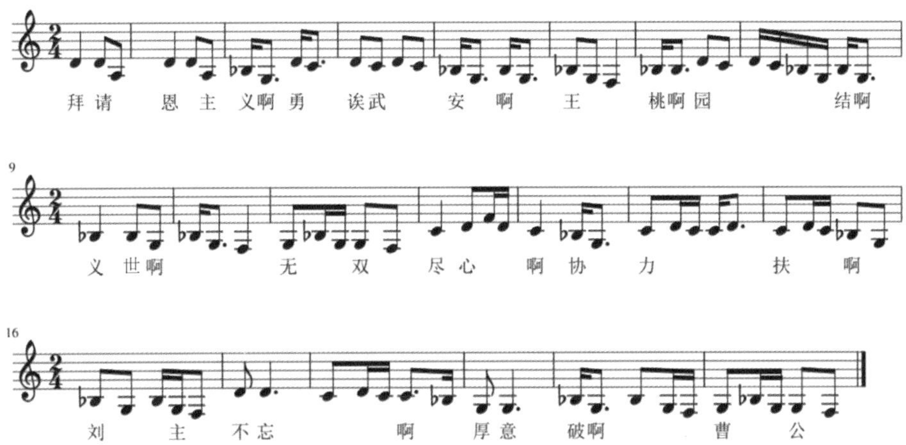

运用音乐曲式分析法，简要阐析两首《帝君咒》的音乐特色：

（1）中国传统民族调式五声音阶的运用

谱例 3-1 主旋律音完全遵从“宫—商—角—徵—羽”的中国五声音阶，相邻两音级是大二度，宫音和角音之间为大三度，使得音乐唱诵平顺流畅，柔和深情，朗朗上口，表达民众对关公挥舞关刀护国救万民的英勇赞颂。在五声音阶基础上，加入清角形成的六声调式，如谱例 3-2 的第三、五、六小节等采用的降 7 音，正是在乐句中的感叹处进行的变宫，形成小二度下行的降音变调，产生独特的偏音效果，增加了旋律的装饰效果，用以表达民众对关公“桃园结义”兄弟情深与义气相交、互帮互助品格的钦佩与向往。

（2）体现闽南音乐旋律结构特色

一是配合唱词“七言四句体”的漳州歌仔韵律，并采用漳州锦歌的单曲曲牌连缀重复、套曲循环式多段体结构，易于传唱，朗朗上口；

二是汲取闽南音乐“衬词”的运用，例如谱例 3-2 在若干小节的七字唱词中，即兴插入“啊”“诶”等，类似说话式的表述，自然亲切，把听众带入情境中，渲染了吟唱气氛，活跃吟唱者的情绪，衬词常用在句中、句尾的下行音处，达到加重语气，表达感叹的语气。

三是运用了类似漳州锦歌的曲艺唱曲特点：以方言演唱，曲调朴实，内容通俗，旋律起伏不大的说话式唱念，发自内心向神明的如歌如诉式祈愿，表达了漳州船底民众对关公的敬仰爱慕之情。谱例 3-1 是讲述关公扶持刘邦、解救万民的大国情怀。谱例 3-2 则是讲述桃园结义的故事，宣扬了生死与共的兄弟情义。

（三）三坛仪式中的舞蹈动律符号分析

三坛仪式是进发宫水上庙船的独特民俗事象。闾山三坛神教信仰是在福建地方原始宗教的“闾山法”的基础上融合了道教法术仪式、佛教密宗“瑜伽派”仪轨而产生的地方性宗教形式。主要流行于闽南及台湾大部分地区。“三坛小法”的主要功能在于协助主神驱邪收妖、押煞解厄、祛病消灾。因为道坛教中有三坛海会大神哪吒太子为中坛元帅，演法之时必唱咒语请神，尤以“哪吒鼓”或者“哪吒令咒鼓”的名字为世人所熟知。因此，仪式舞蹈处处融入了模拟哪吒三太子形态符号的动作元素。

三坛小法分为道长、先生、法长、小法团、僮子等角色分工，其中小法又根据入门学法时间和熟悉掌握程度被选为“顶手”，意味将来成为法长的人选。还有沟通神明而设的乩坛的辇头、桌头和僮子等分工。三坛仪式共由八个部分组成，除演奏、唱颂三坛咒文形成神秘的音声空间之时，还配合有独特的舞蹈动律符号来营造肃穆的三坛场域。这些舞蹈动律强调“三坛”符号与哪吒动作造型的变化，主要体现在请香仪式、绕坛仪式、踏旗花表演、结界仪式和颁符押火等五部分的仪式表演之中，蕴含着三坛仪式舞蹈的独特文化内涵。下面以上述五部分仪式表演为例，进行三坛仪式的舞蹈动律符号分析：

1.“三坛”符号的基本礼仪与蕴含的哪吒动作形态

（1）“三坛”符号的基本仪礼

第一，服饰与赤脚。

仪式作法服饰要求身着白色短襟对开汉装，下穿蓝色长裤（裹巾裤），扎以草绿色腰带。小法团行法时，不管寒冬酷暑，一律要求赤脚。至于赤脚的原因，笔者认为一是契合哪吒太子成仙的孩童身份；二是在庙船上科仪，赤脚便是疍民的习惯。

第二，基本手姿（见图 3-18）。

图 3-18 三坛小法仪式舞蹈的基本手姿（花现 / 绘）

三清指：三清指是三坛仪式舞蹈中的基本手型，即中指和无名指向手心弯曲，其余手指：虎口打开状的拇指伸直、食指和小拇指同时平行伸直的样态，形成的三角空间造型，寓意代表三清教主或称道教三山。三清指贯穿在各个仪式小法表演的舞姿手势中，诸如请香仪式之三拜九叩礼、请手动态、结界与颁符押火仪式中的双人对舞等表演均运用了该手型的贯穿。以三拜九叩礼为例，行三拜九叩礼时，双手呈三清指状撑地，进行叩拜动作；请手时运用了双手“三清指”相对合一，以代表天、地、人合一的境界。

绞指：双手立腕，手背相对，手心向两旁，左右手的食指与无名指分别交叉绕勾，其余三手指（大拇指、中指与小拇指）各向两侧伸长，形成各个方位看都有的“三指空间”状态，也寓意着追寻“天、地、人合一”的三位一体观，该手型用于结界仪式的双人对舞。

请手：左右手呈两个“三清指”状，同时双手的大拇指、食指与小拇指的指尖紧贴，形成的立体式三清指空间形态（三山诀），常用于三坛小法的“请手”礼拜式动作中。

第三，“请手”礼拜式动作。

“请手”礼拜式动作贯穿仪式表演中，成为基本仪礼形态。行礼的方式与一般的传统方式大相径庭，要求小法注目于神，双足分开，足跟靠近呈“八”字形，然后“小八字步深蹲”，同时左右手型呈“请手”手姿状持一根香，于胸前“右→左→中”，深蹲起后，右脚向前踏一步，左脚收贴于右脚踝，呈吸腿半蹲状，双手请手状拜一下。然后还原站立，礼毕。这个“请手”礼拜式动作成为贯穿仪式全过程的起始动态，体现出三坛仪式舞蹈以“三坛”符号为基本元素，强调“三清指”的手指造型和动作“右→左→中”摆动线路的“三坛”空间感，它与天、地的“上→下”又形成了“五方”立体空间关系。

（2）四位踩点动作体现哪吒形态

三坛仪式舞蹈中的四位踩点动作，是顶手甩鞭和踏旗花、结界等仪式中的双人对舞之必跳动作。两顶手面对面，分别朝“东西南北”四个方位位移对舞，故称“四位踩点”。连续动作分解：双人对舞的“半蹲起势”→“起身旁吸腿状”动作的串联，构成以哪吒造型为特色的三坛仪式舞蹈主题动作。因为该动作体态蕴含着哪吒动态元素：首先，半蹲起势的形态为屈蹲状，重心向下，主力腿屈膝，动力腿绷直虚步状，形似哪吒脚踏风火轮的动作造型（见图3-19）；紧接“起身旁吸腿动作”，亦形似哪吒耍火尖枪时的腿部造型（见图3-20）。此动作也成为抱罡旋转，在结界仪式舞蹈中的动作要素。

图 3-19 “半蹲起势”蕴含哪吒脚踏风火轮形态（作者 / 摄）

图 3-20 “起身旁吸腿”类似哪吒耍火尖枪的腿部造型（作者 / 摄）

2. 三坛小法仪式的舞蹈动作解析

（1）请香仪式的舞蹈动作解析

请香仪式由拜天公、拜坛前和请鼓三部分组成。按照“向外请香——向外拜天公‘三拜九叩礼’、向内拜坛前‘三拜九叩礼’——向内请手——请鼓”的仪式顺序进行。向外请香时双手奉香一支，做“请手”礼拜式动作一次；继而行三拜九叩礼，其中体现疍民独特的跪拜礼特色亮点：

一是以“三清手姿”撑地跪拜，大拇指、食指与小拇指指尖撑地面，形成“三”的立体空间（见图 3-21）；

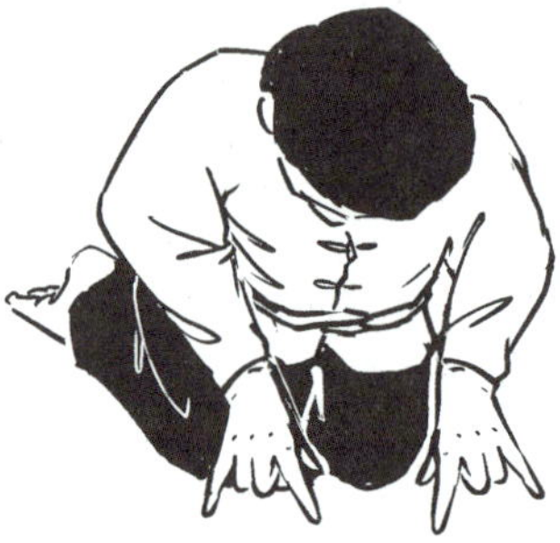

图 3-21 “三清手姿”撑地跪拜（花现 / 绘）

二是向外、向内“三拜九叩礼”的前后，一定贯穿头尾两次的“请手”礼拜式动作，如前所析，该动作强调手姿呈两个“三清指”合并的三坛立体手型，手姿以“右→左→中”摆动线路体现的“三坛”空间感。可见三坛仪式动作从请香开始，以动作符号为载体，融入了“三坛”的概念，并且贯穿仪式始终。

请鼓动作与请香的“请手”礼拜式动作相似，区别在于将手中的香替换为哪吒鼓，左手持鼓，右手持鼓槌，先外后内各拜一次。

（2）绕坛仪式“请鞭、甩鞭”动作解析

图 3-22 蛇形法鞭（作者 / 摄）

绕坛仪式由请鞭、甩鞭两部分组成。鞭又称法鞭、法索，是三坛的主要法器之一。进发宫的法鞭形状如蛇（见图 3-22），这与疍民水上生活的崇蛇习俗密切相关。漳州疍民蛇崇拜中的蛇神主要包括南蛇、侍者公蛇、蟒蛇等三大类本地常见的种类。疍民并不把蛇和凶恶、阴毒的邪神联系在一起，相反他们把蛇神看作做破秽驱邪、拥有强大法力的正神加以崇拜。对于从事水上作业、行船为生的人们来说，选择蛇崇拜更大的原因是出于“保平安”的目的。

请鞭的动作要领与上述请香、请鼓动作相同，此处不再赘述。请鞭后需将法鞭的木质蛇头蘸取符水驱除污浊邪气，称为净鞭。三坛开鞭时，三坛小法唱起咒语“拜请恩主南蛟黑蛇万龙军，神通广大独为尊。头上火焰驱邪威，火丹炎炎鬼神惊。吞精食

图 3-23 罗坛请鞭（花现 / 提供）

图 3-24 庙船甩鞭（花现 / 提供）

邪广万里，号令一声在坛前。喝起天兵在吾左，喝起地兵在吾右。吾受玉皇上帝敕，焚香拜请到坛前。弟子一心专拜请。恩主大将降临来。神兵火急如律令”，意为呼请蛇神降临，经过法长敕令，使蛇鞭神圣化为蛇神。继而踏四点走位后，进行五次甩鞭动作（见图 3-23、图 3-24），同时法长念动密语，小法顶手用力挥舞令蛇鞭发出清脆响亮的声音，达成扫荡洁净坛场的作用。被认为带有邪灵或晦气信众也会前来，请法师在他身边甩动蛇鞭驱邪。蛇神在三坛神教的地位在这里充分地展现出来。

（3）放兵仪式“踏旗花”舞蹈解析

放兵仪式意为主神关帝奏请来自“东—西—南—北—中—外”的六营天兵天将兵马，前来驻守进发宫，协助守护当地疍民。据调查，“东—西—南—北—中—外”六营兵马仅存漳州，其他只有五营，体现漳州疍民习俗的特色与独特性，因此保留有六个颜色的“六营旗”。以六营旗调兵安营、镇守神坛的关系，梳理如下（见表 3-6）。

表 3-6 进发宫三坛“六营”神兵系统解析表

内容 / 六营	三角令旗颜色	负责将军	带领兵马	兵马数量
东营	绿色	张元帅	九夷军	99999
南营	红色	萧元帅	八蛮军	88888
西营	白色	刘元帅	六戎军	66666
北营	黑色	连将军	五狄军	55555
中营	黄色	中坛元帅	三秦军	33333
外营	黑色	玄坛元帅	数万军	数万

如表可见，“东—南—西—北—中—外”六营，对应着“绿—红—白—黑—黄—黑”的颜色令旗，用六营令旗调兵遣将，分别有所属的神将与兵马，形成驻守神兵系统，来守护疍民区域。

调兵富含仪式舞蹈，主要有请旗、双人踏旗花对舞和镇营。以调请东营为例：请旗时，两个顶手各持绿色（调东营旗）和白色（调西营旗）的三角旗，分别代表东营、西营，背对背左膝跪地，右腿绷直，双手持旗摇动（代表请旗），起身双人面对面，双人围绕火盆，进行踩四点“半蹲起势”双人对调位置 +“旁吸腿”哪吒造型对跳（见图 3-25），依次按逆时针方向连续 5 次的对舞，详见双人对舞逆时针五方位线路图（见图 3-26）。讲究不要正面相对，臀部不能正对神灵，注意对舞侧身，强调在对角线四个点对舞。双人左手手型“三清指”，右手持三角旗，双手依吸腿勾脚跳动作，于胸前划 8 字提肘动势。整体动态艺诀为“四目相对”，即要求表演者腕、肘、膝、踝保持在一个平面上。

每踏旗花一次，需镇营一次。镇营时，双人左手持三角旗划“∞”字，左腿向前迈一步，右腿单膝跪地，左手做一个在地面“钉旗”的手势。踏旗花表演共重复 6 次，代表调遣东南西北中外六营的天地水火的兵将前来镇守人间，斩妖除魔。

图 3-25 双人“踏旗花”对舞动态

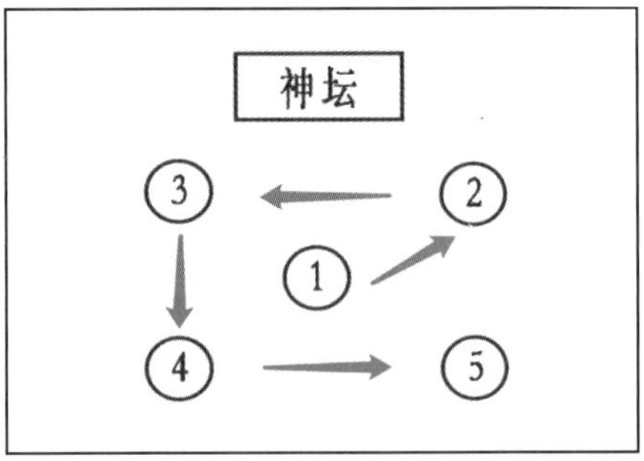

图 3-26 逆时针五个方向移动

（4）结界仪式“踏旗花”舞蹈解析

结界中的仪式舞蹈主要有请旗、结界。如果说放兵仪式的作用在于调遣兵马，那么结界仪式的作用则是分配这些兵马任务。结界所用到的令旗为四方形结界旗，请旗动作与上述放兵仪式“踏旗花”的动作相似（见图 3-27），唯一的不同在于镇营动作有所区别。结界仪式的镇营动作为双手持旗，双脚呈外“八”字下蹲。结界收旗后，双人口中含住一口符水，腿部哪吒单吸勾脚做“抱罡”动作，手部呈绞指状，双人面对面逆时针、顺时针各转一圈；到位后，哪吒状单腿依次踢出，再“马步蹲 + 双手用力分开 + 喷出口中的符水”，最后做“请手”礼拜式动作，完成结界仪式。

图 3-27 结界仪式四方令旗“踏旗花”对舞瞬间（花现 / 提供）

（5）颁符押火仪式的“鞭对符、鞭对刀”双人对舞

颁符押火仪式主要是为了压住火盆中的煞气使其成为纯净之火，由“鞭对符”仪式动作和“鞭对刀”仪式动作组成。

① 鞭对符仪式动作：持符者口中含符水，面对持鞭者，双人“请手”仪礼动作，仪式起，双人皆屈膝，左手做三清指，右手持鞭或符，双人正对前弓步相迎，接“重心向后移 + 快速小跳动作”，后弓步拉开。紧接双人“请手”仪礼步法左右各一次。持符者放下符纸，做抱罡绞指动作，双人按逆、顺时针的顺序各转一圈；持鞭者甩鞭三次。每次甩鞭时，持符者的吸勾状之腿随甩鞭节奏向下踢腿一次，绞指的双手也随腿向下推出（见图 3-28），再“马步蹲 + 双手用力分开”，最后做“请手”礼拜式动作，完成鞭对符仪式。

图 3-28 颁符押火“鞭对符”的甩鞭瞬间（花现 / 提供）

② 鞭对刀仪式动作：此动作与鞭对符仪式动作相同，区别在于持符者将道具更换为“雉刀”。

四、漳州九龙江疍民三坛仪式表演的文化传承保护思考

通过对漳州九龙江流域疍民三坛仪式哪吒令咒鼓乐的仪式鼓乐、仪式舞蹈形态的分析，我们看到了富含上古仪式形态的文化符号遗存，及其承载的闽南区域文化的色彩，具有珍贵的传统“非遗”价值。疍民习俗活动传递着人们对先辈走向海洋的历史记忆，体现了人与自然和谐相处、尊重生命的理念，为推动包容性社会发展提供了丰富的文化对话资源；其承载的观察气象、潮汐、洋流等水上知识和航海技术，及富含的传统鼓乐等非物质文化是疍民长期水上劳作智慧的结晶。保护发展疍民文化正是契合十九大提出的“建设人与自然和谐共生的现代化”的发展理念。

笔者是漳州市政协委员，2021 年元月在漳州市两会期间提交了《关于进一步推进漳州九龙江疍民文化传承，加强世界“非遗”特色点开发利用的建议》的提案（第 21B052 号），并得到漳州市文化与旅游局等相关部门的办理答复，希翼对漳州疍民仪式表演的文化传承保护尽绵薄之力。提案内容如下：

2020 年 12 月 17 日联合国教科文组织宣布：中国与马来西亚联合申报的“送王船——有关人与海洋可持续联系的仪式及相关实践”项目（以下简称“送王船”），正式被列入联合国教科文组织人类非物质文化遗产代表作名录。其中漳州九龙江芗城水居社进发宫就是此次申遗的 14 个代表性传习点之一，是本次申请世界“非遗”的重要亮点和支撑。疍民进发宫信俗牵动影响了九龙江流域的芗城区、龙海市、南靖县、平和县、华安县、长泰县等县市区疍民，自古以来其独特的九龙江疍民习俗（生产生活、水上送王船、三坛鼓科仪、造船技艺等）在民间繁衍传承着。在相关部门的推动下，2019 年 2 月漳州芗城进发宫“疍民习俗”被列为省级非物质文化遗产代表名录，2020 年 12 月 17 日被打包成为中马项目的申遗支撑内容，成功列入世界“非遗”点。在此之前，2020 年 12 月 2 日漳州市政府出台了《闽南文化生态保护区总体规划》漳州市建设提升方案（漳政办〔2020〕79 号，以下简称“规划”），正式把疍民习俗列为保护区域，取得了一定的成效。“送王船”在正式列入世遗后，对于被纳入申遗文本中的“送王船”“非遗”传习点的保护提升就成为联合国教科文组织在四年后来华考察保护工作承诺的重要内容。

但是，当前漳州市推进疍民传统文化习俗传承保护仍存在诸多实际困难，主要表现在以下四个方面：一是南门溪江滨连家船拆除，疍民大规模上岸定居，在改善生活

条件的同时，却带来疍民传统习俗濒临传承困境；二是漳州独特的疍民习俗依附的船民文化生态如何存续；三是疍民传统技艺主要传承人年龄老化现象，传习缺乏稳定的训练场馆，仅靠船民依靠自身力量在进发宫船只周边铺建一个露天小空地，空间不足且条件简陋，以及一年一度的送王船（含三坛文化）活动经费不足等等问题和困难。四是如何抓住此世界“非遗”的契机，亟需加强扶持力度和有效拓展，这成为打造漳州文化名片和文旅开发的一个核心点。为此，笔者依据《规划》中疍民习俗保护区域目标，就如何切实拓展漳州九龙江疍民文化的建议如下：

（一）尽快推进落实“九龙江南门溪文化园”建设，恢复漳州疍民文化景观

目前市政府已把“九龙江南门溪文化园”纳入《规划》，即以保护九龙江进发宫为代表的疍民生活、生产及水上送王船信俗传承为主题，支持九龙江进发宫修缮庙船及停靠码头设施，将中山桥及江滨公园临近进发宫庙船烧灰巷码头一侧升级改造为“九龙江南门溪文化园”。笔者认为，该文化园应定位为具有疍民文化收藏展览、疍民历史记忆研究、疍民普及教育宣传和疍民传统技艺传承展示体验等综合性非营利场馆功能，结合九龙江疍民水居社区的实际情况，衍生出人文景观的传播、文旅观光、艺术欣赏和民众休息娱乐等系列项目，真正起到就地取材，挖掘内涵，保护民俗文化、物质和非物质遗产重要园所的功能所在。

接下来如何出台具体措施，相关部门成立专门领导小组，牵头调研协调督办，把规划分责分工，尽快落到实处，让疍民有着自己的“家”，在“家”有着口耳相传的传习场馆和文化园，将对延续与恢复漳州九龙江流域疍民文化景观起重要作用。

（二）借助“世遗”平台及海内外专家的力量，相关部门统筹推进国家级“非遗”项目，取得文旅部支持

有计划地组织开展漳州市域沿海及内河（九龙江江滨南溪、北溪、西溪及漳江、东溪等）流域的疍民普查，组织专家学者开展保护九龙江流域疍民生态系统与信俗文化传承的专题研究，邀请文旅部主管人员和海内外专家学者举办高规格的专题学术研讨，现场调研，形成建设性的科学决策，为市政府推进规划实施提供智库支撑。与此同时，请进文旅部主管人员了解漳州疍民的文化价值和实际情况，早日实现国家级“非

遗”项目，并申请国家级“非遗”传统文化的项目立项，取得国家层面的政策与经费支持。

以“世遗”带动地方“非遗”，借助“世遗”平台及海内外专家的力量，开发九龙江疍民文化保护区域资源。闽南三地有着不可替代的海洋文明历史，向海而生的精神造就了大批的华人华侨，而九龙江作为走向海洋的母亲河，至今还有活态水上文化留存，这是漳州文化资源的一大亮点。自 2018 年起，进发宫接待了不少国内外的民俗研究学者与民间参访团，其中不乏来自台湾台中、新北等地的寻根团，与现今台湾一线的民俗学者保持着良好的联系，亦成为了漳州重要的对外对台文化交流的基地。

（三）创新联动机制，确立压紧主体责任，推进漳州疍民文化保护区域行动

漳州疍民保护发展牵涉渔业、水产、文化、住建园林、民宗等多部门的协同联动与支持。如何有效召开联席会议，通过工作共谋划、现场调研办公、责任分工明确、制定措施细则、形成工作合力等机制，确立压紧主体责任，齐力推进“漳州疍民文化保护区域再行动”，切实把漳州“非遗”疍民文化做大做实。九龙江连家船疍民所承载的是厚重的历史，将载入史册，这既是恢复重塑漳州传统文化特色，更是贯彻落实党的十九大关于大力弘扬中华优秀传统文化的使命担当。

（四）有效整合资源，深化海上丝绸之路交流合作，科学开发具有九龙江流域特色的文旅项目

中马送王船的申遗成功，向全世界传递出海上丝绸之路承载的中国文化符号。漳州市应抓住契机，发挥漳州进发宫与马来西亚马六甲勇全殿缔结兄弟宫庙的优势（见图 3-29），继续深化进发宫与马来西亚槟城、马六甲宫庙的友好交流，发挥世界“非遗”的送王船特色传习点优势，加大推进与马来西亚的合作项目。

推动“非遗”与文旅有机结合，建设水陆结合的展示场域，结合船民水上安全经验，以水上展厅船只与码头风光相呼应，呈现沿水而居的文化场域特色。可在现有的待御巷沙洲设立送王船世遗纪念碑，与马六甲皇京港送王船纪念碑相呼应，并通过漳州进发宫与马六甲勇全殿的兄弟宫庙关系，使之成为漳州联系海内外王船文化交流的民间外交中心。

图 3-29 漳州疍民进发宫受邀马来西亚马六甲勇全殿送王船开斧仪式（花现 / 提供）

发动政府和企事业单位力量，有机整合与疍民习俗相关的非物质文化遗产（送王船仪式、三坛令鼓乐、跳旗花、龙舟赛、龙船歌、造船技艺等）、物质文化遗产和自然遗产资源，开发具有九龙江流域的文化旅游项目，如以九龙江进发宫为中心拓展疍民连家船水上生态区域环境、建造江滨南门溪疍民文化园，与中山桥和漳州历史文化街区相衔接，形成漳州古城水陆游览线路。

与此同时，用活态的水上船民文化作为九龙江两岸的文化串联，以传统的五篷船样式作为游览船，以船民的口述史作为引导，带领大家领略独特的漳州水上文化，捕鱼、织网、褒歌、哪吒鼓乐、仪式舞蹈等“非遗”形式，也可呼应现今北上广等大城市的寒暑假文旅研学热，成为对外闽南文化研学的亮点。充分运用有机更新和古迹活化方法，实施可持续性发展战略，完善生态文明统筹协调机制，组织专家科学论证决策，科学植入特色文化旅游项目，组构形成点、线、面相结合的“水陆一体”旅游空间，充分挖掘保护古人遗存的疍民活态文化，基于生态理念共筑“生态漳州、花样漳州”，使漳州古城更具历史文化底蕴，成为古城文化旅游新品牌。

五、世界“非遗”闽南疍民“送王船”信俗文化助推文旅融合发展再思考

综合前面对九龙江疍民“三坛遗韵”与关帝信俗的阐释，再延伸对世界“非遗”闽南疍民“送王船”信俗文化助推文旅融合发展的再思考。基于人类命运共同体，深入疍民信俗文化的保护与应用对策研究，从文旅融合的角度，挖掘世界“非遗”闽南疍民“送王船”信俗文化的现代价值与实践运用，探寻其在海上丝绸之路文旅互动融合的发展机制，是一个亟待拓展的研究空间。笔者在本节对其进行论证阐发，以期抛砖引玉。

2020 年中马两国联合申报的“送王船”习俗被正式列入联合国教科文组织的人类非物质文化遗产代表名录（见图 3-30）。围绕着闽南漳州、厦门、泉州疍民送王船信俗为中心，联合马来西亚马六甲勇全殿送王船仪式，成为世界级“非遗”项目，意义重大。这既为由闽而台、由闽台而南洋群岛的流布路线形成的“海上丝绸之路疍民文化圈”提供鲜明的例证，又为挖掘闽南疍民“送王船”信俗文化如何有效助推海上丝绸之路文旅融合领域提出了新的课题。

图 3-30 联合国教科文组织关于世界非遗中马送王船通过决议

（一）研究意义

闽南疍民“送王船”，尤以九龙江流域进发宫疍民水上送王船信俗仪式最具特色。自古以来漳州九龙江流域水上疍民“以舟为车·以楫为马”，从事渔业、航运、造船，经九龙江水路迁徙近则厦门港，远到台湾、香港、澳门等地区以及冲绳列岛、马来西亚、新加坡、印尼、越南等海上丝绸之路沿线国家，并把自己的疍民文化习俗传播到海内外。尤以关帝、王爷等信仰最为盛行，随着闽南疍民足迹遍及台湾和东南亚地区，形成了一脉相承的海上丝绸之路信俗文化生态圈。

1. 理论价值

第一，“送王船”是中国东南百越民族海洋祭祀文化的遗俗，记载着我国东南地区各民族的变迁融合互动的历史记忆，其鲜明的海洋性特征是我们研究和探索古海上丝绸之路闽南与东南亚早期族群迁徙及海洋崇拜文化的重要线索，也为批判台湾原住民与大陆无关的“南来论”“文化台独”提供直接的理论依据。

第二，关帝信仰是闽台两岸联系亲人、增进共识、促进民间文化交流的重要平台。信俗仪式使得大批台湾信众通过回闽南祖庙进香的形式与大陆同胞沟通联系。两岸关帝神缘相承关系在“送王船”信俗文化传承与交融中，推进了两岸民间的文旅互动，有利于促进两岸文化与民族、国家认同，从而为祖国统一奠定坚实的基础。

2. 现实意义

第一，“送王船”世界“非遗”项目是以“非遗”国际合作推动构建人类命运共同体的成功实践。仪式体现了人与海洋的可持续联系，被中马两国视为共同遗产，是中华文化在海丝之路沿线国家传播与交融的生动例证，为中马两国的城际、社区加强交流与联系提供了平台。对于开发海丝文化旅游路径，建立海丝沿线国家地区的文旅融合机制，实现传统与现代转型文化建构，具有可操作的现实意义。

第二，“送王船”信俗是闽南民间艺术的重要载体和展示舞台，为传统民间艺术在当代的传承发展提供了契机。九龙江疍民“送王船”仪式富含着与疍民习俗相关的三坛哪吒鼓乐演唱、“跳旗花”民俗舞蹈、龙舟赛与龙船歌、造船制作技艺等疍民“非遗”传统艺术。因此“送王船”信俗文化的资源整合与文旅开发的持续性实践对这些传统技艺得以在现代社会生存发展和可持续性传承有着重要的社会与现实意义。

（二）主要内容、基本思路和方法、重点难点、主要观点

1. 主要内容

一、探源篇：“闽南疍民‘送王船’信俗的海上丝绸之路信俗文化圈与‘互联网 +’人类命运共同体构建”。

（1）闽南疍民“送王船”节俗文化从闽—台—南洋进而形成海上丝绸之路信俗文化圈；

（2）大数据下的疍民送王船庙宇网络信息库建设；

（3）世界“非遗”闽南王船信俗文化践行人类命运共同体的国际实践路径。

二、传承篇：“送王船信俗‘非遗’传统艺术的可持续性传承实践与海丝文旅开发”。

（1）以疍民送王船信俗艺术（哪吒鼓乐等舞蹈仪式技艺）为文化因子，打造“海丝送王文化节”品牌；

（2）创新文化旅游呈现方式，科学开发“水陆一体”的疍民活态旅游空间与船民艺术新体验；

（3）闽南进发宫疍民送王船信俗个案在东南亚传播的发展规律及继承策略。

三、融合篇：“探索送王船信俗的海丝文旅融合机制，创新与海上丝绸之路沿线国家建立‘非遗’共享合作计划”。

（1）探寻疍民送王遗产“传统—现代”转型与文旅融合发展新路：以信俗为核心的现代旅游产业链条；

（2）中华闽台传统王船信俗文化海外传播与推广的可持续性互动对策研究；

（3）推动与沿线国家地区建立海丝“非遗”疍民送王船信俗文化品牌的“三计划”。

a. 海丝送王船宫庙文化使者交流计划；

b. 送王船节俗文化遗产国际学术研讨暨送王文化节国际联盟展演计划；

c. 建立中马城际合作机制，开展海丝王船信俗技艺联合培养人才计划。

2. 基本思路和方法

如图 3-31 解析，立足于“人与海洋可持续发展”的人类命运共同体的认知高度，拟以探源——窥探东南亚王船信仰的文化渊源，借鉴文理学科交融互渗的研究法，勾勒以闽南为核心的疍民送王船信俗文化辐射台湾、南洋形成的海丝信俗文化圈，建立大数据疍民送王船庙宇网络信息库，探寻国际实践路径。以传承—试析海丝王船文化双向互动关系作为切入点，探讨送王船信俗承载的“非遗”传统艺术的可持续性传承

实践与海丝文旅开发。研究创新文化旅游呈现方式，以漳州进发宫疍民送王节俗艺术（哪吒鼓乐、舞蹈、造船技艺等）为文化因子，挖掘“水陆一体”的疍民活态旅游空间与船民艺术新体验，发挥世界“非遗”传习点的特色效应。再以探讨送王船信俗的海丝文旅融合机制，建立海丝“非遗”共享合作计划。研发以疍民信俗为核心的“传统—现代”转型的文旅产业链条，力推世界“非遗”疍民送王船信俗文化“三大计划”。期待抽绎闽南核心区辐射海丝文化圈的送王信俗文化特质，尤其总结其中华民族文化凝聚力之所在，成为增强海外华人民族文化认同及传承中华传统文化的精神力量。

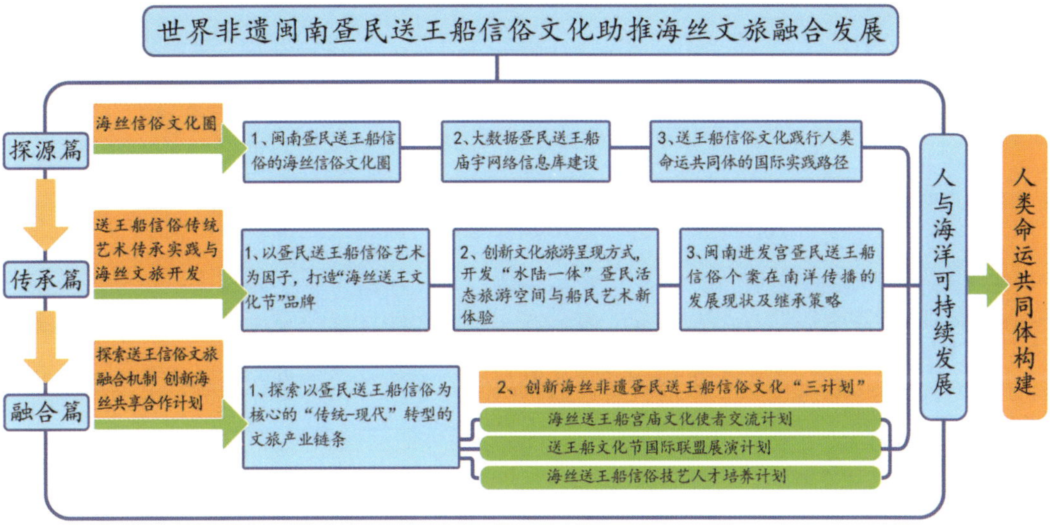

图 3-31 研究思路解析图

3. 重点、难点

（1）把闽南疍民送王船信俗文化研究置于“一带一路”社会背景中关照海丝信俗文化圈，从中抽绎出海丝信俗文化特质和传承发展策略。

（2）在当今“文旅融合 + 互联网”发展的背景下，疍民送王信俗作为传统文化资本与旅游资本的聚合体，如何实现“传统—现代”转型的文旅产业链条，运用大数据勾画海丝庙际网络关系圈，从而建立“非遗”共享交流合作机制。

4. 主要观点

明清以来闽南疍民沿水路“过台湾、下南洋”，在长期文化迁徙中播植送王信俗文化（见图 3-32）。以中华闽南区域为核心地带向南洋的文化辐射，形成文化凝聚力，

图 3-32 漳州疍民进发宫“送王船”节俗仪式

成为东南亚华人华侨留住乡愁的精神依托。通过对闽南疍民送王船信俗文化的传播及海丝文化圈的历时和共时性分析，正确认识在一带一路的中国东盟交流新格局，其未来发展需要遵循中国传统文化精神，坚守根系和文化主体性，并在互联网 + 文旅融合的新形势下，拓展闽南送王船信俗文化的发展空间及海丝文旅融合机制，从而为中华闽南区域文化的传承创新、一带一路人类命运共同体的互鉴共融提供借鉴与发展思路。

本节小结

本节立足于田野调研，全面解析了闽南九龙江疍民习俗承载的传统“三坛遗韵”的艺术表达范式，揭示出它与疍民崇尚的关帝信仰等信俗空间场域的依附关系。无论是疍民信俗“三坛小法”奏唱的“关帝咒”唱词韵律、节奏特点及音乐旋法特色，还是三坛仪礼及各式舞蹈动作密语的符号表达，均蕴含着闽南疍民崇尚关帝品格和祈愿护佑美好生活的精神诉求。以关帝信俗为代表的信俗文化现象，我们发现其现象已经超过了本身的单纯表演意涵，而成为通往世界的“非遗”文化遗产。疍民信俗艺术承载着闽南区域文化密码，富含了代代相传的上古文化遗存。研究、挖掘之，将为濒临失传的疍民传统艺术的保护提供重要的理论参照，也为当今关注的“人与海洋可持续性联系”的海丝信俗文化共同体构建提供一定的借鉴思路。

第四章 闽南关帝信俗与仪式舞蹈的个案研究

本章内容以闽南代表性的关帝信俗仪式舞蹈《海底反》《英歌舞》《跳加官》《踏旗花》为例，立足于田野调研，借鉴民族舞蹈学、舞蹈形态学、文化生态学与文化人类学等研究方法，以舞蹈动作元素形态、基本动律解析为基础，将身体舞蹈表达置于关帝信俗语境中，梳理仪式舞蹈的表演形态特征，分析舞蹈动作色彩与闽南族群意识机制及其关帝信仰内核之关系，阐释身体记忆所蕴含的历史性、民族性和社会性的文化内涵。

第一节 闽海游艺、磨刀求雨
——民俗舞蹈《海底反》

海天无际，使人心胸豁达，思维开阔敏捷，形态各异的海洋生灵又是民众茶余饭后的神话传说和百戏歌舞喜爱表现的内容。“良辰美景舞鱼灯，两岸满耳棹歌声。水族欢闹彻海底，喧阗弄艺祈年亨。”这首流传于东山岛的咏民间舞《海底反》的民谣，描绘出东山《海底反》的热闹景象。一年一度的海峡两岸（福建东山）关帝文化节民俗踩街活动，《海底反》舞蹈是最受民众欢迎的重头戏。笔者多次赴东山铜陵南门湾和关帝文化园，采访东山民间艺人涂汉宁，对其自编自演的《海底反》舞蹈进行采集，下面笔者从《海底反》与关帝文化渊源，《海底反》音乐舞蹈形态的特色演绎等方面探析。

一、东山《海底反》艺阵舞蹈与关帝文化渊源

《海底反》源于海洋神话故事，是一种饰演拟人化海洋生灵水族动物，一路表演舞弄的传统舞蹈。东山铜陵镇面临闽南渔场、台湾浅滩渔场，自古以来就是闽海主要渔区。渔业丰收带来的是市场繁荣、百业兴旺，海边人感谢大海的馈赠，创造了神格化的海底水族舞蹈形态与阵势，表达出“以海为田，以鱼为利，以舟楫网罟为生”的渔民对大海的崇拜与敬畏。

东山《海底反》之所以数百年来在民间踩街活动中独占鳌头，为民众喜闻乐见，在于其独特的历史底蕴和文化意涵。处于闽粤台沿海要塞的东山自古以来一直是海峡两岸反击外侵和抗御海防的最前沿，军民自发选择“战神关公”作为庇护社稷和人心安宁的保护神而崇祀，并抒写着有碑可证的“全岛子民祀奉关帝为帝祖”的历史神缘传说。至今东山渔民仍保留世设“帝祖”家祭的习俗。因此，《海底反》献演农历五月十三关帝祭典，除了呈现渔业丰收喜庆的内容，更是表达与关帝的内在情缘：即表现民间为“关公磨刀日”求雨送水纳吉的传说故事。据东山文史专家刘小龙解析，海内外中华文化圈一年有三次“关帝生”祭典，分别为农历五月十三日、六月廿四日和正月十三日。综合文献史料与民间口碑所载：关老祖爷的生日是六月廿四日，五月十三日原是关平太子生日，传说关公爷奉玉皇大帝诏令，于此日磨刀出战，降服造祸人间的南海恶龙，解除了东南大旱，普救天下众生。故民间感戴其恩义，称农历五月十三日为关帝爷“救生日”，亦称“关帝磨刀日”。到明朝万历年间，关公爷由“王”晋封为“帝”，朝廷诏定每年“春秋二祭，五月十三特祭”，是故五月十三是为关帝爷的特祭日。

由此，东山每年农历五月十三关帝文化节上演的《海底反》内容创意就是反映闽海龙王率领龙虾元帅、乌龟宰相、鱼兵虾将前来祝寿，助力关公磨刀，使闽海风调雨顺的故事情节。据民间老人介绍，每年五月十三关帝磨刀日演《海底反》必下雨，道出了民众祈雨助力关帝磨刀求丰年的心理愿景。民间传说记载着闽南族群的口头记忆，希翼在闽南炎热的初夏季，通过《海底反》的角色扮演与游艺动态，还原舞动出“龙王带领鱼兵虾将吐还江河水，助力受职于南天庭的关公解救东南大地的大旱，雷声阵阵磨刀雨洒向人间，滋润农作物生长、风调雨顺”的传说故事。这一传说故事尤对祀奉关帝为帝祖的东山子民来说，更富情感与深层涵义。

图 4-1、4-2 文化节期间，《海底反》老艺人涂汉宁和其表演团队在东山关帝庙前表演

图 4-3 涂汉宁海底反团队与关公扮演者

图 4-4 笔者采访《海底反》海龙王扮演者沙文泽

图 4-5 《海底反》在东山南门湾游舞表演

图 4-6 笔者习舞与采集《海底反》舞蹈动律

（上图均为陈金龙摄）

经调研发现，东山《海底反》舞蹈队遍及全岛，每逢喜事节庆，《海底反》在社区街道和渔港码头巡游表演，承载了海岛人对美好生活的寄托，尤以东山南门湾涂汉宁海底反表演队最具特色。（见图 4-1 至图 4-6）

二、闽海舞蹈形态、东山音韵的特色演绎

东山《海底反》以其独特的舞蹈形态、音韵色彩成为东山关帝祭典表演的特色亮点。通过剖析《海底反》的舞蹈表演形态、音韵曲调色彩，以期认识其鲜明的闽海地域特征。

（一）独具特色的舞蹈形态

《海底反》角色众多，少则十余人，多则上百人。塑造的主要角色有：威武霸气的龙虾、大智若愚的龟相、翩翩起舞的蛤美人、狡诈滑溜的八爪鱼等上百种水族形象，演绎“海龙王挥旗发令、龙虾元帅展须、龟相抡双锤、墨鱼放烟、马鲛使叉、红沙吐珠、螃蟹横走、鱿鱼扛大锯、海鳌使长矛、吾鱼挥大扇、花螺吹号角、海蚌展英姿”等人格化形态。渔民们运用拟人表演手段，采用竹子、布料或泡沫扎制成鱼、虾、蚌等海洋生物造型，表演时或顶在头上，或背在背上，或举在手上，进行模拟水族动物的表演且游动，配有渔女划桨、孩童挑小管等人鱼互动，各角色手握不同兵器道具，一路耍弄，摆出各种阵势和身段体态。

《海底反》表演内容套路大致分为四种：（1）寓意风调雨顺，娱乐升平的“龙王吐水磨刀雨”；（2）寓意团结和睦，欢乐祥和的“鱼虾嬉戏”；（3）寓意财源滚滚，旺村旺民的“鱼跃龙门”；（4）寓意渔民对未来美好幸福生活憧憬的“鱼乐升平”等内容。游舞表演合着欢快的东山歌谣与潮音乐曲，成群结队的鱼虾龟蟹在海龙王的率领下，自由自在地畅游，自由即兴地欢舞。（见图 4-7）

图 4-7 涂汉宁团队塑造的龙虾元帅、龟相抡双锤与花蛤姑娘（陈龙 / 摄）

（二）非遗传承的东山音韵色彩

《海底反》舞蹈音乐《龙王送来满载雨（鱼）》①（后面均用《龙王送来满载雨》）采用“东山歌册音韵 + 渔鼓渔歌曲调 + 东山时令鱼歌谣”改编融合而来，曲目反映了海岛渔民的生活风俗和智慧，呼唤着人们对历史的回顾和文化的传承。

首先，唱词采用了“东山歌册”的吟诵体句式结构，呈现“时令渔歌”念谣式长短句的东山歌册曲式。众所周知，东山歌册是列入国家级非遗的传统说唱曲艺，被形象称为“唱词化石”。相传东山籍明朝大学士黄道周曾赞誉：“吾乡海滨邹鲁，劳夫荡桨、渔妇织网，皆能咏唱歌诗。”东山歌册曲调属吟诵体，旋律如说如唱，音阶以变宫代商的五声音阶，基本唱腔音列为“sol la si do”。歌册吟诵基本结构有七言句、五言句，也有根据剧情需要拓展的长短句：三三四字句，三三五字句，三三七字句。《龙王送来满载雨》正是汲取了东山歌册的长短句式：

五言 + 三七字句式：

天顶一条云，
海底两只船，
一只驶来隆隆隆，
隆隆隆；
一只驶去逢逢逢，
逢逢逢。

三五字句式：

船逆风，
我来做艕公，
船逆流，
咱来做水手。
我来开轮机，
我来打旗语。

① 《龙王送来满载雨》中的“雨”，音与“鱼”谐。在福建东山民众看来，包含两层意涵：第一，用“雨”字，暗示龙王送来雨水，助力关公磨刀的传说；第二，用“鱼”字，寓意渔民对“渔业丰收、风调雨顺”美好生活的期许。

三三七字句式：

海龙王，
真情理，
跟咱送来满载鱼。

以上句式运用了东山歌册的吟诵体长短句式，文字浅显、押韵顺口、韵律平稳、朴实无华、朗朗上口，便于传唱。

其次，《龙王送来满载雨》中“时令渔歌”主旋律运用了【东山歌册调】，使曲调色彩独具海岛东山乡土气息（见谱例 4-1）。

谱例 4-1【龙王送来满载雨】片段一

片段一

东山渔歌主旋律

从谱例 4-1 看出，渔歌主旋律运用了【东山歌册调】，围绕“sol、la”为主音，羽调式，结束音在羽音，与当地语音声调语法相契合，使得曲调韵律活泼，节奏简洁明快。演唱形式有独唱、合唱、对唱、领唱与齐唱，有问有答，丰富多彩，富于变化，充满了海龙王满载鱼的丰收喜悦，其生活图景跃然而出。“靠山吃山、靠海吃海”，聪明的东山民众把丰富的海产品按照时令产出的月份进行排序，如歌词“一鰢二红鰺，三鲳四马鲛，五鳖六鲛

鳓，七小鲿，八墨鲗，九鯸母，十是犁头鲨，十一红鮬十二龙虾魡白带”① 的长短句式，描述东山一年十二个月盛产的海鱼种类名称，用闽南口语化方言演唱，讲究押韵，音韵顺口，配上东山歌册曲调，朗朗上口，极好地普及了海洋知识，人人会诵，普遍流传于闽台和潮汕沿海地区。

再次，采借潮剧的曲风特点。如《龙王送来满载雨》之片段二（见谱例 4-2），汲取潮剧【轻三六调】以“61235”为主音构成的旋律，欢快跳跃、轻松热烈，表现出孩童与海洋生灵嬉戏互动的场景。

谱例 4-2 《龙王送来满载雨》片段二

片段二

从音乐结构来看，整首音乐以“时令渔歌”主题歌词为中心，采用画外音开场引入→高潮旋律演唱→尾声节奏念诵式的“A+A′+A”结构编配法，首尾呼应，突出要素，承上启下，营造了关帝护佑下的东山子民渔业丰收、风调雨顺、祈求祥和的美好愿景以及闽海人乐观向上的精神风貌。

三、东山《海底反》的水族道具工艺的创生

出生于东山渔民世家的涂汉宁老艺人创新的《海底反》水族道具，有着独特的手工技艺（见图 4-8、图 4-9）。来自家族传承的涂汉宁从小接受祖父辈的熏陶，其祖辈办过潮剧班，父亲涂瑞正接过衣钵，把戏曲和海底反游艺整合，创办了《海底反》戏班，以路头剧的形式活跃于街头巷尾。从小就痴迷传统游艺《海底反》的涂汉宁，

① 引用东山渔歌《龙王送来满载雨》歌谱。

图 4-8 螃蟹、龙虾、章鱼、小管舞具（陈龙 / 摄）

图 4-9 涂汉宁在制作大龙虾水族舞道具

每年春节或农历五月十三关帝出巡迎神踩街，都要跟随观看学习《海底反》游艺巡演，为的是把扮演“龙虾元帅”“乌龟宰相”“蛤美人”的表演记在心中。涂氏家族全身心投入海底反的传承，正如其家里妇孺打趣道：“米瓮已空空，整天想戏班，厝内拢毋管，每日海底反。”长大后的涂汉宁在海边讨生活，与大海和渔船频繁接触的工作使他对海洋生物早已烂熟于心，于是萌生了将海洋生物雕塑成型的想法。用自己巧妙构思与创新，对过去竹编纸糊易破损的缺点进行改良，创造了树脂泡沫雕刻塑形、打磨彩绘相结合的方法，形成自身特色：

一是充分考虑舞蹈轻而易舞的泡沫材质雕刻塑造；二是创设便于抓握的舞动机关；三是鱼形态饰物精细到位，造型立体、色泽自然、柔韧性强，易于舞动。

从 2013 年至今，涂汉宁用泡沫塑料制作出 6 米长大龙虾雕塑 4 个、1.2 米长小龙虾雕塑 4 个、2.5 米长海马雕塑 4 个、2.5 米长鱿鱼雕塑 4 个、章鱼雕塑 4 个、乌龟雕塑 2 个、海豚雕塑 2 个，其他如鲳鱼、鮸鱼、鲷鱼、大黄鱼、马鲛鱼等共 80 多个。逼真的水族生灵雕塑成型工作完成后，涂汉宁便着手创新《海底反》游艺，让数百年历史的传统游艺焕发生机，联合铜陵镇社区舞蹈队，自导自演，创新排演一套新版《海底反》游艺，无偿吸收培养热爱《海底反》的年轻人，并走进幼儿园、中小学进行校园技艺传授（见图 4-10、图 4-11），使传统技艺代代相承。如今涂氏《海底反》成为东山关帝文化节的重要节目，2018 年东山海底反在央视“过年了——农民新春联欢会”播出，得到两岸及社会各界的广泛关注与好评。主管部门也启动推进非遗项目的认定申报，及时抢救保护，使东山《海底反》技艺发扬光大。

图 4-10 涂汉宁在东山县实验幼儿园传授《海底反》技艺（陈金龙 / 摄）

图 4-11 涂汉宁在东山南门湾广场传授《海底反》技艺，并把技艺传授给孙辈（陈金龙 / 摄）

四、关帝祭典场域下的《海底反》表演意涵

（一）表演内容结构表达助力关公磨刀送水纳吉的民众情缘

图 4-12 孩童们举帆作船，模拟水手开船

图 4-13 海龙王带领鱼兵虾将出场

图 4-14 女子扮演的水族角色

上图均为蔡鹏程、方才添摄

如前所述，东山子民至今保留着认关帝为祖、世设家祭的习俗。《海底反》每年必献演农历五月十三关帝祭典，是表达与关帝的内在情缘：即表现民间为“关公磨刀日”求雨送水纳吉的传说故事。从《海底反》的舞蹈音乐《龙王送来满载雨》和舞蹈形式的意涵来看，就是编织舞动出“龙王带领鱼兵虾将吐还江河水，助力受职于南天庭的关公解救东南大地的大旱，雷声阵阵磨刀雨洒向人间，滋润农作物生长、风调雨顺”的传说故事。民间艺人的舞蹈围绕“助力关公磨刀送水纳吉的民众情缘”主题进行设计，在表演中借助了东山特色水族动物进行拟人化的塑造，人们饰演之，并把它进行人格化的模拟，演绎出本土海岛独特的《海底反》舞蹈形态。

在 2019 年五月十三日关帝祭典的盛大舞台上，大型《海底反》的舞蹈表演迎来阵阵喝彩（见图 4-12、图 4-13、图 4-14），基于舞蹈形态结构分析，笔者剖析《海底反》起承转合的三段体结构及意涵：

第一段：引子（启）——一群孩子闻螺声，冲向海边，欢呼雀跃，随乐声，弄潮，戏浪。孩童们举帆作船，对开而过。和着快板“东山歌册 + 时令渔歌”改编的长短句式闽南语歌谣，唱着“船逆风，我来做艔公，船逆流，咱来做水手。我来开轮机，我来打旗语”，表现孩童徜徉于海边，模拟水手开船的孩童嬉戏，期盼着雨水到来的情景，为海龙王带领鱼兵虾将吐还江河水的情景演绎埋下伏笔。

第二段：发展（承）——伴随闽南语歌谣“海龙王，真情理，跟咱送来满载雨（同“鱼”谐音，取其吉义）”，孩子们退后，立于海边岩石高处，高兴朝远处指划着。转入慢板，只听海浪声，一段富有闽海潮音曲调特色的音乐起，只见海龙王挥旗指令，乘浪而下，鱼兵虾将的水族动物以“二龙吐须”齐涌而出，金龙盘柱、车轮转行、穿花缝行……变换着表演画面，伴随“｜呔呔 七呔｜啋 0｜呔呔 七呔｜啋 0｜”的锣鼓乐节奏，在海龙王令旗引领下，龙虾元帅霸展须、乌龟宰相抡双锤、马鲛舞弄使叉、螃蟹横走察看、鱿鱼扛大锯、海鳌使长矛……诙谐幽默、妙趣横生，惟妙惟肖地展示着闽海生灵舞弄的人格化形态，营造波涛汹涌的海底世界。紧接转入三拍子的抒情旋律，吾鱼挥大扇、红沙吐珠摇、花螺吹号角、海蚌展英姿……女子扮演的海鱼展示着美丽身姿，游走于水间。

第三段：高潮 + 尾声（转 + 合）——伴随唢呐声，水族渐退，主旋律再出，孩子们冲出，喊着：看啊！和着五言句式歌谣“鱼群满船载，月月可安排，东山有渔歌，听了你就知”，孩童们融入水族队伍齐欢舞，在“关帝磨刀霍霍在云端”的信俗场域中，此刻舞蹈象征着“庆贺雷声滚滚，磨刀水哗哗洒向人间”，意喻护佑人间田野秧苗返青、风调雨顺、百鸟齐欢喧的丰收连年景观。人鱼互动穿梭交织，音乐在海底反的水族高潮舞动中，渐渐转向孩童念诵《渔歌主旋律》“一鯛二红鲮，三鲳四马鲛，五鳘六鲛鳓，七小鳍，八墨鲗，九鲧母，十是犁头鲨，十一红鲚十二龙虾魠白带”，在清澈、和谐的稚嫩声中，结束。

《海底反》舞蹈创作的三段体结构表演，以民间传说“五月十三关帝磨刀日”为中心展开设计，这对祀奉关帝为帝祖的东山子民来说更富亲切感与深层含义。调研发现，学习《海底反》自古以来已成为东山子民的传统，在基于助力关帝送水纳吉、求来甘霖的认知机制与情感支配下，构成了集体性扮演习舞的动力信念。

（二）《海底反》舞蹈形式蕴含关公义理的人海和谐情怀

《海底反》从丰富的闽南海洋文化中挖掘素材，以舞蹈的整合形式加以创作，从而实现利用民俗舞蹈的呈现形式，使民众对关帝“义理”的崇尚涵化在舞蹈符号中，以更为接地气的互动形式架起追求仁义至善的人神对话的桥梁。

关公的故事，是“义之为道”的美德故事，通过《海底反》的舞蹈形式极好诠释儒家之“义”与舞蹈形态之“灵”的互动。

“义”发源于人们内心的仁善，是个体内心的善和德与社会规范相互影响、相互作用的结果，体现儒家之“义”本源。舞蹈作为一种特殊的人体外在表达形态，是人的思想、情感的身体展现。

舞蹈之“灵”有两种理解，其一是舞蹈内容、动作与调度的“灵”。具体表现在表演内容上，恰到好处地运用深入民心的关帝传说故事为主题来表达舞蹈内涵，通过设计的舞蹈三段体结构，“快—慢—快”的节奏色彩对比，及富有灵性的海洋生灵动态模拟表演，再加“走圆形、双圆反转、圆心聚会、椭圆船形、荷花扇形、龙摆尾”等象征圆融和谐的流动构图调度，产生心旷神怡之感。其二是超然于舞蹈动作之上，在舞蹈整体中所体现出的一种“灵性与即兴”，表现为一种闽南民众希翼得到关帝护佑的、向往追求美好生活的人海和谐之情怀。

本节小结

在闽南关帝信俗场域下的民俗舞蹈《海底反》，以其独特的闽海游艺形态、自由即兴的表演风格、朗朗上口的东山音韵的特色演绎，成为东山关帝文化节的表演亮点。研究《海底反》舞蹈个案形态，剖析其舞蹈动律形态特征及表演色彩，让我们看到了其表演符号形态的背后，承载着关帝信俗文化内涵，蕴含着崇尚关公义理的人海和谐情怀，反映了闽南海岛民众的生活风俗和艺术智慧，呼唤着人们对闽南历史脉络的回顾及其对民俗传统舞蹈文化的整理挖掘保护与传承思考。

第二节 豪放遒劲、威武阳刚 ——民俗舞蹈《英歌舞》

闽南民间艺术丰富多样，民众将其创生的民俗舞蹈有机地融入关帝祭祀仪式，成为敬奉关帝祭典仪礼的重要仪式内容。其中，民俗舞蹈《英歌舞》依附于闽南关帝信俗的生态环境，成为该场域下极具特色的表演内容。《英歌舞》以梁山 108 条好汉为艺术形象，熔戏剧、舞蹈、武术于一炉，以刚劲、雄浑、粗犷、奔放的舞姿，构成了磅礴、威武、强壮、豪迈的气势。令人仿佛看到关帝圣灵在闽海上空指挥神兵作战、克敌制胜的情景。因其独特的表演形态和文化意蕴，《英歌舞》往往是东山关帝文化节的表演亮点。本节以民俗舞蹈《英歌舞》的表演形态为研究对象，立足于田野调查，借鉴民俗学、历史学、音乐舞蹈学等多学科的相关理论与方法，探析闽南关帝信俗场域下《英歌舞》的源流与概貌、表演形态与特征，进而阐析其文化内涵，希冀为闽南关帝信俗与仪式舞蹈的保护传承提供理论参照。

一、闽南关帝信俗文化概貌

（一）闽南关帝信俗的在地化承继

追溯历史，闽南地区的传统文化随着历史的发展，逐渐形成了以中原文化为主体，又荟萃古闽越土著文化与外来异域文化为流的多元文化体系。据载，初唐随开漳圣王陈元光及其中原府兵带入的关帝信仰播植闽南，在闽南多元文化的浸润中成为闽南民众重要的信仰文化。闽南背山面海的独特地理环境和深厚的历史底蕴，又为关帝信俗的在地化发展提供了文化生态空间。

闽南关帝信俗繁衍不息，与其所处的地理环境和社会需求紧密相连。自古以来，关公骁勇善战、忠于职守的形象与儒家主流文化相吻合，备受官方推崇，民间敬重。明朝时期，官府兴建武庙以抵御倭寇侵袭，东山铜陵关帝庙便是建置卫所“以护官兵”

的庙宇佐证。当时的闽南地区倭寇肆虐，“沿海数千里，生灵靡不荼毒”[①]。为了自救，民众自发抗倭，闽南沿海地区多现百姓集资所建的关帝庙宇，如惠安崇武卫所南门内的关帝庙、安溪县新渥保溪畔的关帝庙、六鳌关帝庙等[②]。可见，军民选择以关帝“战神”作为偶像而崇祀，以鼓舞士气，自此闽南地区为保家卫国而习武尚武之风盛行。与此同时，民间戏曲的繁盛也为关帝信仰的普及提供了传播路径。特别是明清以来，商业贸易发达，经济繁荣发展，福建民间戏曲兴盛。以《三国演义》为题材的剧目搬演不断，关帝的忠义形象随着民间戏曲、说书讲古的传播愈加深入人心，为闽南关帝信俗仪式表演的形成与发展营造了良好的文化生态环境。

（二）闽南关帝信俗仪式表演概貌

据钟敬文先生考证：“在精神生活中，民俗的信仰心理占有十分重要的地位，而信仰的物化表现则多种多样。它有时表现为仪式行为，有时表现为艺术创造行为。”[③]闽南关帝信俗的各种祭祀仪式活动便是关帝信仰的物化呈现。

关帝信俗祭祀仪式活动多种多样，祭祀规格广、范围大，主要分为官方祭祀与民间祭祀两种。官方祭祀历来便有规范文书，如规定庙宇形制、确定祭典时间、明确祭品陈设、编制雅乐佾舞等。正如笔者在撰文中阐述：“清代关帝祭祀规格已由‘群祀’晋升为‘中祀’，雅乐编制和佾舞献礼为历代最高规格。乐舞为祭礼的核心，有着严格的制度性、规范性与程序性。”[④]据《关帝圣迹图志全集》载：“每岁四月八日传帝于是日受封，远近男女，皆封击羊豕，伐鼓啸旗，俳优巫觋，舞燕娱悦。”[⑤]可见古代官方的祭礼乐舞活动庄重盛大，对民间关帝信俗的祭典仪式表演产生了重大影响。由此带来民间祭关信俗仪式纷繁隆重，莺歌燕舞、演戏酬神盛况空前。调研发现，现代闽南民间祭祀关帝的民俗活动亦保留了古时的习俗，每年农历五月十三，信众开始举行进香仪式、关帝绕境表演仪式、请戏班演戏酬神等一系列民俗活动。以东山关帝文化节为例，关帝绕境伴随的民俗艺阵表演有《牌匾阵》《头旗阵》《大鼓凉伞阵》

①〔明〕郑若曾撰，李志忠点校：《福建倭变记》卷四《筹海图编》，中华书局 2006 年版，第 275 页。
② 郑镛：《闽南民间诸神探寻》，河南人民出版社 2009 年版，第 172 页。
③ 钟敬文：《民俗学概论》，高等教育出版社 2016 年版，第 21 页。
④ 郑玉玲：《明清关帝祭典乐舞在闽台地区的承继与人文阐释——以东山、宜兰祭典为中心》，《宗教学研究》2021 年第 1 期，第 254—260 页 .
⑤ 张羽新、张双志：《关帝文化集成》第 1 册，线装书局 2009 年版，第 294 页。

《关帝五部将大神尪傩舞阵》《宫灯队》《英歌舞阵》等各类民俗艺阵表演，其中，民俗舞蹈《英歌舞》以其气势磅礴的表演形态成为艺阵表演的亮点。据《漳州文化志》记载："漳州的英歌舞传自广东普宁县。……1942 年李汜河、李明等由普宁县来漳定居，将家乡的民间舞蹈英歌舞引进，并在我市生根，成为人们喜闻乐见的节目之一。"[①]闽南地区的东山县与潮汕地区毗邻，潮汕文化与闽南文化自古同属一个文化圈，两地文化之间相互传播、相互交融，使得《英歌舞》融入闽南关帝信俗祭典仪式中，形成了独特的闽南民间舞蹈表演形态。作为一种群体性的民间舞蹈，《英歌舞》被搬上闽南关帝信俗仪式表演的大舞台，与其表演特色和文化意涵息息相关。

二、《英歌舞》的表演形态与艺术特征

（一）《英歌舞》的源流与概貌

《英歌舞》是流传于闽粤沿海一带的民俗民间舞蹈，自古被百姓看作是英雄的化身、吉祥的象征、驱邪镇恶的正义力量。凡是传统的农事祭神、迎神赛会、游春巡境、秋收庆丰，或是现在的节庆、迎宾、剪彩活动，都可以看到这既有浓厚民族特色和鲜明地方色彩，又富有时代气息和生活气息的英歌舞表演。关于其源流，史料记载稀缺，源流说莫衷一是。下面梳理了学术界较为认可的说法，概括如下：

1.《英歌舞》源流耙梳

第一，水浒戏曲说。《英歌舞》源于水浒戏曲，多是来自坊间艺人的口述记忆。相传汉戏南下潮汕普宁，出演《攻打大名府》的剧目内容，深得潮汕地区百姓的喜爱，当地便开始学习这种戏曲舞蹈，意为崇拜英雄的赞歌，《英歌舞》名称也由此而来。其次，《英歌舞》的造型与戏曲的扮相相似，演出前所祭拜的神灵亦是田都元帅。可见《英歌舞》的造型扮相和戏神崇拜均汲取了戏曲元素，"水浒戏曲说"有一定的道理。

第二，习武说。据中国艺术研究院学者王克芬考证，《英歌舞》的人物扮相大部分是梁山好汉，代表着农民起义军的英雄形象。[②]明末清初，战争频仍，特别是在东南沿海地区，反清复明情绪居高不下，抗争激烈。清政府遭受农民起义军反抗的挫败，

① 漳州市文化局编《漳州文化志》，闽南日报编印本 1999 年版，第 185 页。
② 王克芬：《中国舞蹈史·明清部分》，文化艺术出版社 1984 年版，第 104 页。

下令禁止民间习武。于是农民为了能避人耳目，闭门练武，把《英歌舞》这种带有武术性质的民间舞蹈发挥至极致，闽南《英歌舞》的表演形态融合了武术对打的花样套式，因此习武说具有一定的可信度。

第三，傩舞说。古时傩舞是一种驱鬼逐疫的民间祭祀舞蹈。据傩文化研究学者隗芾考证，《英歌舞》从傩舞变化而来，存在大量的傩舞元素。[①] 在脸谱设计上，其装扮大多与傩舞的鬼神面具相似，尤其后棚伯公、伯母的扮相与傩舞中傩公、傩母的扮相最为相似。表演形式上，二者绕境表演时发出的吼叫声亦是古代傩舞形态的遗存。道具演绎上，据普宁职校英歌舞队队员方梦熙介绍，领舞者手执的道具“手蛇”脱胎于古时傩舞仪礼祭祀者的茅苇长鞭，有鸣鞭驱鬼的功用。闽人自古以蛇为图腾，崇蛇舞蛇以驱鬼逐疫习俗至今尚存，可见道具手蛇与傩舞长鞭的功用相同。以上论断虽不可直接认定《英歌舞》起源于傩舞，但其保留了大量的古傩舞形态，与傩舞关系最为紧密。

由于文献记载缺失，以上三种源流说从各自的视角出发，均有其道理。笔者认为，它的起源是一种多元因素综合作用的产物。正如隗芾所言，《英歌舞》的“源”是古傩文化，其他学说则是“流”。[②]

2.《英歌舞》的现代演变

由古到今，民间舞蹈依附于民俗活动中，从娱神至娱人，其实用功能不断削弱，世俗化功能愈加显著。随着闽南民众社会生活与审美需要的变化，《英歌舞》的表演形态融入了现代舞蹈元素，愈加迎合现代民众的生活需求。

作为一种信俗场域下的民俗舞蹈，《英歌舞》承载着娱神娱人的实际功用。每当有岁时节令祭祀习俗时，《英歌舞》表演团体便会到每家每户进行“绕境”表演，以达到“驱鬼逐疫”的功效。当下民俗绕境表演已成为民间喜闻乐见、贺喜送吉的娱乐形式，诸如《英歌舞》多方面的革新，成为更符合现代审美的民间艺术形式。脸谱上沿用傩舞鬼神的画法愈来愈少，取而代之的是梁山英雄好汉的脸谱或是憨态可掬的傩舞形象。服装上也多采用戏曲服饰，而非驱鬼的道士服装。表演上舍弃了后棚表演地方戏曲片段的方式，这种种变化与现代社会的民间生态有着紧密的联系。随着时代发展，孕育传统文化的生态土壤已焕然一新，老百姓对于民间信仰从迷信转向俗信，信

① 隗芾：《傩文化在潮汕的变异形态》，《汕头大学学报》1990 年第 2 期，第 1—5 页。

② 同上书，第 5 页。

仰的物化表现也逐渐褪去迷信色彩，进化为一种更具观赏性的民间文化。《英歌舞》在新的文化土壤中获取了新的生命力，承载着独特的文化意蕴，彰显了闽南人的精神气质和审美意识。

（二）《英歌舞》的表演形态与特征

东山关帝文化节开幕式表演的民俗舞蹈《英歌舞》由引舞者、领舞者、群舞者108人组成，寓意着水浒108将。基本表演形态：108位梁山泊英雄好汉的装扮，脸谱文面与武面有分，各握一根彩色英歌槌，及时雨宋江司大鼓为总指挥，左队头槌是挂黑须的黑旋风李逵，右队头槌是挂红须的大刀关胜；二槌是豹子头林冲、行者武松；三槌是花和尚鲁智深、霹雳火秦明；还有玉麒麟卢俊义，双鞭呼延灼，青面兽杨志，九纹龙史进，小李广花荣，拼命三郎石秀，矮脚虎王英和男扮女装的一丈青扈三娘、母大虫顾二嫂等英雄人物。扮演者随着鼓点、螺号和吆喝声，左敲右击，不断翻转，行进式舞蹈，变换着阵势套路，“长蛇挺进”“双龙出海”“四虎并驱”“粉蝶采花”“孔雀开屏”……套式变化无穷，节奏时急时缓。热烈的鼓点、奔放的舞姿、威武的阵头、欢腾的气氛，给关帝祭典现场带来昂扬振奋的感受，激发人们弘扬关帝爱国爱民的英雄热情。

引舞者时迁的“起手‘∞’字式舞蛇”、表演者的“起手梅花跳跃式旋棍”（以下统称“基本槌”）均是《英歌舞》的基本表演动态。引舞者以舞蛇做“∞”字式扭转跳跃，领舞者和群舞者以基本槌为核心步伐，不断重复、发展、变化，结合不同组合的套式打法，呈现了纵横交错、错落有致的舞蹈表演画面。

1. 独特的角色舞技与豪放遒劲的舞蹈风格

第一，引舞者——时迁（见图4-15）。引舞者为梁山好汉“时迁”扮相，一般站于舞队之外，负责引领整支表演队伍的舞蹈动作。开场表演时，时迁以指挥官的身份出场，其右手擒住蛇头，左手握住蛇尾，以连续旋转式跳跃、双臂做横“∞”式摆动舞蛇，配合腾空跳跃式技巧引领整支队伍于关帝庆典的时空信仰场域中挥舞表演。

第二，领舞者——头槌（见图4-16）。领舞者为头槌李逵和二槌关胜装扮，位于舞队最前列，率领群舞者的表演。引舞者时迁负责开路引领队员至关帝庙前，表演时由头槌和二槌领舞推进。李逵和关胜听从司鼓者宋江的鼓点节奏挥棍起舞，以击槌和“吼声”领导群舞者的动作和队列变换。其双手时而以画“8”式作上下敲击，时而以“U”

图 4-15 引舞者时迁执蛇起舞

图 4-16 领舞者关胜、李逵挥棍起舞（方梦熙 / 摄）

图 4-17 《英歌舞》2019 年东山关帝文化节群舞表演形态图（作者 / 摄）

字型作左右敲击，步法上以后踢步或跑跳步为核心步伐，配以“吼声”做不同的舞姿表演，示意群舞者注意动作变换。领舞者带领群舞者以丰富的击槌样式和豪壮的吼声，成为闽南关帝信俗仪式表演场域下的艺阵亮点。

第三，群舞者——众梁山好汉。《英歌舞》表演人数一般为 26 人或 34 人，大型表演时人数可达 108 人，东山关帝文化节的《英歌舞》表演即为 108 人的大型表演（见图 4-17）。其中，头槌为李逵、二槌为关胜、三槌为鲁智深、四槌为武松、五槌为孙二娘、六槌为扈三娘、七槌为呼延灼、八槌为林冲[①]，余下的群舞者无固定角色，装扮统一，俗称“兵仔”。他们以领舞者的槌法和“吼声”为指令，以变换的槌法，洪亮的吼声，雄浑的脚步，配以复杂的对阵套路，有序地舞蹈着。

特色动作形态：以“双抛槌”最具震撼力和表现力。众舞者手执双棍，以右胯为起点，顺势从左上方向右呈“抛物线”敲击，而后甩击回到右胯，身体动态与挥棒方向一致舞动，配以跑跳步挥舞。独特的舞槌技法与身姿有机融合，呈现出英姿飒爽、遒劲有力的舞蹈风格。

2. 气势磅礴、和谐变换的对阵套路

传统的《英歌舞》队伍由前棚和后棚组成，当下只有以前棚为主体的表演，对阵套路复杂多变，一般分为大场和小场。小场表演采用踩街行进式，一般分纵队两列，手握双棍以基本槌配以跑跳步穿插行进。而表演者面朝关帝庙起舞属大

① 领舞者的槌次因队形变化而异。

场表演，阵法套式花样繁多，变换无穷，诸如“龙吐须”“双十阵”“四海升平”“阴阳八卦阵”等。

“双十阵”（见图4-18）即引舞者时迁坐镇方阵中心，以此为轴心，队员们以“双十字”方阵进行交错变换，呈现动态化的“双十字”方阵构图。

“四海升平”（见图4-19）即舞动方阵分散、汇聚形成“前后左右”对称的“四圆”图案，“四圆”在时迁引领下以顺时针方向舞动，呈现日月同辉的吉祥画面。

“阴阳八卦阵”（见图4-20）即时迁引领众舞者呈大圆圈场图，后由头槌带领一部分群舞者与二槌对接，形成并排两纵队向前推进，再以逆时针方向跑圆，其表演动态轨迹呈现出阴阳八卦阵的舞蹈构图。

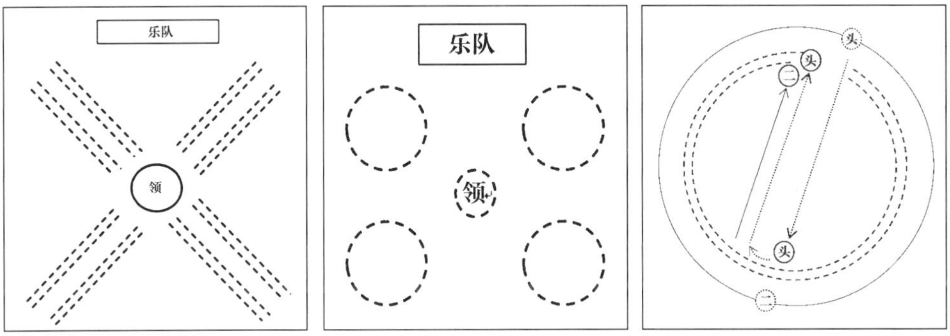

图4-18 双十阵法　图4-19 四海升平阵法　图4-20 阴阳八卦阵法

“英歌舞”三阵法图（陈楚璇/绘）

（注：㊀领—引舞者；头—头槌；二—二槌）

综上场图均通过引舞者时迁以“点”指引领舞者，领舞者以“线”带动群舞者，群舞者以“面”呈现出块状的队形变化。“点线面”相结合的对阵套式，展现出一种对称的和谐美，给人坚固的力量感。

3. 闽海独创的舞具特色

传统《英歌舞》的角色扮相有108将，小型的民俗活动表演场域队员一般为26人或34人，所持道具有英歌槌、手蛇、蒲扇。

第一，英歌槌（见图4-21）。男子快板英歌槌的规格长30厘米，直径3厘米。慢板英歌槌的规格略长，一般是53厘米。女子英歌队所持英歌槌与慢板英歌槌相似。表演者以基本槌、双抛槌、标槌、抡槌等击槌方式呈现给观众，形式包含双槌运转，正反扭击，左敲右击，上敲下打，背后敲，胯下击槌等，目标明确，敲击迅猛，极具技巧性和表现性。英歌槌以红白两色居多，两端绘有太极图案，寓意阴阳调和的传统理念。

第二，手蛇（见图 4-22）。手蛇是引舞者时迁专用，一般为布质，长度为 150 厘米左右。引舞者挥舞手蛇，融入舞者成为其肢体表达的延伸。据介绍，引舞者身份特殊，角色灵活，即兴而舞，动作变化多端，无固定要求。

第三，蒲扇（见图 4-23）。蒲扇一般由葵叶制作，是后棚伯公、伯母手中所执的表演道具。在夏长冬短的闽南地区，就地取材制作的蒲扇是人们必备的乘凉用具，可以扇热遮阳，民间艺人自然将其融入《英歌舞》的舞蹈表演中，便有了驱邪逐疫的寓意。

图 4-21 英歌槌

图 4-22 手蛇

图 4-23 蒲扇

上图均为方梦熙摄

4. 塑造人物性格的戏曲服装与脸谱

《英歌舞》的服装多是戏曲扮相的服饰，一般包括："盔头、帽子、头巾、衣、裤、裙、鞋、袜、披、肩、靠、带、手包、脚包等。"[①] 服饰的多样性赋予了人物不同的性格特征，展现出不同人物的精气神。诸如草帽、罗帽常为一般英雄人物所戴，将盔常为武将角色所戴，而角色中的女子一般穿绣花鞋，男子则穿草鞋。表演者的服饰是塑造人物形象的关键，如引舞者常穿有汉装布扣装饰的夸衣；武将着战甲装，有男靠、女靠之分。可见，不同的服装、配饰适用于不同人物的扮相以体现人物的不同性格特点。

《英歌舞》的脸谱既有梁山好汉人物的戏曲脸谱，也有鬼怪的彩扮脸谱。每一个角色的脸谱妆容都独树一帜，风格迥异。其中引舞者时迁的妆容富有特色，脸上饰以

① 隗芾、际云：《潮阳英歌舞》，广东人民出版社 2006 年版，第 103 页。

蛇形图案，从嘴角延伸至太阳穴上方，与执蛇寓意一致。领舞者李逵和关胜所代表的武将妆容与孙二娘所代表的文将妆容不一样，武将的面部结构用色与图案比文将强烈夸张，而文将的结构用色简单，图案较少，尽显儒将风采。因此，《英歌舞》的脸谱结构、用色与图案均有不同的寓意，代表不同的人物形象（见图 4-24 至图 4-26）。

图 4-24 引舞者时迁妆容

图 4-25 武将武松妆容

图 4-26 文将孙二娘妆容

上图均为刘佳斌摄

5. 富有闽海韵味的音乐色彩

《英歌舞》的伴奏乐器主要有鼓、钹、锣、钦仔等闽粤一带的民间乐器。其中钦仔状如平底锅，古时军队歇息时可用以烧水煮饭，是潮汕和闽南地区特有的古老乐器。这几种乐器合奏的锣鼓套路打法多种多样，形成不同的伴奏色彩，主要有快板、中板和慢板之分。风格不同，使用乐器不同，音乐色彩也迥然不同。一般快板英歌有“南山武派”“南山文派”和“对打套式”三种。对打套式也有快慢之分，其“打法”营造热烈的场面，节奏富于变化，如“××× ×× | ×× ××”前八后十六的节奏型，速度快，时值达 120—160，产生了独特的“壮争 争争 | 壮争 争争”的锣鼓经效果，营造出一种刚劲有力的音乐色彩（见谱例 4-3）。而“南山武派”的节奏富有潮州大锣鼓特色，附点节奏型“×·× ×× | × ××”与“×·× ×× | O× ×”的特色融入，时值速度达 120—180，形成“壮争 争争 | 壮 争争”的锣鼓经音效，热烈欢快、掷地有声（见谱例 4-4）。

谱例 4–3：《英歌舞》快板节奏型：热烈场面打法

2/4 1=120 至 160

大 鼓：	XXX	X X	X X	X X	XXX	X X	X X	X X	:
斗 锣：	X X	X X	X X	X X	X X	X X	X X	X X	:
大 钹：	X	X X	X	X X	X	X X	X	X X	:
钦 仔：	X	0	X	0	X	0	X	0	:
锣鼓经：	壮争	争争	壮争	争争	壮争	争争	壮争	争争	

谱例 4–4：《英歌舞》快板节奏型：南山武派打法

2/4 1=120 至 180

大 鼓：	X. X	X X	X	X X	X. X	X X	X	X X	:
斗 锣：	X. X	X X	0 X	X	X. X	X X	0 X	X	:
大 钹：	X	X X	0 X	X	X	X X	0 X	X	:
钦 仔：	X	0	X	0	X	0	X	0	:
锣鼓经：	壮争	壮争	壮	争争	壮争	争争	壮	争争	

三、《英歌舞》表演在闽南关帝信俗中的文化意涵

《英歌舞》表演形态的本体价值，与闽南关帝民间信仰文化息息相关。随着时代的发展演变，《英歌舞》逐渐转化为闽南关帝信俗场域下的祭典仪式表演，其内容与形式既秉承了中原文化的优秀传统，亦凸显了闽海的本土化色彩。

（一）《英歌舞》的表演形态诠释了关帝的儒家核心理念

调研发现，东山关帝祭典乐舞丰富多样，展演仪式流程庞杂，其中《英歌舞》表演在庄严的祭典仪式中，以其表演形态的文化符号表达了关帝忠义的精神理念。他们面朝关帝庙挥棍起舞，司鼓者及时雨宋江启鼓，左队头槌黑旋风李逵，右队头槌大刀关胜，二槌豹子头林冲、行者武松，三槌花和尚鲁智深、霹雳火秦明；还有玉麒麟卢

俊义、双鞭呼延灼、青面兽杨志等梁山好汉英雄人物，排场击棒跳跃而来。引舞者时迁以鼓点为指令执蛇指挥，头槌二槌根据引舞者的舞蛇动态与鼓点节奏，带领众舞者挥棍跑跳，变换阵容。音声雄浑、舞态多姿，阵式花样在同一时空场域中交织呈现，营造了关帝信俗时空场域下威武神圣的氛围。

从内容形式上看，传统《英歌舞》以梁山好汉营救卢俊义为表演内容，颂扬侠肝义胆的精神品质。当下表演内容不再局限于梁山好汉情节，可扮演各色英雄人物，讴歌英雄豪杰，颂扬仁义忠烈观念涵化于舞蹈动律与变换阵势中，直接影响着在场的观众。

从舞蹈动律上看，司鼓者启鼓开场，引舞者开路引领，领舞者以槌法和吼声带领众群舞舞动。舞蹈动律以基本槌为核心，进行重复发展变化，贯穿“跳、腾、转”的跳跃式技巧，配以“参拜步、站马步、后踢步”等脚下步伐，身法讲究“站如松、坐如钟、行如风”，整体展现出雄健威猛、肃穆威严的舞蹈气势。

从阵容变化上看，表演者面朝关帝庙而舞，演化出“纵队行进阵法”“双十交叉阵法”“四海升平阵法”等方阵表演。场面调度由引舞者以“点”指引，领舞者以“线”带领，众舞者以“面”呈现，“点线面”相结合，展现出一幅幅对称的队形图案。复杂多变，散而不乱，在动态变化中遵循着对称的规律，使表演队伍融入“万物为一体”的空间秩序当中，造就了一种稳定和谐的对称美。

从音声与道具演绎上看，音乐上以“××× ×× | ×× ×× | ××× ×× | ×× ×× | ×× ××”前八后十六的节奏型演奏，速度变化快，铿锵有力，掷地有声，给人以闽海风格的规律变化之感。表演者手中的英歌槌饰以阴阳图案，表达了阴阳调和的和谐关系。无论是以对称调度为主的阵法构图，还是音声舞律的整齐划一、错落有致，均与儒学所追求的和谐稳定一致，体现了强烈的秩序感，蕴含了闽南关帝神圣权威的信俗文化意涵。

如上所解析的舞蹈动律、阵容构图、音声场域，作为舞蹈意象符号，交织有序地呈现于关帝庙前，诠释着相应的儒家义理，即“至大至刚”的浩然之气[①]，反映了闽南民众祈求关帝神灵庇佑、崇尚真善美的信仰追求。

---

① 侯全福：《读儒家〈正气歌〉“养吾浩然之气”》，《华夏文化》2003年第2期，第31页。

（二）闽粤人文环境孕育了《英歌舞》的本土化色彩

闽粤沿海地区经过中原人口多次搬迁，文化与血统交织融合，造就了闽海民众儒雅豪放的特质。其倚山临海的地理环境和亦农亦渔的生产方式，铸就了沿海民众沉稳坚韧的性格。闽粤特殊的人文环境浸润了当地民众的人文精神，该人文精神涵化于《英歌舞》的创作表演体系中，孕育了民间舞蹈《英歌舞》的本土化色彩。

自古，闽南的东山、诏安、漳浦地区与潮汕地区一带紧密相连，同属一个文化圈，两地沿海民众所崇尚的忠义文化与其所处的地理环境和人文环境息息相关。明清时期，闽南关帝信仰迎合了儒家主流思想，其所代表的忠义文化深入人心，感染无数沿海志士和百姓。东山关帝庙主殿的石柱上刻着明代大学士、儒学大师、东山籍忠烈豪杰黄道周所题对联“数定三分扶炎汉平吴削魏辛苦倍常未了一生事业，志存一统佐熙明降魔伏虏威灵丕振只完当日精忠”，表达出对关帝忠烈刚正的赞颂与崇敬之情。再如宋代英烈文天祥，因抗元以身殉国，生前进谒双忠庙，题《沁园春·题潮阳张许二公庙》寄寓自身视死如归的坚定决心。先贤忠烈的榜样影响规范着本土民众的处事原则，如今闽粤沿海地区缅怀先烈义士的活动屡见不鲜，如潮阳双忠庙、闽南东山关帝庙，每年如期举办缅怀先烈的祭典仪式，香火不断，香客如流。历代志士豪杰在闽海大地上留下了可歌可泣的传奇故事，塑造了闽南民众崇尚正义的人文性格，自然也影响了民间艺人的舞蹈创作。由民众创生的《英歌舞》，以表现英雄豪迈气概见长，契合了关帝的忠义儒家理念，成为缅怀先烈祭典仪式上必不可少的艺阵表演，可见崇尚忠义、崇拜英雄的精神在民众心中滋生繁衍。

闽粤沿海民众敢拼敢闯、豪爽坚韧的个性涵化于《英歌舞》的创作表演体系中，使《英歌舞》显露出某些本土化色彩。内容上，当下《英歌舞》所展演的内容不再局限于梁山英雄情节，可扮演闽南本土的忠烈豪杰；动作上，表演者手持双棍，以“基本槌”为核心做上下左右敲击、胯下敲、背后敲的动作，糅进了南拳武术元素，与明清以来闽南民众崇尚习武以抵抗外侵、保家卫国的历史背景相契合；对阵上，表演者跟随闽粤独特的锣鼓点和吆喝声，在大型表演场域中可演绎 18 套队阵构图，整体散而不乱，编织出独具本土文化寓意的阵势构图，场面极其壮观。可见，从内容到形式，闽南民间舞蹈《英歌舞》以其刚劲雄浑的表演风格反映了闽海民众凛然正气、一往无前的精神风貌，与闽海关帝信仰所表达的忠义刚烈的儒家文化理念相吻合。秉承忠义精神渗透到闽海民众生活的方方面面，民众将富有英雄气概的《英歌舞》呈现在闽海关帝信俗仪式表演当中，既使得民间信仰与民俗生活相互交织，又体现了民众祈神迎祥的世俗化的民间信仰属性。

本节小结

闽南关帝信俗与仪式舞蹈依附于关帝信俗仪式而繁衍盛行，以《英歌舞》为代表的关帝信俗舞蹈最具特色，其表演形态、动律特征、舞表阵势、角色装扮、道具演绎、音乐色彩等意象符号有机诠释着关帝的儒家义理，彰显着神圣性与民间性的双重特质，这一形式的背后蕴含着闽南民众崇尚关帝忠义仁勇的人文品格，反映了祈求关帝护佑家园平宁、风调雨顺的美好期盼。研究当下闽南关帝信俗《英歌舞》经典舞蹈文化，深入剖析其特征意涵，揭示其发展规律，并以此理念将之推广运用于其他舞蹈文化的挖掘整理，可以为闽南关帝信俗与仪式舞蹈的保护传承提供一定的理论参照。

第三节 傩舞演绎、求吉祈福——戏曲舞蹈《跳加官》

傩舞《跳加官》又称《跳加官》《跳升冠》，是唐宋以来流传于民间的一种祈盼吉祥戏曲舞蹈傩仪。主要用于民间开业、开台、开庙、婚寿、祈福、节庆日“扮仙”，祈求盛世六和时的节庆祈福仪式，以期盼加官进爵、连登三级、官运亨通、精忠报国的古老民俗祈福文化活动，它融合了宗教文化、民俗文化和艺术文化，蕴含自然崇拜、图腾崇拜、鬼神崇拜、祖先崇拜等内容，是中国传统文化的重要组成部分，亦是中国戏曲舞蹈的活化石。

一、《跳加官》：闽南傩戏的演变与形象塑造

闽南傩戏《跳加官》源于古老傩仪，包含面具装扮、演剧的虚拟空间等戏曲本质元素，因而具有强烈的戏剧色彩，正如宋朝儒学大师、理学家朱熹所言“虽古傩礼，然近于戏”[①]。傩仪最早的功能在于驱疫逐祟，随着人们生存能力提高与生活环境的改善，傩仪的功能性质出现根本性转变。傩仪从宫廷走向民间冲淡了仪式的严肃性与规范化，同时也加深了与人们日常生活的联系，逐渐世俗化，成为保境安民、祈福还愿的重要手段。民众将以官为神、以神为官的观念融入“跳加官”傩戏之中，[②]形成一种祭祀的仪式性表演，具有祝愿加官进爵之意。

在中国传统戏曲艺术中，《跳加官》扮演的人物是道教神仙中的“天官”，而在民间传说中，“加官”的身份又有钟馗、魏征、狄仁杰等众多说法。据田野调查得知漳州地区“加官”扮演的形象多为狄仁杰。两岸戏剧大师陈世雄、曾永义教授在《闽南戏剧》中描述：“男加官，生行扮天官（宰相），身穿红蟒袍，头戴长翅乌纱帽或金貂，面戴有五绺黑须的假面具，手持玉笏”[③]（见图 4-27）。该描述与漳州文衡殿社庆中的歌仔戏《跳加官》表演一致。在泉州地区高甲戏界也认为加官扮演的是唐代名相狄仁杰。据厦门市金莲陞高甲剧团老师傅介绍，传说在武则天的一次寿宴上，狄仁杰有紧急本章要上奏，却又恐扫武则天雅兴，遂将奏文写在朝笏上，头戴面具，以祝寿为名起舞，将奏文呈递给武则天。[④]

图 4-27 《跳加官》乌纱帽、加官傩面具和朝笏（花现 / 绘）

①〔宋〕朱熹：《论语集注》，齐鲁书社 1992 年版。

② 汪晓云：《傩：从仪式到戏剧》，《民族艺术》2004 年第 4 期，第 63—72 页。

③ 陈世雄、曾永义：《闽南戏剧》，福建人民出版社 2008 年版，第 44 页。

④ 吴慧颖：《高甲戏“傀儡丑”技艺的整理与研究》，中国戏剧出版社 2020 年版，第 202 页。

概言之，闽南《跳加官》形象在服饰扮相上有以下特点：第一，与传统戏曲油彩脸谱不同，加官者表演时口衔富有民俗意涵的加官傩面具，笑容可掬，是古老傩仪在闽南地区的衍化；第二，傩形象与戏曲生角的扮相融合。加官者口衔缀有五绺须的傩面具，身着红色蟒袍，头戴乌纱帽，扮演狄仁杰形象，以生角科仪的身段表演有机融合，诠释世俗化的闽南戏曲傩形象与文化意涵。

闽南民间传衍至今的加官所扮人物属于道教神仙"天、地、水"三官中的"天官"，因表演程式有向观众展加官联"天官赐福""加官进禄"等吉祥祝辞，故称《跳加官》。

二、《跳加官》戏曲傩舞的艺术解析

经过历代艺师的不断丰富，《跳加官》已形成一套闽南戏曲独特的科步与形态。

（一）加官的动作形态：庄重威仪的加官神形象

以笔者调研的漳州文衡殿社庆的歌仔戏《跳加官》仪式舞蹈为例，发现其具有独特的动作语汇表达，立足于田野调研，将其主要动作解析如下：

1. 动作一：抖甩袖（见图 4-28）。加官以老生应工，头戴长翅相帽，身穿红蟒袍，口衔天官面具，手持玉笏。随打击乐锣鼓经，踱步状从戏台左侧出场，前行至戏台中央亮相。右臂向胸前曲肘起势，先由上而下，再由里而外抖甩水袖。左手用手腕和拇指将袖勾起，置于胸前，由内向外翻袖。抖甩袖动作重复三次，表示"一扫黎民灾苦""二扫奸邪作祟""三扫邪恶妖魔"，又展现加官神的威武形象。

图 4-28 抖甩袖

2. 动作二：涮腰请拜（见图 4-29、图 4-30）。加官面向观众，双手攥提腰间玉带，身体以腰为轴，上半身按"前—左旁—后—右旁—前"逆时针涮腰，重复三次，寓意"连中三元"；涮腰动作结束后，加官双手持立朝笏，大八字站立，向台前神灵与观众作揖请拜，表示向四方众神行礼，求得神灵庇护。

3. 动作三：推朝笏 + 展加官联（见图 4-31、图 4-32）。首先加官位于戏台右侧，

图 4-29 涮腰

图 4-30 请拜

图 4-31 推朝笏

图 4-32 展加官联

面向三点，左手理髯提肘，同时右手持朝笏顺右下斜旁腰方向，推朝笏三次。反之在戏台左侧，面向七点，右手理髯提肘，同时左手持朝笏，顺左下斜旁腰方向，推朝笏三次，简称“三十三”推笏动态。最后加官扮演者位于戏台中央，左手持加官联，右手持朝笏翻动加官联，依次展示“加官进爵”“合境平安”字样，同时右手往外挥动，意为把联上的“福气祥瑞”祝福挥洒人间。此时，请戏主人要上台接受“加官进禄”条幅，并回送一封礼银（俗称“加官礼”）。饰演天官者舞蹈道贺，飘然而下。主人把条幅放置宅院厅堂上以求吉祥如意。

以上为漳州歌仔戏《跳加官》的主要科仪动作，身段步态展现威仪大气的表演风格，漳泉《跳加官》表演基本相似。近年来泉州高甲戏《跳加官》表演有了新的诠释，诸如动作模仿提线木偶的表演身段富有雕塑感，夸张而不失稳重的表演风格，增加了庄重的仪式感[①]。

① 吴慧颖：《高甲戏“傀儡丑”技艺的整理与研究》，中国戏剧出版社 2020 年版，第 204 页。

（二）加官的音乐形态：欢快诙谐的锣鼓经节奏

《跳加官》没有唱词，以【慢加冠】【三不合】为主的锣鼓点贯穿，伴奏音乐为武平这一常见的锣鼓经节奏，详见如下：

歌仔戏 《跳加官》锣鼓经（节选）

2/4 欢快、喜庆

起介

各大 各 || 台 台 | 台儿 乃台 | 乙个 台 | 大 台 | 大 台 | 台 台 ||: 才 台 |

乙个 乃 | 台 大 | 台 大 | 台 台 :|| 大大 各 | 台·大 | 台·大 | 台 台 | 台 〇 ||

从以上《跳加官》锣鼓经谱例，分析其特有的伴奏特色：锣鼓经伴奏由司鼓、锣、铙钹构成。特制“加官”锣鼓曲牌，是戏曲原始表演之遗留。三种乐器合奏的打击乐风格欢快喜庆，与《跳加官》诙谐形象、仪式动作相得益彰。“加官”出场时伴随“| 台儿 乃台 | 乙个 台 |”的节奏型，增加了幽默诙谐的音响效果，为“加官”向鬼神献祭借台营造出神秘且富有动感的开场吉祥氛围。又如“| 大大 各 | 台·大 | 台·大 |”的附点节奏型运用，使锣鼓经伴奏的旋律更具跳跃感，风趣诙谐且富有变化，推动欢乐情感的表达，配合“加官”涮腰请拜、展示加官联等动作，表达天赐恩德，实现信众对加官进爵、合境平安的美好祈愿。

三、《跳加官》表演形态的符号意涵

（一）《跳加官》傩戏的形象与动作解读

闽南《跳加官》傩戏演员扮演宰相狄仁杰，表演时口衔加官面具，身着宋代官服，被赋予民间傩神的身份，成为沟通“人—神”交流的载体。笔者按此说法对《跳加官》动作的解析如下：《跳加官》表演结尾，加官者持朝笏“上指天、下指地”的动作，寓意“天知地知”，借以表达狄仁杰效忠皇帝的心意与作为。此动作的表达正契合了关帝忠贞不二的节操，亦与文衡殿殿前楹联“天下忠勇无双士，世上义气第一人”赞颂关帝义勇忠心的品格相衬，体现了文衡殿民众共事从商讲究信誉的道德准则。在关帝信俗的场域下，《跳加官》仪式舞蹈暗喻的“忠臣不事二主”的情怀，映衬了关帝事公以忠的道德标准。因此，关帝祭典仪式表演的《跳加官》仪式舞蹈，其蕴含的文化意涵在一定程度上是对关帝忠义精神的传递。

在泉州地区的高甲戏《跳加官》加官者手执的是“玉如意”。加官身段作科时，玉如意的执手形态亦有讲究与意涵：左手执玉如意示为“当”，右手执玉如意示为“朝”，双手执玉如意示为“一”，双手提玉带示为“品”，整个动态的连接即为“当朝一品”之意，展现“荣耀加身”之意涵①。在闽南地区庆关帝圣诞的仪式表演中，该动态契合了关帝在历代不断受皇朝加封的史实。关公受到了朝廷民间、儒释道教的一致崇奉膜拜。为此，在祭典中加官的表演动态塑造，与其说是提升关公形象的威严，不如说是民众把对武圣关公的崇尚涵化于民间戏曲《跳加官》的形象塑造和动作表演符号上，以在民间信俗场域中树立起威风八面的正义形象。

（二）《跳加官》仪式舞蹈动律意涵

《跳加官》仪式舞蹈动律蕴含“三”的天人合一理念：依上文《跳加官》仪式舞蹈的动作解析可知，《跳加官》的主要动作需要重复三次，如抖袖三次、涮腰三次、转动腰间玉带三次、推朝笏“三十三次”。“三”的动作贯穿表达正是古代圣贤对宇宙人生哲理的涵化，正如《道德经》曰：“道生一，一生二，二生三，三生万物。”可见，《跳加官》主要身段动作三次的重复运用，有其民俗意涵，旨在强调“三”的崇高地位，并以最虔诚之心为民众祈福纳吉。而《说文解字》又曰：“三，天地人之道也。从三数。”这里的“三”，意为宇宙（天）、地、人三层境界，体现的是宇宙、自然的运行法则与人生的意义，三者合一，即为“天人合一”。这充分体现了中国传统哲学观念中天人合一、顺应自然的和谐文化理念。此外，《跳加官》仪式舞蹈也是“人”与“神”之间的互动，演员扮演的加官形象代表民众与“天”互动，为民众求取功名、祈福纳吉，为社境驱邪净秽、保境平安，折射出“天人合一”的文化内蕴。

（三）《跳加官》舞蹈方位构图寓意

《跳加官》作为戏曲傩舞的一种，属于戏傩。在功能上，是古代傩仪的演变与衍生。歌仔戏“三出头”仪式中的《跳加官》既保留了古代驱鬼除疫的基本功能，又能满足闽南民众祈福安康的心理需求，与闽南民间信俗结合，兼具保境安民、护佑加官进禄

---

① 吴慧颖：《高甲戏“傀儡丑”技艺的整理与研究》，中国戏剧出版社 2020 年版，第 203 页。

的作用。据田野调查发现，《跳加官》的舞蹈场图呈现为“打四门”请拜作法（见图4-33），出场按“北—西—南—东”四个方位依次亮相身段造型。四个方形走位，既是让四方观众都能欣赏，从民俗学意义来看，又意喻着朝四方作法，俗称“打四门”，虔诚地向四方鬼神献祭借台演戏，从而使加冠演出完整顺利。表演者在方形戏台上朝四个方位的走位路线，呈现出圆形运动轨迹，这一舞蹈场图的表达是传达着“天圆地方”的上古宇宙观，营造“天地和谐”的时空场域从而达到“天人合一”的审美境界，表达了闽南民众对平安祥瑞的理想化追求。

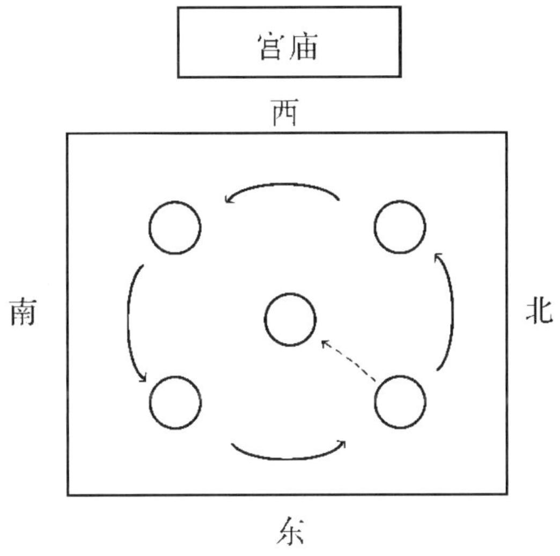

图 4-33 《跳加官》舞蹈场图（○代表表演者，→代表表演者运动轨迹）

本节小结

闽南戏曲舞蹈《跳加官》是闽南地区一种历史悠久的传统傩戏舞蹈遗存，保存着许多古老传统风俗，是进行艺术学、人类学、宗教学等学科研究的活化石。《跳加官》傩舞不仅展现了闽南仪式舞蹈的艺术风貌，更蕴含着闽南民众的理想追求。在关帝信俗的视域下，《跳加官》仪式成为“人—神”时空场域中的沟通媒介和符号载体，闽南民众将崇尚的关帝“忠义仁勇”之精神涵化在其角色扮相、主题动作、舞蹈场图符号之中，以表达自己的审美价值与理想追求，这正是闽南社会民众追求盛世祥和、生活圆满的心理写照。

第四节　踏火吟唱、咬旗阵势
——宗教舞蹈《踏旗花》

始建于明万历年间（1573—1619）的漳州市芗城区文衡殿主祀关圣帝君，世代传承着哪吒鼓乐仪式表演，每年农历五月十三关圣帝君降神日，六月二十四关帝君圣诞日，四月初九哪吒太子爷诞辰，十月初一、初二文衡殿社庆日，周边信众自备牲礼祭拜关圣帝君，信俗活动伴随着独特的哪吒鼓吟唱和踏火仪式，该仪式融合了闽台两地传统的吟唱和表演成分，其一边击鼓吟诵，一边表演咬旗的《踏旗花》舞蹈，是本社里的独特仪俗，蕴含着多元丰富的道教舞蹈文化内容，是闽南优秀传统文化的重要遗存。

一、《踏旗花》依附的仪式前奏：哪吒鼓乐“开坛”与“踏火”

漳州民间宫庙信仰的盛行、流传和良好的民俗生态环境造就了哪吒鼓乐仪式表演的产生与日渐繁盛。关于漳州哪吒鼓乐的起源并无史料记载，据文衡殿管委会主任林济民先生介绍，漳州哪吒鼓是明代时期从山西闾山传入漳州的一种仪式吟唱表演。哪吒形态取哪吒足踏风火轮蹈火之意，融合了古闽越族原生态巫术仪式，形成独具一格的民间信仰文化。开坛、踏火是哪吒鼓队演绎《踏旗花》舞蹈的仪式前奏。它主要分为以下四个部分：

（一）开坛开鞭仪式

开坛仪式开始，由社内德高望重的长者高举天炉（点燃着檀香，以净炉驱邪），从庙里到庙外，绕着供桌上的供品走一圈，后面紧跟另一位手拿柳枝和净瓶水的长者，对周围的信众洒净水。当长者举着天炉从庙外再回到庙里时，法长开始诵念《开坛开鞭咒》，咒词如下：

祖师为吾敕神鞭　本师为吾敕神鞭
一打神鞭天门开　二打神鞭地户裂

三打神鞭人长生 四打神鞭鬼神惊
五打三十六员大神将 六打六丁六甲到坛前

咒念之时，法长右手执鞭，朝左向地下甩六次蛇鞭。接着，哪吒鼓队边击奏手中长柄鼓节奏，边吟唱六首咒语，开坛开鞭动作合着鼓乐，营造了调营前驱邪避秽的肃穆氛围。

（二）调营安营仪式

调营仪式旨在调东、南、西、北、中、外六营天兵天将。（在台湾，调营一般只调五营，没有外营）调营仪式中，六营有相对应的统领神明和不同颜色的营旗，调六方营时的甩鞭次数也不一样。梳理六营调营矩阵仪式如下（见表 4-1）：

表 4-1 哪吒鼓调六营仪式矩阵

六营	所拜请神明	营旗颜色	统领军马（人）	甩鞭次数
东营	张公圣者	青色	九千军马九万	九
南营	萧公圣者	红色	八千军马八万	八
西营	刘公圣者	白色	六千军马六万	六
北营	连公圣者	蓝色	五千军马五万	五
中营	哪吒太子	黄色	三千军马三万	三
外营	黑虎将军	黑色	无数	十二

从表 4-1 中，我们可以看出，东西南北中外六营的调营仪式有着严谨规范的仪式矩阵：法长舞动相应色彩的营旗——甩动对应次数的蛇鞭——拜请所属的神将——调度所属的神兵军马。东营九夷军、南营八蛮军、西营六戎军、北营五狄军、中坛三秦军等六支神军，以抵御邪魔，以有形的动态符号营造了无形的六营保境场域空间。下面以调东营为例解析调营仪式概况。

1. 调营仪式

在宫庙门口处，身穿青色营头服的法长拿着东营青色营旗，左手握旗杆，右手横展旗面，俯身半蹲往前走三步，吸腿造型作礼状。随后法长面朝东方（该方向角落放着燃香天炉）开始甩旗，伴随哪吒鼓队吟唱的《调东营咒》音乐甩旗起舞：右手挥舞营旗，“横∞”状团旗数次后，做哪吒造型动作，右腿屈膝蹲，左腿前脚掌勾抬起，身体前倾，右手扬旗身后，左手哪吒“莲花指”身前屈肘；反之，哪吒造型动作，换左腿屈膝蹲，右腿前脚掌勾抬起，右手团旗于身前，左手哪吒“莲花指”向旁打开，手臂屈肘至耳旁。两个哪吒形态主题动作贯穿于仪式中（见图 4-34、图 4-35）。

图 4-34 哪吒形态的调营动作 1（杨秋萍 / 摄）

图 4-35 哪吒形态的调营动作 2（杨秋萍 / 摄）

从图 4-34 看出，调营动作形态：赤脚、屈膝、勾脚状如同哪吒脚踩风火轮、哪吒莲花指等，汲取融合了哪吒形态元素，具有浓厚的宗教气息。

2. 安营仪式

法长借助梯子把事先准备好的一束香和一面红色小旗子安插在庙东边的屋梁上，表示东营的九千军马九万人已经在庙宇东边界驻扎，在地上烧寿金，意为犒赏安营扎寨的天兵天将。插好界旗后，法长开始甩龙蛇法鞭（长约 4 米），右手执鞭朝左方地上甩，连续甩九次鞭，意为九千军马整装待发。如此便完成了东营的调营安营仪式。依此类推，后面调南、西、北、中、外营的仪式也用以上同样的作法表演仪式。

（三）做牙祭、饲马仪式

开坛第二天要做牙祭和饲马仪式。庙里提前准备好猪肝酒、三牲、青草、清水、黄豆。仪式在上午 11 点左右开始，六面营旗竖插于木架上，放置在庙门口。庙门前的供桌上摆放着三牲和 43 杯猪肝酒，依然是按照 9、8、6、5、3、12 的六营次数摆成的6份猪肝酒。龙蛇法鞭和虎爷神像也被请到了供桌上，且虎爷神像口中叼着一片生肉。牙祭仪式开始，位于供桌两旁的哪吒鼓乐队员们开始吟唱哪吒鼓乐，吟唱奏请庙里所有的神明。殿外殿埕备水桶一个，内置水、黄豆、青草，一位长者拿着空碗舀水，并放入数粒黄豆在碗里，另一手抓着一把青草。当哪吒鼓乐吟唱到某位神明的时候，长者就把青草、水和黄豆一并泼洒在殿埕，直至吟唱完毕，意为犒劳天兵天将的马匹。至此，做牙祭和饲马仪式结束。

仪式哪吒鼓乐所需的法器有：长柄手鼓、龙蛇法鞭（法绳）、马锣、天尺等乐器（见表4-2），官将旗1面、营旗6面、天炉1只、法印、镇符等。

表4-2 仪式表演所用法器的名称、形态及用途

项目 名称	形态	用途
长柄手鼓	扁圆形，中空，直径23cm，鼓帮高13cm，鼓面猪皮制成	通神、辟邪，用于击打，以发出鼓声、节奏
马锣	圆形弧面（直径29cm），响铜制成	与鼓点相配，增加伴奏色彩
天尺	令尺木做成的两个敲击乐器	与鼓、锣配搭
龙蛇法鞭	木柄上雕有龙头、蛇头状花纹，其下接有苘麻或棕榈等搓成的绳身与绳尾，状似龙、蛇	用于开坛、调营仪式，有鞭挞妖魔、辟邪除怪之寓意
天炉	圆形，有三足，响铜制成	盛放檀香末，用于熏陶避秽
营旗	分青、红、白、蓝、黄、黑六面旗	用于调营仪式

由表4-2可看出，哪吒鼓乐表演仪式需要人操作相关法器来实现仪式，借助这些法器使得仪式表演产生音声场域和特定内涵，使仪式具有独特的宗教功能和法力的效能，从而呈现出强烈的节奏感与庄严肃穆的宗教气氛。

（四）吟唱与踏火仪式

每年农历十月初一举行踏火仪式，整个仪式与吟唱交相辉映，营造出仪式交响的热烈神圣场域。

是时凌晨，要先钉路界以确定辟邪保境的范围。法长引导文衡殿哪吒鼓阵沿本社吟唱，至社里的东南西北中外六个角落路口钉镇符，意在驱邪。做完钉路界仪式后，大家合力把事先准备好的木炭倒在殿埕，用天然气点着木炭，六面营旗安插到社里六个角落，把文衡殿内的关帝及部将神像一一请出庙外安坐，并结合相应的吟唱内容：

1. 吟唱《黑虎将军咒》——营造黑虎将军巡水驱邪意象

这是旧时沿袭至今的习俗，文衡殿供奉的黑虎将军请出前往漳州东护城河巡游，哪吒鼓吟唱《黑虎将军咒》意为驱除水中的邪恶。吟唱节奏三拍子，长短句，咒词摘句如下：

拜请信州龙虎黑虎将，金轮元帅大将军。
阳山上，黑山上，上山骑猛虎兮落水斩蛟龙。
天上知我声，地下知我名。
日月统天照兮，鬼神见吾惊。
本受天师法令，救苦渡众生。
弟子一心专拜请，黑虎将军降临来。

2. 吟唱《哪吒调》《虎爷调》——黑虎、哪吒神像巡社

该仪式俗称“卖虎爷花”。哪吒鼓阵队捧着装满鲜花的红盘（桂花、菊花、茉莉花等），跟着黑虎将军、哪吒神轿到社内周边商店、居家吟唱《哪吒调》《虎爷调》，祈愿护佑居家，生意昌盛，并收取鲜花款，所收的款项用于文衡殿该信俗活动事象的开支。

3. 吟唱《旺火腾元帅》《雪山和尚雪门开》——踏火仪式

踏火是哪吒鼓乐最吸引人的仪式表演之一，它具有驱邪祈福之意。哪吒鼓阵队员赤脚围站于庙前埕的炭火堆前，手持贴有灵符的长柄手鼓吟唱《旺火腾元帅》。

待炭火堆燃起后，在黑色圣旗的带领下，哪吒鼓阵队员们跟随法长围绕着炭火开始吟唱《雪山和尚雪门开》，法长手持法器，口念符咒，将米和盐等驱邪的灵物洒向火堆，法长朝火堆喷一口水，拿符插入火堆，举着庙宇“官将旗”在火堆上方团旗挥舞，意为压火。

待炭火燃旺，法长用龙蛇法鞭开火路，哪吒鼓队队员及信众抬着神像绕着火堆走三圈，由法长带领，一一赤脚踏过火堆三遍。随即社里男丁或怀抱小孩冲过火堆。若是自家中有供奉神像，信众们也可端捧着神像过火，祈盼仙人显灵护佑家中老小。踏火有严格的禁忌：妇女不能踏火，唯男丁参加；家里有丧事未满一年的人也不能参加踏火仪式。第二天，信众用红包包炭火带回家里，放置在神像前祈求消灾平安，俗语曰“过火无事尾”。

二、特殊的迎送仪式表演——《踏旗花》的表演形态与意涵

每逢关帝神诞祝寿或社庆日，邻社兄弟庙哪吒鼓阵队都会前来祝贺，主客队进行迎送仪式表演，这种特殊的咬旗迎接移动式对舞形态，被称为《踏旗花》表演。

（一）《踏旗花》表演形式与目的

哪吒鼓乐以“咬旗”阵式为其表演的绝活，是漳州民间信仰遗存的古老吟唱表演。文衡殿哪吒鼓队是目前漳州市区仅存少数能演示“咬旗阵”的哪吒鼓队之一。每逢社庆日或关帝神诞日，邻社各阵哪吒鼓阵队都会前来祝贺并一展技艺。打锡巷文衡殿主祀关公，农历五月十三是关公诞辰日，文衡殿的兄弟庙就会来为其庆贺，届时会有很热闹的咬旗表演。文衡殿的哪吒鼓队作为主队，来庆贺的兄弟庙的哪吒鼓队则是客队。主队要在社口迎接，如果来不及组织阵式，必须派两人持贺灯迎接，称为“挡阵”。待各自鼓阵队到位后，双方的头旗手便会单手或双手左右团翻旗帜，舞动各自的黑色营头旗，脚上步伐随哪吒鼓队的鼓声节奏（节奏以三拍为主）的变化而变化。据文衡殿林济民先生介绍，两队哪吒鼓队最终以双方两旗打“十字型”重叠而示为亲热之谊。

哪吒鼓咬旗阵式为（见图4-36至图4-39）：纵队侧身屈膝行禹步，以头旗、天炉、哪吒鼓阵队、马锣顺序排列，客进主退，其间双方均为对称式，并吟唱同调不同词的鼓咒，展示各自的高超技法。当客阵进入殿内立两侧吟唱时，主阵应蹲于殿外两侧吟唱，客阵吟毕，执香行礼。拜关帝神明后，由客阵头旗在殿埕向殿内神明行鞠礼三次，双方哪吒鼓阵队依次退出，阵式为客退主进送至社口。

（二）《踏旗花》的主要动作和阵式

1. 队形阵式：行进中的两排纵队表演

咬旗时，哪吒鼓队以两排纵队并列形式往庙里行进，两队队员侧身屈膝行禹步，以交足蹲为主，移步，斜跨，两队的营头旗交错摇动。以“头旗→天炉→哪吒鼓队→马锣”的阵势顺序行走，边前行边吟唱，吟诵同调不同词的哪吒鼓咒，变换展示各自的表演技法。当客队进入殿内站立两侧吟唱时，主队蹲于殿外两侧吟唱，客队吟唱完毕，执香行礼，拜关帝神明后，由客队头旗在殿埕向殿内神明行鞠礼三次，后带队退出。

图 4-36 漳州文衡殿哪吒鼓“咬旗”庙前表演

图 4-37 哪吒鼓《踏旗花》咬旗走圆阵势

图 4-38 文衡殿哪吒鼓队出巡途中的围场表演

图 4-39 哪吒鼓队受邀厦门庙会《踏旗花》表演

上图均为林济民提供

2. 主要动作：大场中的咬旗走圆阵势

（1）侧身屈膝

基本动作以队员赤足侧身屈膝行禹步贯穿全程。

（2）客进主退的动作对舞

行进中，两个哪吒鼓队是客进主退的步法，客队队员左脚起步，交足蹲移动，以侧身左踏的交叉步态前行，主队队员则右腿先起步，同样交足蹲步态、后退行禹步，形成“客进主退”的动作对舞。

3. 咬旗“打十字”

两支哪吒鼓队在文衡殿殿埕围成一圈，边行禹步边吟唱哪吒鼓乐，绕殿埕若干圈后在原地停下，双方头旗手面对面，各持黑色营头旗，随着哪吒鼓乐的节奏，以“展旗”招式对舞，紧接着做面对面“请手”礼拜式：右脚向右踏，左腿勾脚状“后吸腿”，右手往右上边举营头旗。这个动势来回若干回合，最后双方的营头旗“打十字”，以示友好亲热之谊。该咬旗阵势以头旗为中心，其余哪吒鼓队以圆形为主要阵势，或蹲下原地击鼓吟唱，或绕圈侧身屈膝行禹步，形成圆心会聚的场域，风格较为粗犷。

（三）《踏旗花》仪式的符号意涵

1. 步法汲取禹步的宗教色彩

禹步最早是古代巫师跳神的步伐，巫师以此步召役神灵，因此人们也称之为巫步。哪吒鼓乐仪式表演中的禹步，是源于道教施术中的禹步，吸收其巫术表演步态，呈现宗教神秘色彩而逐渐发展而来。道教崇拜日月星辰，其禹步称为步罡踏斗，是因为与星斗崇拜相融汇①，尤重北斗七星，所以民间道法认为以此步态请神，可遣神招灵，获七星之神气，驱邪迎真。

笔者在调研中发现，不管是在吟唱还是咬旗表演中，哪吒鼓队的步态都汲取了一些禹步的成分，融合了本地道教法事的色彩，主要形态为呈屈蹲状交叉蹲行走移动，两队表演者依照“主退客进、客进主退”的路线规律，汇聚成一股凝聚力，这样的沉稳之势把在场的观众带进一种强大的场域中，在人们看来，这样强大的凝聚力和气场足以驱除疫疠，人们借此方式表达向神明祈求平安顺遂的愿望。

2.“咬旗”的仪式意涵

表现为两个方面：一是主宾队阵的迎送仪礼：诸如双旗“打十字型”重叠、请手礼拜式等对舞形态，即主队哪吒鼓在社口迎接客队的互相行礼之意；二是主客哪吒鼓队的斗鼓仪式：面对面以“展旗”招式对称挥舞，团旗后带领哪吒鼓队击鼓走圆等，用以模仿古时通过旗语调兵遣将，派遣关帝部将及其千军万马前来镇守驻扎，通过《踏旗花》的咬旗动作符号，传达具有超人力的自然神力，代表了天神的意志、指令，既能抵御自然灾害、呼风唤雨，又能驱鬼避害；既能保佑人的安全健康，又能成为联系神仙与凡人的媒介，给予民众更多的希望。

① 熊永翔、王进、谭超：《道教禹步论》，《湖北社会科学》2010 年第 4 期，第 109—110 页。

三、《踏旗花》的背景音乐——哪吒鼓乐吟唱

哪吒鼓乐是漳州民间信仰遗存的古老吟唱表演。从音乐角度上看，漳州市区文衡殿吟唱哪吒鼓，乐曲来源大都吸收古代民间歌曲。乐曲非常丰富，除了保存一些已经濒临失传的乐曲之外，还为当今社会保留了很多民间歌舞曲中极少有的三拍子乐曲。哪吒鼓吟唱乐曲介于漳州古老吟唱歌谣与民间歌曲之间，是漳州民间歌曲的雏形，击打的乐声规模壮观，气氛雄浑粗犷、古朴热烈。哪吒鼓阵队员们以敲击贴有灵符的长柄手鼓，在马锣、天尺等乐器伴奏声中吟唱漳州腔哪吒鼓乐，与表演的“踏旗花”交相辉映，成为联系沟通“人—神”的乐舞符号媒介。

（一）哪吒鼓乐咒语的特色

1. 鼓乐法器（乐器）与意涵

如表 4-2 所示，哪吒鼓乐仪式表演需要人操作相关法器来实现，借助这些鼓乐法器（现代音乐称“打击乐器”）使得仪式表演产生音声场域和特定内涵。

常见的法器配合与功能意涵：

（1）大通鼓一面：指挥引导的主节奏。

（2）长柄手鼓（亦称哪吒鼓）24 面：均为清末漳州蔡福美鼓铺制品（蔡福美已被列入国家级非遗）。哪吒鼓的声音，民间认为具有通神和驱邪的功能。民间艺师对击鼓颇有讲究，可以打出“风云雷雨”的模拟音响，且能配合道法经韵板眼，谓之“花点”。

（3）马锣：马锣为韵律伴奏。

（4）天尺：多为初学哪吒鼓者使用。

（5）法绳：又名“龙蛇法鞭”。头部木柄上雕有龙头、蛇头状花纹，其下接有苘麻或棕榈搓成的绳身与绳尾，俨然像一条完整的龙、蛇。龙头、蛇头涂有朱漆，上有八卦图案，法师道长行使法术时紧握龙蛇头，用力抽打地面，意为鞭挞妖魔、辟除邪怪。

（6）灯笼：具有招请各路神明降坛的含义。

（7）头旗一面、天炉一只：黑底绣龙图案的头旗标识文衡殿关圣帝君字样。天炉用于熏陶避秽。

以上（1）—（4）的法器（乐器）敲打都有各自固定的节奏规律，构成了“法器板式”。

2. 鼓乐节奏与句型

如前所述的大通鼓、长柄手鼓、板（天尺）、马锣等哪吒鼓乐器合奏的乐曲有二拍子、三拍子、四拍子，有紧、慢、中板。哪吒鼓乐可分为引子与正曲，引子属于散板，正曲有规律式节拍。如果从曲辞的结构来看，可分为诗文体以及散文体，诗文体中最常见的是整齐的句型，其中以七字四句体居多。

3. 鼓乐咒语的功能

从功能上看，哪吒鼓乐所吟唱的咒语在仪式中被民众寓意为具有祈福保安、增益开慧的功能，通过吟唱哪吒鼓乐使民众置身于其中，有保持民众心理平衡和生活信心的文化功能。从内容和结构上看，哪吒鼓乐的咒语均是以“觐请”或“拜请”开头，以“神兵火急如律令”结尾，按照道令执行，在语气上有违规必究的意味，继承了道教巫术咒语的结构和特点。

（二）鼓乐吟唱结构及旋律色彩

从宗教的意义上来看，咒语的结构表明它是托于神授，同时也具有神效，它反映了道教咒语的施行与其整个神仙谱系是紧密相连的，具有浓厚的宗教色彩和中国传统文化特色。

漳州哪吒鼓乐具有宗教性、歌唱性的特点。在仪式表演过程中，哪吒鼓乐在开坛、调营、踏火、结界等仪式中的吟唱蕴含着神秘的宗教色彩，其丰富的吟唱结构及旋律使其具有鲜明的歌唱性。

漳州哪吒鼓乐是漳州民间信俗传统遗留下来的音乐精灵。它用漳州腔吟唱，其乐曲介于古老吟唱歌谣与民间歌曲之间，是民间歌曲的雏形，易于唱诵，同时它保存了一些已濒临失传的乐曲。除了三拍子之外，也有二拍子和四拍子，又分为紧、慢、中板。下面以《拜请恩主关圣帝君》《拜请常山赵将军》为例，从衬词、旋律、节奏等方面分析哪吒鼓乐的音乐特色。（附谱例 4-5、4-6）

谱例 4–5：《恩主关圣帝君》

恩主关圣帝君

唱诵：漳州文衡殿哪吒鼓乐队
采谱：郑玉玲

1=♭B

中速

谱例 4–6：《拜请常山赵将军》

拜请常山赵将军

唱诵：漳州文衡殿哪吒鼓乐队
采谱：郑玉玲

1=A

中速

1. 衬词衬腔

从谱例 4-5、4-6 的唱词中，我们可以看出，唱词中加入辅助唱韵的衬词，例如“呃”“哪”“啰”等，像是在说话一样，吟唱结合，散发出闽南漳州腔体独特的音韵色彩与抒情性神韵。再加上是男丁齐唱，声音浑厚，合着漳州蔡福美特制的长柄鼓点与马锣、令尺合奏，自然而然地把听众带进一种古朴热烈的氛围当中。唱词和衬词有机融合，再现古诗词的吟诵韵律。

在这段咒语中采用衬词衬腔，对渲染吟唱气氛、活跃吟唱者的情绪以及加强吟唱节奏和语气、烘托吟唱旋律及其闽南腔韵，等等，起到十分重要的作用，进一步增强了吟唱的表现力，使哪吒鼓乐更具有歌唱性，咒语吟唱结构更具完整性。

2. 旋律特色

哪吒鼓乐的大部分唱曲都是单曲重复，循环式多段体旋律，这和漳州锦歌的单曲重复、南音的叠曲是大致相同的，即相同或相似的旋律配上不同的唱词，重复旋律吟唱直到结束。[①] 如上《拜请恩主关圣帝君》《拜请常山赵将军》亦是如此。诸如：谱例 4-5《拜请恩主关圣帝君》（见如下唱词）：每八小节为一个单曲旋律，配合两句为一组的唱词。“单曲旋律不断重复 + 相应唱词”，依此类推，同一单曲旋律重复四遍，套上不同的唱词，形成四个循环式多段体旋律。

唱词：请恩主关圣帝君，爵加五虎第一尊。（第一段单曲旋律，八小节）
身骑赤兔追雷影，刀偃青龙似雪光。（第二段重复单曲，八小节）
桃园结义高山岳，誓同生死共刘张。（第三段重复单曲，八小节）
开旗剿灭黄巾贼，勇猛扬名播四方。（第四段重复单曲，八小节）

当然，根据唱词的不同，在某些音上适时加了点装饰音或者节奏型的小变化，以强调闽南语唱词韵味。

基于闽南语循环式多段体旋律，哪吒鼓乐具有易于传唱、朗朗上口的特点，向关帝祈愿时就像是在说话一样。用这样且歌且诉的方式表达出来，满足了闽南信众祈求平安的愿望。

① 龙逸：《漳州哪吒鼓乐的音乐传承》，《闽南师范大学学报》2016 第 4 期，第 18 页。

3. 节奏特点

（1）乐曲节拍的多元化的节奏特色。漳州哪吒鼓乐有二拍子、三拍子、四拍子，速度有快、中、慢板，如《拜请恩主关圣帝君》是四拍节奏，《拜请常山赵将军》是三拍节奏，《昊天御史吴大帝》是二拍节奏。四拍子的强弱规律是强、弱、次强、弱，具有宽广、稳健的特点，表现崇尚关帝的宏伟、豪迈、庄严的情绪特点。《拜请常山赵将军》是三拍节奏，节拍规律是强、弱、弱，具有流畅、灵活的特点，体现出塑造关公部将赵云将军英姿焕发、铁血英雄的热烈激昂的音乐氛围。

（2）伴奏乐器的合奏音效，追求闽南传统乐器的古朴音质，以国家级传统工艺漳州蔡福美制鼓技艺的哪吒长柄手鼓为主要乐器，配合马锣、令尺的合奏，节奏古朴热烈、节奏鲜明，营造出富有漳州韵味的锣鼓经（如三拍子节奏型）。

《哪吒鼓乐》三拍子节奏型

3/3 激昂、古朴

长柄手鼓：	咚 〇〇	咚 〇〇	咚咚 —	咚咚 —	咚咚 —	咚咚 —
马　锣：	匡 〇〇	匡 〇〇	匡匡 —	匡匡 —	匡匡 —	匡匡 —

本节小结

哪吒鼓乐《踏旗花》的表演是漳州民间信仰的活化石，是闽南珍贵、独特的非物质文化遗产，明清以来随闽南移民传入台湾，形成闽台两岸共有的传统艺术，是海峡两岸传统文化交流与认同的重要纽带。哪吒鼓乐仪式及《踏旗花》舞蹈表演传承的载体主要是人，广大民众是传承哪吒鼓乐《踏旗花》仪式表演的主体对象。近几年来备受相关文化部门关注，特别是从2009年文衡殿哪吒鼓乐申请省级非物质文化遗产项目成功后，更是在传承上得到了进一步的完善，但还有待传承保护的升级。首先，在软硬件措施上，政府要加大人力、物力、财力的投资力度，高屋建瓴、规划布局。政府相关部门要牵头制定中长期的传承发展规划，开展顶层设计，制定明确的传承措施和目标，把哪吒鼓乐的传承发展列入政府的文化保护规划发展项目当中，让哪吒鼓乐这一民间表演艺术更加发扬光大。其次，文化教育部门要重视对传承人的保护并给予优厚待遇，让其有传扬的热情与生态环境。加强艺人进校园的传承工程。最后，地方联合高校进行深度整理研究，开展哪吒鼓乐《踏旗花》的多维保护与研讨项目，深层次挖掘哪吒鼓乐的原生态艺术保护与传承规律。除此之外，还要发挥中小学校的音乐舞蹈艺术师资的专业优势，开展哪吒鼓乐《踏旗花》的创新表演与乡土教材编撰，在遵循原生态的表演方式、保持内涵不变的前提下，加以创新创作，融入新元素，进一步丰富哪吒鼓乐及《踏旗花》舞蹈的文化内涵，使其更易于为年轻一代学习和接受。从多维层面让年轻一代了解哪吒《踏旗花》符号承载关帝文化的功能意涵，讲好闽南文化故事。立足弘扬中华优秀传统文化的视野，进一步做好两岸融合项目之一的《踏旗花》表演体系的整理与传承合作，有效发挥其在增进海峡两岸同胞文化认同的纽带作用。

第五章 闽南关帝仪式舞蹈的文化阐释

本章共分四节，将从闽南区域民俗事象中观照祭关仪式舞蹈的文化内涵，通过对闽南关帝信俗与仪式舞蹈的文化解读，探讨其创造、传承和演变过程中形成的文化结构，从表层的形态特征揭示其背后深层的文化意涵；梳理明清闽台关帝祭典乐舞在闽南社会的承继与人文阐释，进而阐释闽南传统艺术形态中的关帝形象塑造及其文化意蕴；借鉴哲学、美学、艺术学等学科视野，对闽南关帝信俗与仪式舞蹈的宗教哲学、文化内涵与现代价值进行多层面解读。

第一节 明清闽台关帝祭典乐舞的承继与人文阐释

关帝祭祀乐舞在明清时期达到国家祀典的最高规格，承载着弥足珍贵的中国古代乐舞文化遗产，历经明清以来400多年间的因革损益，积淀并转化为现代闽台地区民间信仰中存续的祭典仪礼，成为闽南“敬崇关帝”的主要仪式。笔者基于对闽南、台湾的田野调查与文献爬梳，以东山、宜兰关帝祭祀为研究个案，从三献仪式雅乐的时空重构、释奠佾舞的舞容舞意等方面阐释明清传统国家祭祀雅乐与当代闽南民间信俗仪式展演相互印证的乐舞形态，表征为镶嵌在特定时空语境中的社会文化现象。剖析祭关乐舞的音声舞律意涵，印证两岸祭关乐舞的承继关系，可以为闽南关帝祭典乐舞的恢复再造和两岸亟待复兴的明清雅乐遗韵的交流建构提供理论参照。

一、明清闽台关帝祭典乐舞的承继

明清闽南祭关乐舞“制礼作乐”的传统至今在闽南地方社会得以承继。调研发现，时至今日闽南关帝祭典“三献礼”仍保持明清时期“初献、亚献、终献”的中心结构，“三献古礼”涵盖的八音雅乐、五声十二律体系、释奠干戚佾舞等传统表达范式虽几近凋零，但民众的坚守和相关部门的重视使之处于逐步恢复状态。诸如东山关帝祭典礼乐的恢复发展过程：明清至民国时期均延续“三献礼”祭仪；1939 年关帝庙被日军轰炸，祭典中断；1995 年祭典恢复，经多方努力，东山祭典仪礼乐舞重构展演经过三十年来的实践，逐步恢复。如东山潮乐奏鸣社、台湾基隆铜陵关帝庙乐团曾合作演绎，重现“‘三献礼’+‘三献乐’”的雅乐乐章；“释奠佾舞”和改编的闽南特色舞蹈融合形式在关帝庙祭祀三献礼中呈现。一年一度的海峡两岸（福建东山）关帝文化节至今举办了三十届，在恢复重现明清三献祭典仪礼上作了不懈的努力。泉州地区通淮关岳庙的祭关乐舞同样延续了明清时期的“三献礼”祭仪和雅乐佾舞表演。2010 年泉州举行了第二届海峡论坛·台湾百家关帝庙信众福建谒祖会香暨“泉州首届海峡两岸关帝文化节”，祭典活动在泉州通淮关帝庙广场隆重举行，来自海峡两岸的千余名关帝信众依照古代祭拜关公的程式：乐舞告祭、献太牢、献爵、献肴、行祭拜礼，祭拜关公，表达崇敬之情。至此，泉州每年均举行海峡两岸关帝文化节，在保留传统祭典基础上，进行了创新呈现。

闽南关帝仪式祭典伴随着历史的足迹，书写着浓墨重彩的乐舞文化，明清时期亦随闽南移民播植中国台湾地区。数百年来闽南人把祭典乐舞、庆寿献戏、元宵祈愿、迎神赛会、祭祖挂香等崇祀关帝之仪俗传播台湾各地。据《台湾寺庙大观》载：“全台关帝庙都是明清时期从闽南东山岛的铜陵关帝庙分灵过去的。”宜兰礁溪协天庙即是东山分灵而建的台湾关帝祭典代表。经调研发现，宜兰礁溪协天庙至今较好地保留着明清闽南祭关乐舞的传统仪式，且每年的东山关帝文化节必来祖庙谒祖进香和参拜祖庙祭关大典。可见，关帝祭典已成为海峡两岸弘扬中华传统文化的共同盛事，并书写着两岸一脉相承的祖根文化情缘。

二、三献雅乐仪式蕴含"和"乐思想，营造神人交流的时空乐场

礼制雅乐和佾舞展演之本体，在当下与闽台社会的礼乐文化信仰"实践"依附共生，表征为镶嵌在特定时空语境中的社会文化现象。笔者通过调研访谈，查阅清代《皇朝祭器乐舞录》第三册之开篇《关帝庙典礼》①，梳理出古时闽南依清代颁制的关帝祭典仪式流程、雅乐佾舞内容及其意涵（见表 5-1），以期为现今更好领悟祭关雅乐佾舞的文化内涵，尽绵薄之力。

表 5-1　清制关帝祭典三献礼祈福仪式流程、雅乐佾舞及阐释

仪式流程	雅乐章（乐生）	曲风	佾舞（舞生）	仪式意涵
迎神礼	格平之章	至平平和		以庄严神圣的仪式音声迎接各界神祇来欢庆
初献礼	翊平之章	维护平和	武舞：干戚六佾	舞干戚展示武得天下、维护平和的地方家园期许
亚献礼	恢平之章	广大平和	武舞：干戚六佾	舞干戚合宫悬展示对闽台地区和平的美好期望
终献礼	靖平之章	安静平和	文舞：羽籥六佾	舞文舞展示文治天下的世界和平期望

如表 5-1 所示，清代关羽祭祀规格隆重，雅乐编制和佾舞献礼为历代最高规格。乐舞为祭礼的核心载体，有着严格的制度性、规范性与程序性。透过雅乐佾舞的渲染宣化，以关羽"忠义仁勇"为内涵的神圣文化符号，在闽南民间社会代表着调整义利的伦理尺度，成为一种官方与民间都奉行的文化传统。② 笔者认为关帝释奠乐舞具有如下两个特点：

① 〔清〕严树森、徐畅达辑：《皇朝祭器乐舞录》，崇文书局，同治十年（1871）刻印本，第 3 册，第 1—27 页。

② 田海林、李俊领：《"忠义"符号：论近代中国历史上的关岳祀典》，《山东师范大学学报（人文社科版）》2012 年 1 期，第 87 页。

（一）雅乐佾舞符号传递“人→乐←神”的双向和谐关系

如表 5-1，明清关帝“忠义”乐章层层递进，与礼相映，以有形音声的唱响，达无形神圣的时空营造。仪式“初献→亚献→终献”构成的三献空间，融入“翊平→恹平→靖平”乐章的音律符号，再与“舞干戚、舞羽籥”的佾舞符号相互交融与对话，形成了既有宫廷礼乐又有舞蹈情景的礼仪意象，诗、舞、乐的结合提高了祭关仪式的技艺美和观赏性。雅乐音律乐章合着“赞歌生数十人”“佾舞生 36 人”而奏，诗、舞、曲三位一体的格局诠释着儒家“大乐与天地同和，大礼与天地同节”的“和”乐思想，营造神人交流的时空乐场。关帝释奠通过雅乐佾舞的符号载体，来传递“神与人”的交感过程，以达“人→乐←神”的双向和谐关系。

（二）闽南歌仔（锦歌）在闽台关帝祭典乐场的创腔融入，形成新的表意方式

闽南歌仔（锦歌）是由漳州一带的乡土歌曲民谣衍生而来的一种曲艺唱曲形式，明末清初随闽南漳籍移民传入台湾，主要传播于台湾东北部的兰阳平原。据 1926 年宜兰三郡“宜兰”“罗东”“苏澳”的籍贯调查，宜兰地区 92.95%为漳州籍，是漳州移民密度最高的区域，[①] 故闽南歌仔（锦歌）播植宜兰后糅合本土音乐元素成为该地区盛行的本地歌仔，是宜兰民众闲暇之余怀乡念土的重要曲唱形式。经调研发现，清制关帝祭典乐场中的闽调曲唱在闽南地区日渐被现代音乐替代而几近凋零，反而在宜兰礁溪保存尚好。自清代由东山分灵台湾宜兰礁溪协天庙的关帝典礼“乐场”融入的闽南歌仔曲唱在近代民间社会变迁中不断进行着本土化的实践重构。台湾宜兰礁溪协天庙关帝典礼为了增加热烈气氛，在“行上香礼”万民朝拜时，仪式场音穿插闽南民谣、本地歌仔调改编而成的《武圣赞歌》，该赞歌按本地歌仔的唱腔设计出“每首四句、每句七字”的七言四句诗体，以【古早七字调】为主调创作而来，用漳州歌仔（锦歌）的唱腔演唱；在庄严的释奠典礼中注入闽台本土音调行腔传情达意，朗朗上口，人人会诵，将明清乐舞传统和地方特色有机融合；演唱者声音嘹亮、音色高亢，活泼多样，使祭典时空充满了对关公忠义精神的敬贺之意。

综上可见，在此仪式音声的建构空间里，共同塑造了一种神圣氛围，烘托并强化

① 郑玉玲：《歌仔戏的雏形——台湾宜兰本地歌仔研究》，《闽南师范大学学报（哲社版）》2016 年第 1 期，第 8 页。

了祭祀过程的含义，意在祈求“维护闽南家园→闽台两岸→世界和平圆融”的期许。现场祭祀参与者在神圣音声的环绕下，进入圣凡一体的神圣场域中，其行为举止与心境自然受其感发而内化为向善之心[①]。依附信俗仪式的雅乐艺术符号和感化现实、馈饴后世的表达范式，不断受本土文化的浸润，形成一种在闽台地区有着承继关系的稳定传承主体和足够生存空间的社会文化风俗。

三、发扬蹈厉的释奠佾舞符号蕴含阴阳畅达、万物昌盛之意

闽南及传入台湾的关帝祭祀佾舞承袭我国古代《武舞》（干戚舞）衍化而来。如今《武佾舞》在闽南几近失传，却在漳州籍移民为主的宜兰民间宫庙得以承继。释奠佾舞薪传良好的宜兰礁溪协天庙创建于清嘉庆年间，其《敕建礁溪协天庙志》明确记载着当年从东山祖庭分灵入台的史实：“清初漳州人林枫自铜山分灵回乡雕塑金身，春秋致祭，嘉庆九年（1804）其后人林应狮迎神携眷渡海抵台，率众人垦葛玛兰（宜兰），卜居礁溪，并在此建庙奉祀。”[②] 下面以礁溪祭典呈现的《忠义乐章佾舞》为例，分析其佾舞动律表达、音声舞律意涵，窥见闽台一脉相传的乐舞承继关系与文化内涵。

宜兰礁溪协天庙每年的祭关佾舞均由宜兰中小学负责表演，秉承学校传承传统的责任，把从闽南播植台湾的奏乐、歌唱和佾舞祭神体系，通过中小学师生的参与实践得到有效薪传。由十六位礁溪中小学生扮演关家军，依古礼身穿象征关帝的青色长袍、革黄腰带，左手持“关・义气参天”字样之盾，右手执长柄斧头之戚，在击鼓三通后，依典礼程序“进场、就位、合着三献礼乐章表演”。庄严肃穆的祭典进行时配合着歌、舞、乐齐演，展现出宜兰民众对武圣关公的高度崇敬，并发挥了极高的本土性人文素养。

（一）舞之以序的进场、就位表演形式

进场步法形式：舞生以两纵队入场，行走武生虎步至乐舞区。先“两两成行”再依“双龙出水”分流成“4×4”行列的四佾舞方阵，在流动路线中“置阵布势”，出场营造忠义勇猛、中正绥安的肃穆气象。

---

① 李瑞祥：《传统国家祭祀雅乐的人文阐释——以台湾祭孔雅乐的本土化实践为例》，《世界宗教研究》2019 年第 3 期，第 103 页。

② 黄文博：《站在台湾庙会现场》，台北常民文化出版社 1998 年版，第 120 页。

就位表演形式：佾舞生随【忠义乐章】，按照乐章歌诗中每字、句的含义，每小节四拍一字一音，做一个动律元素。每乐章共跳六十四小节为一个完整的舞蹈组合。武生合着庄严雍容的乐曲舞动干戚，遵循着“应天地之和，合阴阳之序”的音声舞律之序。

（二）舞蹈动律遵循“一字一律”舞节，传达“仁义礼智”意象

关帝武舞动律遵循“一字一律、一音一舞”的舞节，在庄严肃穆、中正和平的乐音中，展现“刚劲稳健、舒展从容”的舞风，强调乐舞都必须在节奏的规定、规范下达到有序状态，符合礼乐舞节的要求。

舞生佾舞动作一字一势、一音一舞，“前弓步、并步”等脚下动作稳健、步伐简易；操盾戚“前伸→后射→双举→平伸”等手姿形态，舞容庄严，整齐划一，精准干练。①动律要领。武生手执干戚，按照“举、伸、指、进、攻、守、致、胜”的八大要领，配合形体的弓步、开合、吸腿、揖让、跪拜、转身、鞠躬等动作，呈现盾戚“双举平伸、开合上下、盾平进戚、戚平进盾、戚后射盾、盾举戚射、转戚伸盾、弯盾戚举、盾戚推进、盾戚上举”等舞具动态，营造令人肃然起敬的关帝威武显赫的场景。②回转动律的贯穿。汲取明代舞学家朱载堉的“上转、下转、外转、内转”四个转向和“转初、转半、转周、转过、转留、伏睹、仰瞻、回顾”八个动势进行重组变化发展，传达四转为“仁、义、礼、智”四端及三纲五常的舞蹈意象，展现了深刻的哲理。

（三）音声舞律秉承中国传统音律与阴阳体系相通的哲理

在中国传统文化里，五声（宫商角徵羽）属于五行学说范畴，它与五行（土金木火水）、五方（东西南北中）有着一一对应的关系。《汉书·律历志》对五声之宫的阐释：“宫，中也，居中央，畅四方，唱始施生，为四声纲也。”[①]《懿平之章》以五声之宫起音“开门”，对应着五行之“土”和五方之“中”，匹配“正前弓步 + 盾戚前伸”的表演，包涵着阴阳演变过程的基本动态，蕴含着阴阳畅达、万物昌盛之意。这种顺应天地万物之体性的“五声 + 五行 + 五方”的和谐关系，体现在人就是仁、义、礼、智、信的五种德性，此音声舞律的非语言文字符号形塑着武圣关帝的神圣权威性，亦诠释着儒家文化对社会民众的心理暗示、思想导引。

① 袁禾：《中国舞蹈意象论》，文化艺术出版社 1994 年版，第 210 页。

佾舞运用古代哲学十二律（阳律、阴律）和十二月、十二时辰（阳辰、阴辰）契合五行七星八卦的对应规律，建立了六律六吕、八音、五声和舞律关系，赋予佾舞进退屈伸的动作符号意涵。明代乐律学家李文察在其撰著的《李氏乐书六种》中曰："阳辰则舞自魁而之杓，阴辰则舞自杓而之魁；盖阳辰当位自得斗气之伸也，阴辰则居其衡斗气之屈也；屈伸相感而岁功成焉，进退相因而武道成焉。"① 由此可见，明代乐律家闽南人李文察论述的明制武佾舞要求舞律符合天象阴阳二气重叠相吸的自然交感关系，创造出《六阳辰、六阴辰的进退之舞》。阳辰阴辰的进退舞法需按"天璇、天玑、天枢、天权（统称魁），天衡、闿阳、摇光（统称杓）"的北斗七星天位，行相应的《七星魁杓方位之舞》，以达舞容与乾坤体系融合相生之意象。于是，佾舞阴阳进退回旋的演绎范式便是在中国"天人合一"的宇宙结构里成为沟通天、地、人三才的重要手段和方式。

本节小结

本节分析了明清关帝祭典乐舞符号所诠释追求的"忠勇仁德意涵"，随着历史的演进依然在闽台地区得以承继的成因：

首先，从文化结构层面看，祭关佾舞精神的涵化离不开闽台民众坚守的中华文化内核要素，即主张天人合一、万物与我共生的自然观；崇尚和而不同、群己统一的社会观等中华传统文化理念。这些核心理念在中原移民进入闽南之后的千百年间得到了继承，再随明清以来福建移民迁入台湾拓垦建设中，继续得到了强化。② 我们看到闽台两岸祭关乐舞的承继关系，源于闽南发展而来的台湾"祭关乐舞"在台湾地区得到了较好的承袭发展。

其次，从闽台祭关乐舞的形态意涵来看，祭关乐舞符号无论是音声乐律，还是佾舞舞风均蕴含着"中正平和、天人合一"的中华传统审美理念，在祭典舞蹈中得以共同的再现。又如融入闽南锦歌乐场的祭关场域，追求传统和地方特色的有机融合，营

①〔明〕朱载堉撰《乐律全书》卷十九《律吕精义外篇九》，《景印文渊阁四库全书》第 213 册，台湾商务印书馆 1986 年版，第 297 页。

② 刘登翰、陈耕：《论文化生态保护——以厦门市闽南文化生态保护实验区为中心》，福建人民出版社 2014 年版，第 50 页。

造祭典热闹、隆重的时空场域，均反映了闽台民众潜在共同的“乐天知命、爱拼会赢”的豁达心理品质，亦闽南人的文化精神。

最后，崇尚关帝的仪式表演在闽台地区的兴盛，与明清闽台社会因素、闽台民众心理愿景密切相关。明清两代的闽台地区处于海峡风云变幻、动荡不安的年代，倭寇的骚扰、异族的占领、人民的反抗、郑成功收复台湾反清复明、清统一建设台湾，期间战争阴霾笼罩。明清王朝适时将祭祀关帝升级为国家大祭，恢复使用武舞，颁发推崇武舞谱，以关羽忠义武勇精神教化臣民、激励将士，鼓舞士气化解社会矛盾。时局下的闽南民间，大批民众背井离乡，远涉重洋，渡海谋生。靠海讨生、艰辛拓垦的动荡不定生活状况，“忠义”理念就显得格外重要，“在家靠父母，出门靠朋友”成了闽台沿海民众生存的一个信条，于是关羽成为他们崇拜的英雄和为人的表率。闽南移民在台湾各地开发拓垦、成庄立社，借助关帝神明信仰形构了他们的地域社会，维系了地方传统。这种建立在血缘宗亲扭结的伦理之圈，铸就了闽南人无论何处都坚守“强调整体、注重统一、和谐圆满”的中国传统，于是认关帝后裔为荣的闽南人在舞动的“圆—回”圈里，自然把个体与家庭、社会乃至自然都联系起来，达到了“和”之境界，自此基于弘扬传统文化理念的关帝信俗仪式表演得以播植，历代传承，延绵不绝。

第二节 闽南传统艺术形态中的关帝形象塑造与文化意蕴

闽南关帝信俗文化通过传统艺术形态来传递对关帝的敬仰，在闽南民俗活动中主要通过闽南歌谣、闽南语歌曲等音乐传颂、闽南地方戏曲、闽南民俗舞蹈、民俗掌故传说等艺术形式塑造关帝，传播关帝文化。闽南独特的文化生态环境为关帝信仰及艺术形式创造与传播提供了生存土壤。一方面是源自对历史故事传说、曲艺歌谣等塑造的艺术形象的附会，另一方面则是民众的重新构建。关帝在闽南民间已然成为全能神，渗透到闽南民众的日常生活中，使得关帝信俗表演的在地化表达呈现出区域化的色彩与意涵。

一、传统艺术形式与关帝形象塑造

勇武是关公具有的主要形象特征之一，也是民众能够从关公的真实历史轨迹中得到最原始的直接的意象，所以在民间歌谣、戏曲音乐、身段舞蹈和掌故传说中关羽的勇武形象能够得以发扬光大，更加完善。

（一）说唱歌谣与关帝形象的艺术表达

1. 民间歌谣与关帝形象

民间歌谣即民间短篇诗歌。包括抒情性的民歌与民谣。一般说来，歌因为配乐和受曲谱制约，歌词有与之相适应的句法章法结构，节奏一般比较徐缓。谣不配乐，没有固定曲调，取吟诵方式，章句格式比较自由，节奏一般比较紧促。

古人对歌与谣，也常联用，统称为“歌谣”，简称“民间歌谣”。在说唱文学艺术中，早在宋代，三国故事中的关羽形象就在说唱艺文中广为传播。民间艺人的表演和创作是《三国演义》能够完成的基石，说唱艺术比小说更为通俗化，比戏曲则更简单易行，说唱故事更易为民众接受，所以说唱关羽故事的艺术形式多样，流传广泛，对关公的威武形象的塑造有很大的影响。

闽南关帝的民间歌谣，主要体现在民间信俗仪式中的道教作法时唱诵的《关帝咒》经咒诀术歌谣，以漳州进发宫关帝神诞的三坛“哪吒咒念鼓乐”歌谣为例：

拜请·恩主关王大帝君

恩主关王大帝君，手执关刀把天门；镇守荆州三十年，按察定国救万民。
直云桃园三结义，结义三人刘关张；身为天子面前游，身骑宝马走如云。
吾奉玉皇上帝敕，敕封荆州大帝君；弟子一心专拜请，恩主帝君降临来。
神兵火急如律令

拜请·恩主义勇武安王

恩主义勇武安王，桃园结义世无双；尽心协力扶刘王，不忘厚意破曹公。
五关斩将无敌手，古城树下斩蔡阳；水淹七军尽妙算，促捉周仓斩庞德。
东吴孙权魏曹操，三分汉室是威风；五虎将军独自强，赤兔乘风成大功。
英灵显赫庇诸人，敕封三界伏群魔；无极地方度巡接，身为远振大天尊。
扬名天下诸圣君，一腔义气报乾坤；弟子一心专拜请，恩主帝君降临来。
神兵火急如律令

从句法格式看，以上两首《拜请·恩主关王大帝君》《拜请·恩主义勇武安王》的咒语曲文歌谣流传于闽南关帝信俗祭典中，其唱词七字成句，四句成段，简称“七言四句体”式，闽南语方言唸[①]唱，讲究闽南话韵律，以吟诵的方式体现。与漳州传统曲艺“锦歌”、戏曲“歌仔戏”唱词的句法格式完全一致，这说明宗教仪式唱诵与闽南地方戏曲的互相汲取与融合现象。同时借鉴闽南语诗词吟诵中具有表现力的词汇与句法，诸如闽南语押韵韵角 [uŋ][uən] 的音韵在每句尾字的运用，带来的韵律效果。结合灵活转韵的规律，使得唱诵韵律和谐，朗朗上口，体现出闽南语方言韵律的音乐性特征。加上帝君咒的唱词语言质朴自然，独具诗意美感，呈现出闽南语口诀文学的基本特征。歌谣吟诵中的音声韵律感与民众自发塑造的关帝形象相吻合，传达出民众祈愿的崇尚敬畏之心。

从内容上看，帝君咒的唱词以史实为根据，用“桃园结义”“过五关斩六将”“水

① 闽南话区域独特的吟诵方式，一般写作“唸”，以区别于普通的“念”。

淹七军”等民众耳熟能详的英勇事迹串联起唱词内容，以赞颂关帝忠、义、勇、智的品格：“桃园结义世无双”赞颂了关帝忠于桃园盟誓的千古义气；“尽心协力扶刘王”赞颂了关帝一心为君的赤忱忠心；“五关斩将无敌手”赞颂了关帝勇猛无畏的高强武艺；“水淹七军尽妙算”赞颂了关帝深思熟虑的谋略之智。可见，关帝的英勇事迹与忠义精神早已深入人心，漳州疍民三坛小法“帝君咒”将关帝事迹凝结在唱词之中，主要赞颂了关圣帝君讲义气、重诺言、感知遇、报恩情的高尚品德，对关帝的崇敬之情可见一斑。

此外，自明清以来闽南各地普遍信仰关帝，除了朝廷的崇祀、小说曲艺的渲染、神迹传说外，信众逢初一、十五在关庙唱诵《关圣帝君觉世真经》的民俗现象，也是民间歌谣唱诵的一种形式。

《关圣帝君觉世真经》是一部道教经典，相传是关帝降笔的劝善良言，在流传过程中，还被称为《觉世宝训》《觉世篇》，或简称《觉世真经》。其撰作要旨是使世人醒悟，思过迁善，积德修身。泉州通淮关帝庙内即可看到清道光二十年苏廷玉书的《觉世真经》刻石存于壁上，以供信众唱诵真经，得到福报。

关帝圣训中也屡屡教诲“读好书，说好话，行好事，做好人”；要“敬天地，礼神明；奉祖先，孝双亲；守王法，重师尊；爱兄弟，信朋友；睦宗族，和乡邻；别夫妇，教子孙”，更要切记“一切善事，信心奉行；人虽不见，神已早闻；加福增寿，添子益孙；灾消病减，祸患不侵；人物咸宁，吉星照临”，告诫将关公精神在现实生活中实践做到。在对人们“诸恶莫作，众善奉行”的劝诫中渗透着诸多和谐的理念。

可见，从某种意义上，真经以三字、四字体曲文格式，凝练了关公绝伦逸群的忠义形象而带来的人格魅力与儒道义理效应。民间自发的唱诵习俗，是关帝信俗文化的一种形态，亦成为民间信众指导日常行为处事的参照。

2. 现代歌谣与关帝形象塑造

现代歌谣常以关帝为主题进行创作，尤以儿歌最为生动，脍炙人口。中国戏剧家协会会员、现代作家申大局创作的儿童歌谣《关老爷》就是典型的例子。儿歌塑造了关公鲜活的人物形象，再现了旧时关帝戏的演绎曲艺形式、关公戏曲经典剧目、掌故传说与酬神演戏礼规等。儿歌传颂对关公文化的传承起重要作用。

下面以申大局创作的儿童歌谣《关老爷》六首[①]为例，分析如下：

（1）反映旧时关帝戏的演绎曲艺形式、戏曲经典剧目的歌谣：

煮麻糖

煮麻糖，手搓哩；
关公戏，通多哩。
金院本，元杂剧，
民间还有皮人戏：
《杀吕熊》《襄阳会》，
《单刀赴会》《烧赤壁》。

木铣板

元杂剧，明传奇，
清代关戏把人迷；
《桃园记》《古城记》
《荆州记》《四郡记》
《鼎峙春秋》《三国志》
全是关戏大汇聚。
金成初，周祥钰，
维庵居士大手笔；
凤凰台上吹箫人，
都为关帝作演义。

（2）反映关公历史掌故传说、戏曲装扮身段、舞台禁忌的歌谣：

扒拉扒拉灰

扒拉扒拉，扒拉扒拉灰，
关公头戴夫子盔。
额前缀绒球，背后披风垂；
耳垂白飘带，一对黄丝穗；
绿铠甲，黄绒缀，
端庄森严显神威。

① 申大局：《戏台上的关老爷（儿歌）》，《关帝庙》2020 年第 3 期，第 77 页。

梨花白

梨花白，梨叶儿青，
舞台道具配英雄。
棒槌剑戟各有用，
关老爷使的大刀柄。
大刀柄，丈二长，
刀如偃月缀红樱，
横卧两条大青龙。

月奶奶

月奶奶，亮光光，
关戏表演重亮相，
四十八种亮相式，
塑造关公好形象。
手眼身法步，儒雅又大方；
唱做和念打，招招显铿锵。

药葫芦

药葫芦，东倒西，
演关戏，有禁忌：
演出一周前，先要把澡洗；
演员化妆前，先要拜关帝；
关公登台时，观众要站起；
台上称“关公”，不能叫“关羽”。

以上六首为《戏台上的关老爷》，是以儿童为主要接受对象的具有民歌风味的简短诗歌，也是民间歌谣的一种。作品以认识关帝、塑造关公形象为主旨，歌词多采用起兴、比喻、摹状等表现手法，长短句结合，词句音韵流畅，易于上口，节奏轻快，以现代歌谣的艺文形式塑造了关公鲜活的人物形象。

（二）闽南语歌曲创作与关帝形象塑造

发源于闽南，流行于闽台地区的闽南语歌曲发展历史悠久，从明末清初大批福建民众迁台拓垦之始，20 世纪四五十年代开始初现整体格局的雏形，直到八九十年代走至颠峰。闽南语歌曲在两岸十分流行，《车站》《家后》《烧肉粽》等经典创作歌曲或流行歌曲常常萦绕在人们的耳际。早期闽南语歌曲的创作源泉大多来源于社会低层人物的生活和情感经历。他们把对于人生的种种领悟转化为动人的旋律表达出来，以物喻人以景喻情，感情真挚，情真意切，融入了闽南人的智慧、情感和才思，处处显露一股浓郁的地域特色和独特的创作风格。

闽南歌仔曲唱在闽台社会常常成为民众民俗活动的重要表演内容，闽南语歌仔改编而来的本地歌仔曲唱也成为闽台关帝祭典的背景音乐。诸如宜兰礁溪协天庙关帝祭典的仪式场音穿插闽南歌仔改编而成的七言四句体式的《武圣赞歌》：

《武圣赞歌》“七字四句体”部分唱词[①]：

第二首：汉朝武圣有名声，桃园结义世传名。
扶汉征吴兼伐魏，忠闻四海透京城。

第三首：武圣义勇是天生，仁义礼智信完成。
卜说五常伊行谊，乎人钦敬拜阶墀。

以上《武圣赞歌》七言四句体式的第二首、第三首唱词，配上漳州流传台湾的锦歌曲调《四空仔》，富有闽台乡土色彩的旋律，强化了颂扬关帝功绩的热烈气氛与凝聚力。

在现代闽台社会，随着闽南语歌曲蓬勃发展，值得一提的是颂扬关帝的闽南语创作歌曲对关帝文化的传扬，首推台湾作曲家林垂立创作的《关圣帝君》。

林垂立，台湾闽南语歌曲制作人、词曲作者，其成名作《车站》是闽南语歌曲的经典之作，《想厝的心情》《一步一脚印》《春夏秋冬》等歌曲被台湾和闽南语界广泛传唱。近十几年来，林垂立往返于台湾、厦漳泉一带，创作了《关圣帝君》《感动》《现代孙悟空》《船来船往》《闽南人》《博状元饼》《今又中秋》《朋友弟兄呒惊多》《关圣帝君》等不少新作品，传唱于两岸。

林垂立作曲、演唱的《关圣帝君》（又名《帝爷公》），是两岸第一首歌颂关帝的闽南语歌曲。这首由林垂立作曲、泉州文化人戴泉明作词的两岸联袂创作的闽南语歌曲，在福建泉州“第二届海峡两岸关帝文化节”开幕式和纪念关帝诞辰 1852 周年祭祀大典文化节上首次发布，并列为文化节的主题歌。应台湾主办方的要求，2014 年

① 林万荣：《礁溪乡志》，台湾宜兰县礁溪乡公所编印 1994 年版，第 106 页。

又在台湾新竹市“第三届海峡两岸关帝文化节”举行《关圣帝君》首发式。泉州通淮关岳庙董事长吴金炎向台湾中华道教关圣帝君弘道协会总会赠送了《关圣帝君》的光盘及版权。这首歌的作曲林垂立应邀献唱，赢得了现场两岸乡亲的喝彩，影响深远（见图 5-1）。笔者访谈作曲家林垂立的创作理念，他说：“关圣帝君是泉州人民的中心信仰，位于泉州市涂门街的关帝庙，已有 600 多年的历史，台湾关帝信仰就是起源于这里。《帝爷公》这首歌是好友戴泉明填的词，他的词可细腻生动也可豪气万千，我们经过几次配合，已有相当默契，当初一接到他的手稿歌词，我的脑海中立刻涌现旋律。《帝爷公》更是两岸第一首歌颂关帝忠义精神的闽南语歌曲，词曲传递千古不变浩然正气、义勇正义的精神。”出席开幕式的新竹市市长许明财表示，这首歌很大气很好听，通俗易懂，朗朗上口，且是闽南语歌曲，有利于传唱和传播“仁义礼智信”的关帝精神。

可见，以闽南语歌曲的艺术演唱形式传播关帝文化，极其契合闽台民众审美的在地化表达，对抒发传递民众崇尚关帝“忠义”情怀具有积极的成效。

图 5-1 台湾著名音乐人林垂立在海峡两岸关帝文化节演唱自创的闽南语歌曲《关圣帝君》

下面从音乐学视角，分析林垂立创作的闽南语歌曲《关圣帝君》音乐形态特征（见谱例 5-1）：

谱例 5-1：《关圣帝君恩主公》

关圣帝君恩主公

作词：戴泉明
作曲：林垂立
演唱：林垂立

旋律特色上：这是一首与戏曲元素交融的极富闽南风的闽南语歌曲。在中国传统五声调式“宫、商、角、徵、羽”基础上，加入变宫音 7（宫音下方小二度）而成的六声音阶，

如在第一小节的 3、5、6、i 的五声基础上，第二小节增加了带附点节奏的变宫音 7，主音与导音融合，使一开始的旋律在大调性的明朗气势中又不失深情的仰望式旋律，扣人心弦。

从旋法音程上：该旋律注重上下行变换，听起来干练有力，使作品更具有民族色彩，且三度、五度、六度、八度的音阶起伏，

如此小节通过压缩与拉宽节奏的变化，针对音程的上下行大跳法进行音乐形象塑造，使得音乐表现力强，情感起伏澎湃。闽南崇尚的儒家忠义典范的关公形象浮现眼前。

从音乐结构上：“A+B”二段式结构，富有强烈的对比。A 段慢板旋律曲调深沉含蓄，表现庄重抒情的情绪

，而 B 段快板则速度加快

，曲调明亮欢快，表现激昂的情绪。并采用反复手法再现二段式，最后以快板主句的反复重现中有力结束，彰显塑造关圣帝君的威武气概。

从风格特色上：首先，骨干音组成的气势风格，以 do 为主音，do mi sol la 为骨干音，曲调有机融入了闽南戏曲音调的特色音。色彩刚强有力，明亮，表现出关公英勇飒爽，豪放肆意的风格。

其次，融入戏曲元素的设计理念。这首闽南语歌曲大量融入了戏曲音乐元素，如休止小节运用了戏剧武生的笑声唱腔，

使关公形象代入感强，跃然而出。采用了四四拍和四二拍，字疏腔长，旋律委婉曲折，起伏较大。中间唱段加入了戏曲独有的念白和戏曲音乐的过场，使整首曲子的戏曲元素更加丰富多彩。

从配器特色上：引子以唢呐引入主题，音色明亮，使整首曲子色调定型。大量运用了大鼓、扬琴、琵琶等闽南民间乐器和现代爵士鼓相融合，中间唢呐、鼓点与衬词“嘿”“哈”的运用，以闽南本土与现代音乐交叠手法塑造了关帝的威武忠义形象，词曲传递了浩然正气、义勇正义的关帝文化精神。

（三）闽南戏曲与关帝形象塑造

闽南文化存在多元性，既有对中原文化的向往与临摹式的崇拜，又深受楚越文化“好巫尚鬼”习俗的影响。在现代娱乐方式普及之前，闽南民间的文化生活依附神灵崇拜、迎神赛会的演戏酬神民俗，带来了闽南地方戏剧艺术的繁荣景象。“由于民间信仰的神系十分复杂，各村敬奉的神系也不相同，但都有一个主要的保护神和许多较次要的神，每个神都有两个或者两个以上的生日，每个佛生日都要演出几天戏，少则两三天，多则三五天，连续几个月……”[①] 闽南人称这类的酬神戏为“菩萨戏”。因此，自古以来闽南民间戏曲在“形象塑造搬演故事”的鼓乐歌舞一直是沟通人神两界的重要媒介与手段。

明清以来关帝信仰在闽南广泛传播，逐渐成为闽南一带香火旺盛的神灵。关帝象征的“忠、义、仁、勇”精义被不断放大，关帝被不断神化，关帝信仰渗透到民众的日常生活中。关公的传说是民众的集体记忆，民众们根据关公历史人物形象和历史故事创造了关帝戏。由于关帝不断被封建王廷提高的神格，其正统性、神威性、全能性又使关帝戏具有独特的艺术特点与魅力。

1. 彰显正统性的关帝脸谱艺术

闽南剧种多样，福建五大剧种中有三个属于闽南戏剧：梨园戏、高甲戏和歌仔戏。他们吸收京剧、越剧等造型与行头，以程式化、装饰性很强的服饰、化妆、脸谱来塑造行当。演关公的角色称为“红生”，在生、旦、净、末（丑）的戏剧行当中，关公可饰戏中威风凛凛的武生形象，亦可饰粗犷豪迈的花脸，独特的“红脸”以夸张的表现力，为观众心理预设角色性格。正如《京剧脸谱》一歌所唱：蓝脸的窦尔敦盗御马，红脸的关公战长沙，黄脸的典韦，白脸的曹操，黑脸的张飞，叫喳喳。在五色对比中，关公赤忱忠孝、凛然正气的正义形象通过戏曲红脸谱得以固化（戏曲关公脸谱艺术，本节第二大点将详细阐述）。

2. 愈显神威性的关帝戏与演出禁忌

武圣人关羽凭借着他忠、勇、义的人格力量，耸立于中国文化圣人的崇高行列。在数百年的文化迁徙和浮沉中，关羽的神位一直被抬高，而与此对应，关公戏也呈现不同的时代风貌。

（1）闽南地区的关公戏因信俗活动在明代初期传入。随着周德兴在明初为抗击倭寇而在福建沿海建立军事卫所，关公成为所城官兵的保护神。关公信仰作为武神受到朝廷的重视，明朝规定地方官每年祭祀关帝一次，“岁五月十三祭以太牢果品五、帛一，遣太常寺官致祭，国有大事则告庙”[②]，迎神必献戏，闽南从沿海至山区各县都陆续建起了关帝庙，香火鼎盛，民俗节日与庙宇所在社的社庆，这些场合都会有关

---

① 陈世雄、曾永义：《闽南戏剧》，福建人民出版社 1997 年版，第 29 页 .

②〔清〕嵇璜：《钦定续文献通考》卷七十九《群祀考·杂祠淫祠》，《景印文渊阁四库全书》第628册，台湾商务印书馆 1986 年版，第 239 页。

公戏上演，《桃园三结义》《三英战吕布》《过五关斩六将》《华容道》等三国故事，灯火如昼，热闹非凡。由于至明代万历年间，关公已被抬升为“三界伏魔大帝神威远镇天尊关圣帝君”，由人上升为神，赋予了关公表演浓郁的信仰色彩，从而使演员心生敬畏。关羽的扮演者要洁身自好，提前10—30天斋戒独宿，登台前焚香膜拜关帝后才上装，上装后即不轻言玩笑，戏后用黄表纸擦脸，戏班子也要先行晋庙致祭。戏剧在“禁忌”中保持了对信仰的顺从，观者也为之振肃，被带入场景中，甚至跪下以表诚敬之情。

（2）清代将关公祭祀规格晋升为中祀，关公戏因礼制而禁播出。清代对关公的崇拜和神化愈加强烈，加上海岛军民期待关公佑一方平安，信俗活动更加活跃，正月、四月、五月、六月及冬月等都有大型庙会，清朝政府规定，地方官“岁三祭，以正月十三日诞辰、春秋二仲祭日，钦天监择吉颁行”[①]。对关帝信仰的推崇，极大地提升了关帝的政治、文化和宗教地位。因此，统治者出于维护关帝神圣不可侵犯亵玩的形象，禁止演关公戏。“优人演剧，每多亵渎圣贤。康熙初，圣祖颁诏，禁止装孔子及诸贤。至雍正丁未，世宗则开禁演关羽，从宣化总兵李如柏请也。”[②]在清代早中期，关公形象更富有神秘色彩，极度威严不许凡人扮相，不可妄加模仿。这些禁忌刺激了原本一部分非信众的好奇心，也因距离的拉升增强了对关帝庇佑的无限渴望与想象。

（3）清代末期到民国，整个戏曲市场的繁荣推动关戏焕发新活力。清代禁关戏，可是三国戏依然活跃在戏曲舞台上。对关帝戏进行全面改革与规定禁忌：如不演《败走麦城》等有损关公形象的剧目，而且不直呼其名，只称为关某；关戏也常用文乐和雅乐，不只是敲锣加打鼓的闹腾武戏。文武戏交相辉映，塑造了文武双全的艺术形象；晚清经专攻“红生”的京剧表演艺术家细心的揣测，提升了技艺要求：身段上，注重与作为配祀的周仓和关平的互动，大刀象征着威武，帅印象征着决断，烘托关公掌握的“杀伐决断”；唱腔上，更加洪亮，富有张力，从而引领全国戏曲走势。《挂印封金》《千里走单骑》《古城会》等，这些情节跌宕的三国戏片段时常作为“开头炮”被放在隆重的社庆场合，令民众对“活关公”的敬畏形成一种自觉的心理暗示。

3. 辐射全能性的关联剧目的间接表达

“闽南在地理上位于大陆的边缘地带，又处在与异域文化交流的前沿，这样一个

① 龙岩市地方志编纂委《龙岩州志》，福建省地图出版社1987年版，第136页。
②〔清〕徐珂：《清稗类抄·戏剧类·禁演圣贤之事》，中华书局1986年版，第5040页。

区域，族群文化心理更加渴求一种精神内核的稳定性，以确立自身在民族历史和文化空间中的坐标。”① 关帝信仰所支持的民族精神是内容上的向心力，包括戏曲在内的各种繁复的民俗仪式与庆典活动是形式上的向心力。两岸民众对“忠孝仁义”至尊形象的向往，附会了关帝更多的神力，从“军神”“武神”的神格定位，进一步成为掌故人间财运事业，预知家庭喜祸的“全能神”，从而在闽南地区的现代社会生活中，出现了反映民众心理的市场需求主导下的关联剧目的间接选择。

其一，在两岸的关公庙会中，在剧目的选定上鉴于过往关戏多项禁忌，如今在闽南关帝庆诞日的演戏酬神活动中，不将关帝形象以及关公故事搬演舞台，但演出剧目与关帝象征的“仁、义、礼、智、忠、勇”的儒家精神相关。以 2019 年泉州通淮关岳庙农历五月十三日关帝神诞的献戏演出剧目为例，永春高甲剧团的《情系齐国》、鲤城大众演出队的《三忠救孤》、泉州打城戏剧团的《三请樊梨花》以及泉州高甲剧团的《女巡按》诠释的内涵与关帝精义相合，间接表达了对关帝的敬颂。

其二，据笔者调研访谈，现今戏剧市场式微，民间社戏侧重于现场的热闹反响，具有美好的寓意与喜气的兆头。据漳州市歌仔戏传承保护中心陈朝晖主任所言：“庙会不再特别指定某一神明的戏，更多是人间戏，从业 20 年以来，在庙会社庆中，较多的演出朝廷戏，如《汉宫轶事》，武戏《穆桂英大破天门阵》，还有《三登科》《审爵爷》《李三娘》，喜庆的如《五女拜寿》等，人多的，有声响的，不仅民众喜欢，关老爷也喜欢。”另据台湾彰化县凤舞奇观布袋戏团陈正雄副团长道：“演出扮仙戏（吉祥戏），先演神仙戏，剧目分为三仙戏、醉仙戏和天官戏，以三仙戏最为常见。神仙戏演出结束后演人间戏，常演剧目为《跳加官》《金榜》，武戏为《封神演义》《孙庞演义》《西汉演义》，《封王》《封相》和《卸甲》较少被演出。”由此可见，关公社戏在戏曲选择上更加亲民，反映人间的喜乐情仇，世俗化、人性化的关公形象的间接塑造为关帝信仰拓展了社会空间。

（四）闽南民俗掌故与关帝形象塑造

“掌故”自汉朝，就是太史令的官，民俗掌故专门收集民间的故事，包括人物轶事、朝野遗闻和民间传说。早期开发闽南地区的艰苦经历加之明清海上势力的频繁更迭，在“信鬼好巫”的民俗土壤上，出现了许多嫁接时代题材的民俗掌故。这些故事与社

① 陈世雄、曾永义：《闽南戏剧》，福建人民出版社 1997 年版，第 26 页 .

戏互相颉颃，使关公形象更加立体丰富，满足当时的民众信仰诉求，又反过来加重信服的程度。

1. 作为军神，屡护正统，使江山永固无恙

“城东隅正统隆庆，助兵败贼极显灵，异众咸神之五月十三诞辰，先期迎神出游，列锦盛会，奔走四方。”① 这是官方的掌故，因此引伸出关公如何施法烟云，使倭寇败退乱窜、跪地求饶的戏剧性结局。此后，郑成功收复台湾前的签诗签意使其坚定征台决心，施琅统一台湾前的关帝托梦与吉日占卜，关帝信仰成为将帅鼓舞士气的利器。在事关民族利益和国家统一的“大是大非”面前，关帝信仰始终扮演着维护封建正统的角色，与彬彬有礼的孔圣文治相对，以威武盛勇的关圣武治形象，顺历史潮流而为，与民族英雄一起推动正义事业的发展。

2. 作为恩公，屡佑乡民，使海事平安无夷

海上风波变幻无常，闽南人把沿海居民的生产生活称为“讨海”，只有依赖海洋的馈赠与上天的眷顾，才能平安讨得一份生存的资源。诸种不稳定的因素，使沿海居民将对平安的祈望寄托于海神。“自 17 世纪中叶以降，无论是郑成功祖孙三代还是清政府治台的 200 余年中，统治者均在台湾大力推行汉文化，在台湾社会实现转型的过程中，台湾文化成了中华文化的一部分。另外，在这几百年中，出现几次大陆去台湾的移民潮，数万、数十万乃至上百万的大陆人拥入台澎，他们也将大陆文化尤其是闽越文化带到台湾。”② 据《泉州通淮关岳庙志》记载，康熙三十六年，泉州移民乘船过台湾海峡，途中遭风，同行 7 艘木船沉没 6 艘，其中 1 艘因吴姓 3 岁之子佩戴关帝像，关帝显灵使船平安抵达安平港③。类似于此，早期移民中靠关公的庇佑平安渡海的掌故传说很多，并在台湾扎根流传，对当初祈望的承诺使得关帝香火在台得以延续。“据台湾寺庙整编委员会统计，全台有关帝庙宇 951 座。其中，宜兰礁溪协天庙、台南高雄凤山文衡殿等这些台湾最早和最有影响力的关帝庙，是在明清时期从东山关帝庙分香出去的。”④ 在海事问题上除了天灾，还有因人祸导致的“复界”问题，鉴于关帝信仰的普及性，铜山人统一认关帝为祖，以关永茂申请立户，推动东山军户向

---

① 〔明〕闵梦得：《漳州府志·寺庙·铜山所》，厦门大学出版社 2012 年版，第 2176 页。

② 《台湾自古就是中国领土（四）》，中国台湾网，2001 年 4 月 10 日。

③ 泉州市区民间信仰研究会编《关岳文化与民间信仰研究》，厦门出版社 2008 年版，第 396 页。

④ 同上书，第 400 页 .

民户的转变，这有碑可证的历史事件，足以证明关帝在闽南人心中的崇高地位。此外，闽南师范大学张晓松教授在《试析漳州关帝信仰的世俗化、人性化》一文中所梳理的民俗掌故，列举了“关帝爷送子”“东山帝君怒斩鸡公精”“对蓝理等街头青年青眼有加”等例子，说明关帝君作为恩公，由海事到家事，护佑着百姓事，可见关帝信仰世俗化的程度进一步加深。

3. 作为财神，劝诫商道，使交易诚信无欺

由于《三国演义》等文学作品的流行与关戏的演绎，使得“千里走单骑”“华容道”“五虎将”等故事家喻户晓，关公“忠义”的形象深入人心。在商业经济活跃的晚明，关于武财神的传说很多，诸如：有传说认为关公年轻时从商卖马匹发明账簿。此外，关公的青龙偃月刀十分锋利，刀刃的“利”与利润同音，对于商人来说是一种美好的寓意。这些传说都是后人对武财神关公的附会，关帝成为财神，与其“义神”身份有关。关帝成为武财神后，也形成相应的习俗，如：商店里的关公像要执刀，刀“利”与锋“利”同音；不能执书卷，“书”与“输”同音；如若想招财进宝，执刀的关公像刀刃要朝外。此外，最重要的是民众若想生意兴隆、行商顺利，必须恪守关帝的“忠义”精义，以此作为行商准则，从而达到劝诫商人，维护商业秩序。将“忠义”的美德移植到商业行会的契约中，建立以关帝信仰为裁决的同行关系与交换关系，同行讲义、买卖讲诚、和气生财，所谓“在家靠父母，在外靠兄弟”，因共同对“至诚”美德的坚守走在一起，互相合作，在非血缘关系主导的市场中缔建默契，增强“圈内”团结的力量。越是在社会秩序不稳定的时期，在宗族所控制的基层生活中，忠肝义胆则叫人钦服，寡廉鲜耻则被人厌弃。“忠义”的取向浸润着闽南社会，关公成为信守商业契约之财神，并在民俗掌故的流播传衍中，形象愈发丰满，守护着地方商贾的稳定趋势。

二、闽南艺术形态中的关帝形象之文化意涵
——以戏曲关公脸谱艺术为例

“孔曰成仁，孟曰取义”，在中华文化的历史长廊中，关公符合了儒家道德纲目“仁义礼智信”的形象指标，在圣人所倡导的至善境界中成为历代传统社会所标榜的人形榜样，因此，被统治阶级或儒家道统所接受并加以利用。明清关帝祭祀祝文曰：

“维帝浩气凌霄，丹心贯日。扶正统而彰信义，威震九州；完大节以笃忠贞，名高三国。”[1]统摄于历代皇朝意识形态的传统戏曲在艺术表达上围绕着“忠义”的伦理内涵而形塑关帝形象，“剔”除三国故事中关公的刚愎自用及麦城失利的结果，“拣”挑“富贵不能淫，贫贱不能移，威武不能屈”的“忠义”气节。下面以戏曲关公脸谱艺术表征为例，解析其蕴含的内在特质。

脸谱艺术属于演员的行头，在舞台上以程式化的形式规定角色的性格，起到强化观众印象、点名价值立场的作用。所谓“粉墨青红、纵横于面”，产生了象征符号与艺术传神相结合的魅力。关公的脸谱突出了他赤胆忠心的品质、杀伐果决的气质和神人交融的气场。

（一）红脸传递出“汉室正统”气质

自百家争鸣起，中国古代哲学善于用“阴阳五行”论来推算事物的变化发展。阴阳家试以五行此消彼长的变化解释自然现象与朝代更迭。他们认为，每一个国家自开创之时，上天便已经赋予了相对应的国德运数，这种国德结合他们的“五行说”可分为金德、木德、水德、火德、土德五种。“木火土金水”之五行，分别对应“青赤黄白黑”五种颜色。五德五行说运用于王朝以附会王朝历运，即强调王朝对应的五行之色：金德服色尚白，水德服色尚黑，火德服色尚赤，木德服色尚青，土德服色尚黄，依此对应而显示正统。

战国末期，各家学说呈现互相吸收的大观趋势，儒家将《易经》《易传》修订为儒家经典，在义理分析中显示出一种自然观的态度，法家的大家李斯与韩非思想源于荀子，其中蕴含着“人治”顺应“天命”的思想。秦始皇统一中国后，为昭示君权神授，在祭祀礼仪中为秦定位“命格”，秦国是水德，代表颜色正是黑色，《史记·封禅书》中有一句“昔秦文公出猎，获黑龙，此其水德之瑞”。汉代作为秦后第二个统一的王朝，自然要制造“奉天承运”的根据，从而将其政权神圣化，汉朝对应火德，标志性颜色就是赤色，所以赤色是汉朝正统的标志。“红脸的关公（见图 5-2）有着双重文化内涵：一是朝代的定位。表示他是汉王朝的正统将帅，以正气凛然的形象昭示着行动的正义，立场的坚定。其二，品质的定位，红色色调在戏剧舞台上更加夺目，是舞台

①《晋江县志》卷十五《祀典志·关圣之祭》。

图 5-2
上：红脸关公的脸谱形象（赵永祺 / 绘）
下：清升平署戏装扮相谱（王文章 / 主编）

表演的主色调，显示着一种可昭日月的赤胆忠诚。”[①]

如图5-2的红脸关公脸谱图可见，整个脸部涂抹“红色”作为关公脸谱的主色，以凸显关公代表的汉朝正统与五虎上将之首的忠义威武之气。再用黑色线条勾画出卧蚕眉、丹凤眼，在鼻翼连接嘴、下颌处勾成蝙蝠形状，代表“福从天降”。红底与黑线勾勒的脸谱，彰显庄严，加以冠帽凤球与长须排苏，隆重气派，即使观戏时在后台就坐，戏迷仍可掠“一片赤忱”如火焰内芯的聚焦，在“红生”造型的踩点定格中散发出夺目的光彩。足见关公全脸赤红，正气凛然，是人格完整、身份高尚的正派人物的象征。

（二）脸谱中的线条勾勒出“圣人”气象

在扮演关公演员脸上卧蚕眉、丹凤眼，二分开八分闭。这些以黑色或者白色的绘笔在演员的眉眼间做夸张式勾勒，眉毛由横渐竖，彰显不怒自威。而眼睛的特写突显其传神之处。眼睛是心灵摄入信息的窗口，自古释迦牟尼、菩萨等神像的雕塑造型眼睛总是朝下，使朝圣之人在仰视神像的膜拜中感受神灵的眷顾，因此从正面观之，则似乎无须圆瞳直对。从神道的天（天庭）、地（阴间）、人（阳间）三界的传说解析，民间故有“阴阳眼”的掌故，关圣为“三界伏魔大帝”，眼睛自是通澈透晰，望尽善恶因果，他在戏曲舞台上所展开的三国故事，只需其张开二分便可应付。卧蚕眉勾入鬓、眉心起笔勾回，眼线勾勒眼眶向上提，以眼眸为中心，突显眼神的变化。脸谱上存有红黑二色，至剧情高潮时，关公睁眼，眼白似刀光出鞘。如三国戏中的《温酒斩华雄》、《白马坡》（见图5-3、图5-4）、《过五关》等剧目片段中，一开始那些号称武艺高强的“甲胄”咋咋呼呼，翎子头饰挑衅张扬、戟叉长茅握耍旋转，大花脸谱上绕转迂回的纹理暗示着“小鬼”短暂的“狂欢”。关公起身换上战甲，骑上赤兔马，战前左推右捋中绺，

① 王建文：《关公的脸为什么红的》，《关帝庙》2020年第3期，第65页。

图 5-3 戏曲《白马坡》剧照（王斌 / 摄）

图 5-4 戏曲《关公》剧照（安志义 / 摄）

右持青龙偃月刀，这一套做打干脆磊落、大气磅礴，与鼓锣相和，掷地有声。而这段武打身段演绎的关公形象，泰然自若，关爷眉眼的线条未动，表情的凝重固化表达出征前的自信镇定。短兵相接时，手到擒来，一个回合就让“小鬼”下马，这时眼睛刹开，配以略有抖动的鼻窝，眼神中显露一股“不服来战”的王者风范。戏曲形象塑造与脸谱的设计相辅相成，彰显出“圣人”气质。

（三）脸谱中的破脸痕迹暗示着“神威”震慑

扮演关公的演员要高大健硕、身高九尺，“活关公”在行当和身段中模仿着关公的形象，以求达到“以假乱真”戏曲演绎的最佳效果。宗教是主观观念的对象化，由于民众对神明的敬畏所带来的心理暗示催发了对神像的真实情感，演员演绎越是逼真，越触动观众的感知。对士大夫而言，唤起心中对“忠孝仁义”之“人极”的崇拜之情；对民众而言，即是激发对“有求必应”之“圣灵”的依赖之感。如晚清以演红生戏著称，有“活关公”美誉的京剧名伶米喜子入京师优部春台班唱戏，首场以关羽戏《破壁观书》亮台，有撼场震心之声，有抖脸变色之能，神情逼真，惟妙惟肖，满座观众，五体投地，传神的表演极大地感染观众。然而，社会阶层不高的伶人又如何扛得住众人“对号入座”式的崇拜，配享普通人不该有的神格。元明杂剧基本定格了我国的戏曲风格与表现形式，《三国戏》的关公形象作为经典也不容随意更改。到清代，关公信仰由“从祀”升级到“专祀”，地位与尊享堪比皇帝，因此“淫戏”容不下“正祀”，关戏一度被限制，没能在地方社庆中演出。后至清末，京剧风靡，其影响也带动全国，关戏中精彩的人物与情节又催生了“红生”这一独特行当。为了克服表演的娱乐性对神明仪式的神圣性所可能造成的不利影响，在演员的脸谱上添加一颗、三颗、五颗黑痣，称为“破脸”，故意划勾时不勾全脸，以示不类关公，从而避免了演员自身的心理压迫①。“点破”的脸谱，也用以表达以“义”字为最高准绳的做法，把关公奉若神明，在演出中有所忌讳，不敢真像其貌，加上这颗痣，明确表示这只是“模仿”。如此戏曲演绎的禁忌，暗示着关公圣灵的神秘感，反映出民众“点醒”自我的逼真而又自律的宗教情感与体验。

本节小结

关帝形象塑造以闽南独特的传统艺术符号，包括戏曲艺术符号、民间音乐符号、舞蹈表演符号等构成的具象化符号系统，形塑了关公形象的表意审美文化，通过传统艺术形态符号体系来传递对关帝的敬仰。同时，各类艺术符号圈的相互交织，在与各种文化符号相对应的艺术活动中，形成丰富独特的表达文本与符号体系，体现出自身塑造关公形象的独特表意特点和忠义之美。

从艺术符号学视角，艺术门类符号的对话与综合运用能产生多样化的表征特点，诸如戏曲是融合唱、念、做、打的综合艺术形式，其舞蹈身段、音乐唱腔、脸谱扮相、舞美道具等子符号的内、外运动对话与交织，实现了不同符号的多样化表意特征，即通过传统艺术形态的整体性符号系统来塑造关帝，传递对关帝的敬仰，以及传播关帝文化。

① 陈志勇：《“关公戏”演出禁忌的生成与禳解》，《戏曲研究》2008 年第 1 期，第 185 页。

第三节 闽南武庙仪式舞蹈表演形态的文化解读

民间信仰与民俗文化相互勾连交织，成为独特的文化共生事象。闽南武庙关帝信俗仪式舞蹈作为其信俗文化的重要表现形式，融合了关帝信俗的精神内核和闽南地区的民风民俗，成为闽南民间信仰仪式传承的典范。南靖金山镇振南庙前往漳州武庙的进香仪式的表演形态载体风格各异，多阵头组成的游街艺阵，高度糅合并释放了闽南元素，以其祭典仪式的完整性、民俗事象的多样性、信众数量的广泛性和人文精神的传承性，彰显了群体对关帝信俗的文化认同。

闽南关帝庙宇林立，作为一种古老的传统民间信仰，闽南关帝信俗文化在闽南地区具有地域性和广泛性，并播植海内外，成为闽南、台湾地区乃至东南亚华人华侨的重要仪式。具有千年历史的漳州古武庙，其信俗仪式表演凝聚着民众崇尚礼、仁、智、义的关帝儒家精神及其文化认同。漳州最早的关帝庙即千年武庙，位于今漳州芗城区华侨新村西南角新顶路，系漳州地区首座历经千年的关帝庙，始建于北宋真宗大中祥符年间（约 1008—1016），明万历年间漳州总兵呼良朋，在开元街总兵衙门西侧新建一座新武庙（今废）。原建的武庙变为社庙，故漳州民众称其为古武庙。悠久的历史和位于漳州府中心地带的地理优势，使其信仰文化和信俗仪式成为闽南地区重要的祖庙和信俗仪式传承典范。每逢节庆、关帝圣诞及各类进香活动，仪式祭祀表演承载着丰富多彩的活态舞蹈形态，成为闽南关帝信俗文化的重要组成部分。本节运用民俗学、艺术学、文化学研究方法，以漳州市区千年古武庙为例，对闽南关帝信俗中的仪式舞蹈进行梳理研究，从中窥见其文化内涵。

一、闽南关帝信俗仪式表演的历史源流

（一）闽南关帝信俗文化的传播根植

1. 唐宋至明清闽南关帝信仰的历史发展概貌

关帝信俗作为一种民间信仰，沿着中国古代经济重心南移的轨迹，由中原腹地逐

渐向东南沿海辐射。唐总章三年（670），陈政、陈元光奉旨开发闽南，建置漳州，带来了家乡所奉祀的关羽神像香火入闽，作为将士的心灵寄托。建于北宋时期的漳州古武庙，就是关帝信俗在闽南播植的例证，也是漳州与台湾武庙的主庙之一。明清闽南社会掀起了关帝崇拜热潮。漳州东山关帝庙内大殿《鼎建铜城关王庙记》碑文记载："明洪武二十年建铜山城，以防倭寇。刻像祀之，以护官兵。"① 说明在明初闽南时局下，关帝信俗已成为防倭抗敌、激励官兵的手段，在军中的官祀地位凸显。明万历三十三年（1605），崇信道教的万历皇帝加封关羽为"三界伏魔大帝、神威远镇天尊关圣帝君"，关帝正式列入道教神祇系统。据福建儒林李光缙在《关帝庙》云："今天下祠汉寿亭侯者，遍郡国而是，其在吾泉建宫……上自监司守令居是邦者，追郡荐绅学士，红女婴孺，无不人人奔走，祷靡不应，应靡不神。"② 这记载了明万历年间关帝崇拜与信俗表演在泉州的盛况。上至官员学士下至妇孺，皆信奉祭拜关公。这种崇拜延续到清代依旧长盛不衰。清顺治九年（1652），清政府出于笼络汉族臣民的考虑，封关羽为"忠义神武关圣大帝"。清光绪年间，关帝庙更是被崇为武庙，至此关公成为唯一能与孔圣人相提并论的神祇被列入国家祀典之中。

2. 闽南民间关帝信俗文化的播植

关帝信俗文化由官至民、由上而下在闽地播植。关帝信俗的核心思想是"义"，从关羽身上所蕴含的"仁义礼智信"儒家五常带入闽南社会后，成为闽南人处事的道德准则，用以调节个体与家族、家族与社会之间的关系。孝悌忠信、礼义廉耻组成的伦理道德已经嵌入闽南人义薄云天的性格追求之中。关羽待兄弟朋友"财贿不动真心、爵禄不移其志"，与手足弟兄患难与共，生死相依的处事气度符合闽南移民社会同舟共济的生存需要。生活在福建沿海的闽南人，海上捕鱼作业，需要互助的忠义之气合力与大自然抗争，这与关帝的"寐则同床、恩若兄弟"的忠义思想相契合。此外闽南自古就有浓厚的重商倾向，出海经商是闽南人重要的生产生存方式，人们奉"关公"为武财神，希翼获得神力护佑，这也是关帝信俗在闽南地区快速传播的重要原因之一。由此，关帝信仰在闽南地域广布：从城市到乡村，从沿海到山村，关帝庙林立。不少民家的大厅中堂都供奉关帝神像，依传统礼数祭拜关帝。

---

① 佚名：《鼎建铜陵关王庙记》，载《东山武庙谱》，福建省图书馆藏资料。

②〔明〕李光缙：《景璧集》卷八《碑记・汉关前将军汉寿亭侯庙记》，曾祥波点校，福建人民出版社 2012 年版，第 382 页。

闽南关帝信俗以颂扬关公的精神为核心，通过祭祀、习俗、传说、技艺等非物质文化遗产方式以及庙宇、古迹、祭器等物质文化遗产表现出来。在闽南社会特定的历史地理条件下，政治环境的因素、宗教合流的促进、民俗文化的土壤催发了闽南关帝信俗日渐勃兴。闽南传统艺术文化底蕴深厚，自古以来唐宋遗响“南音”、宋元南戏梨园、歌仔戏、漳州锦歌等传统艺术形式五彩缤纷，民众自发创生把这些艺术成分融入关帝信俗仪式中，以表达其心理愿景。在闽南的土壤上，原有的仪式形态和本地的传统艺术融合再造，赋予信俗展演仪式以新的元素。游神进香、酬神等民间信仰仪式与展演成为闽南地区传统艺术得以繁衍的文化生态现象。

（二）闽南关帝信俗仪式表演的概貌

1. 闽南关帝信俗之官祀祭典

祭祀典礼是宗教信仰活动中的大型敬神酬神的传统仪礼。周公制礼作乐，提倡以礼乐治国，礼乐又被称为“祭礼”或“戏乐”，是祭祀与乐舞的交融共生体，道出了人神之间通过乐舞达成的和谐关系。关帝祭典仪式乐舞作为古代重要的礼教仪式，随唐宋至明清以来的历代更迭，不断升格达到最高规格，并在闽南地区也得以延续传播。除沿袭皇朝钦定的春秋二祭、农历五月十三关帝诞辰祭典，在全年的不同时节，各分灵庙宇的祭祀及进香拜谒仪式等民间自发性的祭礼也是其重要组成部分。

2. 闽南关帝信俗之民间表演

中国自史前的原始舞蹈，发展至明清的“走会”“百戏”，其表演形式包含着古风犹存的传统舞蹈、歌舞小戏。在闽南，“走会”“艺阵”盛行于闽南民间，闽南关帝信仰的盛行也带动了关帝信俗表演的蓬勃发展。关帝信俗仪式表演、演戏酬神成为闽南百姓重要的民俗活动之一，信俗仪式中的游街艺阵表演成为最大的亮点，关帝信俗艺阵表演常见的有头旗阵、牌匾阵、銮轿阵、闽南舞狮阵、大鼓凉伞阵、鼓锣阵，等等。这些形态不一、功能各异的关帝信俗艺阵，为进香仪式营造出威严、神秘、闹热的空间秘境。

二、闽南关帝信俗与仪式舞蹈的表演形态——以南靖金山镇振南庙赴漳州古武庙进香仪式为个案

闽南民间进香仪式指信徒迎请神明前往外地主庙拜会之意。南靖金山镇振南庙也供奉关帝，自供奉关帝后就与漳州古庙形成稳定的进香关系。基于 2019 年 11 月 1 日漳州古武庙关帝进香仪式表演的田野调查，本节内容不仅关注闽南关帝信俗仪式的整体流程，而且对仪式舞蹈所蕴含的表演意象和精神追求进行“在场”的观察与参与，以期剖析闽南关帝仪式信俗表演营造的文化空间和人文演绎。

（一）进香活动缘起

香火是闽台社会重要的信俗仪式内容，它在划定汉人传统社会结构的作用显而易见。著名汉学家施舟人（Kristofer Schipper）认为，闽台地区的许多团体，如老乡会、商人团体、戏班等组织都会以分香方式来分会。在民间信仰语境下，香火可用来说明神灵与祖先的灵力，也可用以表示庙与庙之间的分灵与祖缘关系[①]。闽南关帝信俗的进香与分香过程，是一种闽南传统社会结构的具化演绎，具有民间社会鲜明的祈愿、还愿性质。因而，此次金山进香活动是混合了个人体验与社会经验的集体意识行为：作为个人体验的进香行为满足了人的个体需求，作为社会行为的进香行为满足了群体性的功能需要。

（二）进香仪式前奏

1. 南靖振南庙的掷筶仪式

掷筶仪式是决定进香活动的前奏，也是闽南关帝信仰的内在秩序化的表现。民间信仰在基层的自发状态下，同样也在追求秩序化。漳州南靖金山镇振南庙主祀关公，多年来一直保留前往漳州古武庙进香的传统。金山镇水美村与新内村于每年 10 月，凭掷筶结果择日组织境内信众前往漳州古武庙进香。确定进香日期后，振南庙提前准备当天关帝金身銮轿起驾仪式，各信徒以家庭为单位备办进香香担。

---

① 宋嘉健：《作为朝圣行为的进香活动——以台湾地区妈祖进香仪式为例》，《集美大学学报（哲社版）》2015 年第 3 期，第 14 页。

2. 漳州主庙的迎宾礼节筹备

南靖金山进香团的规模尚小，故漳州古武庙的准备工作较为简单，主要有：其一，与南靖金山进香团的负责人进行对接，确认对方来朝的时间、人数及是否有特殊需求；其二，联系武庙下设的岳口武馆、武庙锣鼓队、乐龄“大鼓凉伞”队以及提供午餐的团队等事宜。

（三）关帝主庙的迎驾仪式

1. 出场礼——令旗、舞狮队的出阵阵势

（1）关帝令旗的出旗仪式

“接神”的各项准备在古武庙院内开始进行。由常驻古武庙的道长及岳口武术馆馆长各执一绿一黑两面令旗，绿旗代表古武庙关帝令旗，黑旗为南狮令牌“八卦旗”。道长面朝庙门，伴随锣鼓点，挥舞关帝令旗呈现“∞”字形态，主力腿扎稳状屈伸，动力腿大踏步跃起向前，如此交错往复挥舞，顺时针绕场一周，寓意着关帝圣驾发令四方，启动迎接仪式之意。南狮旗手执八卦令旗，亦步亦趋紧随其后，这代表了二者的从属关系。两面令旗在古武庙的前埕一前一后交相挥舞，宣示即将举行的进香仪式的前奏已经吹响。

（2）狮子阵的出阵仪式

由古武庙武馆弟子组成的三人南狮阵：一人令旗指挥，二人扮演狮头、狮尾，开始跑阵表演，配合锣鼓经南派曲牌的锣鼓点，灵动的狮子动态跃现，以八卦阵为主要套路展现，象征关帝勇猛的武仪意象。在跑阵过程中，狮阵会依据地势方位进行变阵。狮子在“狮团”[①]的引领下，做出各种技术动作以吸引观众。正因为没有严格固定的套路，让狮阵在表演过程中有自我发挥即兴表达的空间。

2. 迎接礼——“过火”“会旗”仪式

武庙“接神”队伍依次在古武庙石牌坊下“过火”，期间锣鼓声不断，《南狮阵》与《大鼓凉伞》亦随鼓点舞动，其中《南狮阵》最符合主庙威武气势，只见头戴傩面具的武馆弟子扮演“狮团”，挥舞以本武庙大榕树采摘的榕树叶作为装饰的蒲扇，用以避邪、制煞、镇鬼，肢体动作呈现武术的刚毅力道与道教科仪的融合。“接神”与“送神”在彼此独立的空间里，以锣鼓震天的音声乐响和形式多样的仪式舞蹈，引得围观

① 闽南人的叫法，又叫引狮郎。

者驻足观看。这些民众无意中被裹挟进入进香绕境的“场域”，构造出一副独特的信仰外化景观。

迎接宾客的“会旗”仪式即将开始，宾主双方的“神旗”于距武庙门口约一百米路口处会旗，双旗以“十字交叉”挥旗对舞示意，表示关帝主庙迎接之意。紧接着在古武庙黑、绿令旗的引领下，主庙艺阵以令旗队→锣鼓队→南狮队→大鼓凉伞队的次序，踏入古武庙域界。金山进香团紧随其后，进香艺阵别具一格，主要有：挂香旗队→牌匾队→清道令旗队→肃静回避匾队→关帝金身銮轿队→锣鼓队→“山西夫子”木牌匾和“振南庙山西太子进香”铭牌队→南靖八人大鼓凉伞队……表达出南靖对进香仪式的隆重与敬意。在闽南民间庙会神明出巡、进香时必由专人持“神伞”于神轿前方，为神灵引路，舞伞者始终旋转神伞，以显示神明的威严尊荣。紧随其后的便是金山各家各户恭抬的神像金身十余尊，不仅有水美村、新内村的主神关帝，也有村社角落的各路神明，印证了闽南地区民间信仰的多元共生。尾随其后统一装束的南靖妇女信众手持挂香专用旗，手拎精致贡品，脸上写满了对关帝的虔诚与敬畏之情。这些信众的整齐装束、各艺阵本土特色的呈现及锣鼓乐车的改装等，正是闽南民间信俗仪式具备高度适应性和变通性的一种体现。

（四）南靖晋庙的表演仪式

1. 进香团阵头

进香团队伍由头旗阵带领下依次有序排列，执令旗、扛牌匾、抬辇轿、锣鼓演奏，场面威严热闹。南靖金山进香团仪式队伍由七个阵头组成，如表 5-2 所示：

表 5-2　南靖金山来漳州武庙进香仪式艺阵解析表

序号	艺阵名称	形态	意涵
1	头旗阵	由 4 人组成的“挂香旗”令旗队，挥舞“清道”令旗	代表关帝符号开道，体现巡游威仪
2	牌匾阵	双人各横举“山西夫子”木牌匾及“振南庙山西太子进香”红色铭牌；两名信众分别肩扛“肃静”“回避”木牌匾	表明振南庙所奉关帝乃来自山西关帝正统
3	关帝金身銮轿阵	四人肩扛 1 尊镇南庙主祀关帝金身，其余若干男丁手捧自家供奉的关帝金身牌位在后跟随	体现村民信众对关帝的崇敬以及祈祷获得关帝护佑的诉求
4	闽南舞狮队	“狮团”1 人，狮头、狮尾各 1 人	与关帝威武的精神特质相得益彰

续表

序号	艺阵名称	形态	意涵
5	锣鼓队	共6人，其中1人打鼓，大鼓置于三轮车中，另5人敲锣，锣鼓齐奏	营造庄严、热闹的音声场域
6	香客团	妇女头戴红帽，手提香担供品	以家庭为单位，赴主庙祭拜祈福
7	大鼓凉伞阵	八名舞者分两纵队行进，1队打鼓，1队捻伞	以漳州民众喜闻乐见的大鼓凉伞表演来酬神娱人

由表5-2可以看出，镇南庙作为闽南众多祭祀关帝的乡间庙宇之一，对于前往主庙进香拜谒的仪式规格依然传承完整，关帝信俗仪式展演已深入闽南民间基层组织。仪式表演内容与形式不拘一格，大胆借鉴、吸收、融合闽南传统艺术养分，来自中原的关帝祭拜科仪与闽南本土的家族祭拜程式通过信众自创阵头，达到巧妙融合与和谐统一。

2. 南靖进香《狮子阵》的表演形态

《狮子阵》表演是闽南民间的祭祖、应神、驱傩、进香活动必备的重要艺阵。闽南狮有“文”“武”之分。“文狮”多为开口狮、红鼻狮，舞狮表演情节以“驯狮”逗乐为主，动作细腻；“武狮”多为闭口狮、青鼻狮，在表演上以“刣狮”（杀狮）、“狮阵”（弄狮）为主，动作威武勇猛。刣狮，闽南语谐音“太师”，寄托人们“科举高中，官拜太师”的美好愿望。南靖武庙进香的《狮子阵》属闽南武狮类型。本次进香祀典所展演的“武狮”，寓意出征、开路、扫恶求吉。与漳州主神武庙的狮阵相映成趣，漳州南靖狮阵的刣狮动态及其走八卦呈现出“勇猛威仪”的时空意象，与漳州民众崇尚的关帝忠勇形象不谋而合，也就不难理解为何漳州武庙下设武馆，而《狮子阵》则是其日常重要的操练内容。

从漳州武庙和南靖进香《狮子阵》的舞狮形态特色来看，汲取军旅阵法并融合了大量南派武术技法，即技术动作主要以福建南拳为基础，步法稳健，多马步、虚步和大小三角步。表演时根据锣鼓节奏的轻重缓急，即兴施展各种动作套路。狮子形象也具有闽南特色，脑门凹鼻子凸的立体式样态，五官基本定型化，狮头狮尾假体简易但却能展现灵动狮象。舞狮在漳州又被称为“弄狮”，意为小鬼戏弄狮子。明《漳州府志》中记载：“舞狮伎，假面小鬼假狮子，篾雕为头麻作尾，金镀眼睛银贴齿，弄头耍尾真默契，奋迅毛衣摆双耳。”此叙述惟妙惟肖地刻画出古时漳州舞狮的道具、表演动态特点。

3. 南靖晋庙仪式表演与信仰虔诚之心

仪式让人们得以与世俗世界作短暂分离，实现“世俗—神圣—世俗”的时空转换。关帝信俗仪式同样如此。南靖进香团的个案从同一时空的维度，展现了时空与共下的民间信仰仪式表演与族群认同之间的内在关系，以及仪式表演中呈现、传递出的文化象征符号与其他仪式之间的关联。闽南民间信仰仪式引领下的各类民俗活动不仅是民间信仰的外化表现形式，而且仪式本身就是其重要内涵甚至是支柱。

三、漳州古武庙仪式艺阵表演的文化意涵

（一）漳州古武庙继承的非遗艺阵与文化表达

从艺术学、民俗学视角来审视关帝仪式表演，其背后蕴含着深刻的义理和文化内涵，具体分析如下：

1. 舞狮阵的表演形态与文化意涵

狮子在中国是威严吉祥的象征，本次进香《舞狮阵》亦是秉承中华传统文化的共性特征。关帝《舞狮阵》的表演形式分置狮头狮尾，狮前有一“狮团”（亦称“大尪头”）手持芭蕉扇在旁“斗狮”“驯狮”。狮子在“狮团”的引导下时而探头，时而咬尾，活泼跳跃，刚劲有力，进行狮子跑阵表演。在跑阵过程中，狮子与“狮团”互动逗舞，做出各种各样的高难动作以吸引观众。正因为没有严格固定的套路，让狮阵在表演过程中有自我发挥即兴表达的空间，引得大批围观民众驻足观看，这激发了舞狮队员的表演欲，他们走向马路中央，表演了一段以南拳武术为基础的“南狮拳”。这段亦舞亦武的舞狮演绎，表明其和武术的关系密切，是由历史上闽南地区的生产生活环境所影响而逐步形成的。南拳武术元素在《舞狮阵》中的放大和强化，与刚健有为的中华民族心理和争强好胜的闽南人的人文性格息息相关。舞的节奏、武的气势则通过舞狮阵表演的配乐来糅合升腾。闽南舞狮阵的音乐以打击乐器为主，包括鼓、锣、钹等，借震撼的音响营造表演气势。

2. 大鼓凉伞表演在闽南关帝信俗空间的意涵

漳州《大鼓凉伞》的鼓舞具有敬神娱神的功能，是古俗遗风的延伸与发展，成为漳州民众表达情感和意愿的一种媒介①。南靖进香团与古武庙均有各自的大鼓凉伞队，

① 郑玉玲：《漳州民间舞“大鼓凉伞”的艺术特征探析》，《漳州师范大学学报（哲社版）》2008年第1期，第151页。

分别对应闽南地区神明出巡绕境的"游街"和宫庙前围场酬神演出的"团场"。在关帝进香仪式下的漳州、南靖《大鼓凉伞》表演则彰显出其独特的民俗寓意：（1）"游街"双纵队的"鼓与伞"整齐划一行走表演，制造了关帝出巡迎接声势；（2）"团场"表演则展示《大鼓凉伞》的"鼓伞对舞""击鼓捻伞"的舞蹈风貌，"龙出水、摆方阵、莲花转"等舞蹈构图的激扬阵势，诠释信众对关帝精神崇尚的表达。于是，闽南关帝信俗与仪式舞蹈已经成为闽南关帝信仰信众生活的重要组成部分，折射出独特的闽南地域文化。信众以漳州最具特色的艺阵表演《大鼓凉伞》呈现给关帝，表达出他们对关帝敬仰崇拜的心理和祈求神灵庇佑的信仰追求。

（二）漳州古武庙仪式表演的音声场域与文化空间

1. 武庙锣鼓乐队演奏的关帝信仰乐场

借有形实体表现无形意义，用可感的符号——音乐来链接不可触的神灵。金身、神像、銮轿等代表神灵的静默实体，需要更具感染力的音乐符号来渲染神场。在游神进香过程中锣鼓队本属配角，但锣鼓钹的震天雷动却往往成为祭祀活动中先声夺人的显耀角色。当锣鼓钹的奏鸣回响在古武庙的场域中，乐声烘托起神的威仪，神的气场给予乐声超然的加持，营造出别具一格的关帝信仰乐场，形成了"人－乐－神"的三重共鸣，诠释了"八音克谐，无相夺伦，神人以和"[①] 的美学意向，在音声场域中制造了"人神合一"的民俗文化空间。

2. 锣鼓乐器合奏的音声形态特点

漳州武庙锣鼓乐队是漳州市非物质文化遗产的民间传承表演队。据古武庙锣鼓乐队林启漳队长介绍：在进香游神仪式中锣鼓队所用曲目，在配合《令旗阵》《狮子阵》和神轿晋礼时演奏，一般都有固定曲牌。游神过程中的舞狮音乐采用曲牌联缀式，主要有【闹战】【舞狮（套路）】等，曲序不定，带有现场即兴特点。这些曲牌皆由林团长根据数年来的经验自行编曲制作，并召集队员定期集训演练。乐团成员劳作闲暇之余，汇聚古武庙庙埕，将他们在田地与海边劳作的朴素日常，通过鼓锣乐音的和谐重奏表达对关帝的尊崇。独具特色的闽南曲牌和自由联缀式的即兴打法，营造了本次关帝仪式乐场特色，与闽北、闽东和闽中地区有很大区别，鼓点的频率与合奏的时机等都不尽相同，体现出"一方水土养育一方音乐"的哲理。现将漳州非遗锣鼓乐的自创图谱选摘如下（详见谱例 5-2、5-3）

① 孔安国撰：《尚书正义》，孔颖达疏，黄怀信整理，上海古籍出版社 2007 年版，第 106 页。

谱例 5-2 漳州关庙舞狮套路的锣鼓谱图

舞狮套路			○					○					○		○	○				○	○	○			○	○	○			前慢
	●	●	●			●	●	●			●	●	●	●	●	●		●	●	●	●	●	●	●	●					
	◆	◆	◆			◆	◆	◆			◆	◆		◆	◆	◆				◆	◆	◆			◆	◆	◆			重复
	◇	◇	◇			◇	◇	◇			◇	◇		◇	◇	◇		◇	◇	◇	◇	◇	◇	◇	◇	◇	◇			

注：●鼓点；○锣；◆大钹；◇镲。本表由林启漳先生提供

谱例 5-3 漳州关庙舞狮锣鼓经片段

欢快地

2/4 大 台 | 仓 仓 | 仓 才 | 仓 才 | 仓才 仓才 ‖: 仓 仓 | 仓 仓 | 仓 仓 |

仓 仓 :‖ 仓 0 | 仓 才 | 仓 0 | 仓 仓 | 仓 仓 | 仓 仓 | 仓 仓 | 仓 仓 |

仓 仓 | 仓 才 | 仓 才 | 仓 才 | 仓 才 | 仓 才 | 仓 才 | 仓 才 |

仓才 乙才 | 仓桼 台桼 | 仓桼 台桼 | 仓桼 台桼 | 仓才 仓 | 仓仓 仓仓 |

仓才 仓才 | 仓才 仓才 | 3/4 仓才 另 仓· | 仓才 另 仓· | 仓才 另 仓· |

2/4 仓仓 仓仓 | 仓才 仓才 | 仓才 仓才 | 捷 仓 0 | 大大 仓大 | 仓 0 |

才 台 | 仓 - | 才 - | 仓 - | 才 - | 仓才 乙才 | 仓 才 | 仓才 乙才 |

仓 才 | 仓 才 | 仓 才 | 仓 才 | 仓 才 | 仓 才 | 仓仓 仓仓 | 仓仓 仓仓 |

仓仓 仓仓 | 仓仓 仓仓 | 仓 仓才 | 1/4 仓 | 2/4 仓仓 仓仓 | 仓仓 仓仓 |

仓仓 仓仓 | 仓仓 仓仓 | 仓 仓才 | $\frac{1}{4}$ 仓 | $\frac{2}{4}$ 仓仓 仓仓 | 仓仓 仓仓 |

仓才 仓 | 仓仓 仓仓 | 仓仓 仓仓 | 仓才 仓 | 仓才 仓才 | 仓才 仓才 |

大台 0 | 仓 - | 仓 - | 才 - | 仓 才 | 仓 - | 才 - | 柒 - | 仓 - ‖

从谱例中，可以看出舞狮音乐的伴奏特色：第一，从使用乐器上看，代表闽南热烈氛围的鼓、锣、钹的交融混声，产生浓烈热闹的音声效果，满足闽南大众以闹为乐的心理需求。第二，从节奏类型看，不同类型的节拍交替使用，演奏时四种不同音色的打击乐器时而独响，时而合奏，变化多端。整个锣鼓钹的节奏依舞狮表演需要而变，为配合狮子舞动、跳跃、嬉戏等形态而即兴演奏，达到乐舞交融的场域氛围。速度主要以快速为主，首、中、尾三部分速度由缓至快，再由快转慢，欲扬先抑，有张有弛，让舞狮表演跌宕起伏，扣人心弦。第三，从曲牌的搭配看，由【闹战】曲牌作为前奏，【舞狮】和【舞狮（套路）】两种曲牌联奏，凸显不同舞狮形态的艺术表现力。通过上述三种风格迥异的曲牌交替与联缀式演奏，丰富了舞狮的表演层次，增加了舞狮艺阵的艺术表现力，更能调动起表演者与现场信众的兴奋点，进而使进香祭典仪式达到小高潮，大大拉近进香信众与古武庙的心理距离。

3. 音声场域与闽南关帝信俗文化空间

民族音乐学家曹本冶教授指出：“音声”是仪式展现中的一个部分，其仪式研究应该从“音声”切入。[①] 在闽南关帝信俗文化空间，“音声”作为象征符号，成为贯穿仪式符号链的重要元素。作为可感知的外显的音声符号，对“在场”的进香信众、“场外”的观看者乃至主神关帝，都赋予不同的意义。仪式行为者与参与者通过舞蹈、吟唱、演奏等表演活动构建出闽南关帝信俗仪式情境，并从中体验、获得这些意义带给他们的心灵慰藉和精神需求。

所有仪式皆在一定的空间和时间场域中展现，可分为静态场域及动态场域。静态场域主要指空间布局与场所布置，动态场域则包含人的肢体活动（舞蹈）和乐声音响等。音乐的编排与奏响的时机根据科仪仪轨及庙宇约定俗成的次序展开。漳州古武庙仪式

① 曹本冶：《仪式音声研究的理论与实践》，上海音乐出版社 2010 年版，第 45 页。

表演中音声场域的营造，充分汲取了闽南传统音乐的艺术养料，在乐器的选择、曲牌的串联中，可以读取到丰富的闽南元素。运用闽南地区岁时节庆中最常使用的中鼓、大小锣、大钹与小镲等打击乐器错落有序的配搭，产生闽南特色的“闹热”音声点缀，符合漳州民众的心理需求和对关帝的崇敬之情。在此音声场域下的神轿仪礼、舞狮跃动、大鼓凉伞等艺阵表演融合交集在关帝信俗仪式之中。闽南民间艺人通过击打朴素的民族乐器，从孩提时代就烙印在闽南人脑海深处的音声记忆通过熟悉的旋律被唤醒，让在场信众可以迅速进入音声弥漫的闽南关帝信俗文化空间。

本节小结

闽南关帝信俗虽发端于山西运城，但经过千百年来在闽南大地的生根发展，已经和闽南地域文化相融共生。闽南民间艺阵的传习和闽南民间信仰生生不息的诸多仪式已近乎成为共生体，共同构成了闽南独特的民间文化生态系统。当我们考察闽南关帝信俗仪式时，发现几乎所有仪式舞蹈的关键要素都来源于闽南本土，从这个意义上也可以说，闽南关帝信俗是闽南土生土长的一种民间信仰，是闽南民间造神运动的产物之一。我们很难说，到底是民间信仰影响了民俗民风，还是民俗塑造了民间信仰，但可以确定的是，民间信仰与民俗文化相互勾连交织，成为独特的文化共生事象。闽南关帝信俗以其祭典仪式的完整性、民俗事象的多样性、信众数量的众多性和人文精神的传承性为重要特征，成为闽南地区乃至连接两岸关帝信俗文化的绚丽色彩，对闽台民众群体的信俗文化认同具有重要意义。

第四节　闽南关帝信俗与仪式舞蹈的宗教哲学、文化内涵与现代价值

闽南关帝信俗与仪式舞蹈历经悠久历史，成为闽南民间信仰祭典仪式中必不可少的内容。关帝信俗仪式舞蹈既承载着中国传统乐舞文化，又蕴含着中国传统宗教哲学思想，以儒家“忠义仁和”的人道思想与道家“天人合一”的天道思想构成闽南关帝信俗与仪式舞蹈的思想内核，两者共同表现出对人类社会的终极关怀与“以和为美”的审美追求。

一、闽南关帝信俗与仪式舞蹈蕴含的宗教哲学思想

（一）闽南关帝信俗之“儒道共融”

关帝信俗作为一种民间信仰民俗，随陈元光开漳入闽，逐渐在闽南民间播植，并于明清时期在闽地掀起关公崇拜的热潮，成为闽南民众信仰生活的重要组成部分，此时儒、释、道三教融合趋于完善与成熟，形成“三教合一”格局，其中尤以儒家思想对关帝信俗的影响最为明显。关帝信俗伴随王朝政权入闽，必然受到儒家正统思想的影响。儒家思想强调“君君臣臣”，指为君者应尽君道，为臣者应尽臣道，各司其职，各司其本，才是忠君爱国的表现。泉州通淮关帝庙的碑刻积极评价了关帝秉承儒家忠君报国的史实：

> 今所为颂侯之烈，与侯所以系千百世人心者，得非以一念殉汉之忠乎！窃以为未尽侯也。夫帝室之有隆替，国统之有存亡，自生民有主而来，谁代无之，何但汉？其历朝死事诸臣，当改姓易命之秋，杀身翼主而极忠无二虑，何但侯？然皆一时能使人叹息咨嗟，传之久而名存耳，未有若侯灵响，今凛然如生者。国于天地，必有与立，惟是生人五伦、两仪不得以坠，二曜不得

以晦，人心不得以死。侯始遇玄德，朋友也；约盟而后，兄弟也；及推为中山靖王裔，以主事之，则君臣父子也。

根据碑文可见，关帝明正统，践行儒家伦理，忠于职守，体现了“忠”的最高标准即“忠君”，为民众树立价值典范与道德准则，带来良好的社会风气，在当时的闽南掀起关公崇拜的热潮。碑刻中还重点突出了关帝对儒家义利观的承继：

夫古今言义者，皆属之君臣，而于朋友则言信。然近于义而言始可复，则信亦义之符也，虽谓朋友为义交可矣。乃若兄弟未有言义者，其亲本乎父子夫妇之生，其伦秩乎胞乳先后之序，乃天之所洽，非人之设，安得言义。兄弟而以义言，则自刘先主于关、张始也。

可以看出，关帝秉承了孔圣人“义者，宜也”的道德准则，忠义精神成为关帝文化的核心与灵魂，民众崇拜义薄云天的关帝，实则也是对“义”的崇拜，因此“义”也成为关帝崇拜风靡的内在动力。

儒家对“忠义”思想的强调促使关帝信仰在社会各个阶层风行，民间自发举行的信俗活动正是关帝崇拜的体现，这种热情在闽南地区尤为凸显。闽南信众认为关帝是他们的保护神，关照着生活的各方面，其主要职能从武神发展为财神，表现出世俗化的特点。在闽南漳泉地区建有专门祭祀关帝的宫庙，远近闻名的有东山铜陵关帝庙、芗城古武庙，泉州通淮关帝庙等。据不完全统计，漳州地区的关帝庙就有107座之多。东山铜陵关帝庙周边的居民认为自己是关帝血脉的延续，每家每户都祭祀关帝，且在门厅张贴悬挂一幅巨大的关帝像，以示对先祖关帝的尊崇。闽籍儒林学士黄道周为家乡东山铜陵关帝庙撰联：“数定三分，扶炎汉，平吴削魏，辛苦倍常，未了一生事业；志存一统，佐熙明，降魔伏虏，威灵丕振，只完当日精忠。”黄道周本人也秉承践行关帝忠义的精神，抗清死节，壮烈殉国。关帝忠义精神的模范性影响并塑造了一代代东山子民的性格，形成了坚毅质朴的人文生态。

（二）闽南关帝信俗与仪式舞蹈与儒道思想的涵化

儒家思想自古以来在官方意识形态领域占据主导地位，成为中国传统文化的思想主流。儒家“忠义仁和”的基本精神凝聚了中华民族的智慧力量，自上而下地影响着社会阶层，成为统治者与百姓共同崇尚的道德准绳，并渗透到民俗文化与民间文艺的创作之中。明清以来，民间掀起关帝信俗的热潮，关帝祭祀不仅有国家祭典，也有民间自发举办的祭祀活动，即官祀与民祀，关帝信俗逐渐发展为雅俗共生的信仰文化。

旧时的关帝官祀祭典形式隆重，据《关帝志•祀典》载："明嘉靖年间，定京师祀典，每岁五月十三关帝生辰，用牛一、羊一、猪一、果品五、帛一，遣太常官行礼。四孟及岁暮，遣官祭，国有大事则告。凡祭，先期题请遣官行礼。"由此可见，每逢关帝诞辰，君王都会派遣专司仪礼的官员前往关帝庙祭祀关帝。清代时，官祀关帝的仪礼更是繁复，祭祀关帝需要"行礼三跪九叩，乐六奏，舞八佾……"，可见官祀以宫廷雅乐佾舞的最高规格来祭祀关帝。

民祀活动随着历代统治者对关帝的推崇而逐渐兴盛起来。《关帝圣迹图志全集》中记载："每岁四月八日传帝于是日受封，远近男女，皆封击羊豕，伐鼓啸旗，俳优巫觋，舞燕娱悦。秦、晋、燕、齐、汴、卫之人肩毂击，相与试枪棒、校拳勇，倾动半天下。"[①] 可以看出在关帝信俗场域下，民间自创的民俗艺阵表演种类繁盛，既有载歌载舞的民俗舞蹈表演，也有英气逼人的飒爽武阵，各种民俗艺阵表演应接不暇，争奇斗艳。时至今日，闽南关帝祭祀的民祀活动得以承继，既保留有传统表演因子又展现出现代表演风貌，其中以闽南关帝信俗与仪式舞蹈最具特色。诸如 2020 年被列入联合国教科文组织人类非物质文化遗产代表作名录的漳州进发宫疍民习俗传习点，其中的"哪吒鼓乐"表演通过活态表演的方式在吟诵咒唱与科仪表演相融合的音声舞律场域中呈现出儒道文化共融的特点：

（1）在仪式音乐上，哪吒鼓乐是在闽越傩舞巫乐基础上吸收道家三坛鼓演化而成。表演者手持长柄手鼓、令尺和马锣敲击演奏不同的曲调，配合吟唱曲文和道法科仪动作形成完整的哪吒念咒鼓乐表演，大致按照"开坛→唱将→开鞭→开坛密语→三拍四→二拍二→先生调→开营召兵→结界护坛→颁符→押火→娘妈调→犒赏→安营"的顺序完成。整场仪式表演的乐场由音声吟唱和打击乐器演奏交织而成，伴随一系列科仪动作，形成肃穆而神秘的道场，民众在这一场域中焚香祈福，实现自己的期许。

哪吒鼓乐的念咒音乐旋律由传统五声音阶"宫、商、角、徵、羽"构成。笔者此处以漳州文衡殿哪吒鼓乐的吟唱旋律（见谱例 5-4）为例进行分析。

①〔清〕卢湛汇辑，于成龙鉴定，陈宏谋、沈德潜增订《关圣帝君圣迹图志全集》卷三，广东：敦五堂，乾隆三十三年（1768）重刊本，第 2—3 页。

谱例 5–4 笔者采集的漳州芗城文衡殿哪吒鼓乐吟唱的《唐中太乙君》旋律

唐中太乙君

吟唱：文衡殿林济民等
采谱：郑玉玲

1=^{b}B

可以看出，哪吒鼓乐的旋律以徵调式为主，每一句唱词的旋律结束音落在 sol 音上（如谱例第 4、8、12、16、20、24、28、32 小节的最后音均在 sol 音），让整首乐曲营造出阴阳二气相互交感而形成的适匀的音声状态。正如“道生一，一生二，二生三，三生万物”的宇宙生成论，其旋律体现出阴阳调和、万物复苏之感，乐曲的结尾与下一乐章的开头能够很好地衔接，使哪吒鼓乐呈现余音袅袅、循环往复的神秘感。

哪吒鼓乐的唱奏不管是在表演形式上，还是在旋律上都体现着浓厚的道教音乐色彩。传统五声音阶“宫、商、角、徵、羽”与阴阳五行有着紧密联系。《阴阳应象大论》曰：“角谓木音，调而直也；徵谓火音，和而美也；宫谓土音，大而和也；商谓金音，轻而劲也；羽谓水音，沉而深也。”可以推断，“宫、商、角、徵、羽”与五行“土、金、木、火、水”存在对应关系，五音与五行相辅相成，错综变换以衍生出不同的曲调，五行表现的差异决定五音的抑扬顿挫，营造多变的意境。例如漳州进发宫的哪吒鼓乐曲牌音调多样，有大三坛调、恩主调、马崎调、娘妈调、什鼓调（叠鼓）、安营调、落路调、结界调、赏兵调等十几种调韵。音乐形态的表达丰富，根据曲文内容运用了复合节奏（2/3、3/3、3/4、4/4），与道坛法器打击乐声相融，为道坛顶手的请敕金鞭、甩敕金鞭、调安营仪式等仪式动作表演，营造出神秘的道坛仪式空间，以达到驱邪除煞的目的。

（2）吟唱曲文上，漳州进发宫哪吒鼓乐的曲文结构分七字句、五字句、长短句等句式，吸收歌仔戏（芗剧）的七言四句体句式吟唱，呈现出闽南口诀文学的基本特征。例如《神兵火急如律令·拜请》以七言四句体为主，配合规整有力的旋律，烘托出热烈阳刚的气氛，集中赞颂关帝英勇忠义的精神，反映儒家崇尚忠诚信义的节操：

恩主义勇武安王，桃园结义世无双。
尽心协力扶刘王，不忘厚意破曹公。
五关斩将无敌手，古城树下斩蔡阳。
水淹七军尽妙算，促捉周仓斩庞德。
…… ……
万古真心贯日月，一腔义气报乾坤。
弟子一心转拜请，恩主帝君降临来。

从唱词中可知，关帝“过五关斩六将”“桃园结义”“水淹七军”等英勇事迹与忠义精神深入人心，民众将关帝神勇事迹凝结在哪吒鼓乐的唱词之中，对关帝的崇敬可见一斑。究其本源，民众践行关帝忠义之道，赞颂关帝英勇之精神的根本乃在于儒家忠义思想的渗透。儒家思想成为正统思想之后，社会中普遍以效忠皇权为顺，反叛朝廷为逆。这种思想不仅成为上层精英的共识，还在下层百姓中广泛传播，儒家忠孝节义的观念成为忠义之士一心为君效劳的内在精神动力。

二、闽南关帝信俗与仪式舞蹈的审美特征

（一）闽南关帝信俗与仪式舞蹈的审美意象

闽南关帝信俗与仪式舞蹈中以独特的审美意象反映了“天人合一”的审美内蕴以及闽南民众对理想生活的追求，展现了闽南关帝信俗与仪式舞蹈别具一格的艺术风貌。

1. 天人合一的审美理念

闽南关帝信俗与仪式舞蹈在儒道文化的影响下直接反映出“天人合一”的审美内蕴。“天人合一”的哲学观念是古人在应对自然、体悟自然之境而孕育出的思想结晶。古之闽越，蛮荒之地也，在生产力低下的闽南农耕社会中，自然环境对农业生产有着决定性作用，“天”成为制约民众生存发展的重要因素。在此影响下，闽地民众视“天”为不可战胜之存在，形成了“听天由命，畏天知命”的地域心态。随着思维方式的拓展，人们试图把握自然规律的变化以改变“听其自然”的被动局面，因此人们在生产实践中逐渐认识到顺应人与自然的和谐关系从而达到“天人合一”的境界。“天人合一”的哲学观念影响甚远，渗入闽南民众生活的方方面面，也成为闽南关帝信俗与仪式舞蹈的审美内蕴，具体表现概括如下。

在“天人合一”观念的浸润下，闽南关帝信俗与仪式舞蹈集中反映了民众与天（神）之间的互动交流。例如《跳加官》仪式的表演者扮演加官形象，代表民众与“天”互动，为民祈福纳吉，保境平安，满足民众对幸福生活的理想追求，折射出“天人合一”的审美理念。演员出场按照“北—西—南—东”四个方位依次亮相身段，呈现为“打四门”的舞蹈场图，意在向四方鬼神献祭，以求演出完整顺利，在方形戏台上以圆形轨迹运动，亦是对上古宇宙观“天圆地方”的反映。又如漳州进发宫哪吒鼓乐三坛小法仪式表演中的调兵仪式，通过“拜请闾山哥哥使——敕金鞭——请旗——顶手念咒——调请六营——拜请三清大教主”的六个步骤，调请东、西、南、北、中、外六个方位的天兵天将来到神坛营造的空间场域中辟邪保境，维护人间和平安定。在整个仪式过程中，要求小法念咒、顶手动作与道坛仪式归一，自然天成，保持凝神澄净，守璞归真。在场信众作为集体性仪式的参与者，不由自主地强化了与天的沟通与交流，宗教情感强烈的信众则在仪式营造的和谐意境中达到天人合一的境界。

2. 立象尽意的符号表达

舞蹈是抒发情感、表达思想、表现美感、体现文化的综合的显意符号系统。[①] 正如《毛诗注疏·关雎序传》云：“情动于中而形于言，言之不足故嗟叹之；嗟叹之不足故咏歌之；咏歌之不足，不知手之舞之足之蹈之也。”闽南关帝信俗与仪式舞蹈是民众在汲取闽南民间舞蹈元素的基础上，融合闽南关帝信俗文化意蕴而创造的民间艺术，是一种立

---

① 袁杰雄：《符号学理论视阈下的民族民间舞蹈研究》，云南艺术学院硕士 2014 年度学位论文，第 23 页。

象尽意的符号表达。“意”作为一种精神导向，是“象”的基础，“意”引“象”立，寻“象”观“意”，两者相辅相成。闽南关帝信俗与仪式舞蹈的编创立足对关帝的崇敬之“意”，借舞蹈动作神韵和队形之“象”来传达。

闽南关帝信俗与仪式舞蹈承继了中国舞蹈“划圆艺术”的审美范式，在“圆—回”形态中投射出闽南民众追求圆融美满的心理倾向。例如《拍胸舞》的七击动律，按照“双手胸前合击一掌——双手拍击左右胸部——双臂内侧依次夹击右、左肋部——依次拍打右、左腿部”的顺时针圆形轨迹完成动作，呈现出流畅均匀的划圆形态。在漳州进发宫哪吒鼓三坛小法咒唱仪式中的结界仪式的亮点为双人对舞“走圆”：右手持四方结界旗围绕头顶划圈，左手手型做“三清指”[①]，并做哪吒动作造型，主力腿半蹲屈膝，动力腿勾脚抬起，双手随动力腿的勾抬状反向提肘划圆，整体动态艺诀为“四目相对”，即要求表演者腕、肘、膝、踝保持在一个平面上。双人围绕火盆以逆时针的顺序左右交替单脚跳动走，呈现出圆形的舞蹈场图。这一仪式在圆融和谐的氛围中进行，调遣本坛官将驻守六方，形成结界，天兵、地兵、水兵、火兵下凡守护人间，不许污浊邪灵侵扰神坛和人界，从而表达了闽南民众追求安定平和，祈求风调雨顺的素朴愿望。

（二）闽南关帝信俗与仪式舞蹈的审美情趣

1. 阳刚威武的审美体验

闽南民众祭祀关帝，将其奉为勇猛无畏的战神，折服于关帝凛然正气的威武精神和“义不负心，忠不顾死”的君子风范。民众对关帝的英雄崇拜在明清时期转化为抗击敌人的英勇，他们坚信关帝会保佑自己取得胜绩，打败外敌。这种精神亦流传至今影响代代闽南人，成为闽南民众的精神支撑。在关帝信俗仪式舞蹈中的武阵表现出阳刚威武的姿态。

例如关帝信俗仪式艺阵中的《舞狮阵》，由两人撑起狮头和狮尾，出场时绕场一周，圈出形似太极图的外圆，然后开始舞狮。狮尾演员半蹲，狮头演员以“左下—右上—右下—左上”顺序划“∞”字，两头狮子在你来我往的对舞中呈现一种形似太极图的圆形构图，反映出中国舞蹈艺术“形虽无‘圆’，意皆有‘圆’，心在‘圆’中，‘圆’

① 三清指：左手中指及无名指向内弯；大拇指压住中指及无名指指尖；左右手均同。法师作法时常用，代表三清教主，也代表道教三山。

在意中”[1]的核心思想。狮子在锣鼓乐中翻腾跳跃，变换阵法，做出躲避、搏击等动作，展现出打斗时的勇猛与飒爽姿态。又如东山关帝文化节中的《英歌舞》表演，舞蹈者扮演水浒中的108将，手持英歌槌随着音乐敲打挥舞，不断更换舞姿队列，以刚劲雄浑，粗狂奔放的姿态展现英勇舞姿。动作形态圆满丰富，勇猛热烈，形成了威武豪迈的气势，表现民众骁勇善战，刚强豪迈，不屈不挠的反抗精神。

2. 乐观豁达的审美气质

闽南先民在恶劣的蛮荒之地中开拓出一番天地，面对艰难困苦，他们以乐天知命的态度笑看人生，由此培养了闽南人吃苦耐劳的品质和乐观豁达的心态，反映在舞蹈上表现出爱好喜庆，轻松诙谐的审美情趣。

历史上的关帝熟谙航行，操练水军，因而深受沿海居民和水上作业的闽南沿海船民敬奉。漳州九龙江畔的历代疍民以捕鱼为业，浮家泛宅，繁衍生息。面对自然灾害与社会压力无所适从时，关帝自然成为疍民的守护神。明朝成化年间，阮氏疍民家族在九龙江畔的连家船上专门建造“水上帝君庙”。长期迎风斗浪、抵御灾害的水上生活使九龙江疍民具备了乐观豁达、穷且益坚的气质。这样的精神风貌亦是继承了关帝愈战愈勇，奋勇向上的积极品质，又与中华民族自古以来自强不息、攻坚克难、不屈不挠的民族精神是一脉相承的。

又如刚柔相济的《大鼓凉伞》，鼓手身背重量较大的鼓，因而要求腰部以下的部分较为稳当，才能支撑鼓的重量。手臂挥槌的动作强调大臂带动向外撑开形成张力，表现了鼓手挥槌的狠劲而带来的雄健姿态，从而展现了“憨直质朴、剽悍刚毅”的性格[2]。伞娘步伐轻盈，捻伞动作自然柔媚，与鼓手的雄劲形成对比，在热闹喜庆的鼓声中表现出稳健豪爽、轻柔妩媚的多重神韵。再如庄严神圣的踏火仪式，两名男丁肩扛关帝圣辇轿绕着木炭和石块砌成的火堆围走三圈，再依次赤脚踏过燃烧着的火堆。这一流程往往需要重复三次，踏火时，周围的观众和踏火的男丁一齐呼喊助威，现场氛围十分热烈。信众踏过熊熊的烈火，象征着民众越过艰难险阻，反映了闽南民众坚韧不拔的精神品质。

---

① 袁禾：《中国舞蹈美学》，人民出版社 2011 年版，第 256 页。

② 郑玉玲：《闽台民间舞蹈的源流与嬗变》，社会科学文献出版社 2019 年版，第 99 页。

三、闽南关帝信俗与仪式舞蹈的现代价值

闽南关帝信俗与仪式舞蹈伴随社会发展的进程，不断传承创新，发挥着不可忽视的现代价值，主要表现在三个方面：

（一）文娱价值

闽南关帝信俗与仪式舞蹈依托于关帝信俗的场域，是闽南民众抒发内心情感，表达对神灵崇敬的直接方式。《礼记》云："夫乐者，乐也，人情之所不能免也。乐必发于声音，形于动静，人之道也。"可以看到，乐的情感是人之常情，流露于言表之中，体现在动作之中。闽南民众敬重关帝，祭祀仪式对这种情感的直接表达，民众通过仪式舞蹈酬神，并自发地将对关帝的浓厚情感融入仪式舞蹈的表演之中。闽南关帝信俗与仪式舞蹈是一种敬神娱神的表演性舞蹈，信众既能通过这一方式尽情展演，酬神献礼，也能借此方式自娱自乐，放松身心，从而达到以舞强身的目的。例如《大鼓凉伞》是漳州民间娱神敬神时必演的民俗大型艺阵，舞蹈爱好者以岁时节庆为契机聚集在一起，借助业余时间的集中训练而转变为群体化的健身活动，成为群众体育性舞蹈。这一舞蹈既是民众茶余饭后消磨时间的娱乐方式，也是民众强身健体、放松身心的锻炼方式。

（二）教育价值

闽南关帝信俗与仪式舞蹈是一种"情动于中而形于外"的舞蹈艺术。《礼记·乐记》云："乐也者，圣人之所乐也，而可以善民心，其感人深，其移风易俗，故先王著其教焉。"可见，古代先贤认识到乐舞对人们道德情操的影响，以乐舞善民心，教化百姓从而改变社会风气。闽南关帝信俗与仪式舞蹈是闽南民众对关帝崇敬之情的由衷展现，这种情感生发于心，并借仪式舞蹈表演来传达。例如歌仔戏将人物表演与唱词结合，在人物形象和戏曲唱词中探讨人生价值，启发伦理道德，具有深刻的文化内涵。诸如"八仙贺寿"的剧目表演，通过八仙形象鼓励各个阶层的人们追求理想幸福生活，积极面对人生。唱词"荷花出水尘不染，清香秀丽在爱荷"，教育人们洁身自好，保持良好的道德品行。又如艺阵表演中的舞龙舞狮阵，在锣鼓乐的伴奏中做出翻滚跳跃等动作，营造出热闹喜庆的氛围，彰显出闽南民众凛然正气和积极昂扬的人生态度，同时也教化民众正视生活中的艰难困苦，形成乐观向上的心态。此外，闽南关帝信俗

与仪式舞蹈还起着教育民众团结一心的作用，来自各处的信众以关帝为缘自发地聚集在一起，置身于积极热情的信俗空间中，一齐表达对关帝的敬奉与崇仰。

（三）文化价值

缘系关帝，和谐两岸。关帝信俗作为一种地缘文化，反映了闽台信仰文化一脉相承的亲缘关系，闽南关帝信俗与仪式舞蹈正是在这样的历史积淀中传承与发展，凝结着两岸的历史记忆。以漳州《大鼓凉伞》和台湾《跳鼓阵》为代表的仪式舞蹈在动态造型、表演程式与服装道具等方面承载了闽台民间舞蹈独特的艺术形态与表现形式，体现了闽台两地共同的民俗文化与审美情趣。闽南关帝信俗与仪式舞蹈中蕴含的闽南非物质文化遗产，以活态的方式汲取了不同历史时期的文化基因，承载着两岸社会的文化印记，它是两岸同胞“同根同源”的文化见证。传扬闽南关帝信俗体现了闽台民众对两岸文化的认同，对两岸宗亲联谊，促进两岸沟通交流起到重要作用。同时，关帝信俗仪式舞蹈凝结着关帝忠义仁勇、无私奉献的道德情操与英雄事迹，它涵化在仪式动作符号中，传达了两岸民众积极向善及崇尚中华传统美德的精神追求。传扬闽南关帝信俗与仪式舞蹈，对于展现中华民族的礼仪之魂与民族精神有着重要作用。

本节小结

闽南关帝信俗与仪式舞蹈是两岸关帝祭典文化的重要组成部分，它以非语言文字符号承载着闽南雅俗融合的仪式舞蹈文化，并随闽南移民播植台湾地区，成为中华优秀传统文化的重要内容。关帝信俗仪式舞蹈具有丰富的文化内涵，蕴含着中国宗教哲学观，其音声舞律形态是儒家思想以“礼”为核心的舞蹈表达。关帝秉承的儒家“仁义礼智信”的道德信念和道家的“天人合一”哲理，通过舞蹈之礼的表达呈现出儒道之“礼”与舞蹈之“礼”相互辉映的互动现象；以儒家“忠义仁和”的人道思想与道家“天人合一”的天道思想构成了闽南关帝信俗与仪式舞蹈的思想内核，共同表现出闽台民众“以和为美”的审美情趣和乐观豁达的审美气质，以及追求圆融祥瑞的文化心理。因此，阐析信俗仪式舞蹈形态的意蕴表征和现代价值，对弘扬关帝文化及其非遗乐舞的传承保护具有重要的学术价值与现实意义。

第六章　承继与创新：闽台关帝信俗仪式舞蹈的文化建构与传承

闽南关帝祭典仪礼承载着弥足珍贵的闽南传统舞蹈和中国古代乐舞文化遗产，随闽南移民播植台湾，历经明清以来四百多年的因革损益，积淀转化为现代闽台地区民间交流存续的祭典仪礼，成为维系两岸民众文化认同的文化纽带。基于田野调研，借鉴多学科研究方法，阐析闽台地区关帝信俗事象中“音声舞律”雅俗乐舞的特征意涵及其展演实践，诠释其蕴含“忠义”符号的儒学文化内核，窥见仪式传统与地方文化的互动建构过程，以期为两岸亟待复兴的祭关乐舞的文化建构与传承创新提供理论参照和交流借鉴。

第一节　闽台地区关公文化祭典与礼制雅乐佾舞构建

关帝祭典仪礼乐舞，包含着雅乐舞和俗乐舞两个层面。雅乐舞即中国历代“诗歌、舞蹈、音乐三位一体”的宫廷表演形式，“忠、勇、仁、义、智、信”的关帝身上涵化的伦理，通过雅乐舞在特定时空语境下的演绎，构成“制礼作乐”的文化传统。雅乐舞分为“文舞”和“武舞”，文舞手持龠翟而舞，武舞手持干戚而舞，又称干戚舞。明清以来，闽海地区一直是反击外侵和抵御倭寇的最前沿，闽南军民自发以“战神·

关公”为神祇而崇祀，数百年来坚守关帝祭典乐舞的传统仪礼，来营造保家卫国的精神空间，且将仪俗播植台湾。闽南及传入台湾地区的关帝祭祀乐舞承袭我国古代“武舞”（干戚舞）衍化而来。

追溯历史，明民族英雄郑成功在闽南地区兴屯万兵，收复台湾，推行儒家教育，引儒家雅乐之舞，意味着儒文化在台湾的落地生根，代表中华传统舞蹈符号的古佾舞随之在台湾地区延伸、传播和移植。清康熙统一台湾后，随闽南移民入台的舞蹈文化进一步薪火相传，成为台湾传统艺术建构和发展的基础。

闽台地区祭关武佾舞风格中正平和、意凝行缓，舞生左手执干（盾）、右手执戚（斧），行列以“六佾”（6 行 6 列）组成 36 人乐舞方队而舞，亦称《六佾舞》。按照明清皇朝颁制的祭典三献仪礼，穿插雅乐奏章仪节，乐生歌、舞生登，展干戚六佾。祭典仪规与儒家乐舞交融，诠释对“忠义仁勇”的品格追求，影响着闽台民众的心理经验与行为规范。至今，台湾每年举行的祭关佾舞即是儒家文化与明清雅乐遗韵的承袭，成为珍贵的文化遗产。

礼制雅乐和佾舞展演在当下与闽台社会的礼乐信俗“实践”依附共生，表征为镶嵌在特定时空语境中的社会文化现象，表现在：

一、三献雅乐佾舞的本土化承继与重构

“祭祀古礼”承袭清制从“迎神礼至望燎礼”的七个富含象征意义的仪式礼节，配颂关帝“忠义”主题乐章“中和韶乐”，重现“初献、亚献、终献”三献礼与雅乐、佾舞的融合。笔者通过调研访谈与文献考证，将其梳理如下（见表 6-1）：

表 6-1　闽台地区关帝祭典三献古礼的仪式流程与乐舞意涵 ①

序号	三献流程	雅乐乐曲	释奠佾舞	乐舞意涵
1	初献礼	寿和之曲	武功之舞：干戚六佾	展示武得天下、维护平和的地方家园期许
2	亚献礼	豫和之曲	武功之舞：干戚六佾	展示对闽台地区和平的美好期望
3	终献礼	熙和之曲	文德之舞：籥翟六佾	展示文治天下的世界和平期望

① 李天民、余国芳：《台湾舞蹈史》（上），台北大卷文化有限公司 2005 年版，第 50 页。

从表6-1看出，初献礼奏《寿和之曲》→舞《武功之舞》（干戚六佾）；亚献礼奏《豫和之曲》→再舞《干戚六佾》；终献礼奏《熙和之曲》→舞《文德之舞》（籥翟六佾）。乐舞意涵旨在维护从地方家园→闽台地区→世界和平的递进期许，呈现规格渐臻完备，较好复现三献古礼及仪式乐舞的儒家象功祀德传统。

经调研发现，祭礼在时空营造上不断进行着本土化的实践重构，在关帝典礼“乐场”融入了闽调曲唱，结合漳州锦歌（歌仔）曲调进行创腔融入。仪式场音穿插了闽南歌仔调改编而成的《武圣赞歌》。唱腔设计了“每首四句、每句七字”的七言四句诗体，音调行腔传情达意，曲调可依情境改变其节奏，有快板、中板、慢板之分。锦歌曲调的创腔融入使庄严场域增添本土气息，展现古代传统和地方特色的有机融合。再如东山一年一度两岸关帝文化节的祭典乐舞巧妙借助闽南民间乐器“月琴、南琶、洞箫、二弦、三弦”为道具，融入古典舞演绎，使古典风格增加闽南风采，别具一格（见图6-1）。

图6-1 东山关帝文化节再现融合闽南器乐的《宫廷乐舞》（刘小龙/提供）

二、仪式音声舞律的空间建构，诠释意象关系与儒学观念

仪式音声舞律沿袭清制雅乐《中和韶乐》乐章，和以律吕，文以五声，八音迭奏，玉振金声，融礼、乐、歌、舞为一体，以表达对关圣的敬颂。诗舞乐三位一体的格局诠释着儒家“大乐与天地同和，大礼与天地同节”的“和”乐思想。乐章合“赞歌生、佾舞生”而奏，以音声舞律符号为载体，传递“神与人”的交感过程，达到“人→乐←神”的双向互动，来强化“乐与神”之间的效应关系，“人与神”在乐舞场域中感受着亲和关系，乐舞便是这种亲和关系的象征①。

（一）武舞遵循舞律之序

动律合【忠义乐章】，按“一字一势、一音一舞”的舞节，脚下“弓步、并步、开合、俯仰”等基本步法，双手执盾戚“前伸→后射→双举→平伸”等舞具形态，表现“攻、守、举、落、拱、衡、卫、并”等动势，合着儒家“中和之美”的雅乐音声，展现“从容稳健、舒展平和”的舞风。动态以笔直、方正为主，讲究高低层次、抑扬顿挫之感。空间运用上以“东西南北中”五面向动作组合而成，结合回转动律进行八个动势的重组变化发展，传达八势为“三纲五常”的舞蹈意象。舞生依“东北西南中”的转向动势，创造“圆形轨迹、四面八方”的天圆地方“回”之意象，其蕴含的儒家和谐有序的礼乐观，亦是诠释闽南人无论何处都坚守“强调整体、注重统一、追求圆融”的中国传统。因此，依附于信俗仪式的祭关乐舞亦是凝聚闽台民众合力的形式，乐舞符号所诠释追求的忠勇仁德意涵在闽台地区得以承继和创新。

（二）祭典讲究乐舞实践的空间设置

祭礼空间结构存在着由“凡俗阈”（人间世界）和“超凡阈”（神灵世界）构成的二元对立关系的主体模式。其中凡俗阈是仪式场合的现实空间，超凡阈则是以象征意义表现的仪式场景布置（如神坛）、仪式象征对象（如神像）等意象空间。② 闽台地区的祭礼乐舞实践注重仪式空间的设置，其结构形式按仪规呈现了祭典事象的形态特征和祭祀文化。笔者基于东山关帝祭典的实地调研，并参考清制祭祀文献，绘制仪式空间缩略图（见图 6-2）。

① 薛艺兵：《青海同仁六月会祭神乐舞的结构与意义》，《艺术探索》2003 年第 1 期，第 78 页。
② 同上文，第 68 页。

从图 6-2 中可看出，东山关帝主庙坐西朝东，面朝大海，远望台湾海峡，祭祀空间设置基本沿袭清制，根据庙宇前埕有机设置了“主祭台、雅乐佾舞区（舞生、歌生、乐生一体表演区）、正献分献陪祭区、迎神区”等空间配置与仪式物象，该祭祀空间“首先是与神灵交流的地方，其次是神圣力量所在之地，再次是它自身的结构成为建构人类生活世界的模板”①，表达出“人与人、人与神、仪式音乐与舞蹈”之间构成关联的内隐性功能与意象关系，以了解祭祀仪礼隐喻的忠义观念和儒学文化意义。

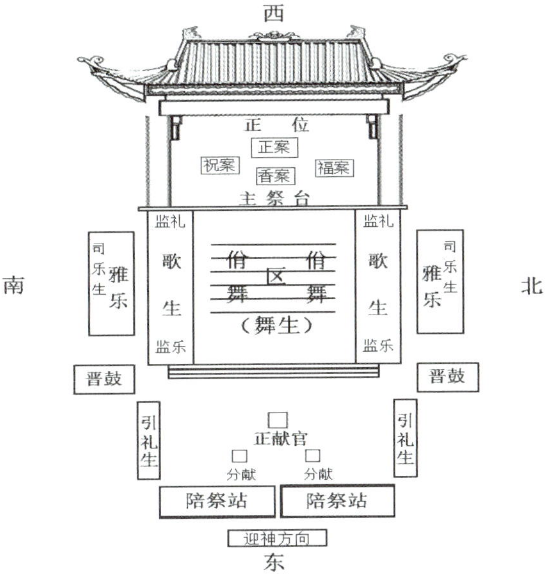

图 6- 东山祭关大典仪式空间缩略图（作者 / 绘）

本节小结

关帝祭典“三献礼”乐舞展演在当下与闽台社会的礼乐信俗“实践”依附共生，构成了民间信俗的一大特色。在进香祭典的过程中，传承了民众集体性的礼仪共识，在这共识的背后，存在着适合本土文化的乐舞体系：诸如重现“初献礼奏 + 武舞（干戚六佾）、亚献礼奏 + 再武舞（干戚六佾）、终献礼奏 + 文舞（龠翟六佾）”之三献乐舞结构。关帝祭礼音声“乐场”融入了闽调曲唱和锦歌创腔曲调，彰显着本土化的仪式音声空间建构，却建立起自己特有的文化特性。整套乐舞演绎旨在维护民众从“祖地家园→闽台一家亲→世界和平”的递进式期许，呈现规格渐臻完备，较好地复现三献古礼及其仪式乐舞的儒家象功祀德传统。信俗展演事象蕴含闽台民众崇尚的“忠义”符号的儒学内核，从中可以窥见仪式传统与地方文化的互动建构关系。

① 金泽：《如何理解宗教的“神圣性”》，《世界宗教文化》2015 年第 6 期，第 1 页。

第二节 闽台地区关帝信俗艺阵舞蹈的承继与创新

俗舞是源于民间的舞蹈，它与雅乐（舞）相对而言，源自我国古代的“百戏”，宋明以来民间舞蹈绚丽多姿，泛称“社火”“艺阵”“出会”。清代又有“走会”“秧歌”之称。闽南和台湾则以“艺阵”为习惯称谓。它由闽台民众在生产劳作中集体创造，常依附于迎神赛会、祈年祭祖等民俗事象阵头表演中，俗称“斗阵”，意为阵头间相互较劲，体现闽南人“输人不输阵”的拼搏与团队精神。闽台民间游春巡境、谒祖挂香的关帝庆寿民俗，即为民间艺阵舞蹈提供了生态表演空间。民间艺人善于博采众长，把自创的特色艺阵舞蹈融入关帝信俗中，在仪式场域“拼阵”展示的良性循环中，不断丰富自身的表演艺术，以表达他们对关帝的崇敬之心。

数百年来闽南关帝绕境民间舞蹈五彩缤纷，绚丽多姿，十里长街，观看人潮涌动。闽南民众把自行创造的闽海特色之舞，以艺阵游艺形式整装出阵而舞，通过舞蹈形态，传递关帝信俗事象所表达的内涵与期许。调研发现，关帝仪式艺阵舞蹈仍活跃于闽台民间展演实践，离不开闽海祭关艺阵“兼容并蓄、化他为我”的创新特质，其过程见证仪式传统与地方文化的互动建构。

一、闽海征战军事技艺之舞的承继与衍化

明清闽海一带屡遭倭寇骚扰之患，又是明郑成功反击外侵驱荷复台、清康熙统一台湾的驻军战地前沿，关公的“忠”足以“事君”，“勇”足以“御敌”，自上而下均以关公忠勇作为激励将士作战的精神支柱，这也是闽南因此形成关羽崇拜的原因所在。当年龙海石码、东山铜陵、漳浦旧镇六鳌杜浔、诏安悬钟等沿海地段均建置关帝庙，并有记载关公显灵护佑保境的碑文或族谱。时至今日，闽台地区迎神赛会常见的《藤牌舞》《宋江阵》《八宝兵器阵》《武士仪仗阵》《跳鼓阵》等艺阵舞蹈大多受关公文化的影响，保存有战争操演、军事技艺的遗存：以战阵和兵器演示为主，进退攻防的方阵舞，迂回包抄的长蛇舞，刀枪对打，擂鼓搏斗等闽海征战技艺及其蕴含“忠义神勇”等关公道义符号内涵。

《藤牌舞》（见图 6-3）源于明嘉靖抗倭名将戚继光在闽抗倭时创立的鸳鸯阵藤牌操，鸳鸯阵即是藤牌舞的雏形。明末清初，郑成功从闽南发兵收复据守台湾，在台以“农闲则训以武事，有警则荷戈以战”的亦兵亦农政策，部署驻军闽地安营扎寨，精选士卒训练藤牌军，使武艺包括操演、自娱的军事技艺舞蹈在闽海一带得到继承和发扬，也传教于乡勇，由此逐渐演变成民间节庆和祭祀表演艺术。《藤牌舞》手持攻防皆备的藤牌、长短兵器，舞蹈动律灵活多样、复杂多变，呈现“矮、滚、实、劲、圆、活”的特征。民间善于汲取“关公捋须、太公钓鱼、魁星踢斗、狮子含剑、虎子穿腰”等战术步法精髓，使舞容舞表富有意涵。如自古官兵喜欢模拟“关公捋须”作为象征性的收势动作“瞬间挥刀→捋须→收势”，模拟关羽的正气凛然、临危不惧，是民众崇尚关公心理的形态化，它涵化在舞蹈动势中，以振士气。再如舞表讲究阵法，从军操演变为民间舞蹈，艺人创造性地把阵势套路加入剧情，采借吉祥瑞兆的表演形式，汲取“一字长蛇、双龙戏水、三才定穴、四门兜底、五虎下山、六和三合、七星坠地、九宫八卦”等阵法，并融入单打、双打、三打，终以藤牌手舞狮祝捷。民众在效仿中铸新淘旧，丰富和创新着藤牌舞的表演。

图 6-3 漳州双发何阳堂表演《藤牌套槌》（刘小龙 / 提供）

《八宝兵器阵》《武士仪仗阵》是闽南关帝出巡护驾常见的象征性艺阵。身穿战甲的武士手擎关公刀、戟、长矛、月斧、枪、金瓜锤等八宝兵器（见图 6-4）；或执盾牌或执斧头的仪仗阵势，是古代宫廷仪式传统武舞地方化的体现，演化成民间艺阵为关帝巡游增添威力。

图 6-4 东山关帝文化节《八宝兵器阵》（刘小龙 / 提供）

图 6-5 台南《宋江阵》对阵（赵守彦 / 摄）

《宋江阵》（见图 6-5、图 6-6、图 6-7）是闽台武庙的必备艺阵，源自以宋江为首的 108 条梁山好汉的神格化武阵，其表演核心亦为操兵演阵的军阵风格，演武内容包括行阵、单练对练、群体演练、收阵等摆阵步兵、奋勇搏杀阵势。由明清闽海抗倭军事战阵演化为民间艺阵，以扮演角色来驱邪保安，强化 108 条好汉“替天行道”的使命与秉承关公“忠义双全”的品格。

图 6-6 《宋江阵》女子盾牌手（赵守彦 / 摄）

图 6-7 《宋江阵》男子盾牌手（赵守彦 / 摄）

图 6-8 台中九天民俗技艺团《家将舞》（九天 / 提供）

流行于台湾地区的《跳鼓阵》《家将舞》（见图 6-8、图 6-9）则体现闽台地方传统艺术汲取军事战阵技艺，拓展表演戏路的创新例证。源于漳州《大鼓凉伞》的《跳鼓阵》，在承继《大鼓凉伞》基因特征的基础上，又在台湾新的环境下创生新形态。据传这是采借郑成功整军招纳英雄比武盛会，擂大鼓助声势，或一比一、一比二，或以寡对众的表演形式衍化而来[①]，今日所见的《跳鼓阵》注重以战将击鼓为轴心的跳跃动律，其余角色以跳跃步施展“开四门、万佛阵、走太极、踩七星、祥龙摆尾”等阵势花样，便是采借中的适时重构，符合民众需求而推陈出新。极具宗教色彩的台湾《家将舞》，相传也是模仿郑成功军队的演练阵法，郑氏军人随身所带的香火护身符令，与七星、龙虎八卦、四门等实用战阵相结合，形成一种特殊的行进阵法和动作，可谓神法性的武艺舞蹈[②]。

图 6-9 台湾《跳鼓阵》（李清吉 / 摄）

① 李天民、余国芳：《台湾舞蹈史（上）》，台北大卷文化有限公司 2005 年版，第 53 页。
② 同上书，第 54 页。

概言之，祭关艺阵至今能盛行于民间，离不开这种“兼容并蓄、化他为我”的创新特质，既使闽海军事技艺得以承继，又符合民众需求的在地化形态。随着海患消失，闽海人安居乐业，民众把藤牌舞、宋江阵等战阵武舞从军事战术逐渐演变为民众需求的信俗表演内容，以祈求来年风调雨顺、海上平安、人丁兴旺。展演实践所构建的“悦神聚力”的民俗意义，使得庙宇、艺阵、仪式、信众之间共同构成了广泛意义的信仰关系。

二、关帝艺阵舞蹈体现人海和谐心态与闽海色彩

民谚曰“海者，闽人之田”，闽南人俗谚“走船跑马三分命”。潮涨潮落变化莫测的海洋秉性，造就了闽海居民的“人海和谐”心态。靠海讨生、艰辛拓垦的不稳定生活，关帝的“忠义守信”成为民众聚集力量、互帮互助的精神纽带。这也是闽南地区关帝庙沿水路分布众多的根源所在。以漳州为例，九龙江流域沿岸的关帝宫庙林立，建于北宋真宗年间的九龙江南门溪西桥边的漳州古武庙，九龙江北岸洋老洲阮氏船社水上帝君庙，九龙江南岸建于明代的蜈蚣山关帝庙，九龙江西溪漳州出海口建于宋淳熙年间的浦头崇福宫关帝庙，九龙江北溪北岸建于明天启的扶摇关帝庙，九龙江北溪下游建于清代浦南鳌浦关帝庙……沿九龙江、漳江流域至面朝大海所建的，如明洪武的东山铜陵关帝庙，这些关帝宫庙均记录着闽南沿海民众崇尚关公并为其立庙祭祀的史实。倚江河海岸而建的古厝神庙与庙会祭典，造就了闽南民间舞蹈繁衍生息的人文生态环境，生发出迎神出会的民间舞蹈，常见的有《龙舞》《高跷》《英歌舞》《哪吒鼓乐》《跑旱船》《渔鼓渔歌》《海底反》等艺阵舞蹈，呈现出闽海舞蹈文化色彩。

得天独厚的闽海地理“自然场”，关帝信俗历史底蕴、宋明理学文风教化，营造了民俗艺阵舞蹈发展的“社会场”，闽南民众在这“自然场”和“社会场”交织的文化空间里创生着民俗舞蹈。东山关帝文化节必演的民俗舞蹈《海底反》为何年年上演，正是融入了闽南百姓的人海和谐心态及其独特的创意色彩，以海洋生灵、水族动物为对象，赋予拟人化的表演形态，民众以“闽海龙王率领鱼兵虾将，于五月十三关帝磨刀日，前来送水助力，使闽海风调雨顺”为主题的神话创意，故事情节如此合情合理，诠释着闽海民众对关帝的敬仰及其祈雨求丰年的心理愿景。自编自导自演，民间艺人运用聪明才智塑造的海洋生物作品通过舞蹈形式诠释了闽海居民“乐天知命、豁达质

朴”的生活态度与“人海和谐”心态，也唤起人们“与大自然和谐共生、人类与万物生灵平等共荣”的发展理念与海洋保护意识。

本节小结

不管是闽海征战军事技艺之舞，还是体现人海和谐的关帝艺阵舞蹈，它们的盛行既是对关公仪式民俗舞蹈的承继，又反映了闽南民众在生产生活中独特的创新。“兼容并蓄、化他为我”的创新特质，使祭关艺阵至今兴盛于闽台民间，民众把追求关帝仁义之气的向往涵化于民俗表演中，与时俱进的娱乐创新又成为当下民众喜闻乐见的在地化形态，呈现出闽海舞蹈文化色彩。这一良性循环见证了仪式传统与地方文化的互动建构过程。

第三节　关帝艺阵舞蹈多元一体的交融共生结构与创新表达

舞蹈文化结构是舞蹈本体与多种文化因素相互作用而产生的文化现象，闽南关帝艺阵舞蹈在繁衍过程中自然受制于闽南自然环境与关帝文化人文社会因素的影响，带来了色彩斑斓的舞蹈文化。本节从“传统经典与本土民俗的融合”“涵化关帝义理的舞蹈创新表达”这两个方面，阐释关帝艺阵舞蹈的多元一体的交融共生结构。

一、传统经典与本土民俗的融合结构，体现多元一体特质

华夏传统经典与本土民俗文化的有机融合，极大地补强了中华传统舞蹈文化的多样性，造就了闽南民间艺阵舞蹈的多元一体的文化特质。传统经典与本土舞蹈的交融共生，亦雅亦俗、风格迥异的舞蹈同时出现在迎神赛会的整合重构，锻造了特有的艺

术属性与风格特色。值得一提的是，《读春秋·乐舞》（见图6-10）是宫廷古典与闽南元素交融的典型实例。舞蹈展现了中正平和、雍容典雅、天人之学之古风，颂扬明武英殿大学士、儒学大师黄道周秉承关帝文韬武略、浩然正气、节义千秋的风骨。古典舞汲取闽南元素，以宫廷女子手握月琴、南琶、南钹、拉弦、嗳仔等闽南民间乐器舞动着，与明朝文人雅士手捧圣书读春秋的男子舞交相辉映，华夏精髓与闽南历史交织，描述着久远厚重的闽海故事，抒发黄道周为东山关帝庙亲书楹联“数定三分扶炎汉平吴削魏辛苦倍常未了一生事业，志存一统佐熙明降魔伏虏威灵丕振只完当日精忠”的深层情感。

艺阵队伍又有源于宫廷武舞的《武士执盾戚仪仗》与表现“丰年人乐业，陇上踏歌行”汉唐民间舞《红袖舞阵》的雅俗交融（见图6-11、图6-12）；《宫女乐舞》与《龙旗战鼓》的刚柔相济，增加了闽南元素以民俗艺阵形式排场而来。足见闽南民间艺人在传承过程中，善于汲取别家之长，不断丰富自己，甚至跨舞种衔接、越门类组合，在流变中形成自己的风格特色[1]。

再如泉州通淮关帝庆诞仪式表演，常以民俗型和雅集型的传统艺阵亮相，唐宋古乐遗响的《南音曲唱》、宋元南戏遗风《梨园小戏》的雅集型艺阵，与《拍胸舞》《火鼎公婆》《车鼓》等民俗型艺阵同汇聚，体现雅乐俗舞交融的多元文化特质。借助关帝祭典信俗空间，我们看到秉承经典与守护本土要素的文化现象，见证仪式传统与地方文化的互动过程，使闽台民众对中华经典乐舞的弘扬和区域民俗舞蹈固守的构建上达到了完美的统一，体现出整合多元为一体的交融共生结构。我们还看到历代闽南先贤带着祖籍关公分灵在开拓异邦、开发台湾与文教传播的过程中，使依附共生的闽南传统艺术得以向外传播和延伸，在中国台湾地区、世界各地都能形成带有变异型的闽南民系乡族社会和关帝信俗歌舞艺术，后又回传祖籍地互动，外来与本土文化要素的采借与重构，形成仪式传统的统一性和多样性，成为两岸及其海外华人华侨留住乡愁的精神依托。

---

① 郑玉玲：《闽台民间舞蹈的区域文化特质研究》，《集美大学学报（哲社版）》2018 年第 4 期，第 119 页。

图 6-10　东山关帝祭典呈现古典与闽南元素交融的《读春秋·乐舞》（刘小龙／提供）

图 6-11　宫廷武舞的《武士执盾戚仪仗》（刘小龙／提供）

图 6-12　汉唐民间舞《红袖舞阵》的雅俗融合（刘小龙／提供）

二、涵化关帝义理的舞蹈动律符号的创新表达

（一）游舞表演风格再现

闽南每逢关帝文化活动，民众便会自发地营造各路艺阵展舞竞彩的斗阵空间，主要形式有古朴挚真、自由即兴的游舞形式和八方来朝谒祖挂香的庙前绝活展演。跟随圣驾的“游舞”表演构成闽南艺阵舞蹈的主要风格，以“简朴的演出形态、短暂的表演时间和自由即兴的表演内容”特点而闻名。[①] 闽海艺阵风采争奇斗艳、又尽显关帝出巡的威武气势。《开路先锋锣鼓阵》《“关”字锦绣龙旗》《八宝兵器阵》《关帝驾前五神将神尪阵》《“桃园三结义”扮相阵》《神将阵》等威仪震撼排场而来；《水族舞阵》《龙船阵》《舞龙舞狮阵》《英歌舞》《车鼓舞》《扮八仙阵》《公背婆》等各阵民间艺人把最具特色的绝活倾情亮相，临街而过。八方来朝的谒祖进香团，尤其是由东山祖庙分灵台湾的各关帝子庙，以进香的方式带来特色仪式阵头，诸如宜兰礁溪协天庙的《闭口狮阵》，高雄东照山关帝庙的《北管民乐阵》，金门县 23 家分灵宫庙带来的《哪吒电音三太子阵》《官将首阵》《女子腰鼓、绣球阵》，台南山西宫的《车鼓》，等等，在东山关帝庙前尽情展演，以示子庙对大陆祖庙“血统”承袭关系的虔诚与认同。

（二）立象尽意的动律符号表达

闽台关帝仪式表演“立象尽意”的舞蹈动律不断推陈出新，其动律符号的创新表达内涵着民众对关帝忠义品格的崇尚与追求。武高跷是闽南地区常见的民俗艺阵，传入台湾后繁衍根植，成为闽台民俗艺阵的重要项目。笔者曾到台南县六甲乡泰山民俗技艺团进行田野访谈，该团是全台拥有十几个民俗艺阵的职业表演团队，以主打阵头《高跷阵•关公护嫂》著称（见图 6-13）。武高跷塑造“关公保二嫂”的戏曲角色、情节，编创高跷形态的“空翻落地”“单腿高踢”“劈叉”“倒立”“鱼跃”“单腿跳”等精湛技巧动作，形成了扔、跨、蹲、翻、踢、跃等技巧特点和马夫勒马、耍青龙偃月刀、跌叉、打拳等惊险形态，在一字长蛇、走八字、交叉剪子、蛇脱皮等阵势变换中，生动刻画关公护兄嫂过五关斩六将的惊险场面，民间艺人借助高跷创生的一系列

① 郑玉玲：《闽台民间舞蹈的区域文化特质研究》，《集美大学学报（哲社版）》2018 年第 4 期，第 133 页。

肢体动作符号内涵着中国民间艺术的旨趣，借鉴中国戏曲表现形式与中华传统武术精华，民间锣鼓点的乐场形塑的“英雄形象”，符合百姓对于关公忠义品格及神性的想象，用以赞颂关公急人之义、救人之危的柔情道义与威武气概。

图 6-13 传承闽南的《台湾高跷阵：关公护嫂》剧照（史文展 / 摄）

本节小结

在闽台地区关帝信俗文化空间里，信俗事象确乎与闽台民众的日常生活交织形成紧密相关的有机整体。民众坚守自创的“音声舞律”作为象征符号，成为贯穿仪式符号链的重要元素。其符号系统既有传统伦理观念的仪式经典存留，亦表现出与时俱进、自我更新的一面，描绘着雅俗交融、新旧驳杂、众生百态的艺术画卷。关帝信俗仪式的内核结构亦是通过可感知的音声舞律画卷为载体，来传递民众对“劝人为善、忠心义气、忠孝节义”的中华儒家文化精髓的崇尚追求。研究当下闽台地区关帝信俗仪式乐舞的传承与创新，深入剖析仪式乐舞的特征意涵与艺术发展规律，关注其可持续性发展的文化生态空间构建，可以为闽南传统乐舞的恢复创新和两岸亟待复兴的交流建构提供一定的理论参照。

第四节　闽台关帝文化艺术交流的盛况与传承思考

本节通过对台湾关庙寻根谒祖至东山祖庙的盛况、穿越海峡两岸的关帝艺术文化交流实录及文化传承等方面的爬梳整理，呈现闽南关帝文化及仪式传统艺术的绚丽多姿的风貌。由闽南传入中国台湾地区的关帝文化艺术，在与闽南祖庙的谒祖仪式交流中汇合，进一步相互借鉴、融合，再次形成两岸关帝信俗仪式表演的交融共生文化现象，透过文化现象以期认识两岸关帝文化的传承发展规律。

一、台湾关庙谒祖朝圣东山祖庙盛况

（一）朝圣会香

海峡两岸自 1949 年国民党当局从大陆退据台湾之后，长期处于对峙隔绝的状态。1979 年，全国人大常委会发表《告台湾同胞书》；1984 年，邓小平提出“一国两制”和平统一台湾的构想，由此两岸关系趋向缓和；1987 年 10 月，台湾当局开放赴大陆探亲，封冻近 40 年的海峡坚冰终于被打破。

随着回乡探亲汹涌浪潮而兴起的是寻根谒祖的热潮，台湾岛上的宫庙堂坛，纷纷组团或遣员飞赴大陆寻根访祖。1988 年 8 月，台湾高雄市文衡殿率先组织一个数十人的谒祖晋香团，跨越海峡飞经香港抵达东山，一路香火延绵，跪临铜陵关帝庙，晋祭关帝“大老爷”，并将一方于台湾精制的“追源谒祖”匾奉赠给东山祖庭，以表达关帝祖爷的台湾裔孙数十年来思祖敬祖的情怀。

1990 年元月，高雄市铜陵关帝庙陈肇坤先生亦率高雄同胞 28 人抵临东山铜陵关帝庙谒祖晋香。

1990 年 7 月，台湾宗教咨询委员会李炳南教授和台南学甲慈济宫董事长周大围先生飞临东山，在东山县政协副主席陈汉波的陪同下，考察了铜陵关帝庙，在听取介绍、查阅史料的同时，从东山关帝庙明末黄道周撰写的楹联真迹、道光及同治年间重修铜陵武庙台澎官兵士庶题缘碑记、光绪年间宜兰礁溪协天庙奉赠东山祖庭的鸡血石雕香炉等实物，进一步证实了台湾关帝信仰文化发祥于东山，东山关帝庙即是台湾数百座关帝宫庙的香缘祖庭。李炳南教授返台之后，所撰考察纪实文章在报刊发表之后，即引起台湾各地关帝宫庙和广大同胞信众的热烈反响。

同年 8 月，台湾寺庙整编委员会秘书长黄志贤先生一行 8 人，亦前来东山关帝庙朝圣考察；返台后于 8 月 11 日在台湾圆山饭店召开了“两岸关帝庙信仰文化交流筹备会台湾代表联席会”，发布铜陵关帝庙与台湾关帝庙渊源关系。同月 27 日，黄志贤先生率台湾台中圣寿宫、高雄关帝庙、台南山西宫、池上玉清宫、花莲圣天宫、台中慈德堂等宫庙代表飞抵东山，与东山关帝庙等单位举行“两岸关帝信仰文化筹备联席会”。会议期间，两岸关帝庙代表筹划在明清时期东山关帝分灵启驾渡海入台的铜陵西门澳海滨建一座纪念性大楼（朝圣楼）。

同年 11 月 8 日，黄志贤先生又策划组织台湾桃园大溪普济堂等 7 座关帝宫庙 126 名信众到东山谒祖晋香。

此后，台湾各地关帝宫庙及同胞信众纷纷组团结队，飞渡海峡抵东山关帝庙朝圣谒祖，晋祭挂香，掀起了一波又一波谒祖朝圣的热潮。

（二）朝圣谒祖

1990 年，台湾宜兰礁溪协天庙、台湾基隆铜陵关帝庙、基隆闽南第五乐团、高雄文衡殿、台北道教分会、台中圣寿宫、花莲富慈宫、澎湖红毛城武圣庙、高雄右昌清隐宫等 9 家宫庙和团体先后组团到东山关帝庙谒祖晋香。同年 4 月，宜兰礁溪协天庙立委吴朝煌率信众 476 人到东山关帝祖庙举行祝寿大典，并迎奉关夫人神像赴台绕境。同年 10 月，台中圣寿宫总主持张子清率信众 18 人到东山关帝祖庙举行“灵疗、扶鸾、收惊、诵经”等活动。

1992 年，宜兰礁溪协天庙、高雄镇福慈圣宫、澎湖红毛城武圣庙三家宫庙又分别先后组团到东山关帝庙朝圣晋香。

1993 年，基隆闽南第五乐团、高雄文衡殿、台北市慈圣宫、台北市玄龙宫、高雄文武圣殿、台中圣寿宫、澎湖红毛城关帝庙、高雄南胜宫、高雄铜陵同乡会、宜兰礁溪协天庙、桃园武燕宫、基隆普化警善堂、台北太清宫、台北市东山同乡会、高雄左营镇福庙等 15 家宫庙和团体先后组团抵临东山关帝庙谒祖晋香。

是年 10 月 11 日，宜兰礁溪协天庙主委吴朝煌率信众 20 人护送关夫人神像回东山关帝祖庙“省亲”。11月，时任台湾“立委”林正杰回祖籍东山晋谒关帝庙，敬送“威振华夏”匾。

1994年，高雄闽南第五乐团、高雄关帝庙、基隆普化警善堂、高雄东山同乡会、台北东山同乡会等5家宫庙、团体先后组团6批到东山关帝庙朝圣晋香。

1995年，基隆普化警善堂、台中圣寿宫、高雄文衡殿、宜兰礁溪协天庙、台北三圣堂、高雄紫云寺等10家宫庙、团体先后计9批信众到东山关帝庙朝圣晋香。是年元月，基隆普化警善堂、基隆区渔会理事长谢建政、拖网协会理事长江铁良等倡领朝圣团来东山朝圣谒祖，并派“源丰11号”渔轮迎奉东山关帝赴台主镇台湾400年来首次“太上黄箓护国祈安七朝清醮”大典，并巡护台湾全境。

1996年，台南县灵祖殿、基隆佐福宫、台北市三峡兴隆宫、桃园圣义堂、嘉义镇天宫、宜兰礁溪协天庙、台中清水帝君会、台湾“海峡两岸交流促进协会”、台北板桥天德宫等10家宫庙先后组团到东山关帝庙谒祖晋香。

1997年元月，宜兰礁溪协天庙、高雄左营镇福宫、高雄文衡殿等29家宫庙分别组团到东山关帝庙谒祖晋香。6月，东山关帝庙举行建庙610周年庆典，台北、台南、台中、高雄等地26家宫庙组团前来参加节庆。

1998年，高雄关帝庙、花莲市富慈宫、台北板桥天德宫、宜兰玉尊宫、基隆慈修宫5家宫庙先后组团到东山关帝庙朝圣晋香。

1999年，高雄紫云殿、桃园市关帝庙、台北三重市慈圣宫、松山代天府、台湾天德宫5家宫庙分别组团前来东山关帝庙晋香谒祖。

2000年6月东山举办了第九届东山关帝文化节暨第四届中华（海峡两岸）关帝庙联谊会，来自台北、高雄、宜兰等台湾各地台胞组织大规模朝圣团前来谒祖晋祀。台湾罗东协天宫、基隆八堵协天宫、员山粗坑协天官、花莲新城兴田协天庙、花莲圣天宫、海岸正义宫、壮围顺和协天庙、基隆承福宫、台北艋舺协天宫、台东鹿野协天官、板桥顺兴宫、新店青潭明圣宫、高雄玉圣殿等宫庙320人于6月到东山参加关帝文化节，庆贺关帝圣诞。此外，台北三峡广行宫、高雄东山同乡会、台湾镇海宫、台北镇安宫、嘉义开元殿、彰化二林镇万兴佛济堂6家宫庙团体先后组团到东山关帝庙朝圣晋香。此次谒祖正值东山第九届关帝文化节，与往年历届关帝文化节相比，更具规模与档次，成为海峡两岸关帝文化交流的一次空前盛会。节庆伊始，两岸同胞于东山关帝庙举行盛大的传统祭祀仪典，庙殿内龙烛燃红，凤灯耀彩，香火氤氲，供品如山，晋祀队列三跪九叩，共祝关圣帝君千秋。另举办具有浓厚闽南乡土气息的民俗文艺表演，舞龙弄狮，大鼓凉伞，芗曲潮音，载歌载舞；夜夜弦管锣鼓，为关帝圣诞搬演连棚大戏。期间，召开第四届中华（海峡两岸）关帝庙联谊会，两岸同胞重聚一堂，共商弘扬关帝文化，促进祖国和平统一进程。还组织了丰富多彩的招商推介会、花卉盆景展示及朝圣楼主体建筑落成仪式等活动。

隆盛空前的东山关帝文化节引起媒体广泛关注。中央电视台、“中国新闻社”、中国台湾 TBVS、“中国时报”等海峡两岸几十家媒体全面进行了相关报道。

2001 年，台湾高雄金东堂、基隆市济安宫、云林县大卑乡三山国王庙、嘉义布袋港配天宫、台北市清水帝君会、台北艋舺协天宫等 6 批 788 人到东山关帝庙朝圣晋香。2002 年，台湾慈恩宫、台中朝圣团、台湾“澎湖——漳州直航考察团”、基隆慈安宫朝圣团、台南市三圣会恩主帝君庙朝圣团、苗粟县济世宫朝圣团、澎湖朝圣团、台中清水帝君会等 8 批信众到东山关帝庙朝圣晋香。

2003 年 1 月 7 日，由台湾中华道教总会、台湾中国道教两岸交流协会、台湾灵乩协会、台北市道教会等团体负责人以及台湾皇意宫、灵山台、玄妙精舍、台北承天府、金天三清门、心悟圣道院、詹氏佛堂、三重北岳殿等 20 余座道教宫庙的主委、住持、宫主计 70 人组成的“台湾宗教直航两岸文化交流参圣团”由台北乘机到金门，再乘“金龙”号快艇直航厦门，而后转乘大巴抵东山关帝庙朝圣晋香。

2004—2019 年间的海峡两岸关帝文化节依旧盛况空前，本书不再赘述。

二、穿越海峡的关帝艺术文化交流与传承思考

（一）相聚闽南：圣节同庆的艺术交流

1. 艺术交流概况

闽台地区的关帝祭典自古每年关帝圣诞农历五月十三日、六月廿四日期间，皆举行隆重的谒祖庆典与文化交流。自 1950 年起海峡两岸长期对峙隔绝期间中断了交流，直至 1987 年台湾当局开放老兵归陆探亲以来，1988 年 8 月台湾高雄文衡殿关帝信众率先组团赴东山谒祖进香，打开了大陆关帝谒祖之旅。紧接着，台北、台南、基隆、高雄、宜兰等数百家台湾关帝分灵宫庙，以及数以万计的台湾同胞先后排除万难跨越海峡天堑，开启前往祖国大陆的寻根谒祖之路，掀起了前所未有的闽南主庙关帝朝圣与祭典艺术交流的热潮。

关帝节庆，被赋予新时代色彩。两岸同胞欢聚闽南，共庆圣诞，更显关帝文化的绚丽灵光。就在台湾同胞纷纷组团前往闽南关帝庙祭祖进香的同时，闽南各地许多主祀以及配祀关帝的宫庙也抬着各自供奉的神像轿辇前来挂香乞灵，还有新加坡、马来西亚、泰国、越南等东南亚诸国，以及韩国、日本、欧美等国家和地区的海外侨胞信众也远渡重洋慕名而来，朝谒祭拜、奉请香火。进入 21 世纪后，两岸同胞以及海外侨胞相聚一堂，共襄盛举，在闽南祖地以"神缘"为纽带的文化艺术交流呈现出了百花齐放、空前繁荣的盛况。在一系列关帝祭典文化交流活动中，闽台地区各种民俗文艺汇演轮番登场，精彩纷呈。

1990 年，漳州市与东山县政府决定开放铜陵关帝庙举办两岸祭祀活动。同年元月，高雄市铜陵关帝庙由陈肇坤率 28 名台胞信众抵临东山铜陵关帝庙谒祖晋香；元月 5 日，彭绍周领台湾道教领导人亲善团 34 人到泉州通淮关帝庙考察、交流，同年共 8 批次 637 名台胞信众到访通淮关帝庙。

1991 年 5 月 26 日，台湾云林县四湖乡保长湖保安宫由吴举仁和颜初财领团一行 55 人，应邀参加泉州通淮关岳庙修建落成庆典，敬献匾额一块。同年共 9 批次 195 名台胞访问泉州通淮关岳庙。[①]

1992 年，由铜陵关帝庙和台湾宜兰礁溪协天庙、台中圣寿宫等协同举办"首届东山关帝文化节"，并在铜陵西门澳兴建了朝圣楼。

1994 年 3 月 14 日，由林志铭领团，台南禹帝宫进香团一行 35 人专程到访泉州恭迎"泉州通淮关岳庙文衡帝君镇驻盐行禹帝宫"仪式；17 日上午 6 时 45 分神尊起驾赴台。9 月 25 日，曾吉连领队台南大天后宫、李圣宫、英灵宫一行 21 人到庙参拜，同年共 5 批次 105 名台胞访问泉州通淮关岳庙[②]。

1999 年 10 月 18—22 日，由泉州高等师范专科学院主办、泉州通淮关岳庙协办的"海峡两岸泉州学学术研讨会"在泉州举行。此次与会的海峡两岸学者，包括李亦园率领的台湾教授代表团一行 12 人以及英国牛津大学著名汉学家龙彼得。[③]

2000 年 6 月 14—15 日，东山举办了第九届东山关帝文化节暨第四届中华关帝庙联谊会，来自台北、高雄、宜兰等台湾各地 300 多名台胞组织大规模朝圣团前来谒祖

---

① 吴幼雄、李少园主编《通淮关岳庙志》，中国社会科学出版社 2008 年版，第 612 页。

② 同上书，第 616 页。

③ 同上书，第 618—619 页。

晋祀。台湾宜兰礁溪协天庙、台湾海峡两岸事务交流协会等单位参与协办；闽南泉州，山西运城，河南洛阳、许昌，湖北当阳等大陆较具影响和代表性的关帝庙负责人也前来参加，成为海峡两岸关帝文化交流的一次空前盛会。

2007 年起东山关帝文化旅游节确定以“缘系关帝、和谐两岸”为主题，提升了文化节规模与规格，丰富节庆内容，融入民俗文化内涵，成为东山最具代表性的民俗文化节日。同年，海峡两岸（福建东山）关帝文化旅游节列入漳州旅游节主要活动项目；2008 年被国台办列为全国对台交流重点项目；2009 年被列为海峡论坛主要活动项目。自此，海峡两岸（福建东山）关帝文化旅游节成为大陆举办届数最多、持续时间最长的涉台文化节庆活动，备受海峡两岸、海内外关注。①

2013 年 3 月 1 日，金门县长李沃士率领全岛 25 家关帝宫庙的 1300 多信众到铜陵祖庙谒祖，东山迎来了史上规模最大的关帝民俗信仰交流活动（见图 6-14）。

图 6-14 2013 年金门 25 家关帝宫庙进香团到东山铜陵祖庙谒祖并巡游表演（刘小龙 / 提供）

① 刘小龙：《缘系关帝——海峡两岸（福建东山）关帝文化旅游节纪实》，海风出版社 2015 年版，第 4 页。

图 6-15 第十七届海峡两岸关帝文化节开幕式盛况

图 6-16 古代传承至今的三跪九叩礼

图 6-17 台湾基隆铜陵关帝庙（第五乐团）与东山潮乐奏鸣社联合演出

以上图片均由刘小龙提供

2. 艺术表演特色

每年农历五月十三帝君圣诞日，两岸信众汇聚闽南圣节同庆。以东山每年举行的盛大隆重的关帝文化旅游节为例，开幕式大型祭祀仪式（见图 6-15、图 6-16）、乐舞表演以及迎关帝出巡艺阵踩街表演，盛况空前。文化节逐渐成为既弘扬古代传统乐舞艺术，又融合时代地域特色经典的两岸交流大平台。

（1）开幕式仪式表演的主要特点

第一，古代祭典乐舞的恢复与创新

在 20 世纪 90 年代初，海峡两岸东山关帝文化节的祭关乐舞，得到了较好的恢复重现。

一是传统乐音的唱响。2006 年由台湾基隆铜陵关帝庙（基隆第五乐团）与东山潮乐奏鸣社联合演出，文畔武畔，丝竹领奏、笙箫管弦、弹拨芗音、司鸣锣鼓，曲调优美的闽南南音、潮曲交响唱响东山关帝祭典乐场（见图 6-17）。

二是祭典仪礼与传统佾舞的重献与再创。明清以来的闽南祭关乐舞，沿袭着古代“制礼作乐”的传统。古代宫廷雅乐的主要内容有“六大舞”，分别为《云门》《咸池》《大韶》《大夏》《大濩》《大武》，前四部为“文舞”，后两部为“武舞”。文舞手持龠翟而舞，武舞手持干戚而舞。东山及传入台湾地区的关帝祭祀乐舞承袭古代《武舞》（干戚

图 6-18 关帝祭典仪式乐舞三献

舞），舞生左手执干（即盾），右手执戚（即斧），行列以“六佾”而舞。古乐舞的行列称为“佾”，亦称《佾舞》，手执盾戚晋舞，体现威武雄壮的阳刚之美与精神气质。[①]东山关帝文化旅游节开幕式的祭典乐舞在传承古代官方与民间关帝祭祀仪礼编制的基础上，进行了符合当今时代潮流发展的文化创新，融合了现代艺术表演风格元素，形成了兼具传统与创新的现代神明祭典规仪。祭典乐舞组织阵容强大，规仪整肃，围绕“三献礼”为中心，分“迎神”“初献”“亚献”“终献”“送神”五个乐章；“三献乐”称“海平”“和平”“咸平”，由男女乐生合唱，身着古典盛装的数百男女舞生组成祭典仪仗方阵，进行献礼乐舞表演（见图 6-18）。

乐奏三献，舞佾阵势；秉羽执纶，高格礼至。祭祀大礼以乐舞春秋的传统祭仪融以典雅阳刚的古典雅乐舞艺术，组成盛大精彩的乐舞表演。关帝释奠通过雅乐佾舞的符号载体，来传递“神与人”的交感过程，以达“人→乐←神”的双向和谐关系[②]。

① 郑玉玲：《明清关帝祭典乐舞在闽台地区的承继与人文阐释——以东山、宜兰祭典为中心》，《宗教学研究》2021 年第 1 期，第 255 页。

② 同上文，第 256 页。

图 6-19 2012 年关帝文化节创作的《宫女乐舞》表演

在传统佾舞献礼恢复重现之时，也注重本土民间艺术的融入。诸如 2012 年的本土民间乐器融入宫廷古典舞蹈创造而来的《宫女乐舞》（见图 6-19）；汲取民间水袖与长绸舞元素的宫廷古典乐舞《红水袖舞阵》《红彩舞阵》等（见图 6-20、图 6-21）现代祭典乐舞亦竞相登场，彰显着古代乐舞的重现与现代民族元素的融合再造。

图 6-20 2011 年关帝文化节创作的《红水袖舞阵》表演

图 6-21 2008 年创作的《红彩舞阵》表演

图 6-22 众人行三跪九叩礼

图 6-23 主祭官诵读祭文

图 6-24 众人行三敬揖礼

图 6-25 鸣钟九响，擂鼓三通之后，全体下跪

第二，关帝“三献古礼”在闽南地区的承继

以东山为例，特别是2008年关帝文化旅游节以来的祭典仪式定制更加规范，场面规模更加庄严宏大。祭典仪式遵循古代以“初献礼”“亚献礼”“终献礼”三献礼为中心展开，参祭人员身着礼服列成方阵，司仪唱诵，众人行三跪九叩礼后，由主祭官诵读并焚呈祭文（见图6-22、图6-23）。紧接着向关圣帝君、十方诸神上香，行三敬揖礼。鸣钟九响，擂鼓三通之后，主祭、副主祭、陪祭再向关圣帝君行三敬揖礼请神，全体下跪，伏礼接驾后礼成（见图6-24、图6-25）。关帝祭典整个仪式过程庄严肃穆、典雅祥和，展示出关圣帝君的武勇雄壮、威灵显赫，更体现了两岸同胞和衷共济、虔诚一心。

综上所述，笔者认为：如今祭礼乐舞文化迅速与闽台生活、宗教习俗产生了融合而相互借鉴，以“自下而上”的渠道，通过地方祭祀圈的人文性流转与传习，形成了一套区域性认同的典型表达范式。总之，关帝信俗祭典乐舞在闽台地区的人文性建构，在三献仪礼、结构乐章、音声舞形、佾舞薪传等方面都彰显出仪式是神圣性与人文性的双重协奏。

图 6-26 2011 年《螺号舞》阵表演

图 6-27 2011 年《渔鼓舞》阵表演

图 6-28 2009 年《海底反》阵头

图 6-29 2014 年《八仙舞》表演

图 6-30 2012 年《大鼓凉伞与渔鼓》融合表演

图 6-31 2006 年《金龙献舞》表演

（2）体现闽南艺术传统特色的出巡游艺表演亮点

随着关帝文化节的影响力逐渐增强以及规模持续扩大，充分挖掘本土艺术传统与特色艺术创作，成为闽南关帝文化节的亮点之一。诸如调动本地民众自发创造的力量，将地域特色的民间艺术加以创造，是游街表演的主要内容。富有东山海岛特色的《螺号舞》《渔鼓舞》《海底反》《旱船》《龙船阵》《八仙舞阵》等民俗艺阵舞蹈，成为一年一度关帝文化节的特色亮点（见图 6-26 至图 6-29）。各村落社区文艺队伍纷纷加入，有《康美大锣鼓》《顶西大锣鼓》《宅山舞龙队》《石埔醒狮团》《花伞舞》《龙旗舞》，等等。继而台湾、闽南、粤东各地的许多民俗艺团亦前来敬献歌舞，包括漳州《大鼓凉伞》、泉州《拍胸舞》、厦门《舞龙舞狮》、潮州《英歌舞》、台湾礼乐团等阵容齐聚，热闹非凡，令人目不暇接（见图 6-30、图 6-31）。

（二）关帝巡台：祖灵巡台的礼仪交流

20 世纪 90 年代以来，“续接两岸源流 传承关帝文化”的文化交流活动精彩不断。笔者将闽南关帝巡台“千秋浩荡·共祈平安”的仪式活动梳理如下：

1995 年 1 月，东山铜陵关帝庙开基主神关帝像从东山港直航台湾，先是参加基隆“七朝清醮道教大典”建醮祭典，随之起驾前往宜兰、台中、高雄、台南、桃园和澎湖等地巡游绕境（见图 6-32 至图 6-35）。铜陵关帝神像所到之处，人神共喜，受到热烈欢迎。台湾各地同胞信众皆携老扶幼，夹道恭迎，香烛盛祭，其隆重场面史无前例。此次铜陵关帝巡台，首开两岸隔绝了 46 年祖国大陆神像赴台巡游之先河，前后历时半年有余，轰动台湾全岛。这次宗教直航首举，极大地增进了两岸人民的民族传统文化认同与同胞情谊，对增强两岸民众凝聚力起着重要作用。

图 6-32 基隆警化普善堂，基隆区渔会、拖网协会等率 23 人朝圣团到东山谒祖进香

图 6-33 东山关帝神像在东山港上船首赴台湾

图 6-34 铜陵关帝金身驻跸基隆警化普善堂

图 6-35 1995 年铜陵关帝金身首次巡游全台

图 6-36 1997 年 1 月东山关帝文化访问团首度赴台访问

1997 年 1 月 13 日东山关帝文化访问团应台湾海峡两岸文化交流协会邀请，首次赴台湾访问联谊，与 20 多家台湾各地的主要关帝宫庙会香结缘，参加了宜兰礁溪协天庙主办、台湾寺庙整编委员会协办的“关圣帝君海峡两岸文化交流座谈会”，与台湾 500 多位关帝宫庙代表人士交流研讨、增进共识，期间受到了基隆市警化普善堂管委会的热烈欢迎。访问团还看望了基隆第五乐团东山籍乡亲，并前往参访了分灵台湾的关帝庙（见图 6-36）。

2014 年 12 月 10 日至 2015 年 1 月 21 日，以“续接两岸源流 传承关帝文化”为主题的第三届海峡两岸关帝文化节在台湾地区举办。此次巡游是泉州通淮关岳庙建庙 1000 多年来，关帝神尊首次跨越台湾海峡，到宝岛台湾接受信众祭拜。巡台期间，台湾地区共有 159 间宫庙参与活动，参拜信众高达 120 多万人次，是大陆持续时间最长的一次关帝神尊赴台巡游活动。通淮关岳庙赴台交流巡境表演在巡游过程中，两岸民俗艺阵贯穿全程，让台湾民众大呼过瘾。《拍胸舞》《排子吹》《火鼎公婆》等泉州民俗艺阵表演古朴，妙趣横生（见图 6-37、图 6-38），台湾艺阵《电音三太子神将舞》《女子八家将》等十多个艺阵联袂表演，在欢快热烈的氛围之中闽台两省的民俗艺阵表演交融共生、交相辉映，反映出闽台地区鲜明的民间艺术特色和区域文化特征，同时也呈现出闽台民间艺术在发展过程中相互借鉴、趋于多元一体的文化特质。

图 6-37 2014 年 12 月 20 日泉州《拍胸舞》应邀新竹市普天宫关公嘉年华表演

图 6-38 2014 年 12 月 20 日泉州《火鼎公婆》应邀赴新竹市普天宫迓关公嘉年华表演

图 6-39 台南祀典武庙的北管乐团表演

图 6-40 台南祀典武庙关平神将护驾巡游

图 6-41 新北明圣宫的八家将表演

图 6-42 台南祀典武庙的哪吒三太子傩神表演

2016 年中华道教关圣帝君弘道协会以及台湾各地关帝宫庙联合向东山铜陵关帝庙发出邀请，恭迎祖庙关帝金身赴台巡安。此次活动以“千秋关帝、万世圣源”为主题，东山关帝神像环台巡安活动在台海两岸交流史中尚属首次。关帝神像金身由台湾海盛股份有限公司金祥富号恭迎承运，于 10 月 11 日上午从东山港起驾，经澎湖入台，由南向西往北绕东，环巡全台，先后驻驾澎湖紫微宫、台南龙崎文衡殿、高雄意诚堂、台中圣武宫、桃园明伦三圣宫等 22 家关帝庙，活动历时 77 天、历经 21 个县市、行程 1000 多公里，12 月 29 日从台湾乘船回东山县。铜陵关帝神像金身巡台期间，所到之处台湾信众纷纷前往朝拜，各地宫庙组织盛大的队伍接驾，各种台湾民俗技艺竞相上演（见图 6-39 至图 6-42），把源于闽南祖籍地传统技艺演化而来的各式艺阵倾情表演，全岛为之沸腾。

综上，历年来闽南与台湾携手同庆的两岸信俗关帝文化活动，蕴含着两岸同胞对国泰民安的共同期盼，也是维系两岸民众情感的重要平台。闽台信俗舞蹈表演又是承载、守护传扬中华优秀传统文化的重要方式，以非语言文学符号为载体，把闽台两岸民众同生共创的非物质文化遗产传承于动态的民俗演绎之中，并通过两岸人民的共同广泛参与彰显出其独特的文化魅力和强大的生命力。

（三）创新融合：海峡两岸东山关帝文化节的特色亮点

福建省东山县围绕“缘系关帝，和谐两岸”主题，至2020年已连续举办二十九届海峡两岸（福建东山）关帝文化旅游节，构建两岸民俗、文化、旅游、经济交流协作的桥梁，搭建展示东山社会经济全面发展的展示平台，成为当地文化品牌，得到了海内外媒体的广泛关注，吸引了世界各地关帝信众、企业家、艺术家等各界人士齐聚东山，共襄盛典。

1. 东山关帝文化节的表演亮点与盛况

（1）缘系关帝的开幕式传统艺术表演成就了闽南传统艺术交流的硕果

以2019年笔者参加第十一届海峡论坛•第二十八届海峡两岸（福建东山）关帝文化旅游节开幕式的表演为例。开幕式首演节目是由海峡两岸舞蹈艺术团（台湾九天民俗技艺团和漳州表演艺术团）合作的《鼓神汉舞》（见图6-43），又是一个两岸共同完成的艺术创新。“阵头鼓”是闽台共有的民俗技艺，台湾九天民俗技艺团把“阵头鼓”加以创新，在“傩神擂鼓”形态中强化了关帝威武刚正的形象，与中国古典舞柔美的宫廷汉装仕女舞蹈有机融合，鼓神的威猛与仕女的柔美和谐相融，演绎了两岸以海为生等共同信俗和人文情怀，这种鼓舞结合在当代的融合焕发出两岸艺术合创的新色彩。

东山本土舞蹈《想欲吃好鱼，请你到东山》吸收闽南传统舞蹈“海底反”表演形式改编创作而成（见图6-44）。以关帝神诞“磨刀日下雨”的民间传说为线索，龙王带领海里各水族动物驾龙船而来，拟人化的水族舞蹈表演，结合本土海底反歌谣，生动有趣、场面浩大的海底世界表演，寄予民众祈求风调雨顺、家园和谐的心理愿景。第三个开幕团体大型民俗艺阵《英歌舞》中，108位梁山好汉以独特高超的舞弄“英歌槌”（见图6-45），上下左右互相对击，动作健壮有力，节奏强烈，阵势队形变换多样，长蛇挺进、双龙出海、四虎并驱、粉蝶采花、孔雀开屏等套式；棒法有左敲、右敲、上敲、下敲、胯下敲、背后敲等；舞者脸谱有文面、武面之分；熔戏剧、舞蹈、武术于一炉，表演独具魅力，它以刚劲、雄浑、粗犷、奔放的舞姿，构成了磅礴、威武、强壮、豪迈的气势，给人以力与美的震撼，与关帝的勇猛威武的英雄气概达到完美的统一。

图 6-43 2019 第二十八届关帝文化旅游节开幕式的《鼓神汉舞》节目表演（蔡鹏程 / 摄）

图 6-44 2019 第二十八届关帝文化节开幕式创作的民间舞《想欲吃好鱼，请你到东山》

图 6-45 2019 第二十八届关帝文化旅游节开幕式民间舞《英歌舞》（蔡鹏程 / 摄）

（2）民俗游艺特色表演日臻完善

在历届关帝文化旅游节的民俗活动中，两岸信众民俗文化踩街是东山全岛最盛大的民俗活动，一直是外界关注的焦点。踩街活动由东山县人民政府成立的节庆活动筹办工作领导小组负责组织，活动内容与方案每年不尽相同。踩街队伍途经路线由铜陵关帝庙向关圣帝君请圣杯确认。自从 2016 年关帝神像金身首次环台巡安祈福活动取得圆满成功之后，越来越多的群众热盼关帝神像到境巡安祈福。终于，2017 年第二十六届关帝文化旅游节在东山县委县政府的支持下，首次开展了主题为“千秋关帝和谐东山”的关帝环岛祈福民俗踩街活动，时间为 6 月 10 日至 22 日，途经铜陵、康美、樟塘、西埔、杏陈、前楼、陈城、铜陵，各镇均驻驾两天，前后为期 13 天。而 2018 年第二十七届海峡两岸（福建东山）关帝文化旅游节踩街活动路线则为：由关庙前往朝圣路→绕城道→朝圣门→进大有街往西→大有街南门出口→朝圣楼前往西→经天后宫庙前→沃雅头路→明德宫庙边水泥路→水仙宫庙前→大沃渔港→渔港中路→往东（渔港大门出口）→渔港路（后径篮）→交通局宿舍楼前→新村大道（团结路）→中心幼儿园后面路→花圃西→ 24 米路东→康悦小区西路→第六排八米路入→往南向出口→往东到十二生肖小区→歇社→起程往北绕水泥路走→十二生肖小区南门出→往东到向北铜兴村新市场路口→往西走经过十二生肖东门→往安全局水泥路→新华都超市北侧→电厂→百货大楼→铜兴旅社→团结路→前街→顶街路→公园石阶路→城隍庙前→回銮进庙。由此可见，关帝文化节中的民俗踩街活动规格水平之高，影响范围之广，在闽南地区与普通村社的神明绕境活动相比实属罕见。

每年的踩街活动都可谓震撼人心：吉时一到，礼炮三响，铜陵关帝庙前欢声如雷、喜气云腾，两岸信众恭迎关帝神轿启驾。铜陵古城顷刻间锣鼓喧天，鞭炮齐鸣，旌旗蔽空，弦乐合奏，东山百姓前呼后拥，万人空巷，各个村落社区以及来自闽台各地的联谊宫庙纷纷出动各自的曲艺班、游艺阵加入踩街队列，娱人娱神，岛上节庆的氛围一时间达到了高潮。关帝出巡队伍一般由《开路锣》《肃静回避牌》《周仓先锋旗》《大锣鼓队》《大灯笼队》《八宝兵器队》《关字大帅旗》《彩旗龙旗队》《花经果班》《神轿神伞》《日月扇》《轿后鼓》《关帝大刀》《舞龙舞狮》等数十个阵头组成（见图 6-46 至图 6-55）。

除了上述传统的基本轿班阵头以外，每年的民俗踩街活动都会有许多民间特色艺阵乐舞上演，而且活动规模越来越大，内容也越来越丰富。以 2014 年第二十三届关帝文化节为例，两岸共有 40 多个闽台民间艺阵，2 万多名信众参加，阵容场面壮观而浩大。闽台民间艺阵表演，载歌载舞，百花齐放，是为踩街活动中一大看点。单单锣鼓乐队就有：《龙凤锣鼓》《威风锣鼓》《潮州锣鼓》《潮音乐队》《南音乐队》《汉剧乐队》《四音乐队》等传统音乐艺阵；特色地方舞蹈包括：《水族舞》《旱船舞》《花扇舞》《漳州凉伞舞》《泉州拍胸舞》《潮州英歌舞》等传统舞蹈艺阵；各种游艺队伍有：《竹马队》《高跷队》《秧歌队》《腰鼓队》《公背婆》《宫女花篮队》等民俗舞蹈艺阵；还有台湾的《电音三太子》《关公五部将大神尪》《三十六天罡彩旗》《七十二地煞彩旗》，等等（见图 6-56 至图 6-59）。可以说，两岸信众民俗文化踩街是闽台地方民间艺术表演文化最集中、两岸普通群众参与最广泛的文娱活动项目，彰显了闽台两岸在民间文艺交流上一脉相承、相互交融的文化现象。

图 6-46 《开路先锋锣阵》

图 6-47 《山西夫子阵》庙牌号与《八宝兵器阵》

图 6-48 香、花、经、果“太子”班

图 6-49 “关”锦绣龙旗

图 6-50 关帝神辇阵

图 6-51 “关帝大刀”与东山关帝庙彩阵

图 6-52 少年“水族舞”队

图 6-53 “旱地龙船”队

图 6-54《才子佳人高跷阵》

图 6-55 社区《秧歌舞阵》

图 6-56 《公背婆阵》

图 6-57 社区《腰鼓队》

图 6-58 《宫女花灯阵》

图 6-59 台湾《关公五部将大神尪阵》

2. 东山关帝文化节的定位与时代多元化特点

（1）打造文化旅游、传承展演、学术研讨、经贸搭台的对台文化交流

时至今日海峡两岸（福建东山）关帝文化旅游节围绕“缘系关帝，和谐两岸”的主题，实施构建两岸民俗、文化、旅游、经济交流协作的桥梁，俨然已经成为东山社会经济全面发展的展示平台，有效打响了关帝文化品牌。

以第二十六届关帝文化旅游节为例，旅游节设计开展了 15 项重要活动，即关帝圣诞民间祭祀活动、第九届海峡论坛·第二十六届海峡两岸（福建东山）关帝文化旅游节开幕式、两岸信众民俗文化踩街暨全县各镇巡回“祈福”活动、首届东山关帝文化杯帆船赛、爱情岛婚纱摄影赛及婚纱旅拍文创园开工仪式、东山影视城奠基及相关活动、沙滩音乐嘉年华暨露营节、东山岛旅游地产推介活动、东山岛旅游伴手礼征集大赛、“关帝圣源　石斋故里”民间文化艺术展、大型原创史诗舞剧《关公》演出、经贸活动（含项目推介签约、奠基剪彩等活动）、慈善日活动、宣传活动（含东山岛“网红·大 V”旅游节、再版《谷文昌》、出版《黄道周传》《东山关帝庙》等丛书、拍摄东山旅游宣传片、制作伴手礼《东山赋》、微信系列主题宣传活动、《庙会酬神演戏》等 15 项关帝文化系列活动（见表 6-2）。

表 6-2　第二十六届海峡两岸（福建东山）关帝文化旅游节活动总表

序号	活动名称	时间	地点	举办单位
1	关帝圣诞民间祭祀活动	6 月 7 日	关帝庙	**举办单位：**东山关帝庙理事会
2	第九届海峡论坛·第二十六届海峡两岸（福建东山）关帝文化旅游节开幕式	6 月 10 日 08:30	关帝庙广场	**主办单位：**东山县人民政府 **承办单位：**东山关帝庙理事会等 **责任单位：**县旅游局、县委台办、县民宗局、县新闻中心、旅游开发区、县公安局等相关单位
3	两岸信众民俗文化踩街暨全县各镇巡回“祈福”活动	6 月 10—22 日	全县	**举办单位：**东山关帝庙理事会 **责任单位：**旅游开发区、各镇人民政府、县委台办、县民宗局
4	首届东山关帝文化杯帆船赛	6 月 10—11 日	南门湾海域	**举办单位：**厦门华毅游艇管理有限公司 厦门帆船游艇运动协会 **责任单位：**铜陵镇人民政府、县文广体局、县海洋与渔业局、县旅游局

续表

<table>
<tr><th>序号</th><th colspan="2">活动名称</th><th>时间</th><th>地点</th><th>举办单位</th></tr>
<tr><td>5</td><td colspan="2">爱情岛婚纱摄影赛及婚纱旅拍文创园开工仪式</td><td>6月7—10日</td><td>金銮湾景区</td><td>举办单位：中国人像摄影协会、序沐摄影（上海）有限公司
责任单位：陈城镇人民政府、县文广体局、县旅游局、县文联</td></tr>
<tr><td>6</td><td colspan="2">东山影视城奠基及相关活动</td><td>6月10日10:30</td><td>影视基地</td><td>举办单位：愚恒影视集团
责任单位：西埔镇人民政府、县旅游局、县文广体局</td></tr>
<tr><td>7</td><td colspan="2">沙滩音乐嘉年华暨露营节</td><td>6月—8月</td><td>金銮湾景区</td><td>举办单位：某企业
责任单位：县文广体局、县旅游局、县公安局</td></tr>
<tr><td>8</td><td colspan="2">东山岛旅游地产推介活动</td><td>6月份</td><td>金銮湾景区</td><td>举办单位：东山岛旅游地产协会
责任单位：县规建局、县房管局、县旅游局</td></tr>
<tr><td>9</td><td colspan="2">东山岛旅游伴手礼征集大赛</td><td>5—7月</td><td>——</td><td>举办单位：县旅游局</td></tr>
<tr><td>10</td><td colspan="2">“关帝圣源 石斋故里”民间文化艺术展</td><td>6月1—15日</td><td>朝圣楼</td><td>举办单位：东山关帝庙理事会、县二轻联社
责任单位：东山关帝庙理事会、县二轻联社、县文联、县文广体局、铜陵镇政府</td></tr>
<tr><td>11</td><td colspan="2">大型原创史诗舞剧《关公》演出</td><td>6月9—10日</td><td>人民会堂</td><td>举办单位：洛阳歌舞剧院演艺有限公司
责任单位：县文广体局、旅游局、东山关帝庙理事会</td></tr>
<tr><td>12</td><td colspan="2">经贸活动</td><td>6月9—10日</td><td>——</td><td>责任单位：县经信局、县商务局、县发改局</td></tr>
<tr><td>13</td><td colspan="2">慈善日活动</td><td>6月7日下午</td><td>人民会堂</td><td>责任单位：县民政局</td></tr>
<tr><td rowspan="5">14</td><td rowspan="5">宣传活动</td><td>东山岛“网红·大V”旅游节</td><td>6月8—11日</td><td>东山县</td><td>责任单位：县新闻中心、县旅游局</td></tr>
<tr><td>丛书出版（《谷文昌》《黄道周传》《东山关帝庙》）</td><td>6月份</td><td>——</td><td>责任单位：县委宣传部</td></tr>
<tr><td>拍摄东山旅游宣传片并在媒体上播出</td><td>6月份</td><td>——</td><td>责任单位：县旅游局</td></tr>
<tr><td>制作伴手礼《东山赋》</td><td>6月份</td><td>——</td><td>责任单位：县旅游局</td></tr>
<tr><td>微信系列主题宣传活动</td><td>5—6月份</td><td>微信平台</td><td>责任单位：县文联、县文广体局</td></tr>
<tr><td>15</td><td colspan="2">庙戏演出</td><td>6—7月</td><td>关帝庙广场</td><td>举办单位：东山关帝庙理事会
指导单位：县文广体局</td></tr>
</table>

第二十七届文化节活动项目更有16项系列内容：第十届海峡论坛·第二十七届海峡两岸（福建东山）关帝文化旅游节活动开幕式、两岸信众民俗文化踩街活动、“千秋关帝　万世圣源”关帝神像巡游金门活动、东山县潮剧传承保护中心潮剧专场演出暨民间庙戏演出、“最忆东山——全国中国画名家作品展”及黄道周书法创作展、东山“四先贤”美术作品收藏展、黄道周文化研讨会等系列活动、海峡两岸“关帝杯”帆船赛、闽台流行音乐青年歌手赛、2018年东山城市探索定向赛、2018年沙滩露营音乐节、2018年东山海鲜美食节、项目推介签约及奠基剪彩活动、慈善日活动、百家媒体聚焦东山活动、东山岛创意抖音短视频征集大赛（见表6-3）。

表6-3　第二十七届海峡两岸（福建东山）关帝文化旅游节活动总表

系列	序号	活动名称	时间	地点	举办单位
民俗文化系列活动	1	第十届海峡论坛·第二十七届海峡两岸（福建东山）关帝文化旅游节开幕式	6月16日 08:30	关帝庙广场	**主办单位：**漳州市人民政府 **承办单位：**东山县人民政府、市委台办、市旅发委 **责任单位：**县委办、政府办、县旅游局、县委台办、县民宗局、县文广体局、县新闻中心、旅游开发区、县公安局、东山关帝庙理事会等
	2	两岸信众民俗文化踩街	6月26日	铜陵镇区域	**责任单位：**旅游开发区、县委台办、县民宗局、铜陵镇人民政府、县公安局、县文广体局 **举办单位：**东山关帝庙理事会
	3	“千秋关帝　万世圣源”关帝神像巡游金门活动	5月10—13日	金门	**责任单位：**县民宗局、县委台办 **举办单位：**东山关帝庙理事会
	4	东山县潮剧传承保护中心潮剧专场演出暨民间庙戏演出	6月—7月	关帝庙广场	**责任单位：**东山关帝庙理事会、县文广体局、县潮剧传承保护中心
艺术展览演出系列活动	5	最忆东山——全国中国画名家作品展及黄道周书法创作展	6月21-27日	朝圣楼	**责任单位：**县文联、县文广体局、东山关帝庙理事会 **举办单位：**省青年画院、东山梦麟艺术传媒公司（最忆东山——全国中国画名家作品展） **举办单位：**县书法家协会、县黄道周书法研究院（黄道周书法创作展）

续表

系列	序号	活动名称	时间	地点	举办单位
艺术展览演出系列活动	6	东山“四先贤”美术作品收藏展	6月21—27日	香山斋	**责任单位：**县文联、县文广体局 **举办单位：**“香山斋”艺术馆
	7	黄道周文化研讨会系列活动	6月13—14日	华福酒店文博中心等	**责任单位：**县委宣传部 **举办单位：**市委宣传部、东山县人民政府
两岸青年赛事系列活动	8	海峡两岸“关帝杯”帆船赛	6月26日	铜陵镇南门湾	**责任单位：**铜陵镇人民政府、县文广体局、县海洋与渔业局 **举办单位：**华毅游艇公司
	9	闽台流行音乐青年歌手赛	6月	省内及台湾地区	**责任单位：**县委宣传部、县文广体局、县委台办、团县委 **举办单位：**厦门世纪欢喜文化产业有限公司、省流行音乐学会海峡（东山）交流中心
	10	2018年东山城市探索定向赛		铜陵镇等	**责任单位：**县文广体局、旅游开发区、县旅游局、铜陵镇人民政府
	11	2018年沙滩露营音乐节		金紫荆广场	**责任单位：**旅游开发区、县文广体局、县旅游局
	12	2018年东山海鲜美食节		大有街	**责任单位：**县旅游局、旅游开发区、县文广体局
经贸慈善系列活动	13	项目推介签约及剪彩活动	6月26日		**责任单位：**县发改局、县商务局、县经信局（负责剪彩活动）
	14	慈善日活动	6月26日	县人民会堂	**责任单位：**县民政局、县慈善总会
媒体宣传系列活动	15	百家媒体聚焦东山活动	6月	东山县	**责任单位：**县委宣传部、县新闻中心
	16	东山岛创意抖音短视频征集大赛	5—10月	——	**责任单位：**县旅游局、县新闻中心

从表 6-2、6-3 可见，关帝文化节逐年丰富与规范，足见政府对东山关帝文化节的重视与支持力度。在政府参与主办支持下，级别层次越来越高。围绕“缘系关帝，和谐两岸”主题，实施构建两岸民俗、文化、旅游、经济交流协作的桥梁，涉及民俗文化、艺术创作展览、两岸青年赛事、经贸慈善、媒体宣传等领域的多元文化内容，日益打造成为文化与旅游、传承展演、学术研讨，经贸搭台、文化唱戏相融合的系列活动文化品牌，其核心是对台交流，暨突出两岸合作。节庆活动力求在办节形式上的有效突破，办节成效上更结硕果，旨在“弘扬关帝文化，树立东山品牌”，致力推动社会各界持续关注东山、支持东山，各级媒体持续聚焦东山、宣传东山，推动打造“生态旅游岛”，建设宜居宜业宜游的富美新东山。从活动内容上更加凸显两岸元素创新，展示东山对台工作优势，项目设立上兼顾两岸的民间、文化、海洋、旅游、文体、经贸等方面合作，同时发挥节庆活动的宣传、促进、带动作用，进一步汇人气、促项目、强经济、带文化、优生态，推动县市经济社会更好更快地发展。

（2）文化节活动项目在组织形式、筹办原则上呈现时代多元化特点

东山关帝文化旅游节活动组织筹备工作条理有序而安排缜密，主要体现在：由政府成立节庆活动筹办工作领导小组，由县领导及县相关部门人员构成，指导筹办工作。领导小组下设办公室、宣传氛围组、安全保障组、接待组、秘书组及各子项目活动组，有序推进节庆筹办日常工作。并制定系列活动细案，严格按照执委会负责领导—组别—责任单位—具体筹办小组—负责人等有组织的责任分工，确保大型系列活动的有序开展。

同时，关帝文化旅游节在内容形式上与时俱进，积极创新，融入了诸多时代元素，在活动筹办上秉持“四个坚持、一个突出”的原则：a. 坚持安全性。遵循安全第一的原则，在确保安全的基础上求创新、促提升。b. 坚持实效性。发挥节庆活动的宣传、促进、带动作用，进一步汇人气、促项目、强经济、带文化、优生态，推动东山经济社会更好更快发展。c. 坚持多元性。兼顾民间、两岸、文化、海洋、旅游等与东山经济社会发展密切相关的各种要素，将各种要素融入节庆活动予以充分展现，形成全域化、多元化的发展态势。d. 坚持节约性。既要在往届的基础上有所突破、更为隆重，又要从节庆资金使用与监管、合理控制规模等方面突出从简办节，不铺张浪费。e. 突出广泛性。活动筹办以“政府指导、民间主办、市场运作、社会参与”为遵循，突出广泛发挥民间力量，运用民间资本，提高民间团体与市场的参与度，形成社会各界共同办节的良好氛围。

综上所述，“海峡两岸东山关帝文化旅游节”是海峡两岸同胞血浓于水的有力见证与现实表征，同时也是闽台两省文化、经济交流的历史必然产物，毋庸置疑，文化节对两岸经济文化的繁荣与发展产生了巨大的推动作用。经过20多年不懈的努力，东山关帝文化节已形成海峡关帝文化品牌，从而“撬动东山经济板块和城市品位的抬升，助推东山建设国际旅游海岛的发展崛起”；利用海峡两岸关帝文化节平台，达成东山与台湾两地共创关帝文化旅游品牌，共筑关帝文化旅游圈，共同推动两岸旅游业共同发展的合作意愿。更重要的是，关帝文化节秉承“传承传统·创新融合”的理念，让两岸宾客广泛接触、交流、沟通、讨论，讲好闽台关帝文化故事，传承弘扬“忠、义、仁、勇、礼、智、信”等中华民族优秀道德和民族精神，可以有效增进两岸同胞情谊和两岸文化认同，并加强两岸文化交流和经济合作。

（四）可持续性发展：关帝文化及承载的传统艺术的传承思考

关于关帝文化的可持续性传承思考，笔者认为，关帝文化的“传统复现与创新融合”是一个辩证统一的整体关系。第一，我们要继续立足田野，以探源—窥探闽南关帝的文化渊源，勾勒以闽南为核心的关帝信俗文化辐射台湾、南洋形成的海丝关帝信俗文化圈，建立大数据关帝庙宇网络信息库，及其对仪式乐舞的传承保护的坚守与整体把握。第二，我们要面向当下，如何以传承—研究两岸关帝文化的双向互动作为切入点，探讨关帝信俗承载的非遗传统艺术的可持续性传承实践与文旅开发。研究创新文化旅游呈现方式，以融合—探讨关帝信俗的文旅融合机制，建立两岸及海丝非遗共享合作计划。研发以关帝信俗为核心的“传统—现代”转型的文旅产业链条，创新关帝信俗文化的推行计划：诸如宫庙文化使者交流计划、国际联盟展演计划、信俗技艺联合培养人才计划，等等，探讨中华关帝信俗文化的海外传播与推广的可持续性互动对策研究。期待抽绎闽南核心区辐射海丝文化圈的关帝信俗文化特质，尤其总结其中华民族文化凝聚力之所在，成为增强两岸、海外华人民族文化认同及传承中华传统文化的精神力量。

结 语

千百年来，历代皇朝通过封号敕令、颁布国家祭典雅乐佾舞祭祀关公，在闽南地区得到有序传承，成为闽南民间社会崇尚的晋祀常仪，儒家文人亦紧随皇朝意志撰写碑文、著书题跋、作礼作乐推行礼制祭祀展演，合力推动关公崇拜节节升高，以期实现朝廷“重忠烈以劝今”之目的。闽南民间则“民之归仰自不能忘，朝廷褒封之典自不能已”。民众的愿景和精神寄托与君权“受天眷命，以作神主”的儒道释合一的理学思想，通过关公的封号和祭典仪式统一起来。[①] 爵号晋升与祭关乐舞的演进，民间自创的信俗舞蹈文化繁衍播传，使得闽南民间社会秩序愈加稳固和谐，这便是千百年来关公崇拜历久不衰的实质。明清时期关帝信俗祭典再随闽南移民播植台湾，成为两岸一脉相承的关帝信俗文化圈。

本书以“闽南关帝信俗与仪式舞蹈”为研究对象，立足人类学的田野调查，借鉴艺术学、历史学、民俗学、文化学等多学科交融方法进行研究：一是对闽南官祀祭关乐舞、释奠雅乐佾舞的活态实存进行整理挖掘；二是对闽南民祀艺阵舞蹈的调研挖掘，对其类型与区划、风格特征与审美、形态意蕴表征进行综合与个案分析，进而置于社会人文背景中进行宏观透视，把仪式舞蹈事象和它的社会历史背景、文化生态环境、舞蹈群体的民族心理、民族信仰、审美情趣等因素的相互关系视为一个整体系统，深入阐释其交融共生的舞蹈结构与文化表达，从学理出发研究阐发其蕴含的中华传统艺术基因，揭示其文化本质、艺术内涵、形象塑造及其传承发展。我们秉承中华文化的多元一体格局，进一步梳理闽台地区关帝信俗祭典文化的交流建构与承继概貌，勾勒出闽台信俗仪式舞蹈的多元一体的创新结构，阐明关帝文化艺术符号的思想、学术和话语体系，讲好闽台关帝文化故事，可以为促进闽南关帝信俗传统艺术的保护与两岸协作融合，增进民族文化认同，作出积极的努力和新贡献。

---

① 吴幼雄、李少园主编《通淮关岳庙志》，中国社会科学出版社 2008 年版，第 786 页。

附录一 闽南关帝祭典佾舞舞谱、雅俗乐谱

（本书作者整理）

一、明代漳州籍乐律学家李文察撰《李氏乐书六种》之武舞舞谱

图 1 明干戚佾舞《阳辰阴辰进退舞步》

图 2 明干戚佾舞《七星魁杓方位之舞》解析图

二、泉州通淮关帝庙传承至今的清道光三献佾舞：文舞、武舞舞谱三图

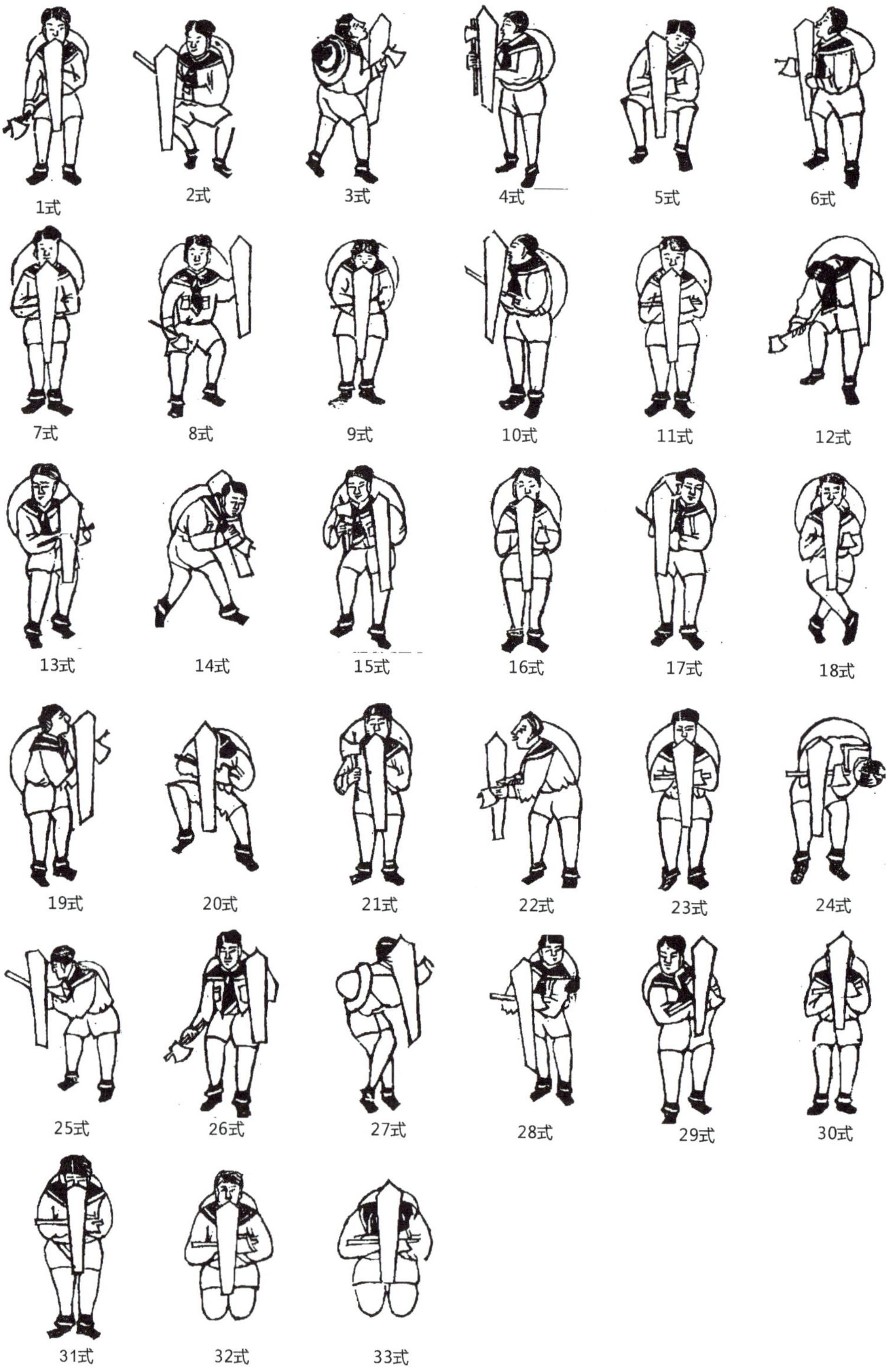

图 3 泉州通淮关帝祀典佾舞《初献 33 动式：安和之舞》

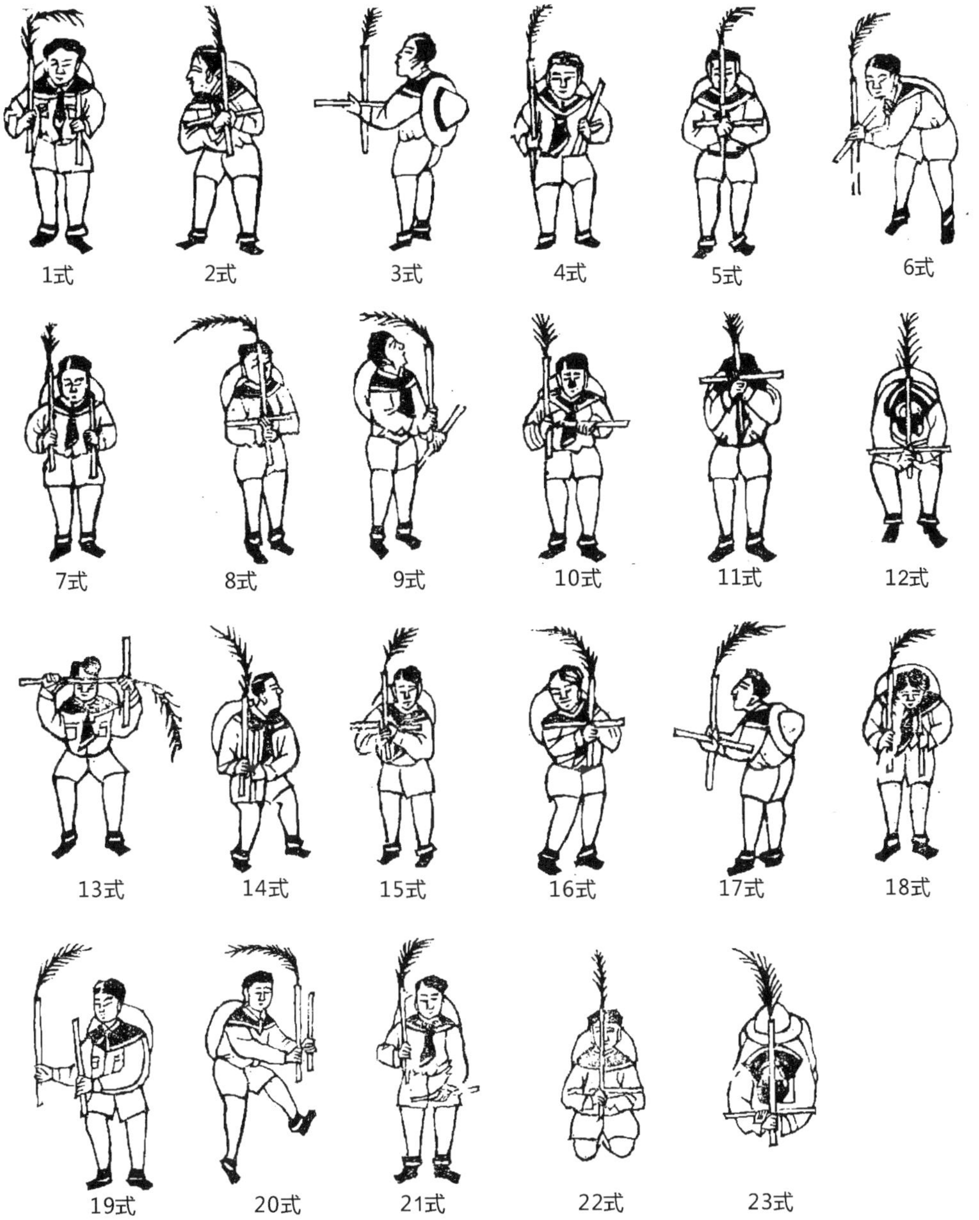

图 4 泉州通淮关帝祀典佾舞《亚献 23 动式：靖和之舞》

图5 泉州通淮关帝祀典佾舞《终献22动式：康和之舞》

三、台湾宜兰礁溪协天庙的关帝祭典三献雅乐《忠义乐章——懿平之章》乐谱

懿平之章

（亚献、终献）

四、台湾宜兰礁溪协天庙的关帝祭典乐场《武圣赞歌——古早七字调》乐谱

古早七字调

源自漳州锦歌【四空仔】
陈冠华 藏谱　张月娥 编曲

五、清代传衍至今的泉州通淮关岳庙的三献佾舞乐歌（简谱三首）

奠帛初献

（乐奏安和之章・武舞）

1=C $\frac{4}{4}$

佚名

6̣ 1̣ 2 3 5 － | 1̇ 6 5 3 1 2 | 1̇ 6 5 3 5 － |

神 来 兮 格 思， 风 马 下 兮 灵 旗， 星 币 兮 初 陈，

1 2 3 5 1 2 | 6 5 3 1 2 － | 6 6 5 3 1 6̣ ‖

荐 芳 馨 兮 玉 卮， 瞻 仰 兮 明 威， 俨 如 在 兮 轩 墀。

亚　献

（乐奏靖和之章・文舞）

1=C $\frac{4}{4}$

佚名

6̣ 1 2 3 3 － | 6 6 5 3 1 2 |

万 舞 兮 洋 洋， 礼 再 举 兮 陈 殇，

5 3 2 2 3 5 | 1̇ 6 5 3 1 6̣ ‖

灵 昭 昭 兮 即 留， 庶 鉴 诚 兮 降 康。

终　献

（乐奏康和之章・文舞）

1=C $\frac{4}{4}$

佚名

6̣ 1 2 3 2 － | 3 5 6 3 1 2 |

名 世 兮 种 灵， 炳 河 岳 兮 日 星，

6 5 3 3 5 － | 1 2 5 3 1 6̣ ‖

祀 事 兮 三 成， 肃 骏 奔 兮 庙 庭。

六、漳州垕民进发宫哪吒咒令鼓乐赞颂关帝的帝君咒，笔者采集乐谱二首

帝君咒

拜请恩主关公大帝君

吟唱：漳州垕民进发宫哪吒鼓乐队
采谱：郑玉玲

1=C 2/4 舒缓，意凝地

帝君咒

拜请恩主义勇武安王

吟唱：漳州垕民进发宫哪吒鼓乐队
采谱：郑玉玲

1=C 2/4 舒缓，意凝地

七、漳州芗城文衡殿哪吒鼓乐吟唱“关圣帝君咒”“赵云将军咒”“唐中太乙君咒”，笔者采集乐谱三首

恩主关圣帝君

唱诵：漳州文衡殿哪吒鼓乐队
采谱：郑玉玲

1=^{b}B

中速

拜请常山赵将军

唱诵：漳州文衡殿哪吒鼓乐队
采谱：郑玉玲

1=A

中速

唐中太乙君

吟唱：文衡殿林济民等
采谱：郑玉玲

1=♭B

八、台湾著名音乐人林垂立创作的闽南语歌曲《关圣帝君》

关圣帝君恩主公

作词：戴泉明
作曲：林垂立
演唱：林垂立

4/4 速度：（快）140，（慢）60

龙王送来满载雨

东山民谣·渔歌

《海底反》表演音乐

f
击乐
吠吠七吠 哚 吠吠七吠 哚
慢
ff（孩子们冲出，喊着：看啊）
合：鱼群 满船 载 月月可安 排 东山有渔 歌 听了你就 知
独：一 鲷 二红 鲮 合：一鲷二红 鲮 独：三 鲳
四马鲛 合：三鲳四马 鲛 独：五 鳖 六鲛鳓 合：五鳖六鲛 鳓 独：七小鲳
八墨鲗 九 鲽母 人 人 夸 合：人人夸 人人夸 十是犁头 鲨 独：十 一是 红 鲚
合：十二是 龙虾和 鲋白 带 合：欲想吃好 鱼
减慢 （全体）
先来学渔 歌 渔 歌 会记得 请您到东 山 请 您 到东 山 欢 迎 光临

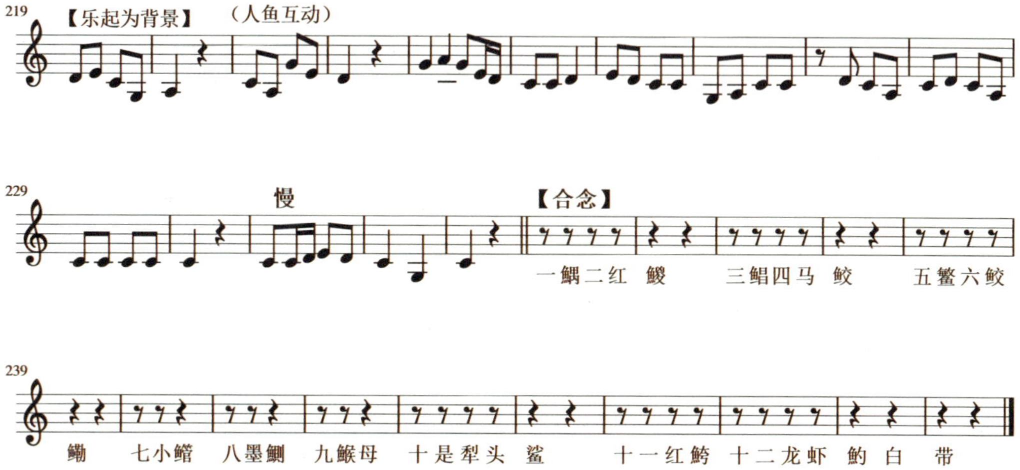
219
【乐起为背景】
（人鱼互动）
229
慢
【合念】
一鯛二红 鲮 三鲳四马 鲛 五鳖六鲛
239
鳓 七小鲳 八墨鲗 九鲧母 十是犁头 鲨 十一红鲟 十二龙虾 鲔 白 带

附录二 田野调研与学术研讨实录

一、田野调研实录

（一）第二十八届东山关帝文化节的调研与访谈（2019 年 6 月 15 日）

笔者作为项目主持人受邀“闽南东山第十一届海峡论坛·第二十八届东山关帝文化节”，并采集到珍贵的影音图文资料，与东山县委宣传部、当地宗教文化部门、东山关帝文史馆、东山文化馆、南音社团建立良好的交流合作关系，拜访东山渔歌、东山歌册、英歌舞等民俗舞蹈团体和艺人，达到预期的调研目标（见图 1 至图 4）。

图 1 2019 东山关帝文化节开幕之民俗表演现场

图 2 关帝文化节开幕式民俗舞蹈《英歌舞》

图 3 关帝文化节开场舞《鼓神汉舞》

图 4 关帝文化节民俗舞《海底反》（蔡鹏程 / 摄）

（二）漳州古武庙之南靖进香仪式表演的采集调研与艺人访谈（2019 年 11 月 1 日）

始建于北宋真宗大中祥符年间的漳州武庙是漳州首座千年关帝庙，悠久的历史和位于漳州市中心的地理优势，使其信俗文化和仪式表演成为闽南地区的信俗仪式传承典范。每逢节庆、关帝圣诞及进香活动，呈现的仪式祭祀表演承载着丰富多彩的活态舞蹈形态，成为闽南关帝信俗文化的重要组成部分。

2019 年 11 月 1 日，笔者作为课题负责人带领课题组主要成员林炜莉博士生，跟踪采集了漳州古武庙关帝进香仪式表演，拍摄了仪式祭典的影音素材；采访古武庙下设的岳口武馆、武庙锣鼓乐队、乐龄“大鼓凉伞”表演队以及南靖进香团的仪式艺阵表演（见图 5 至图 8）。

图 5 漳州古武庙乐龄“大鼓凉伞”队仪式接驾表演

图 6 笔者与大鼓凉伞队交流

图 7 访谈古武庙岳口武馆的林师傅

图 8 武庙锣鼓乐队迎接进香团的锣鼓乐场

（三）泉州通淮关岳庙的实地调研与收集资料（2020 年 4 月至 7 月）

泉州通淮关岳庙，坐落在泉州涂门街（古称通淮街），分灵遍及台、港、澳和东南亚，是海内外人士旅游观光、谒祖朝拜的圣地，为闽南地区最负盛名的民间信仰活动场所之一。关帝庙主祀关公，明代称“关王庙”，清代称“关帝庙”，为泉州朔望行香、春秋两祭的“武圣”专庙。民国三年增祀爱国英雄岳飞，改称为“关岳庙”。2020 年 4 月至 7 月，课题组成员多次前往泉州通淮关岳庙实地调研访谈，了解通淮关帝祭典仪礼与出巡仪仗表演概况，关圣夫子诞辰 1859 周年献戏剧目内容，收集到岁次甲午年两岸关帝文化巡礼影像资料及相关资料（见图 9 至图 11）。

图 9 泉州通淮关岳庙省级文物保护碑

图 10 泉州通淮关岳庙实景（黄国炎 / 摄）

图 11 泉州通淮关岳庙 2010 年 6 月关帝出巡仪仗阵（潘志民 / 提供）

（四）漳州芗城天宝过塘镇五帝庙的实地调研（2020 年 8 月 13 日）

笔者作为课题负责人，带领课题组成员朱楚涵硕士生跟随文衡殿艺阵表演团前往漳州芗城天宝过塘镇五帝庙采集山西夫子 1860 圣诞的庆贺仪式，进一步感受关帝信俗文化与仪式表演（见图 12 至图 17）。

图 12 文衡殿《大鼓凉伞》前往天宝过塘五帝庙庆贺

图 13 天宝五帝庙“踏火”仪式

图 14 信众身穿“独特”服饰

图 15 文衡殿锣鼓乐队合奏【三不合】曲牌庆贺

图 16 笔者向武庙老艺人学习月琴

图 17 笔者带领朱楚涵硕士采访文衡殿管委会主任林济民先生、闽南乐器工艺师黄江泉先生

（五）前往漳州打锡巷采集文衡殿一年一度的“社庆”关帝拜寿仪式（2020年11月15—16日）

2020年11月15—16日，笔者作为课题负责人带领课题组成员到漳州打锡巷文衡殿采集一年一度的“社庆”关帝拜庙庆典仪式。社庆仪式民俗表演多姿多彩，主要内容有：15日晚上关帝庙社庆酬神的歌仔戏《扮仙戏》《跳加官》戏曲傩仪舞蹈的献棚表演；16日上午文衡殿兄弟庙、分灵庙前来文衡殿拜庙献演的各类艺阵舞蹈，以及主庙迎宾表演的接客仪礼；16日下午笔者采访分灵庙角美明圣堂神尪傩舞队，采集学习闽南哪吒三太子神将傩舞技艺（见图18至图26）。

图18《扮仙戏》（作者/摄）

图19《跳加官》（作者/摄）

图20 酬神演戏活动前的演员装扮中（作者/摄）

图 21 五峰山仔尾峰福庵的大鼓凉伞艺阵前来文衡殿拜寿

图 22 角美明圣堂舞狮阵在文衡殿前拜庙献演

图 23 主庙大鼓凉伞队列队接驾宾客

图 24 漳州柑仔市附龙庙的拜寿开道旗队

图 25 主宾拜寿艺阵在文衡关帝庙前合照

图 26 笔者向角美明圣堂三太子傩舞队习舞

（六）对漳州龙海区程溪镇黄守正雕艺传承基地的采风调研（2021 年 4 月 12 日、2021 年 10 月 12 日）

笔者带领硕士研究生采访非遗传承人、闽南神像雕刻艺术家黄守正老师，了解木雕彩绘、脱胎漆器等传统雕塑工艺，并就“关帝部将大神尪傩像制作”主题与黄守正先生进行深入访谈（从上至下依次为图 27 至图 33）。

图 27　走进黄守正雕艺传承基地并合影留念

图 28　开展访谈交流

图 29　参观基地工作坊，了解关帝圣辇制作过程

图 30 黄守正先生为漳州文衡殿制作的脱模技艺之关帝部将“关平”神尪尪首、正在制作中的神尪傩身躯骨架结构（朱楚涵 / 摄）

图 31 2021 年笔者带领研究生再次来到黄守正雕艺传承基地采风调研

图 32 在雕艺传承基地采访黄守正先生

图.33 黄守正作品：脱胎漆器技艺弥勒佛神像造型

（七）赴漳州文衡殿采集调研（2021 年 6 月 18 日）

笔者作为课题负责人，带领课题组成员朱楚涵前往漳州文衡殿了解关圣帝君诞辰庆典前的艺阵出巡活动准备工作（见图 34 至图 39）。

图 34　关帝诞辰庆典前夕，漳州文衡殿向周边商铺分发的请帖

图 35　文衡殿管委会的老人正在组装关平的神尪傩身，为诞辰当天出巡仪式做准备

图 36　关帝部将神尪出巡佩戴的冠帽

图 37　关帝部将神尪体现漳绣技艺的武将靠甲服

图 38 黄守正先生为土地爷神尪傩添加胡须；黄守正儿子为关帝部将描画眼睛、戴官帽

图 39 为关圣帝君诞辰庆典出巡而组装完整的关帝部将神尪（关平、周仓、赵累）

（八）参加漳州文衡殿关圣帝君诞辰庆典文化节活动（2021 年 6 月 21 日）

笔者带领课题组成员前往漳州文衡殿，参加关圣帝君诞辰庆典文化节活动，采集闽南关帝出巡绕境与信俗仪式艺阵表演，感受闽南关帝信俗文化（见图 40 至图 45）。

图 40 闽南师大关帝文化课题调研活动合影（朱楚涵 / 摄）

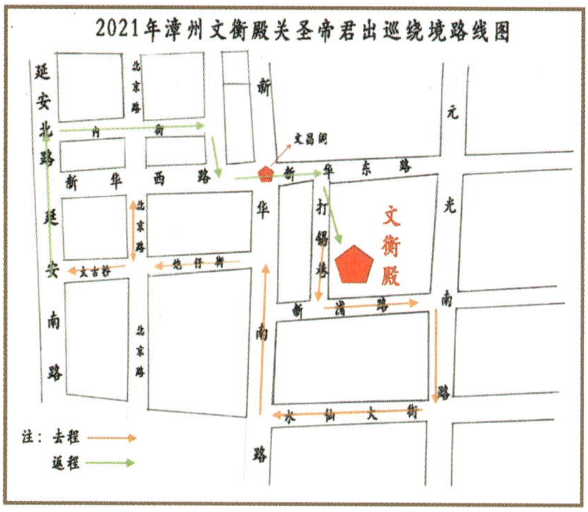

图 41 2021 年漳州文衡殿关圣帝君出巡绕境路线图

图 42 由锣、鼓、镲组成的“三不合”锣鼓乐队在文衡殿前演奏

图 43 文衡殿女子舞龙队跟随关帝绕境巡游表演

图 44 由关帝部将组成的大神尪傩阵高大威武，为关帝出巡开路（作者 / 摄）

图 45 土地爷神尪手持金元宝，拄着龙头杖为关帝出巡增添喜气（作者 / 摄）

（九）对漳州疍民进发宫关帝祭祀习俗的调研（2021 年 6 月 22 日）

正值农历五月十三关帝诞辰日，笔者与同事潘茹红老师带领研究生前往漳州疍民进发宫展开实地田野调研，采集疍民的关帝祭祀习俗与闽南疍民文化（见图 46 至图 49）。

图 46　农历五月十三关帝诞辰日笔者拜访漳州进发宫非遗传承人郑爱食、郑休山兄弟

图 47　进发宫获批的省非遗、文物点牌匾

图 48　进发宫信俗列入联合国教科文组织非遗传习点证书

图 49　农历五月十三关帝诞辰日进发宫庙船疍民祭祀关帝的仪式与贡品

（十）对漳州芗城文衡殿的调研（2021 年 11 月 5 日）

漳州打锡巷文衡殿社庆（小年夜），笔者带领课题组成员再次前往漳州芗城文衡殿开展实地田野调研，采集芗城关帝出巡特色仪式表演（见图 50、图 51）。

图 50 作者带领关帝文化课题组再次前往文衡殿调研

图 51 文衡殿社庆小年夜关帝出巡仪式艺阵剪影：舞龙、大鼓凉伞、土地爷神尪傩（蔡鹏程 / 摄）

二、开展《东山关帝文化与仪式表演》主题研讨会

（一）研讨会之一

本项目联合东山县委宣传部、海峡两岸（福建东山）关帝文化研究交流促进会开展主题研讨会。

研讨主题：

《东山关帝文化与仪式表演》

时 间：

2020 年 8 月 10—12 日

地 点：

东山县委宣传部会议室、东山赤兔马文创中心

主要参会成员：

1. 课题负责人郑玉玲教授，课题组成员林炜莉博士、朱楚涵硕士
2. 东山县委宣传部副部长李鸿耀
3. 东山县政协原副主席、东山关帝文促会会长刘小龙
4. 东山赤兔马文创中心负责人刘宽宽

主要内容：

1. 会议一
2. 会议二
3. 开展调研访谈

会议一：2020 年 8 月 10 日上午，围绕“东山关帝信仰文化源流”“信俗仪式民俗艺阵与关帝文化”“明清关帝仪式祭典佾舞与意涵”等展开研讨（见图 52 至图 54）。

图 52 到东山县委宣传部开展关帝文化研讨并合影

图 53 采访东山关帝文化节策划者、东山县委宣传部副部长李鸿耀

图 54 笔者在研讨会现场主题发言

会议二：2020 年 8 月 10 日下午，围绕“关帝仪式舞蹈文化传统与生态系统”“仪式舞蹈的当代文化转型与传承发展思考”等展开研讨（图 55、图 56）。

图 55 开展关帝仪式舞蹈文化传统、仪式舞蹈的当代文化转型与传承发展等主题研讨并合影

图 56 采访东山县政协原副主席、东山关帝文促会会长刘小龙、
东山赤兔马文创中心负责人刘宽宽

开展调研访谈：8 月 11—12 日，开展“东山关帝信俗与渔民生活”“民间音乐渔歌、歌册的传承”“东山关帝信俗仪式的传承”等方面的深入调研与访谈（见图 57、图 58）。

图 57 课题组开展东山关帝文化田野调研，与东山铜陵关帝祖庙南门湾的渔民们访谈

世界关公文化网
World Guangong Culture Net

首页 大家之言 关帝文化 新闻聚焦 关公圣迹 走遍天涯 名家风采 视频播放 文化产品 网上留言

图片新闻：海内外共庆关帝诞辰1860周年

世界关公文化网消息：公元2020年8月13日，是农历六月二十四，中华关帝整整1860周岁了，关帝诞辰前后，海内外采用多种方式隆重庆祝关帝生日，群情涌动，情意绵绵。现发出一组图片新闻，以飨海内外读者。

●⑬ 关帝诞辰1860周年的日子里，闽南师范大学郑玉玲教授率福建东山关帝文化调研组赴东山考察，与东山县政协原副主席刘小龙先生一起，畅谈海峡两岸关帝文化信俗。

（编审：正明）

图 58 2020 年 8 月 13 日，《世界关公文化网》对此次研讨活动的相关报道

（二）研讨会之二

本项目联合东山县文体局、县文化馆开展主题研讨会。

研讨主题：

《东山关帝文化视域下的民俗舞蹈“海底反”挖掘与传承》

时　间：

2021 年 2 月 2—4 日

地　点：

东山县文化馆、东山县南门湾广场

主要参会成员：

1. 课题负责人郑玉玲教授
2. 东山县文体局副局长张哲民
3. 东山县文史专家陈炳文
4. 东山县文化馆副馆长、东山舞蹈家协会主席沈淑芳
5. 课题组成员朱楚涵硕士
6. 漳州市电视台《记者在线》栏目负责人白川
7. 东山县海底反传承人涂汉宁及表演团队

主要内容：

1. 会议一
2. 会议二
3. 会议三

会议一：2 月 2 日下午，围绕“东山海洋文化与海底反的创生”“海底反民俗艺阵与关帝文化”等展开研讨。

会议二：2 月 3 日上午，围绕“海底反的舞蹈文化传统与生态系统”“海底反的手工艺制作及其传承发展思考”等展开交流（见图 59 至图 62）。

图 59—图 62 会议一、二留影

会议三：2021 年 2 月 3—4 日上午，观摩涂汉宁带领东山海底反表演团队的现场表演，以及海底反鱼类道具的现场制作与演绎（见图 63 至图 65）。

图 63 涂汉宁老艺人带领东山“海底反”团队的现场表演

图 64 笔者向海底反民间艺人习舞与切磋交流

图 65 观摩涂汉宁老师子孙三代的海底反制作技艺与家族传承方式

（三）研讨会之三

本项目联合芗城区文体局、文化馆开展主题研讨会。

研讨主题：

《漳州九龙江沿岸进发宫疍民习俗与关帝信俗》

时　间：

2020 年 12 月 13 日

地　点：

漳州市芗城区南门湾疍民庙船进发宫

主要参会成员：

1. 漳州市芗城区文体局蔡智庆副局长
2. 漳州市芗城区古城办主任李海光
3. 漳州民俗协会秘书长杨鸿
4. 漳州市芗城区进发宫疍民文化保护中心理事长郑休山
5. 漳州市芗城区进发宫疍民文化保护中心副理事长陈文滨
6. 漳州九龙江疍民习俗非遗传承人、进发宫三坛法长郑爱食
7. 闽南师范大学课题负责人郑玉玲教授，课题组成员朱楚涵、高唯佳等一行

主要内容：（见图 66 至图 71）

1. 九龙江疍民庙船习俗与关帝信仰主题研讨
2. 疍民习俗三坛哪吒鼓乐表演与庙船调研

图 66 课题组与疍民习俗哪吒鼓乐传承团队交流合影

图 67 笔者采访九龙江疍民习俗非遗传承人郑爱食、青年传承人代表林添鸿

图 68 漳州疍民庙船三坛罗盘仪式承载着闽南民间哪吒令咒鼓唱诵

图 69 三坛踏火仪式中的双人对舞《踏旗花》（花现 / 提供）

图 70 进发宫疍民三坛鼓乐队展演结束的合影（作者 / 摄）

图 71 漳州哪吒鼓奏唱“什鼓调”请送王船（花现 / 提供）

参考文献

一、专著

1.〔汉〕孔安国撰、〔唐〕孔颖达疏、黄怀信整理：《尚书正义》，上海古籍出版社2007年版。

2.〔宋〕朱熹：《朱熹集》，四川教育出版社1996年版。

3.〔宋〕朱熹：《论语集注》，齐鲁书社1992年版。

4.〔宋〕陈淳：《北溪大全集》，《景印文渊阁四库全书》，台湾商务印书馆1986年版。

5.〔明〕李之藻撰《泮宫礼乐疏》卷八，《景印文渊阁四库全书》，台湾商务印书馆1986年版。

6.〔明〕丘浚：《大学衍义补》卷六十四，《文渊阁钦定四库全书》，上海人民出版社1999年版。

7.〔明〕李光缙：《景壁集》，曾祥波点校，福建人民出版社2012年版，第382页。

8.〔明〕朱载堉撰《乐律全书》卷十九，《景印文渊阁四库全书》，台湾商务印书馆1986年版。

9.〔明〕李文察撰《李氏乐书六种》，《续修四库全书》（经部乐类）第114册，上海古籍出版社2002年按明嘉靖版影印。

10.〔清〕周学曾等纂修《晋江县志》，福建人民出版社1990年版。

11.〔清〕卢湛辑、沈德潜：《关帝圣迹图志全集》，上海书店出版社2006年版。

12.〔清〕严树森、徐畅达辑：《皇朝祭器乐舞录》，崇文书局，同治十年（1871）刻印本。

13.〔清〕王聘珍：《大戴礼记解诂》，中华书局1983年版。

14.〔清〕张镇：《关帝志》，日本国立国会图书馆藏本，乾隆二十一年（1756）刻本。

15.〔清〕孙希旦撰、沈啸寰点校：《礼记集解》，中华书局1989年版。

16.〔清〕嵇璜：《钦定续文献通考》,《景印文渊阁四库全书》，台湾商务印书馆1986年版。
17.〔清〕周凯：《厦门志》，鹭江出版社1996年版。
18.〔清〕陈振藻：《铜山志》，乾隆二十五年（1760）刻本。
19.〔清〕徐珂：《清稗类抄》，中华书局1986年版。
20. 汪毅夫：《闽台历史社会与民俗文化》，鹭江出版社2000年版。
21. 汪毅夫：《闽台地方史论稿》，海峡书局2011年版。
22. 汪毅夫：《顾盼两岸》，中国评论学术出版社2020年版。
23. 刘登翰：《中华文化与闽台社会》，人民出版社2013年版。
24. 陈支平：《闽台文化百科全书》，福建人民出版社2009年版。
25. 陈支平：《近500年来福建的家族社会与文化》，上海三联书店1991年版。
26. 陈支平、李玉柱：《闽台文化的多元诠释》，厦门大学出版社2013年版。
27. 林国平：《闽台民间信仰源流》，福建人民出版社2005年版。
28. 林国平、钟建华：《漳州民间信仰与闽南社会》，中国社会科学出版社2016年版。
29. 费孝通：《费孝通文集》，群言出版社2001年版。
30. 王克芬：《中国舞蹈发展史》，上海人民出版社2004年版。
31. 王克芬：《中国舞蹈史·明清部分》，文化艺术出版社1984年版。
32. 吴晓邦：《中国民族民间舞蹈集成·福建卷》，中国ISBN中心1996年版。
33. 于平：《舞蹈文化与审美》，中国人民大学出版社2005年版。
34. 王耀华：《福建传统音乐》，福建出版社2000年版。
35. 罗雄岩：《中国民间舞蹈文化》，上海音乐出版社2006年版。
36. 黄明珠：《闽南传统民间舞蹈文化》，上海音乐出版社2013年版。
37. 袁禾：《中国舞蹈意象论》，文化艺术出版社1994年版。
38. 袁禾：《中国舞蹈美学》，人民出版社2011年版。
39. 袁禾：《中国古代舞蹈史教程》，上海音乐出版社2004年版。
40. 蓝凡：《中华舞蹈志·福建卷》，学林出版社2006年版。
41. 刘登翰、陈耕：《论文化生态保护——以厦门市闽南文化生态保护实验区为中心》，福建人民出版社2014年版。
42. 刘春曙：《闽台乐海钩沉录》，海峡文艺出版社2008年版。

43. 彭兆荣：《人类学仪式的理论与实践》，民族出版社 2007 年版。
44. 张羽新、张双志：《关帝文化集成》，线装书局 2009 年版。
45. 杨天宇：《周礼译注》，上海古籍出版社 2016 年版。
46. 陈奇猷：《韩非子新校注》，上海古籍出版社 2000 年版。
47. 刘小龙：《海峡圣灵——东山关帝庙志览》，海峡文艺出版社 2003 年版。
48. 何池：《龙湖集评注与陈元光研究》，鹭江出版社 2016 年版。
49. 吴幼雄、李少园：《通淮关岳庙志》，中国社会科学出版社 2008 年版。
50. 陈世雄、曾永义：《闽南戏剧》，福建人民出版社 2008 年版。
51. 郑玉玲：《闽台民间舞蹈的源流与嬗变》，社会科学文献出版社 2019 年版。
52. 郑玉玲：《闽台民间舞蹈研究》，中国戏剧出版社 2010 年版。
53. 韩维志：《大学中庸》，吉林文史出版社 2006 年版。
54. 陈燕婷：《古乐南音》，文化艺术出版社 2018 年版。
55. 隗芾、际云：《潮阳英歌舞》，广东人民出版社 2006 年版。
56. 郑镛：《闽南民间诸神探寻》，河南人民出版社 2009 年版。
57. 蔡湘江：《泉州民间舞蹈》，福建人民出版社 2006 年版。
58. 漳州市文化局：《漳州文化志》，闽南日报编印本 1999 年版。
59. 曹本冶：《仪式音声研究的理论与实践》，上海音乐出版社 2010 年版。
60.[美] 马歇尔·萨林斯：《历史之岛》, 蓝达居等译，上海人民出版社 2003 年版。
61.[日] 酒井忠夫：《民间信仰与社会生活》，胡小伟译，上海人民出版社 2011 年版，第 84 页。
62.[美] 杜赞奇：《文化，权力与国家——1900 ~ 1942 年的华北农村》，王福明译，江苏人民出版社 1996 年版。
63.[法] 布尔迪厄：《实践理性：关于行为理论》，秦岩译，生活·读书·新知三联书店 2007 年版。
64. 宫留记：《资本：社会实践工具——布尔迪厄的资本理论》, 河南大学出版社 2010 年版。
65. 泉州市区民间信仰研究会：《关岳文化与民间信仰研究》，厦门出版社 2008 年版。
66. 李天民、余国芳：《台湾舞蹈史》，大卷文化有限公司 2005 年版。
67. 谢国兴：《西港仔刈香——一个传统王醮的数位记录》，台湾“中央”研究院，2017 年版。

68. 萧登福：《关帝信仰与现代社会研究》，河宇出版社 2013 年版。
69. 李亦园：《信仰与文化》，巨流图书公司 1978 年版。
70. 林茂贤：《台湾民俗采风》，文建会文化资产总管理处 2010 年版。
71. 黄文博：《站在台湾庙会现场》，常民文化出版社 1998 年版。
72. 黄文博：《台湾民俗闲话丛书》，台原出版社 1994 年版。
73. 施德玉：《台南县车鼓竹马之研究》，社团法人民族音乐学会 1991 年版。
74. 陈彦仲：《台湾的艺阵》，远足文化事业股份有限公司 2003 年版。
75. 陈丁：《南瀛艺阵志》，台南县立文化中心 1997 年版。
76. 林万荣：《礁溪乡志》，宜兰县礁溪乡公所编印 1994 年版。

二、期刊论文

1. 林国平、范正义：《闽台宫庙间的分灵、进香、巡游及其文化意义》，《世界宗教研究》2002 年第 3 期。
2. 林国平：《关于中国民间信仰研究的几个问题》，《民俗研究》2007 年第 1 期。
3. 张晓松：《试论漳州的关帝信仰》，《漳州师范学院学报（哲社版）》2009 年第 1 期。
4. 刘小龙：《缘系关帝 和谐两岸（续）——记第二届漳州旅游节、第十七届海峡两岸（福建东山）关帝文化旅游节暨闽台水产品博览会》，《东山岛文史》2008 年总 23 辑。
5. 田海林、李俊领：《“忠义”符号：论近代中国历史上的关岳祀典》，《山东师范大学学报（人文社科版）》2012 年第 1 期。
6. 郑玉玲：《闽台民间舞蹈的区域文化特质研究》，《集美大学学报（哲社版）》2018 年第 4 期。
7. 郑玉玲：《歌仔戏的雏形——台湾宜兰本地歌仔研究》，《闽南师范大学学报（哲社版）》2016 年第 1 期。
8. 郑玉玲：《台湾“跳鼓阵”与闽南“大鼓凉伞”的关系探析》，《北京舞蹈学院学报》2009 年第 2 期。
9. 郑玉玲：《明清关帝祭典乐舞在闽台地区的承继与人文阐释——以东山、宜兰祭典为中心》，《宗教学研究》2021 年第 1 期。
10. 郑玉玲：《漳州民间舞“大鼓凉伞”的艺术特征探析》，《漳州师范大学学报（哲社版）》2008 年第 1 期。

11. 李瑞祥：《传统国家祭祀雅乐的人文阐释——以台湾祭孔雅乐的本土化实践为例》，《世界宗教研究》2019 年第 3 期。
12. 张媛：《闽南民间“丑”舞的美学形态研究》，《南京艺术学院学报》2016 年第 2 期。
13. 罗金满：《论梨园戏的流派发展与剧种个性》，《戏曲艺术》2014 年第 3 期。
14. 钟承翰、徐荣崇：《大甲妈祖绕境进香仪式转变的想象与诠释》，《妈祖文化研究》2019 年第 1 期。
15. 陈春阳、林国平：《文化节与闽台民间信仰——以福建东山关帝文化节和湄洲妈祖文化节为中心》，《东南学术》2019 年第 3 期。
16. 隗芾：《傩文化在潮汕的变异形态》，《汕头大学学报》1990 年第 2 期。
17. 侯全福：《读儒家“正气歌”“养吾浩然之气”》，《华夏文化》2003 年第 2 期。
18. 汪晓云：《傩：从仪式到戏剧》，《民族艺术》2004 年第 4 期。
19. 宋嘉健：《作为朝圣行为的进香活动——以台湾地区妈祖进香仪式为例》，《集美大学学报（哲社版）》2015 年第 3 期。
20. 薛艺兵：《青海同仁六月会祭神乐舞的结构与意义》，《艺术探索》2003 年第 1 期。
21. 龙逸：《哪吒鼓乐的音乐特征与文化内涵再探》，《闽南师范大学学报（哲社版）》2017 年第 4 期。
22. 金泽：《如何理解宗教的“神圣性”》，《世界宗教文化》2015 年第 6 期。
23. 宋嘉健：《作为朝圣行为的进香活动——以台湾地区妈祖进香仪式为例》，《集美大学学报（哲社版）》2015 年第 3 期。
24. 陈志勇：《“关公戏”演出禁忌的生成与禳解》，《戏曲研究》2008 年第 1 期。
25. 熊永翔、王进、谭超：《道教禹步论》，《湖北社会科学》2010 年第 4 期。
26. 袁杰雄：《符号学理论视阈下的民族民间舞蹈研究》，云南艺术学院硕士学位论文，2014。

三、学位论文

1. 廖淑芬：《台南市的关帝信仰》，台湾师范大学硕士学位论文，2005。
2. 严国铭：《台湾关公信仰之儒家精神年研究》，台湾华梵大学硕士学位论文，2009。

后记

在主持国家社科基金冷门“绝学”重点研究专项“闽台‘大神尪’傩舞艺术的抢救、挖掘与传承研究”（19VJX151）和福建省社科研究基地重大项目“闽南关帝信俗与仪式舞蹈研究”（FJ2018JDZ049）的研究过程中，我发现这两个项目做起来都相当有难度。项目要以“闽南关帝信俗与仪式舞蹈（含神尪傩舞）”为专题进行首创研究，同时将“闽南关帝信俗”与“仪式乐舞”作融合研究，涉及了历史学、民俗学、艺术学（含音乐舞蹈、戏曲、美术工艺等）与人类学交叉融合的跨学科领域。而关于闽南关帝信俗与仪式舞蹈领域的研究成果与文献资料缺失，且关帝信俗仪式舞蹈依附于信俗事象，需要借助长期的下苦功夫的田野调研，大量的民间艺人采访与口述采集进行整理论证，才能从多元的视角深入闽南关帝信俗艺术的骨髓，并进行宏观与微观、历时与共时等的关照和研究。

既来之，则安之，课题激发出了我性格中坚韧的一面。在课题研究过程中来回奔波于田野，以及蓬头垢面的伏案日子，今天想起来都是那么美好和难忘，且收获满满。我带领课题组跟随闽南各地关帝出巡庙会的脚步，行走于田野调查的现场，在国家级非遗关帝信俗这一支系统中，发现并挖掘了极其珍贵的闽南传统艺术宝藏，如明清官祀祭关雅乐佾舞的遗存、民间祭关仪式舞蹈的自创与建构、闽台古老的神尪傩舞艺术，等等。众所周知，明清以来闽南与台湾特殊的地理与历史，造就了独特的两岸关帝神缘，诸如有全国唯一的东山岛子民统一认关帝为帝祖的历史情缘。再如关帝香火随闽南人移居播植台湾，成为台湾的祖庙，历史书写了闽台两岸密切的关帝文化故事。随之带来的是闽台民间祭关仪礼的盛行与互动，关帝信俗及其依附共生的仪式舞蹈艺术生生不息。我通过访谈摄录、习舞感悟、采集记录乃至考证研究，如获至宝。我在田野调研过程中也结识了许多默默守护闽南关帝文化的地方文史专家，以及淳朴善良、致力传承的民间艺人及爱好者。

在此，感谢东山县关帝文史专家刘小龙老师，刘老师对东山关帝文化研究深入，从事东山政协文史委工作多年，致力于东山关帝信仰与两岸交流的推动。我多次前往拜访与请教，刘老师和女儿刘宽宽都热情接待与耐心讲解，并赠送了刘老师撰著的东山关帝相关书籍，对我的课题研究帮助很大。

感谢东山县宣传部原副部长李鸿耀、东山县文体局副局长（现为县党校副校长）张哲民、东山县文化馆副馆长（县舞协主席）沈淑芳、漳州市摄影家陈金龙、“海底反”民间艺师涂汉宁等，感谢他们对我在东山采集关帝仪式舞蹈表演的支持与帮助。

感谢漳州芗城区打锡巷文衡殿管委会主任林济民、漳州市芗城区进发宫疍民文化保护中心副理事长陈文滨、进发宫传承人郑休山、漳州艺光歌仔戏团团长郑卫国等的支持与帮助，对我田野采集提供的配合与帮助。

感谢课题组团队成员朱楚涵、林炜莉、欧俊勇、孙凯、林枫、苏秋婷、陈楚璇的配合和付出。他们跟随我走街串巷，奔走于田间庙宇，协助完成了拍摄录像、调研整理与阶段论文的研究工作。

此外，我还要感谢我国台湾“中央”研究院谢国兴教授、台湾教师张柏韡博士对台湾相关资料的无私提供。

本书非常荣幸地得到我尊敬的老师、全国台湾研究会会长汪毅夫教授的帮助，并亲自为本书写序，给予我极大的鼓励！感谢著名历史学家、厦门大学陈支平教授、福建师范大学林国平教授等老师的专业传带和悉心教诲。老师们从精神鼓励、学术滋养到研究过程，给予我无私的帮助。在此，谨向诸位教授表示我最诚挚的谢意！

感谢闽南师范大学对本专著出版的资助！

感谢我的家人，我先生三十多年如一日的支持与关爱，让我全身心投入工作；我的儿子时常为我分忧解难。他们是我工作、学习的精神支柱与动力。

由于本人学识水平有限，书中错漏之处敬请方家指正。我将不断努力，继续探索，为我所钟爱的闽台传统艺术研究和两岸文化交流研究尽一份力！

郑玉玲

2022年元月20日于漳州